普通高等教育规划教材

员工关系管理
精选案例分析

主　编　詹　婧　孟续铎
副主编　伍美云　刘贝妮　李付俊
参　编　姚慧龙　高文静

机　械　工　业　出　版　社

本书是一本通过案例全面介绍员工关系管理知识理论与操作技巧的专业教材和工具用书。全书共分八章，分别是：员工关系的确立与入职管理，一般员工在职管理，特殊员工在职管理，企业规章制度管理，员工沟通管理，劳动争议管理，员工职业健康管理，解雇与裁员管理。全书涵盖了员工关系管理的大部分模块，并针对其中的主要职能选择设计了51个相关案例，每个案例均由四部分内容构成：案例介绍、思考题、问题解析和操作建议。全书在内容上以案例为重点，以员工关系管理理论与技术为支撑，注重提高案例的可读性、深入性和启发性，同时在案例分析时，兼顾法律风险防范和管理技巧介绍的双重目的。

本书是员工关系管理类图书的延伸读物，可作为本科和研究生阶段人力资源管理、劳动关系、工商管理等专业开设人力资源管理课程、员工关系管理课程和劳动关系类课程的教材，供教师进行案例教学使用，学生提前阅读，教师在课堂上进行讲解，并依据案例组织学生讨论或模拟。此外，本书还可供企业员工关系管理人员作为工作用书，通过案例方式了解和掌握员工关系管理的主要方法、技巧、法律风险防范、管理流程设计等内容。

图书在版编目（CIP）数据

员工关系管理精选案例分析/詹婧，孟续铎主编. —北京：机械工业出版社，2014.3（2023.8重印）
普通高等教育规划教材
ISBN 978-7-111-45769-5

Ⅰ.①员… Ⅱ.①詹…②孟… Ⅲ.①企业管理-人事管理-案例-高等学校-教材 Ⅳ.①F272.92

中国版本图书馆CIP数据核字（2014）第025294号

机械工业出版社（北京市百万庄大街22号 邮政编码100037）
策划编辑：商红云 责任编辑：商红云 刘 静
版式设计：常天培 责任校对：赵 蕊
封面设计：张 静 责任印制：郜 敏
北京富资园科技发展有限公司印刷
2023年8月第1版第4次印刷
184mm×260mm · 17.5印张 · 427千字
标准书号：ISBN 978-7-111-45769-5
定价：49.00元

电话服务	网络服务
客服电话：010-88361066	机 工 官 网：www.cmpbook.com
010-88379833	机 工 官 博：weibo.com/cmp1952
010-68326294	金 书 网：www.golden-book.com
封底无防伪标均为盗版	机工教育服务网：www.cmpedu.com

前 言

“员工关系管理”这一说法源自西方人力资源管理体系，其中的员工关系是指组织中由于雇佣行为而产生的关系，它是人力资源管理的一项重要内容。随着2008年一系列劳动法律法规的出台，中国企业开始越来越重视企业中员工关系管理这一模块。做好员工关系管理，不仅与管理者的管理方法和技巧有关，也对管理者的法律素质有较高的要求，因此管理者需要大量阅读实践中的成功与失败案例以及相关的法律案件。同时，员工关系管理课程是高校人力资源管理专业、劳动关系专业等劳动保障类专业的必修课程，也是工商管理类专业重要的专业课程。这门兼具理论深度和实操要求的课程，也需要教师在授课中大量引入管理案例和法律案例。

在这样的背景下，编者以实践中接触到的真实的员工关系管理事件为基础，对案例进行提炼、改编和完善，通过一个个生动、翔实的案例来讲解员工关系管理的理论知识与实操技能，以满足实践中员工关系管理者和课堂上员工关系管理学习者两方面的需求。

全书共分八章，分别是：员工关系的确立与入职管理，一般员工在职管理，特殊员工在职管理，企业规章制度管理，员工沟通管理，劳动争议管理，员工职业健康管理，解雇与裁员管理。全书涵盖了员工关系管理的大部分模块，并针对其中的主要职能选择设计了51个相关案例，每个案例均由四部分内容构成：案例介绍、思考题、问题解析和操作建议。全书在内容上以案例为重点，以员工关系管理理论与技术为支撑，注重提高案例的可读性、深入性和启发性；同时在案例分析时，兼顾法律风险防范和管理技巧介绍的双重目的。

本书的主要特色与创新点如下：

第一，案例涵盖内容全面，包括优秀企业经验介绍型案例、根据实际案例改编的问题解决型案例，以及员工关系管理处理不当引发的法律案件和负面社会影响案例三类。

第二，以案例贯通理论和技术，区别于一般员工关系管理教材，可作为员工关系管理课程的重要支撑材料。

第三，以案例提示法律风险和操作技巧，可读性强，方便实际工作者随时查阅。

第四，每个案例均由案例介绍、思考题、问题解析、操作建议四部分内容组成，条分缕析，便于学生阅读，也方便教师开展教学和讨论。

本书是员工关系管理类图书的延伸读物，可作为本科和研究生阶段人力资源管理、劳动关系、工商管理等专业开设人力资源管理课程、员工关系管理课程和劳动关系类课程的教材，供教师进行案例教学使用，学生提前阅读，教师在课堂上进行讲解，并依据案例组织学生讨论。此外，本书还可供企业员工关系管理人员作为工作用书，通过案例方式了解和掌握员工关系管理的主要方法、技巧、法律风险防范、管理流程设计等内容。

本书的成稿来自于多位作者的努力和投入。本书的编写分工如下：伍美云编写第一、八章；詹婧编写第二、四章；李付俊、高文静编写第三、五章；刘贝妮编写第六章；孟续铎、姚慧龙编写第七章。全书由詹婧、孟续铎统稿，刘贝妮校对。

感谢北京市教委首都经济贸易大学教育教学—公共管理类专业建设资金对本书的资助；感谢劳动经济学院良好的环境和氛围，让我们能够心无旁骛地写作；感谢劳动经济学院优秀的学生，是他们在课堂上的积极探索让我们有了编写此书的念头和坚持下去的动力。

限于学识，本书难免有疏漏之处，恳请各界同行批评指正并提出宝贵意见，联系编者请发送电子邮件至 zhanjing010@163. com，谢谢！

编　者

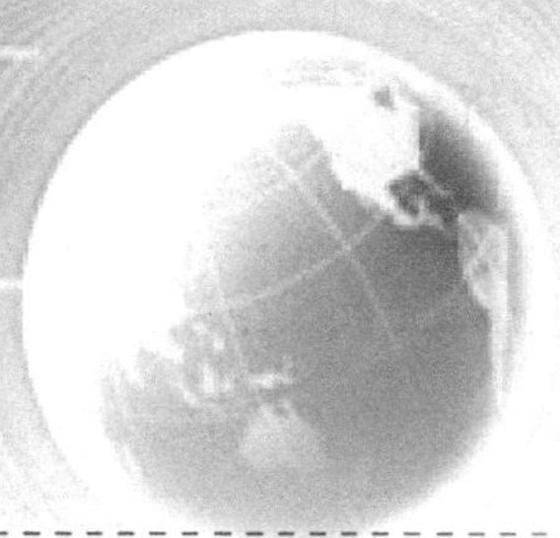

目录

第一章　员工关系的确立与入职管理

应届毕业生的入职管理

“三方协议”效力几何

一、初入职场得幸运

今年7月，于洁就要毕业了，虽然出身名校，专业也不错，可在北京，自己身上“外地生源”的标签却让她一直存有危机感。为了找到理想的工作，大四刚一开学，于洁就重点瞄准那些有进人计划的公司寻找实习的机会，而这中间，能够解决户口的就是她的首选。几经搜寻，TJ公司进入了于洁的视野，虽说是家民营企业，但政府的扶持力度不小，每年都有几个进京指标，而能够与公司共同成长，也是自己所看重的。实习机会也不易得，激烈的笔试和面试后，优秀的于洁力压群雄，终于在去年年底获得了TJ公司研发部的实习机会。

二、双方自保定规则

公司与于洁的实习协议上约定，实习期到她毕业为止，如果那时考核通过，就直接签订劳动合同。为了这个承诺，于洁在工作上投入了巨大的精力，不过时间一天天过去，眼看着一些实习比自己晚的同学都签了“三方协议”，于洁心里不免着急，为了保险起见，今年4月，于洁找到了人力资源部劳动关系主管蒋林，提出了想和公司签“三方协议”的意愿。

蒋林翻看了这半年于洁的实习日志和评语，这姑娘确实很优秀，专业也过硬，研发部经理和人事经理都同意留下她。不过蒋林向于洁提出了签订违约金条款的要求，原因很简单，这几年公司录用的一些外地生源的毕业生，进公司的目的就是为了获得北京户口，户口一解决，很快就会跳槽。出于自我保护，公司在签订“三方协议”和劳动合同的时候都会要求这一条款。于洁理解公司的难处，也同意这样的要求，于是今年5月，公司便和于洁以及她所在的学校签订了《全国普通高等学校毕业生就业协议书》，其中约定：于洁进入公司服务期为三年，未按规定完成服务期的，每差一年支付1万元违约金，不满一年按一年计算，双方的权利义务以报到后签订的劳动合同为准。

三、突如其来的辞职

炎夏如期而至，于洁顺利毕业，并成为了TJ公司的一员。公司信守承诺，与她签订了三年期的劳动合同，并约定了三个月的试用期，户口转入手续也在陆续办理中，于洁终于感觉到了自己在北京落了脚，新的生活要展开了。

可是仅仅两个月后，妈妈病倒的消息让于洁慌了神，父亲早逝，相依为命的妈妈是自己最大的精神支柱，想接妈妈来北京也是自己一直以来的工作动力。不容多想，于洁立刻决定辞职回老家，照顾妈妈并在老家找份新工作。不过与公司的沟通却并不顺畅，公司表示可以给她一个星期的假期让她回去照顾妈妈，但是不同意她离职，一方面是于洁所在的项目小组正值研发的关键时期，另一方面，这个专业的人才也确实难寻。可于洁去意已决，无奈，公司要求于洁支付3万元的违约金，否则不予办理离职手续。

四、两份规定谁做主

于洁认为公司的要求是无理的，自己还在试用期，法律规定劳动者可以随时解除劳动合同，因此公司要求支付违约金是没有道理的。所谓的违约责任只是“三方协议”中的条款，自己已经入职了，就应该依据劳动合同。

但公司提出，根据《北京市接收外地生源高校毕业生的暂行办法》第九条的规定，毕业生在协议书规定的服务期内要求调离的，本人应承担相应的违约责任，劳动合同产生的基础是“三方协议”，所以“三方协议”的内容当然是有效的，而于洁的行为已经构成了违约。

看着毫不示弱的于洁，蒋林也对这一直以来的做法有了疑问，两份都是合同，到底该听谁的呢？

思考题

1. 案例中的两份协议究竟哪一个效力更高？
2. 就业协议和劳动合同的关系是什么？
3. 结合案例，谈一谈公司应该如何规避应届毕业生入职管理的法律风险。

问题解析

一、就业协议

就业协议是《全国普通高等学校毕业生就业协议书》的简称，它是普通高等学校毕业生和用人单位在正式确立劳动人事关系前，经双向选择，在规定期限内确立就业关系、明确双方权利和义务而达成的书面协议，是用人单位确认毕业生相关信息真实、可靠以及接收毕业生的重要凭据，也是高校进行毕业生就业管理、编制就业方案以及毕业生办理就业落户手续等有关事项的重要依据。协议在毕业生到单位报到、用人单位正式接收后自行终止。就业协议一般由国家教育部或各省、市、自治区就业主管部门统一制表。

二、就业协议订立步骤

原则上，就业协议的订立一般要经过两个步骤，即要约和承诺。

（1）要约。毕业生持学校统一印制的就业推荐表或复印件参加各地供需洽谈会（人才市场），进行双向选择，或向各用人单位寄发书面材料，应视为要约邀请，用人单位收到毕业生材料，对毕业生进行考察后，表示同意接收并将回执寄到高校毕业生就业工作部门或毕业生来人，应为要约。

（2）承诺。毕业生收到用人单位回执或通过其他方式得到用人单位答复后，从中作出选择并到学校毕业生就业工作部门领取就业协议，与用人单位签订协议，即为承诺。由于毕业生就业工作比较烦琐，比较具体，有时很难明确地分为要约和承诺两个步骤。比如：有的毕业生参加公务员考试，达到面试线后，到用人单位参加面试、体检，用人单位也对毕业生进行政审、阅档，表示同意接收，在这种情况下，毕业生应与该用人单位签订就业协议，而不应再选择其他单位。又如，用人单位到学校挑选毕业生，毕业生自己主动报名，经学校积极推荐，用人单位也表示同意接收，但要回到单位后再正式发函签协议，在这种情况下，毕业生也应安心等待与用人单位签约，而不能出尔反尔，以未正式签协议为由，置学校信誉于不顾，在这过程中与其他单位签约，这样也浪费了其他毕业生的就业机会。

三、就业协议签订原则

就业协议签订原则是指双方在订立就业协议时必须遵循的基本准则。

（1）主体合法原则。签订就业协议的当事人必须具备合法的主体资格。对毕业生而言，就是必须要取得毕业资格，如果学生在派遣时未取得毕业资格，用人单位可以不予接收而无须承担法律责任。对用人单位而言，用人单位必须具有从事各项经营或管理活动的能力，单位应有录用毕业生计划和录用自主权，否则毕业生可解除协议而无须承担违约责任。

（2）平等协商原则。就业协议的双方在签订就业协议时的法律地位是平等的，一方不得将自己的意志强加给另一方。学校也不得采用行政手段要求毕业生到指定单位就业（不包括有特殊情况的毕业生），用人单位也不应在签订就业协议时要求毕业生交纳过高数额的风险金、保证金。双方当事人的权利义务应是一致的。除协议书规定内容外，双方如有其他约定事项可在协议书“备注”内容中加以补充确定。

四、就业协议签订程序

（1）先由毕业生在《全国普通高等学校毕业生就业协议书》中填写基本情况。

（2）毕业生和用人单位达成协议并在《全国普通高等学校毕业生就业协议书》上签名盖章，用人单位应在协议书上注明可以接收毕业生档案的名称和地址。

（3）用人单位必须在与毕业生签订协议书起的十个工作日内将协议书送至学校毕业生就业的工作部门，由其签署意见并盖章，协议书生效。

（4）将就业协议交回学校，统一办理就业报到证。

（5）毕业生到校领取就业报到证。

注意：就业协议一份交予用人单位，一份毕业生自己留存，第三份交还学校保存。

五、就业协议和劳动合同的区别

（1）主体不同。就业协议适用于应届毕业生与用人单位、学校三方之间，学校是就业协议的签证方或签约方，就业协议对用人单位的性质没有规定，适用任何单位；而劳动合同只适用于劳动者（应届毕业生）与用人单位（不含公务员单位和比照实行公务员制度的组织和社会团体以及军队系统）之间，与学校无关。

（2）时间不同。一般就业协议签订在前，也即就业协议一般在毕业生到用人单位报到之前签订，而劳动合同签订在后。社会人员就业一般直接签订劳动合同，而毕业生总是先签订就业协议，再签订劳动合同。

（3）内容不同。就业协议书一般由国家教育部或各省、自治区、直辖市就业主管部门统一印制，是一种规范格式的简单协议。毕业生就业协议的内容主要是毕业生如实介绍自身情况，并表示愿意到用人单位就业，用人单位表示愿意接收毕业生，学校同意推荐毕业生并列入就业计划进行派遣，一般不涉及毕业生到用人单位报到后所享有的权利和义务。劳动合同的内容包括合同期限、工作内容、劳动保护和劳动条件、劳动报酬、劳动纪律、合同终止的条件、违反合同的责任等七项法定必须具备的条款和有关保守商业秘密、试用期、禁止同业竞争等约定条款，其内容更为具体，劳动权利和义务更为明确。

（4）适用法律不同。就业协议和劳动合同产生纠纷所适用的法律是不同的。一般而言，就业协议产生的纠纷主要适用《民法通则》《合同法》以及参照有关的就业政策，而劳动合同产生纠纷主要适用《劳动法》。

（5）发生纠纷的处理部门不同。就业协议发生问题需要处理时，一般先由毕业生和用人单位协商，如果取得一致意见则报送毕业生所属的学校主管部门，由其审查认可后，报上级主管部门批准，予以调整。劳动合同发生争议，则申请劳动争议仲裁委员会仲裁，对仲裁不服的，可以向人民法院起诉。

简而言之，就业协议重点约定用人单位接收毕业生到该单位工作，而劳动合同重点约定在劳动过程中所产生的权利义务关系。劳动合同的内容涉及劳动报酬、劳动保护、工作内容、劳动纪律等方方面面更为具体的内容，劳动权利义务关系更为明确。与就业协议相比，劳动合同具有较高的法律效力。

操作建议

虽然就业协议不同于劳动合同，但学生毕业时，必须在签订就业协议之后才能拿着“全国普通高等学校本专科毕业生就业报到证”或“全国毕业研究生就业报到证”到用人单位报到，才能与用人单位签订劳动合同。由于就业协议与劳动合同在高校毕业生就业中的联系与区别，这两份合同通常会孕育一些纠纷。为了规避这些风险，我们建议采取以下方法：

（1）前置部分劳动合同的内容。在当前就业协议与劳动合同双轨并存的现状下，应充分发挥就业协议中“备注”栏的作用，或在签订就业协议的同时签订书面补充协议。由于毕业生就业协议签订在先，为避免在日后订立劳动合同时产生纠纷，应尽可能将劳动合同的主要内容体现在就业协议的“备注”栏中，或就相关事项专门签订补充协议，并明确表示在今后订立劳动合同时应予确认，这对双方的合法权益都是一个保护。

（2）将时间期限调整一致。企业要注意将劳动合同期与就业协议中的服务期要求调整成为一致的时间期限，防止因为两个期间不一致而造成解约时的争议。

（3）可用实习期取代试用期。企业可以在就业协议中约定：在正式报到前，大学生要到企业中实习一段时间，正式报到后，在劳动合同中不再约定试用期，而且要写明违约责任。这样既可以起到双方双向考察、了解和选择的目的，也可以避免试用期内随时解除劳动合同的情况发生。

（4）根据企业实际情况，与劳动者约定恰当的试用期期限。如果学生到企业实习没有可能的话，则可以在劳动合同中把试用期适当缩短，写明违约责任，并且约定如果解除劳动合同，企业不再承担为其办理户籍的责任。同时，可在试用期限将至时，再为其办理户籍迁移手续。这样可以实现考察学生的目的，又可以对学生进行约束。

（5）建立导师制度，平稳度过试用期。企业应建立应届毕业生导师制度，自应届毕业生持报到证报到之日起，就为其指派工作上的指导老师，帮助其适应工作环境，了解工作要求，随时关注其心理变化，从而降低应届毕业生试用期的离职率。

安联大众的精细化入职管理

不可忽略的雇佣体验

当你独自在人生地不熟的异乡，心中必然充满不安。同样，当一名新员工加入企业时，面对周围的陌生面孔、全新的工作，心中一样会充满不安，怀疑周围的同事是否欢迎自己？怀疑领导是否和蔼可亲？怀疑自己是否有能力胜任新工作？Monica 在进入安联大众之前，和所有新员工一样，充满了忐忑和焦虑，然而，公司精细化、人性化的入职管理，让她顺利地度过了前期的水土不服。

安联大众人寿保险有限公司是一家在中国上海注册的合资企业，合资双方为中国大众保险股份有限公司和德国安联保险集团，是中国第一家获准开业的欧洲合资寿险公司，其入职管理精细规范，处处充满人文关怀。

1. 立牌欢迎

上班第一天，Monica 就收到第一份“大礼”——醒目的立牌，上面有中英文的欢迎词。另外，培训专员交给她一个文件袋，装有公司资料、规章制度、计算机及 E-learning 系统的用户名和密码。公司这么大张旗鼓地迎接新员工的加入，就是希望在“新人”到岗的第一天留下良好的第一印象，培养新员工对公司的感情。

2. 办公用品和欢迎信

计算机、电话、文件架、印有公司标识的笔记本、水笔、稿纸、黑色小夹子、文件夹、订书机、软盘、橡皮、回形针、计算器一应俱全。看到桌上全套的办公用品，Monica 回头对人事专员报以感激的微笑。设想周到、准备充分的工作环境能让新员工有“回家”的亲切感，既能表现出企业的诚意与关怀，又能使新员工放松心情，心存感激，培养归属感。打开计算机，Monica 按照给定的用户名和密码进入系统，收到了公司的欢迎信（Welcome Letter）。欢迎信再次表达了公司对新员工加入的欢迎。

3. 公司及企业文化介绍

“安联大众是德国安联保险集团和中国大众保险股份有限公司共同组建的合资寿险公司。”培训主管陈睿分别介绍了安联保险集团、大众保险股份有限公司和安联大众的企业文化。她还提到了安联大众的一些赞助活动，如赞助上海几家足球队、组织著名 F1 车手访问上海、参与“玫瑰婚典”等。“安联大众在社会上可真活跃呀！”Monica 和新同事们不由得暗暗赞叹。陈睿又一一讲解了公司的各个部门及职责。员工对公司的历史、整体情况都有清楚的了解，能提高认同感。新员工对每个部门的职责是什么、负责人又是谁都了然于心，如果有什么事要找人，就不会像没头苍蝇那样乱飞了。

4. 人事制度解读

人力资源经理告诉 Monica 等新员工，安联大众人寿保险有限公司是上海金融界第一家实行弹性工作制的企业。公司拥有一整套先进的计算机系统管理着这项制度，员工在个人计算机上就能 Check in/Check out，系统会自动统计每个人的办公时间。根据制度，大多数岗位上的员工可以在一定范围内决定何时上下班。Monica 听了弹性工作制的介绍，心中暗喜，

“这下好了，可以不用赶着地铁高峰了。”培训的第二讲由人力资源经理主讲，详细介绍公司的弹性工作制、奖金的计算办法、公司福利、绩效考评办法和标准、个人工作目标设定。新员工了解今后的行为规范后，工作也就有了方向。

5. 计算机操作培训

“看来工作很大程度上需要用计算机，我的水平行吗？”正犯愁的Monica进入培训的下一项——计算机操作，微皱的眉头一下子舒展开来。在这部分的培训中，计算机部门的主管告诉他们该如何使用内部的局域网、Lotus，如何进行上下班的“计算机打卡”等。

6. 专业风采

办公室内需要穿着职业装，递名片要双手、名片正面向对方，接电话有一套严格的语言规范。Monica和其他新员工对于职业礼仪有了更深的了解。名为“专业风采”的培训课告诉新人穿着和礼仪的规范。执行还是要依靠整个氛围，如果每个员工都做到了，新员工自然而然也能遵守规范。

7. 保险基础知识普及

公司在培训中安排了三项有关保险的课程。第一项是基本的保险知识；第二项是法律培训，以《保险法》为主；第三项是公司的产品介绍。虽然Monica等人都是内勤人员，但是他们也必须具备保险的基本知识。所以，公司安排他们接受保险基础知识的培训。第一项是可选的，如果曾经在保险行业工作过，那么这课就免修啦。上到这里，两天的培训课程全部结束了。

带着满腔的热情和憧憬，Monica心情澎湃，恨不得马上投入到工作中大展拳脚……

思考题

1. 结合案例，谈谈精细化入职管理应该包括哪些方面的内容。
2. 员工入职管理的流程应该是什么样的？
3. 作为员工关系专员（ER），在员工入职管理过程中应该怎样规避风险？

问题解析

一、员工入职管理

员工入职管理虽然只是整个人力资源管理中很小的一部分，但它却是员工关系管理的起点，入职管理成效的好坏直接关系到员工关系管理后续工作的开展。入职管理是一套系统的、经过精密设计的方法，旨在帮助新员工尽快融入企业并发挥积极作用。入职管理开始于员工接受聘书的阶段，新员工将在进入公司的第一年中甚至更长时间内，与他们的上司及其他利益相关者共同经历。

二、员工入职管理内容

（1）入职告知。

（2）入职手续办理。

（3）新员工资料收集、建档。

（4）入职培训。

（5）向员工介绍其工作内容、工作环境及相关同事，使其消除对新环境的陌生感，尽快进入工作角色。

（6）试用期对新员工工作进行跟进与评估，为其转正提供依据。

三、员工入职管理阶段

员工入职管理阶段的内容可参照表 1-1 进行。

表 1-1 员工入职管理阶段的内容

1. 入职前期准备	
人力资源管理部	用人部门
➢ 通知入职前的体检及办理档案转移准备 ➢ 准备新员工入职指引手册、办公文具 ➢ 准备劳动合同、保密协议 ➢ 完成新员工入职信息登记表 ➢ 向新员工发送欢迎词	➢ 指派入职引导人 ➢ 确定办公室工位 ➢ 准备办公设备
2. 新员工入职第一天	
人力资源管理部	用人部门
➢ 提供：新员工入职指引手册、劳动合同、保密协议；办公文具及办公设备 ➢ 相关手续的办理：胸卡、餐卡、申办电子邮箱及电话开通 ➢ 介绍相关部门及人员	➢ 介绍本部门员工、办公环境、办公设备的使用 ➢ 介绍入职引导人 ➢ 陪同新员工一起吃午餐
3. 新员工入职第一周	
人力资源管理部	用人部门
➢ 协助新员工办理档案及各类保险手续 ➢ 签订劳动合同 ➢ 跟踪新员工胸卡、餐卡及电话是否到位 ➢ 协助解答有关人力资源管理的相关政策	➢ 介绍工作职责及工作目标 ➢ 完成职位说明书 ➢ 与入职引导人谈话
4. 新员工入职第一～三月	
人力资源管理部	用人部门
➢ 组织新员工培训 ➢ 适时了解新员工融入情况 ➢ 提醒部门领导考查新员工工作情况	➢ 安排新员工参加培训 ➢ 对新员工进行试用期考核 ➢ 进行试用期转正前的对话
5. 新员工入职第一年	
人力资源管理部	用人部门
➢ 协助部门完成季度或年度考评 ➢ 协助完成年对话制	➢ 月/季度/年综合考评 ➢ 年对话制

注：1. 试用期满，经试用合格的试用人员可转正，并根据其工作能力和岗位重新确定职等，享受正式员工的各种待遇。

2. 员工转正后，试用期计入工龄。试用不合格者，可根据实际情况决定延长试用期或决定不予聘用，如确需延长试用期，则累计试用期限不得超过法律所规定的上限标准，对于不聘用者，不发任何补偿费。

四、如何规避入职管理中的风险

1. 及时、全面地收取资料

新入职员工所提供的资料是企业对其了解的第一个层次，资料及时、全面地收取对企业用工有重要意义，其中包括：员工简历、学历及相关技能证书原件和复印件、身份证和户口本的复印件、员工近期体检结果、离职证明、企业设计的《职员登记表》。外地户籍新员工还需要提供《暂住证》或《工作居住证》，外籍人员还需要提供《外国人就业证》等。这些资料都是十分重要的，每一份都会影响到企业的用工风险程度，尽早掌握这些资料，企业就多了一份主动。

2. 及时核实资料信息

（1）核实员工工作经历。员工的工作经历需要及时地核实，并需要按照员工告知的联系方式逐个致电核实，尤其对高级管理人员更需要重视这一点。同时，对于档案需要在企业统一存放的员工，也可以在档案中核实相关情况。

（2）核实教育经历。近几年取得的学历大多可以凭借证书号在网上查询，这种方式比较简单。另外也可以致电毕业学校的就业处查询学历真伪。

（3）核实员工体检结果。确认员工体检是否是在近期（三个月以内）取得结果的，并且需要了解员工是否有心脑血管疾病、传染性疾病等重要疾病，以方便对其岗位工作条件的改善或调整岗位。

（4）核实离职证明。离职证明十分重要，由于目前国有企业改制、私企中劳动争议不断增多，越来越多的员工在离职时未能取得原有单位的认可或根本没有与原单位解除劳动关系，给新招用这样性质的员工的企业带来了承担连带责任的风险。

（5）核实《职员登记表》上的相关内容。《职员登记表》能够系统地按照企业要求体现员工的基本情况，还能够增加一些企业需要员工说明的内容。需要核实登记表中所填的情况与其提供的其他资料是否相符，并且需要员工本人确认签字。

（6）核实其他重要情况。对于外地户籍员工还需要核实《暂住证》或《工作居住证》的到期时间，对外籍人员需要核实《外国人就业证》的到期时间，避免企业非法用工。户口本主要用以确认员工属于城镇职工还是农民工，这对于员工社会保险、公积金等相关福利待遇的享受会有影响。

3. 及时办理相关手续

在核实员工相关情况之后，应及时办理以下手续，这些手续的拖沓办理对于企业争取主动没有任何好处：

（1）及时签订劳动合同。应该在员工入职 1 个月内与员工签订劳动合同，约定服务期限。超过 1 个月的，企业就要承担相应的违约金。目前签订劳动合同对于企业来讲没有什么太大的风险，反而由于延期签订劳动合同带来的许多劳动纠纷是企业更为头疼的问题。

（2）及时办理相关的保险。许多企业说明要试用期过后再给员工办理社会保险，有的企业也愿意为员工补缴试用期内的保险，但是这样的做法反而把试用期内的用工风险全部让企业承担。如果员工在试用期间发生了任何医疗、工伤的费用，社会保险不能够承担时，法律规定这一部分费用就全部由企业出了。为员工及时上保险的最大好处就是将这种可能出现的风险在第一时间转嫁。

（3）及时办理档案调入。对于可以办理档案调入的本市员工，应该尽快让其将档案调入企业。通过档案关系的转移，可以核实出其是否还在领取失业金或者确认员工是否与原单位解除了劳动关系。另外，如果员工尚未审定工龄，也需要为其审定工龄之后再为其办理保险。

操作建议

一、员工入职管理流程

1. 新员工入职前期准备

（1）由招聘组将新员工资料转入，确认新员工入职日期。

（2）通知新员工办理入职手续所需资料及其他须知。

（3）填写《新员工接收单》，通知用人部门、行政部、信息部、财务部等相关部门；人力资源部准备入职所需表单、合同、协议等资料。

2. 新员工正式报到

（1）前台接待，引导新入职员工在等候区等候，并及时通知人力资源部人事助理。

（2）人事助理帮助新员工办理以下入职手续：

1）交验各种证件：身份证原件及复印件、学历证书原件及复印件、1 寸免冠照片 2 张、与原单位解除或终止劳动合同的证明、个别岗位需提供入职担保书、体检证明。

2）与新员工签署《劳动合同》《保密协议》。

3）新员工培训：讲解公司相关管理制度及《员工手册》并签字。

4）发放新员工入职指南。

（3）介绍公司情况，引领新员工参观公司，介绍新同事，并指引其前往前台办理考勤卡，领取所需办公用品。

（4）带领新员工到用人部门试用，由部门主管接手，并安排工作。

（5）在公司网络上发送新员工入职的欢迎信息。

3. 新员工入职后期工作

（1）整理员工入职的相关资料，相关领导签字后入档。

（2）及时更新公司花名册及电话号码簿。

（3）办理相关社保。

4. 员工试用期满的转正审核

（1）人事助理于员工转正前 10 天将《员工试用期总结报告》发放到员工手中，员工根据其上问题对试用期工作进行总结，并于转正前 7 天交至人力资源部。

（2）人事助理于员工转正前 7 天将《员工转正考核评估表》发放到该员工所在部门主管，由其直接主管对其作出评估，决定同意转正与否，交人力资源部，由人事经理审批后交总经理审批。

（3）将《员工试用期总结报告》及《员工转正考核评估表》存档。

二、相关模板

以下为新员工接收单模板，以供参考。

新员工接收单

姓　　名		到职日期	
部　　门		职　　位	
人力资源部	准备入职所需表单：□《劳动合同》 □《保密协议》 □《诚信廉洁协议》 □《工资及费用报销确认单》 □《员工培训手册》 □《新员工入职指南》 签字：____________		
行政部	1. □安排新员工工位 2. □准备该职位所需办公用品 3. □准备该员工手机号 4. □其他事项________________ 签字：____________		
信息部	1. □准备该员工所用计算机组件 2. □准备该员工所用 IP 地址 3. □设置该员工所用的企业邮箱和办公系统账号 4. □其他事项________________ 签字：____________		
用人部门	1. □该员工工作是否已安排 2. □该岗位《岗位说明书》是否已准备 3. □其他事项____________________ 签字：____________		

备注说明：1. 此表格在员工入职前，下发到部门签字确认。
　　　　　2. 此表由人力资源部和行政部备档。

录用审查——信任建立第一关

招才还是找“踩”？

一、业务扩大，引进人才

群艺广告公司是 B 市广告业的一颗新星，成立时间不长，不过优秀的创意加上优良的服务，使群艺在不足十年的时间里成功站稳了脚跟，业务几乎覆盖了B市广告业务的1/3，和很多知名品牌都签有商业协议。公司业务越来越多，优秀的广告人才就显得捉襟见肘了。于是，公司决定招录一批高学历专业人才作为后备力量，为业务部门补充新鲜血液。

没做过这么大规模的招聘工作，公司人力资源部的员工也经受了一次挑战，部门经理康正带着员工一起加班，从筛选简历、笔试、一面、二面，一个环节都不敢放松，一个多月后终于初步确定了十个人选。

二、时间所迫，简单审查

细心的员工关系主管吴越提醒康正："康经理，一下子招录这么多员工，咱们是不是应该作个背景调查啊？"康正点点头，"不过这项工作花钱又费时，业务部门天天在催人，小吴你就简单作个审查吧，我看大部分都是刚毕业的学生，应该问题不大。"

吴越的审查确实发现了一些问题，这十名候选人中只有杨振一人是有工作经验的，虽然他已经从前一个公司辞职，但其人事关系尚未进行调动，吴越和康经理讨论再三，还是决定不予录用了；而其余九人均为在校大学生，还有几个月才毕业，背景应该是清楚的，于是，在业务部门不断催促之下，人力资源部迅速与他们签订了劳动合同，并办理了入职。

三、脱颖而出，初露锋芒

在这群大学生中，从名牌大学毕业的冯凯业绩最为突出，刚到公司没三个月，就签下三笔订单，给公司带来了近130万元的效益，令高层刮目相看。更为难得的，冯凯为人很谦虚，经常帮助同事解决一些问题，人缘也非常好。

这样的人才很快被高层看重，广告公司里靠的不是资历而是实力，这也是群艺公司用人坚持的理念。于是，在冯凯到公司工作不到两年后，便被提拔为设计副总，接手大品牌的广告业务，而冯凯也兢兢业业不负众望，为公司新增了很多客户，获得了老板和客户的一致肯定。

四、新增项目，对手崛起

就在整个公司看起来蒸蒸日上时，财务部门却发现了一些问题，广告项目虽然多了，但金额普遍较低。大的项目明显萎缩，尤其是以前一些长期合作的品牌老客户慢慢地开始不再续约，公司实际的经济效益开始下滑。

更让公司雪上加霜的是，群艺公司与另一家新崛起的志扬公司竞争同一个大客户时，意外发现志扬公司的设计方案和自己的很相似，但却早一天呈现给客户，客户认为群艺公司剽窃了对方的方案，便取消了在群艺公司所有的业务，并迅速和志扬公司签订协议。

五、间谍高管？如何解释

设计被指剽窃，这是广告业的一件丑事，群艺公司马上展开了调查并很快有了眉目，原来担任设计副总的冯凯竟是志扬公司的高级合伙人！志扬公司是他在大学时期创办的，并交给朋友打理，只是当时还很小并不引人注意。也就是说，冯凯才是志扬公司真正的老板！进一步的调查发现，很多老客户都在冯凯和他们见面之后把业务转给了志扬公司，很显然，这应该是冯凯借着外出谈业务的机会游说的。

群艺公司还未采取任何措施，冯凯却已主动提出了辞职，并带走了三名同期进公司的业务骨干，并在第二个月入主志扬公司，担任设计总裁。这迅速的好似电影里的场面着实让康正和吴越都惊呆了，而吴越知道，人力资源部在这件事情上难辞其咎，公司高层很快会找到康经理和自己要解释，是啊，该如何解释这巨大的疏漏，又该如何处理这个难题呢？

思考题

1. 群艺公司在招聘这批大学生的过程中是否有欠妥之处？可以怎样改进？
2. 结合案例思考，录用审查都应该审查哪些内容？
3. 你认为在正式签订合同前，对招录人员进行背景审查是否重要？为什么？

问题解析

一、录用审查的含义和目的

录用审查是指经过招聘筛选后，用人单位对拟录用的人员进行信息审查的过程。一般来说，在正式录用之前，用人单位会对拟录取对象的基本信息、身份证明、学历证、学位证及工作经历证明等方面进行核实审查。

录用审查的目的主要有三个：①确定该应聘者与其他用人单位不存在劳动关系；②对于简历上的应聘者信息进行核实；③审查求职者是否存在竞业限制。因此录用审查一般需要应聘者提供相关证件的原件，同时将相应复印件留作备案。

二、录用审查的内容

在正式录用、建立员工关系之前，录用审查是非常必要的。审查的内容主要包括：①是否存在曾经录用但不到任的情况；②离职证明或者非全日制用工原用人单位同意员工建立新劳动关系的意见书；③简历信息：身份证明、学历学位及相关技能证书、成绩获奖证明等；④原用人单位所处行业、求职者曾所处职位是否涉及保密、竞业限制等情况；⑤求职者创业、工作经历；⑥健康状况相关信息，排除求职者入职前就已有疑似职业病等情况；⑦符合招聘职位所要求的其他录用条件。

三、录用审查的流程和方法

录用审查的基本流程如图 1-1 所示。

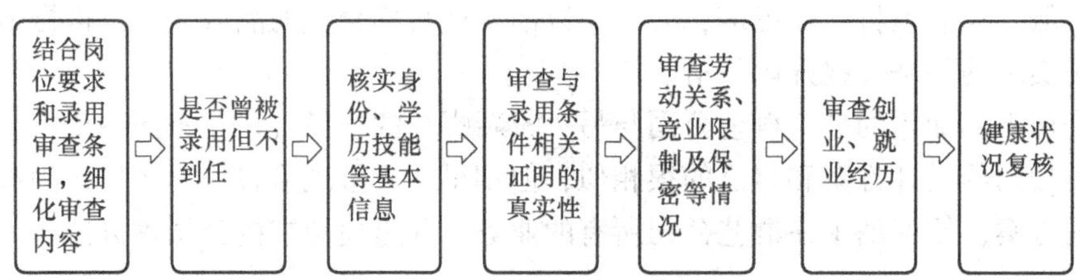

图 1-1 录用审查的基本流程

录用审查的方法主要有：

（1）查阅档案法。通过查阅档案，可以熟悉求职者的自然情况、工作经历、历史和现实情况，起到对求职者基本信息的审核作用。在使用过程中一定要注意求职者提供信息与档案信息的结合，同时要能够区分档案材料的真伪，注意档案材料是否连续、完整。

（2）交谈审查法。通过与人交谈，了解求职者各方面的现实情况，员工关系管理人员可自行掌握谈话时间、内容、程度。谈话的对象主要是求职者原单位的领导、同事及求职者本人，交谈方式可以是通过电话、邮件，与求职者本人最好面谈。

四、录用审查的作用

在用人单位正式录用某一求职人员前，谨慎、严格的录用资格审查是极其重要的，它可以为用人单位避免由员工审查不严带来的纠纷，其作用主要体现在以下几个方面：

1. 可以避免“双重”劳动关系带来的不必要纠纷

《劳动合同法》第九十一条规定，“用人单位招用与其他用人单位尚未解除或者终止劳动合同的劳动者，给其他用人单位造成损失的，应当承担连带赔偿责任。”即若用人单位招用尚未解除劳动合同的劳动者，对原用人单位造成经济损失的，该用人单位应当依法承担连带赔偿责任。因此，招聘单位应该确认所拟录用的人员不存在其他劳动关系，如果审查不严，导致录用的人员尚未解除劳动合同，则应承担相应的法律责任。案例中，吴越和康经理决定不录取杨振便是出于避免这一管理风险的目的，此决定是案例中员工关系主管吴越做得较好之处。

但需要注意的是，《劳动合同法》认可了非全日制的“双重”或“多重”劳动关系，此处法律认可“双重”或“多重”关系的是非全日制用工。因此，如果招聘单位招录与其他用人单位存在劳动关系的劳动者，应该注意审核相应的证明。因为根据《劳动合同法》的规定，双重劳动关系建立的前提是对完成本单位的工作任务造成严重影响，所以，招聘单位接受与其他用人单位存在劳动关系的劳动者，应该要确认原用人单位是否同意其再建立劳动关系。招聘单位可以要求劳动者提供原单位同意其建立双重劳动关系的书面意见，以绝后患。

2. 避免应聘欺诈，给公司带来损失

在招聘的过程中，难免会有小部分求职者由于各种原因对自己的简历信息造假。有时这种造假并不会给用人单位带来损失，但很多时候这种虚假信息会使用人单位招录到不合适的人选，从而给用人单位带来额外的招聘及其他管理成本。尤其是在正式录用后，发现虚假应聘要解除合同时，很容易引起法律纠纷。因此，正式录用前的审查是非常必要的。

3. 防止竞业限制纠纷和商业间谍给公司带来损失

关于竞业限制，问题主要有两个方面。一方面，一些应聘者可能隐瞒其与前用人单位签订了竞业限制协议，而本单位与其原单位存在竞争关系。虽然说若劳动者违反竞业限制协议进入与前单位竞争的企业，一般由劳动者根据协议赔偿原单位，但是往往由于两家单位的竞争关系，难免会使企业陷入一些被动局面。另一方面，避免应聘者个人另一身份和用人单位业务存在竞争关系。如案例所述，冯凯不仅是公司的员工，同时自己也经营着与公司相似业务的公司，这样的情况无论是对公司的业务发展还是对公司的员工管理都会带来很大的损失。因此，录用审查并不是走过场，必须谨慎严格，避免差错。

操作建议

1. 制定明确、详细的录用审查条目

为使录用审查工作做得细致、严格，用人单位应当参照招聘条件、录用条件列出录用审查的具体条目，使审查工作明晰且有参考依据。这样做也可避免相关工作人员在录用高峰期，疏漏一些审查项目，给公司带来不必要的麻烦。本案例中，由于没有详细的录用审查条目，员工关系主管吴越没有现成的审查工作参考依据，简化录用审查才给公司带来巨大的损失。因此，在员工关系管理过程中，应当制定明确、详细的录用审查条目。这样，即使公司大量招聘员工，也不容易在录用审查环节出问题。

2. 主动核实应聘者的相关信息

用人单位应当主动核实应聘者信息，而不能完全被动依赖应聘者自己提供。在现实管理中，往往存在员工关系管理者过于依赖应聘者自己提供材料，而不主动要求和核实。实际上，有时候只要用人单位稍微主动来调查和核实相关信息，即可确认个别应聘者信息的真假。比如，对于应届毕业生，招聘单位可以与相应学校的招生就业部门联系，核实其个人信息，同时也可了解应聘者在校期间的表现。而对于非应届毕业生，用人单位应当积极与其前用人单位沟通，了解相关信息和工作表现等。

3. 将相关证件的复印件作为录用员工的个人资料予以保管，并让员工签字

用人单位在对拟录用人员进行录用审核时，应该认真地确认相关信息，对于身份证、学历证件等都应该认真审查原件，必须要求员工提供全面真实的应聘、入职资料，对于重要的证件资料应该要保留复印件，并且要求相关的应聘者签字确认。

4. 规范管理制度，在劳动合同中明确提供虚假应聘信息的责任

公司员工关系管理人员应当明确：应聘者提交虚假材料入职前属于应聘欺诈，入职后是违反企业规章制度。因此，企业应当在管理制度和劳动合同中都加以明确。比如，在劳动合同中明确指出：员工必须保证签订合同前提供的证明材料客观、真实、合法，公司是基于完全信任应聘者提交的资料才录用的；如果员工提交的任何材料是假的，就是员工欺骗公司，误导公司作出录用决定。这样一来，即使不可避免地出现了审查的疏漏，用人单位也能有利己的证据，证明劳动合同的无效。

看似简单的试用期解聘

ER 和员工，是谁不合格

一、新人到位

周一，黄杉比平时来得还要早一些，作为酒店的总经理，今天确实是个重要的日子，前期招募培训的 60 名员工，今天要上岗了。A 市这家商务酒店是景程集团开设的第三家商务酒店，度假酒店一直是公司的主打品牌，效益一直不错，但是涉足商务酒店，在人员配备、硬件设施上还是有些特殊性的，前两家效益一般，因此黄杉自觉任务艰巨。

前期筹备工作非常繁忙，为了减轻商务酒店筹备部门的压力，集团公司承担了人员配备的工作，除了调派公司人手之外，还帮忙新招募了 60 名员工，并签订了三个月的试用期合同，试用期的工资均为 1000 元。公司承诺，试用期合格的员工都会签订两年期的劳动合同，并且提高工资。同时考虑到商务酒店对于人员的要求，公司还特别在试用期内安排了七天的

培训。

二、优秀员工

今天是培训结束、员工正式上岗的日子，黄杉的紧张不比他们少，于是料理好手头的事情后，黄杉先来到了客房。

走廊很安静，酒店新开，客人还不多，不过黄杉已经看到了一个熟悉的身影，那是赵佳，客房部的新员工，培训期就表现出良好的素质，踏实认真，有上进心，听说一直在自学英语。此刻她安静地擦拭着过道指示牌，经过窗户时轻轻拉开窗帘推开窗子，确实，一个晚上密闭的空间空气不好，而这以前黄杉并未注意到。黄杉欣慰地点点头，没有打扰，转身去了大堂。

三、意外结果

开业的紧张让时间过得很快，5 月，三个月的试用期快到了，照理说应该签正式的劳动合同了，但赵佳却奇怪地发现，自己没有接到总公司人力资源部的通知，她想问问经理，可是又觉得不好意思。看着其他人纷纷收到签订通知，赵佳着急了，同事安慰她："你平时做得那么好，连黄经理都经常夸你，肯定会留任的，别着急。"听了同事的安慰，赵佳也稍微安心了些，仔细想想，自己的表现确实算得上兢兢业业，应该能留任。

可是距离转正的日子过去两天了，仍然没有任何消息，而黄经理出差也没有回来，赵佳心里有些打鼓了，本想趁经理回来马上去问问，可是 A 市承办的国际会展带来的巨大客源使得酒店上上下下忙成一片，这件事情又搁置了。

四、上下皆惊

忙过这阵，已到 7 月，大家领到 6 月份正式工作的工资时，赵佳才意识到事情的严重性，自己没有工资！赵佳慌忙去找黄经理。黄杉一听也有点纳闷儿，打电话回总公司，人力资源部平静地回复，赵佳根本没有入职，哪来的工资?！人力资源部的记录显示，赵佳在试用期不合格，不予录用，没有签订正式的劳动合同也是这个原因，而且人力资源部坚持说已经下发了通知。

试用期不合格？什么原因？黄杉急忙追问："她在我这里干得非常好，怎么会不合格？我们上报的工作情况也显示她工作很优秀啊！"电话那头的解释仍然简洁而又不容置疑，"试用期的工作没有问题，但是发放通知的时候我们发现她已经 33 岁了，不符合公司对商务酒店员工年轻化的要求，所以不予录用。"

听到这个解释，赵佳委屈地说道，"年龄大是我的弱势，可是招聘的时候公司没有说明要年轻啊！"黄杉有些愧疚地站起来，皱着眉头解释道，"我刚才问了，总部解释说这个规定就是 5 月份刚确定的……你别太着急，我会再帮你争取的。"气愤又伤心的赵佳却觉得等待的意义不大，于是第二天便将总公司诉至了劳动争议仲裁。

思考题

1. 酒店在员工试用期管理上的问题和错误主要有哪些？
2. 酒店能否以赵佳不符合录用条件为由解除其劳动合同？请说明理由。

问题解析

一、试用期的定义

从不同角度试用期的定义会略有不同。根据《劳动部办公厅对〈关于劳动用工管理有关问题的请示〉的复函》(劳办发［1996］5号)第三条规定，试用期是用人单位和劳动者建立劳动关系后相互了解、选择而约定的不超过6个月的考察期。从这一规定可以看出，试用期一般是指在劳动合同期限内，劳资双方为互相了解和考察约定的一段时间。根据《劳动合同法》第十七条第二款的规定，试用期不是劳动合同的必备条款，属于用人单位与劳动者双方协商确定的条款，是劳动合同中双方约定自治的内容。

以上是从法律的角度来看试用期的。而作为员工关系管理，我们还应当从管理的角度来看待试用期。从管理的角度来讲，试用期是用人单位在招聘筛选后，对意向录用员工试用的过程，是为招到合适人才进行的检验，也是员工和用人单位双方的一个适应磨合期。从时间概念上来讲，试用期是指从新员工报到上班开始，经历岗前培训、岗位熟悉到正式胜任工作岗位所需的时间。

二、试用期的特殊性

(1)试用期期限设定的特殊性。试用期是用人单位和员工双方进行磨合的过程，在此期间，员工的工资低于正常工资。因此，现实中很多用人单位利用试用期降低用工成本，将试用期限设定得很长。但是，根据法律规定，试用期期限的设定并不是随意的，试用期的长短取决于劳动合同期限的长短。《劳动合同法》第十九条规定：劳动合同期限三个月以上不满一年的，试用期不得超过一个月；劳动合同期限一年以上不满三年的，试用期不得超过两个月；三年以上固定期限劳动合同和无固定期限的劳动合同，试用期不得超过六个月。同一用人单位与同一劳动者只能约定一次试用期。以完成一定工作任务为期限的劳动合同或者劳动合同期限不满三个月的，不得约定试用期。劳动合同仅约定试用期的，试用期不成立，该期限为劳动合同期限。因此，用人单位在设定试用期时，应当注意符合法律规定。

(2)试用期工资的特殊性。试用期工资与试用期满后的工资可以有所区别，但是也不是可以随意约定的。根据法律规定，试用期员工工资可不与同岗位其他员工执行同工同酬待遇，工资可以相应较低，但不得低于同岗位最低档或劳动合同约定工资的80%，并不得低于当地最低工资标准。否则，用人单位将要承担相应的法律责任。

(3)双方解除劳动合同的特殊性。根据法律规定，在试用期内，用人单位可以以不符合录用条件为由解除劳动合同，劳动者可以提前三天通知用人单位解除劳动合同。由此可见，法律在对试用期解除劳动合同的条件限制上不一样。用人单位在试用期解除劳动合同，需要证明劳动者不符合录用条件，而劳动者在试用期解除劳动合同则不需要理由，提前三天通知用人单位即可。

三、试用期内解除劳动合同的条件

在试用期内，劳动者解除劳动合同不需要理由，提前三天通知用人单位即可。而用人单位在此期间要解除劳动合同则受到了一定的约束。试用期内用人单位可以与劳动者解除劳动合同的情形有：①在试用期间劳动者被证明不符合录用条件的；②严重违反用人单位的规章制度的；③严重失职，营私舞弊，给用人单位造成重大损害的；④劳动者同时与其他用人单位建立劳动关系，对完成本单位的工作任务造成严重影响，或者经用人单位提出，拒不改正的；⑤以欺诈、胁迫的手段或者乘人之危，使对方在违背真实意思的情况下订立或者变更劳动合同，致使劳动合同无效的；⑥被依法追究刑事责任的；⑦劳动者患病或者非因工负伤，在规定的医疗期满后不能从事原工作，也不能从事由用人单位另行安排的工作的；⑧劳动者不能胜任工作，经过培训或者调整工作岗位，仍不能胜任工作的。

四、试用期解聘主要存在的问题

法律规定，用人单位在试用期解除劳动合同的，应当向劳动者说明理由。在实践中，劳动者不符合录用条件是绝大多数用人单位在试用期解聘劳动者的理由，但这并不是无条件的。因此，在管理过程中，试用期解聘常存在以下一些问题：

1. 缺乏录用条件，或者录用条件设计空泛、抽象

在试用期，用人单位以不符合录用条件解聘劳动者，首先需要用人单位在录用劳动者时应当向劳动者明确具体的录用条件是什么。但现实中，有的用人单位并没有科学、合理地设计录用条件，或者将录用条件与招聘条件等同，这些都是错误的做法。

2. 缺乏考核，或考核不及时、不全面

在试用期解聘员工，举证责任在用人单位，用人单位要能证明员工确实不符合录用条件。要做到这一点，则需要用人单位以考核结果为依据。但在实践中，往往由用人单位凭自己的感觉来评判员工是否符合录用条件，这一做法是不可取的。另外也有用人单位虽然有根据录用条件进行考核，但是考核不及时、不全面，这也给用人单位的试用期管理带来了麻烦。

3. 负责考核主体不明确

在实践中，对员工试用期的考核除了存在前面提及的问题之外，往往还有用人单位存在负责考核主体权责不明确的问题。案例中，首先公司的录用条件不明确，其次考核主体权责混乱。所以才会出现商务酒店留用了赵佳，集团公司却表示并未录用该员工。A 市的商务酒店是景程集团下属的酒店，其招用人员的基本条件要符合集团的用人理念和要求。但可以根据商务酒店的特殊性，在不违背集团用人理念原则的情况下，有自己的用人自由。在筹备阶段为缓和筹备部门的压力，集团公司调配并帮忙招用员工，但真正的用人和考核部门应当是商务酒店的人力资源部门。不然，容易出现用人实际情况和考核相脱节的状况，导致留用不合适的人员。

4. 不予录用决策不及时

在考核后，发现员工不符合公司的录用条件应当及时决策，并及时通知员工解除劳动合同。因为用人单位以员工不符合录用条件解聘员工这一理由只适用于试用期内。一旦过了试用期，即使员工不符合用人单位录用条件，用人单位都不可以再以这一理由解除劳动合同了。

操作建议

一、工作中的注意事项

1. 科学设计录用条件

录用条件是试用期员工管理中的前提和基础，离开录用条件谈试用期管理，犹如无本之木、无源之水，毕竟试用期的目的就是考察员工是否符合录用条件。“不符合录用条件”是用人单位在试用期间解除员工的一个最常用理由，但要想以“不符合录用条件”辞退处于

试用期的员工，前提是必须有明确的录用条件。用人单位要以员工“不符合录用条件”解除劳动合同，必须设计好合理、科学的录用条件。在设定录用条件时，一方面，要使员工明白要求，为其指明努力方向，有明确的理由和证据证明其不符合录用条件；另一方面，设定时，要明确化、具体化，从确实能够对员工进行考量的角度描述录用条件，忌空泛化、抽象化。

2. 事先公示录用条件

用人单位设计好录用条件后，还需要事先将录用条件公示或告知员工，否则发生纠纷时也无济于事。用人单位可以通过以下几种方式公示录用条件：①通过招聘广告明确“录用条件”，注意将广告存档备查，并保留媒介原件；②录用员工时向其明示录用条件，并要求员工签字确认；③建立劳动关系前，通过发放录用通知书方式向员工明示录用条件，并要求签字确认；④劳动合同中明确约定录用条件或不符合录用条件的情形等；⑤在岗位说明书中对录用条件进行详细约定，并将岗位说明书作为劳动合同的附件。

3. 明确试用期考核标准和考核负责人

试用期考核是试用期管理的重点和关键工作。因为用人单位要解除试用期员工的劳动合同，举证责任在用人单位，即用人单位要拿出证据证明员工不符合录用条件。如果把岗位职责等要求作为“录用条件”，必须完善考核制度，明确界定什么是符合岗位职责要求、什么是不符合，有一个可量化、可操作的标准，否则再完美的录用条件也是摆设。在正式签订劳动合同时，用人单位应当告知劳动者，公司在试用期间将如何对其进行考核，考核内容及评分原则，劳动者最终录用将以什么作为客观依据。在试用期间，用人单位需明确考核负责人，根据录用条件认真考核，以考核结果为是否录用的依据。由此可见，试用期管理需加强试用考核制度建设，当然这些制度要以事先设定的录用条件为核心。

4. 建立试用期员工指导计划

新员工由于对公司环境、工作内容不熟悉，对公司文化不了解，难免对公司缺乏归属感。同时，也容易陷入迷茫，融入公司阶段对新员工来说非常重要。因此，在条件许可的情况下，尽可能对试用期员工实行“一对一”导师负责制，建立试用期员工指导计划。由特定导师指导试用期员工熟悉环境和工作，也好让员工尽快融入公司文化氛围，找到归属感。同时，在专门的导师指导下，员工容易找到自己应该实现的目标，在适用于公司工作的技能素质上也会得到必要的训练和支持。

5. 试用期内及时作出选择，如不予录用要及时通知员工

由于“不符合录用条件”解除劳动合同，仅限于试用期内可用，一旦超过试用期，用人单位不能以此为理由解除劳动合同。故试用期满前，必须通过考核对试用期员工的去留作出选择，以免被迫留下不太符合条件的员工，影响工作。同时，若根据公司规定通过考核决定不予录用，则员工关系管理部门要及时通知员工不予录用并说明理由。

6. 试用期满后应及时办理劳动者转正手续

若试用期满后仍未办理劳动者转正手续，则不能认为还处在试用期，用人单位不能以试用期不符合录用条件为由与其解除劳动合同。

一般情况下应当以法律、法规规定的基本录用条件和用人单位在招聘时规定的知识文化、技术水平、身体状况、思想品质等条件为准。对于劳动者在试用期间不符合录用条件的，用人单位必须提供有效的证明。如果用人单位没有证据证明劳动者在试用期间不符合录

用条件，用人单位就不能解除劳动合同，否则，需承担因违法解除劳动合同所带来的一切法律后果。所谓证据，实践中主要看两个方面：一是用人单位对某一岗位的工作职能及要求有没有作出描述；二是用人单位对员工在试用期内的表现有没有客观的记录和评价。

二、可用的相关表单

劳动合同解除通知书

××××公司于______年______月____日与________先生/女士签订了劳动合同，原劳动合同的有效期为______，至______年____月______日止。双方约定的试用期为____个月，从______年____月____日起，至______年____月____日止。

现因您在试用期间被证明不符合录用条件，根据《中华人民共和国劳动合同法》第三十九条和第四十六条规定，以及原劳动合同的相关约定条款，经公司管理层批准，依法与您解除原劳动合同。按照国家的劳动管理规定，公司将支付您本月应得的工资。特此通知______先生/女士，原劳动合同将于______年____月____日正式解除，请即日起与公司办理相关离职手续并领取本月应得的工资，并于____年____月____日起，______先生/女士与××××公司完全解除劳动关系。

××××公司（盖章）
年　　月　　日

签 收 回 执

本人________已收到××××公司所于________年____月____发出的《劳动合同解除通知书》。

被通知方（签名或盖章）：
年　　月　　日

无合同不纳保

试用期岂能随心所欲

一、先解燃眉之急

眼看离毕业越来越近，焦阳心里的着急明明白白地写在脸上，身边的同学一个个都就业了，自己的前途却还没有着落。其实焦阳的条件不差，虽然毕业于一所二流本科学校，但是做过学生会主席，成绩也一直名列前茅，只不过焦阳对于工作的要求比其他同学特殊，自己是学计算机的，也喜欢这个专业，所以一心想找个对口的工作。

可是就业形势并不乐观，时间一天天过去，焦阳只好认命，先解决有无问题吧。放弃专业要求的他很快通过了面试，被一家制药公司录用为行政专员，签订了三年期的劳动合同，并额外口头约定了三个月的试用期，试用期月薪2200元，五险一金，包吃住。这样的工作让很多同学羡慕，毕竟在这座小城市，月薪两三千元又不太辛苦的工作并不好找。焦阳虽然觉得试用期口头约定有点奇怪，不过待遇不低，也就没再纠结，毕竟，三年的合同是白纸黑字写清楚的。

二、其中苦乐自知

开出这个条件，制药公司行政人事部的HR经理徐倩有自己的判断，焦阳的素质确实不错，应付行政专员的工作没问题，计算机水平又高，以后部门上HR系统可能还会发挥作用。

办好入职手续后，徐倩特意嘱咐焦阳："小焦，这份工作虽然不是你的专业，但公司很器重你，希望你好好努力，也希望你能在公司找到发挥自己专业所长的机会！转正后工资会升至2500元，还会为你补交试用期的各种保险，其他各种待遇都还会提高，加油干吧！"

深受鼓舞的焦阳在不太熟悉的岗位上仍然表现出了良好的综合素质，公司上下都很满意，可是焦阳的心里仍然很压抑，大学四年的专业无法施展，每天只能疲于忙一些没有多少技术性的工作中，苦闷只有自己知道。

三、遇到工作转机

就在焦阳苦闷而不知出路的时候，一家很久之前投过简历的IT企业向他抛来了橄榄枝，尽管工资不高，但执著的焦阳还是毅然决定离开公司，投奔自己真正爱好的专业而去。

第二天焦阳向徐倩递交了辞职信，徐倩并没有过多的震惊，其实她也清楚，这样的岗位留不住这样的人才，只不过没有想到这么快，试用期未过，焦阳便有了去意。两人平静地聊了几句，尽管难掩遗憾，徐倩还是没有再多做挽留，"好吧，小焦，你去找人事部门小王办理一下离职手续吧，试用期手续比较简单，交接一下工作，查一下文档和物品就可以了。"

四、试用没有保险？

焦阳点点头，却没有离开，他有点不好意思地问道，"徐经理，我来的这两个多月的保险费，是不是也找小王给我补缴一下啊？"徐倩皱了皱眉头，"保险？试用期没有保险，如果你试用期合格留任转正了，公司会补缴这三个月的保险费，但是现在，是你自己提出的离职，自然就没有保险费补缴这一说了。"

其实这理由听起来倒是挺有道理的，不过焦阳来找徐倩之前也查了些资料，于是他鼓起勇气继续说道，"好像不是这样的，徐经理，试用期其实也应该给我缴纳保险费的，无论我是不是会离职……"。徐倩有些不耐烦了，"小焦，我一直觉得你是个大气的孩子，你这么说就有点不讲道理了，试用期就是一个双方了解的机会，如果你干得不好考核不合格，我给你上了保险不是浪费了吗？难不成再让你还给我？!"焦阳心里一惊，知道再交谈下去也不会有结果，于是转身告辞，决定再去请教请教学劳动法的朋友。

思考题

1. 案例中的制药公司试用期管理的错误有哪些？

2. 试用期是否要签订劳动合同？不签订劳动合同有什么后果？

3. 试用期是否要为劳动者缴纳社会保险费？制药公司试用期后补缴社会保险费的做法有何风险？

问题解析

一、试用期的意义

在现实中，有很多用人单位把试用期当做节约成本的工具，这种理念不但不能为企业带来正面效用，还可能给企业带来不必要的麻烦。既然试用期不能为用人单位带来直接经济成本节约，那它的意义何在？简单来说，可以分别从用人单位和员工角度进行阐述：

（1）从用人单位的角度来说，试用期是用人单位对新招收员工的思想品德、劳动态度、实际工作能力、身体情况等进行进一步考察的时间期限。在试用期间，用人单位可以观察检验员工是否符合录用条件、是否可以融入组织在组织中发挥应有的作用。同时，这一期间也是用人单位和新招员工的磨合过程。

（2）对于员工来说，在试用期，可以熟悉工作环境、工作内容，了解工作岗位是否真的适合自己，公司是否符合自己职业发展的期望。在此期间，员工可以去适应公司的制度环境、管理风格等，以使自己正式入职后更好地工作，更大程度地实现自己的价值。

二、试用期劳动合同签订的认识误区

在《劳动合同法》实施后，由于不与劳动者签订劳动合同，将要向劳动者支付双倍工资，因此用人单位对劳动合同的签订给予了重视。但是，在现实中，很多用人单位对试用期的劳动合同签订却存在认识误区。

（1）一些用人单位认为既然是试用期，那就等试用合格了再签劳动合同。

（2）还有一些用人单位认为试用期就签订劳动合同，万一试用不合格还要解除劳动合同，解除合同还容易有纠纷，因而干脆不签订劳动合同。但是，这些认识都是不正确的。

三、试用期不签订劳动合同的后果

根据法律规定，不管双方是否签订劳动合同，只要存在用工关系，双方的劳动关系就建立了，双方就有了相应的权利义务。另外，《劳动合同法》第十九条规定，试用期包含在合同期内。劳动合同仅约定试用期的，试用期不成立，该期限为劳动合同期限。因此，未订立劳动合同，也就不存在试用期。试用期不签订劳动合同，用人单位不仅要支付正式录用的全额工资，如果超过一个月没有签订合同还面临支付双倍工资的代价。

再者，试用期签订了劳动合同，用人单位只要做好管理工作，根本不用担心签了合同就不好解聘，只要员工不符合用人单位的录用条件，用人单位是可以解除劳动合同的。因此，用人单位的担心是不必要的。

四、试用期缴纳社会保险费存在的问题

关于试用期给员工缴纳社会保险费的问题，实践中存在与试用期签订劳动合同相类似的误区。很多用人单位认为等试用期满了才给员工缴纳社会保险费，比如前面案例提到的制药公司就是如此。但实际上这样做加大了用人单位承担用工风险的概率。

（1）试用期缴纳社会保险费是用人单位的法律义务。社会保险是国家为员工的生活、医疗保障而实行的强制性保险。所谓强制性，即双方当事人不得自由协商。因此社会保险费是否缴纳、如何缴纳都不是用人单位与员工之间可以相互商量的事宜，用人单位应该按照法律法规的规定执行。即使双方约定“不缴纳社会保险费”，该约定也无效。根据法律规定，用人单位与劳动者建立劳动关系后，应当为劳动者缴纳社会保险费。用人单位没有缴纳的，劳动者可以要求用人单位补缴。

（2）试用期未缴纳社会保险费会给用人单位带来风险。若员工在未缴纳社会保险费期间发生工伤事故，赔偿责任由用人单位承担。而缴纳了社会保险费的用人单位，期间若发生员工工伤事故，工伤赔偿责任由保险公司或工伤保险基金承担。因此，为降低这种风险，用人单位在与劳动者建立劳动关系后，应及时为劳动者缴纳社会保险费。这是法定义务，而且在一定程度上，对用人单位和劳动者双方都是一种保障。另外，用人单位没有缴纳社会保险费，员工可以单方解除劳动合同，并且可以向用人单位主张经济补偿。因此，用人单位对此问题应当予以重视。

操作建议

一、及时签订劳动合同

试用期不签订劳动合同，不仅不能免除用人单位作为用工一方的相应义务，反而还可能增加用工成本。比如，没有劳动合同，试用期便不成立，从用工第一天开始用人单位就要支付员工全额工资。此外，如果超过一个月没有签订劳动合同，用人单位要支付双倍工资给员工。同时，没有劳动合同，用人单位也不能以试用期员工不符合录用条件解除劳动关系，这也增加了用人单位解聘员工的难度和成本。因此，在试用期间，用人单位应及时与员工签订劳动合同。

二、签订劳动合同时注意试用期限的约定

《劳动合同法》第十九条规定：劳动合同期限三个月以上不满一年的，试用期不得超过一个月；劳动合同期限一年以上不满三年的，试用期不得超过两个月；三年以上固定期限和无固定期限的劳动合同，试用期不得超过六个月。以完成一定工作任务为期限的劳动合同或者劳动合同期限不满三个月的，不得约定试用期。此外，同一用人单位与同一劳动者只能约定一次试用期。由于这些特殊的规定，用人单位在和员工签订劳动合同时应当注意试用期限的约定，做到不违法。

三、积极为员工缴纳社会保险

用人单位试用期不给员工缴纳社会保险费，往往是想节约用工成本。但实际上，这部分费用根本没法节约。一方面，员工可以要求用人单位补缴；另一方面，如果这期间发生工伤事故等问题，用人单位将付出更大的代价。例如，上海某单位招聘一劳动者，刚用一个月，发生工伤，被鉴定为工伤九级，可享受工伤赔偿3.5万元。因为单位没有为其缴纳社会保险费，最终赔偿责任落在单位头上，省了几百元保险费，却付出了3.5万元的工伤赔偿，这还不包括医疗费等费用。从这个例子可以看出，积极为员工缴纳社会保险费，实际上是降低用人单位用工风险的方式。

合同签订那点事儿

签订合同不等于限制自由

一、拳脚被缚

在伯父的洁具公司工作是沈辉父母的安排，有亲戚照顾，收入不愁，也算是家里第一个大学生对家族生意的贡献吧。沈辉的不情愿是自然的，学了四年劳动关系，本想到大企业中去磨炼，不想却被“软禁”在了这家小厂子里，一混就是两年。名片上的头衔好看，“员工关系经理”，可自己几乎不用做什么管理。

不用做管理，是因为公司根本没有什么可管理的劳动关系内容：员工流动率高，所以合同基本上不怎么签，有要求的就临时拟一个；没什么试用期，直接上岗边学边做，学会了就留下用；也不存在什么关爱，按时发工资，员工就感恩戴德了。公司里只有销售和市场是核心，自己的工作基本上无法开展，无奈的沈辉使出了“杀手锏”，“给我配个助手吧，好好规范公司的劳动关系管理，不然我就不干了！”

二、自由至上

于是上个月，一直以来孤军奋战的沈辉终于有了个同事，也是唯一的一个下属，小齐。小齐是伯父的朋友介绍进来的，大专，学中文的，其他岗位安排不了，于是就成了沈辉的搭档。小齐刚来的时候，沈辉兴奋了几天，他准备了很多材料给小齐看，目的就一个，和小齐一起，先把公司的劳动合同制度建立起来，不能再让公司的劳动关系管理如此这般“裸奔”。

可花了三天看完材料的小齐仍然是一头雾水，并且还向沈辉宣传了一个崭新的劳动关系理念——“不自由，毋宁死！”小齐对沈辉说道，“沈经理，我看了这些材料，不签合同这么多风险，签了合同也有这么多问题，其实是因为忽视了人追求自由的天性。要我说，不签合同是对人性的解放，不签合同也就没有了风险，我们靠的都是诚信和默契，这才最重要！”

三、突发状况

看着小齐眼睛里闪烁的光芒，沈辉却一下子颓丧极了，心灰意冷，无法沟通，哎……

这时，公司副总老汪急匆匆推开了沈辉的办公室，皱着眉头，满脸焦虑。“怎么了？”沈辉问道，紧张地站起身来，“小沈啊，我们被人告了啊！”“您别着急，慢慢说。”

汪总一边抹汗一边说：“车间有个工人，一个小切割工，上个月离职了，公司待他不薄啊，工资、奖金、保险一个不落。没想到他带着厂里另外十几名员工到劳动争议仲裁把公司告了！劳动争议仲裁是个什么部门啊？公司今天收到了什么申请书，十几个员工前前后后算了要公司赔偿三十几万元！这怎么办啊，小沈？”

四、重新学习

沈辉一屁股坐在了椅子上，看着心急如焚的老汪，他稳了稳神，叹口气说道，“汪叔，您也别着急了，这个事情现在没什么好办法，只能立刻去准备钱，再立刻去跟厂里的员工签，合，同。”沈辉一字一句地说道，心里苦恼极了。

一边的小齐惊呆了，“没有办法吗？不签合同要赔这么多钱？！那赔了钱是不是就没事了啊？”沈辉想了想，摇摇头，“应该还结束不了，厂里这么多员工，这么大的案件员工一定会知道的，到时候没签合同的员工可能还会再来一波，咱们就只能继续赔钱……”

身边的老汪深深地叹了口气，不再说话，沈辉却一下子觉得轻松了，该来的总会来，只要能吸取教训，这些代价都不算太大！他转身对小齐说道：“小齐，签合同不等于限制自由，默契和书面合同也并不冲突，我希望你能回去重新学习学习我给你的资料，咱们得一起重新再来，帮公司渡过难关！”小齐点点头：“沈经理，您教我吧，先从拟合同内容开始！”

思考题

1. 小齐所说的签合同就是限制自由的观点是否正确？为什么？
2. 案例公司为什么要作出巨额赔偿？不签劳动合同对企业的风险是什么？
3. 劳动合同包括哪些内容？企业在与员工订立劳动合同时要注意些什么？

问题解析

一、劳动合同的概念

劳动合同也称劳动协议，它是指建立劳动关系的双方——劳动者和用人单位，为明确双方的责任、权利及义务而签署的一种协议。一般根据协议，劳动者要遵守用人单位的规章制度，并提供相应的劳动，承担特定的工作和任务；而用人单位则要根据法律、法规及协议，提供相应的劳动条件、劳动保护及相应的劳动报酬。

二、劳动合同的类型

《劳动合同法》规定，劳动合同分为三种类型，分别是固定期限劳动合同、无固定期限劳动合同和以完成一定工作任务为期限的劳动合同。

（1）固定期限劳动合同。这是指用人单位与劳动者约定合同终止时间的劳动合同。由此可见，固定期限劳动合同的起止时间都是固定的，比如双方约定劳动合同期限为一年、三年等。具体期限由双方协商确定。在实践中，固定期限劳动合同是最常见的。

（2）无固定期限劳动合同。这是指用人单位与劳动者约定无确定终止时间的劳动合同，即劳动关系双方不能约定劳动合同终止的时间，劳动合同的期限长短不能确定，但并不是没有终止时间。在一般情况下，只有当出现法定解除情形、劳动者主动辞职或者双方协商一致时，无固定期限劳动合同方可停止履行。

（3）以完成一定工作任务为期限的劳动合同。这是指用人单位与劳动者约定以某项工作的完成为合同期限的劳动合同。一般在以下几种情况下，用人单位与劳动者签订以完成一定工作任务为期限的劳动合同：①以完成单项工作任务为期限的劳动合同；②以项目承包方式完成承包任务的劳动合同；③因季节用工的劳动合同；④其他双方约定的以完成一定工作任务为期限的劳动合同。

以上三种劳动合同的类型均可由用人单位与劳动者协商一致签订。但是，法律对无固定期限劳动合同的签订有特别的规定，出现一定情形时，除非劳动者不同意，否则用人单位应当与劳动者签订无固定期限劳动合同。

三、劳动合同的订立及其法律风险

《劳动合同法》规定，用人单位自用工之日起即与劳动者建立劳动关系。从而，不论劳动者是否签订了书面劳动合同，只要存在用工关系就建立了劳动关系，将受到相应的保护。同时，根据法律规定，如果建立劳动关系而不及时与劳动者签订书面劳动合同，用人单位是要承担相应法律责任的。因此，建立劳动关系，用人单位应当及时与劳动者签订书面劳动合同。订立劳动合同，应当遵循合法、公平、平等自愿、协商一致、诚实守信的原则。

从时间上来说，书面劳动合同的签订，可以与实际用工同时，可以在实际用工之前，也可以在实际用工之后。但是，签订劳动合同时间与实际用工时间不一样时，用人单位面临的法律风险是不一样的。

当签订劳动合同时间与实际用工之前或同时的情况下，用人单位不用担心承担法律风险。但当签订合同在用工之后时，用人单位应当引起注意。因为在实际用工之后签订书面劳动合同，存在三种不同的情况，相应来说用人单位承担的是不同的责任。第一种情况，用工之日起一个月内与劳动者签订劳动合同的，不需要承担法律责任；第二种情况，用工之日起超过一个月不满一年才与劳动者签订合同的，用人单位需要对从用工之日起满一个月的次日起，截止到签订合同的前一日每月支付双倍工资；第三种情况，用工之日起满一年才与劳动者签订劳动合同的，用人单位不仅需要支付 11 个月的双倍工资，还需要与劳动者签订无固定期限劳动合同。对此，用人单位应当高度重视，否则将面临高昂的用工成本和用工风险。

四、劳动合同的内容及形式

劳动合同的内容主要包括必备条款和约定条款两部分。其中，必备条款是指法律规定的劳动合同应当涵盖的内容，主要包括：①用人单位的名称、住所和法定代表人或者主要负责人；②劳动者的姓名、住址和居民身份证或者其他有效身份证件号码；③劳动合同期限；④工作内容和工作地点；⑤工作时间和休息休假；⑥劳动报酬；⑦社会保险；⑧劳动保护、劳动条件和职业危害防护；⑨法律、法规规定应当纳入劳动合同的其他事项。此外，用人单位和劳动者可以就试用期、培训、保守秘密、补充保险和福利待遇等其他事项进行协商，作为约定条款写进劳动合同。

对于劳动合同的形式，法律规定标准用工应当采取书面形式的劳动合同，如不签订会给用人单位带来相应的法律风险。而只有在非全日制用工时可以是口头形式的合同约定。

五、劳动合同的效力

用人单位与劳动者协商一致，并在劳动合同文本上签字或者盖章，这样劳动合同才产生法律效力。但并不是由双方签字的合同就是有效的。根据法律规定，下列劳动合同无效或者部分无效：①以欺诈、胁迫的手段或者乘人之危，使对方在违背真实意思的情况下订立或者变更劳动合同的；②用人单位免除自己的法定责任、排除劳动者权利的；③违反法律、行政法规强制性规定的。

对劳动合同的无效或者部分无效有争议的，由劳动争议仲裁机构或者人民法院确认。同时，劳动合同部分无效，不影响其他部分效力的，其他部分仍然有效。

此外，法律对劳动者进行了必要的保护。当劳动合同被确认无效时，劳动者已付出劳动的，用人单位应当向劳动者支付劳动报酬。劳动报酬的数额参照本单位相同或者相近岗位劳动者的劳动报酬确定。

操作建议

在劳动合同签订的具体过程中，给员工关系管理者的操作建议如下：

1. 应当主动与劳动者签订劳动合同

劳动合同是明确用人单位与劳动者双方权利与义务的法定形式，用人单位不与员工签订书面的劳动合同便不得不承担相应的法律责任。用人单位与劳动者以书面形式签订劳动合同，明确双方的劳动权利和义务，对保护自身利益有益无害。

2. 订立劳动合同应采用书面形式

书面形式是劳动合同的法定形式。口头约定的条款，由于其违反《劳动合同法》的义务性要求，发生纠纷查无实据，这种约定对劳动者不发生法律效力。因此，用人单位应当与劳动者签订书面劳动合同。当然，在非全日制用工形式中可采取口头形式。

3. 履行向劳动者告知和建立员工名册备查的义务

用人单位履行告知和建立名册的义务是法律明确规定的。《劳动合同法》规定用人单位与劳动者建立劳动关系后要建立职工名册，一方面是督促用人单位规范用工，同时也是为了用人单位在劳动争议中承担举证责任预设的一个重要依据。从某种意义上说，这也是对用人单位的一种保护。

4. 用人单位在订立劳动合同过程中不得扣押或收取财物

《劳动合同法》第八十四条规定“用人单位违反本法规定，扣押劳动者居民身份证等证件的，由劳动行政部门责令限期退还劳动者本人，并依照有关法律规定给予处罚。用人单位违反本法规定，以担保或者其他名义向劳动者收取财物的，由劳动行政部门责令限期退还劳动者本人，并以每人五百元以上两千元以下的标准处以罚款；给劳动者造成损害的，应当承担赔偿责任。”因此，属于劳动者个人的证件或财物，用人单位一律不可扣押或收取，否则将面临处罚。

5. 注意签订劳动合同的时间

劳动合同的订立与劳动关系的建立是不同的概念。为避免发生争议，用人单位应当自用工之日或用工之前与劳动者签订劳动合同，最晚应当在用工之日起一个月内与劳动者签订劳动合同，由此可以使用人单位避免承担不利的法律责任。

6. 合同文本要囊括法律规定的必备条款，同时要交予劳动者一份劳动合同文本

依据法律规定，如前文所述，劳动合同应当包括 9 项必备条款，同时，双方签字盖章的合同文本应当各持一份。若合同未涵盖必备条款或者未交付劳动者一份，则由劳动行政部门责令改正，如给劳动者带来损害，则用人单位须承担赔偿责任。

以下提供固定期限劳动合同的样本供参考。

北京市固定期限劳动合同书范本

编 号：________

根据《中华人民共和国劳动法》《中华人民共和国劳动合同法》和有关法律、法规，甲乙双方经平等自愿、协商一致签订本合同，共同遵守本合同所列条款。

一、劳动合同双方当事人基本情况

第一条　甲方

法定代表人（主要负责人）或委托代理人：__________

注册地址：____________________

经营地址：____________________

第二条　乙方：________性别：________

户籍类型（非农业、农业）

居民身份证号码：____________________

或者其他有效证件名称：__________证件号码：__________

在甲方工作起始时间：_____年_____月_____日

家庭住址：____________邮政编码：________

户口所在地：________省（市）_____区（县）________街道（乡镇）

二、劳动合同期限

第三条　本合同为固定期限劳动合同。

本合同于_____年_____月_____日生效，其中试用期至_____年_____月_____日止。本合同于_____年_____月_____日终止。

三、工作内容和工作地点

第四条　乙方同意根据甲方工作需要，担任________岗位（工种）工作。

第五条　根据甲方的岗位（工种）作业特点，乙方的工作区域或工作地点为：____________

第六条　乙方工作应达到________________标准。

四、工作时间和休息休假

第七条　甲方安排乙方执行________工时制度。

执行标准工时制度的，乙方每天工作时间不超过8小时，每周工作不超过40小时。每周休息日为_____。甲方安排乙方执行综合计算工时工作制度或者不定时工作制度的，应当事先取得劳动行政部门特殊工时制度的行政许可决定。

第八条　甲方对乙方实行的休假制度有____________________

五、劳动报酬

第九条　甲方每月___日前以货币形式支付乙方工资，月工资为_____元或按____________执行。

乙方在试用期期间的工资为__________元。

甲乙双方对工资的其他约定________________________

第十条　甲方生产工作任务不足使乙方待工的，甲方支付乙方的月生活费为_____元或按________执行。

六、社会保险及其他保险福利待遇

（续）

第十一条　甲乙双方按国家和北京市的规定参加社会保险。甲方为乙方办理有关社会保险手续，并承担相应社会保险义务。

第十二条　乙方患病或非因工负伤的医疗待遇按国家、北京市有关规定执行。甲方按__________支付乙方病假工资。

第十三条　乙方患职业病或因工负伤的待遇按国家和北京市的有关规定执行。

第十四条　甲方为乙方提供以下福利待遇____________________

七、劳动保护、劳动条件和职业危害防护

第十五条　甲方根据生产岗位的需要，按照国家有关劳动安全、卫生的规定为乙方配备必要的安全防护措施，发放必要的劳动保护用品。

第十六条　甲方根据国家有关法律、法规，建立安全生产制度；乙方应当严格遵守甲方的劳动安全制度，严禁违章作业，防止劳动过程中的事故，减少职业危害。

第十七条　甲方应当建立、健全职业病防治责任制度，加强对职业病防治的管理，提高职业病防治水平。

八、劳动合同的解除、终止和经济补偿

第十八条　甲乙双方解除、终止、续订劳动合同应当依照《中华人民共和国劳动合同法》和国家及北京市有关规定执行。

第十九条　甲方应当在解除或者终止本合同时，为乙方出具解除或者终止劳动合同的证明，并在十五日内为乙方办理档案和社会保险关系转移手续。

第二十条　乙方应当按照双方约定，办理工作交接。应当支付经济补偿的，在办结工作交接时支付。

九、当事人约定的其他内容

第二十一条　甲乙双方约定本合同增加以下内容：________________

十、劳动争议处理及其他

第二十二条　双方因履行本合同发生争议，当事人可以向甲方劳动争议调解委员会申请调解；调解不成的，可以向劳动争议仲裁委员会申请仲裁。

当事人一方也可以直接向劳动争议仲裁委员会申请仲裁。

第二十三条　本合同的附件如下：________________

第二十四条　本合同未尽事宜或与今后国家、北京市有关规定相悖的，按有关规定执行。

第二十五条　本合同一式两份，甲乙双方各执一份。

甲方________________（公章）

法定代表人（主要负责人）或委托代理人

________________（签字或盖章）

乙方______________（签字或盖章）

签订日期：_____年_____月_____日

劳动合同续订书

本次续订劳动合同期限类型为____期限合同，续订合同生效日期为______年______月____日，续订合同至 __年__月__日终止。

甲方（盖章）　　　　　　　　　　乙方　　　（签字或盖章）
法定代表人或委托代理人（签章）
年　月　日

劳动合同变更书

经甲乙双方平等自愿、协商同意，对本合同作以下变更：

甲方（盖章）　　　　　　　　　　乙方　　　（签字或盖章）
法定代表人或委托代理人（签章）
年　月　日

备注：

1. 本合同书可作为用人单位与职工签订劳动合同时使用。
2. 用人单位与职工使用本合同书签订劳动合同时，凡需要双方协商约定的内容，协商一致后填写在相应的空格内。签订劳动合同，甲方应加盖公章；法定代表人或主要负责人应本人签字或盖章。
3. 经当事人双方协商需要增加的条款，在本合同书中第二十一条中写明。
4. 当事人约定的其他内容、劳动合同的变更等内容在本合同内填写不下时，可另附纸。
5. 本合同应使用钢笔或签字笔填写，字迹清楚，文字简练、准确，不得涂改。
6. 本合同一式两份，甲乙双方各持一份，交乙方的不得由甲方代为保管。

无固定期限劳动合同的是与非

单位变了，合同还要继续

一、时代变迁

老梁生于20世纪50年代，特殊的成长环境决定着他特殊的生活轨迹。1980年，25岁的老梁进入燕北市水利工程基础处理总队工作，成为一名普通工人。1995 年全国实行劳动合同制之初，老梁便顺应政策要求，与所在的水利工程基础处理总队签订了固定期限劳动合同。

时间就这样在老梁的兢兢业业中流逝着。进入新世纪，中国不断发展的经济水平，对国内企业提出了新的更高的要求，全国上下企业改制的热潮轰轰烈烈，老梁和工友们听说了自己所在的水利工程基础处理总队也将会改制。面对这样的情况，老梁他们的心开始有些忐忑，不知自己的路在何方……

二、幸运降临

2003 年，水利工程基础处理总队也走到了改制这一步，次年，燕北市水利工程基础处理总队转变为北水建设工程有限责任公司，之前的水利工程基础处理总队成为了该公司股东之一。

企业改制，最为不安的要数老梁这些老职工。四十几岁的人了，新的公司是否还需要他们？老职工们的劳动合同还是否有效？种种的问题让老梁和老同事们的坚守变得有些风雨飘摇，迷雾重重。

改制终于改到了人员，分流、调岗、辞退、招新，公司每天都在上演着悲喜剧，幸运的是，老梁等来的是喜剧，2004 年下半年，老梁得到通知，进入北水建设工程有限责任公司继续从事原岗位工作。

三、横生变故

老梁仿佛重新焕发了青春，他深知这一机会得来不易，于是，更加努力就成为了他工作的常态。时间一天天过去，转眼到了 2008 年，老梁与公司的劳动合同到期。正在他等待着公司的人力资源部找自己继续签合同时，却意外接到了通知：公司将不再与他续签！

接到通知的老梁在沮丧的同时，也十分不解。他已经为单位服务长达 28 年，这些年里一直勤恳敬业，这一次，他心心念念盼望的是无固定期限劳动合同的签订通知。老梁咨询过朋友，自己完全符合这一要求，可为什么接到的不是喜讯，反而是不再续签的通知？与公司人力资源部的沟通并没有效果，人力资源专员只是告诉他，合同到期不再续签，公司有充分的自主权，老梁仅仅在公司工作 4 年而已，还不够无固定期限劳动合同的标准。

心中郁闷的老梁在朋友的支持下将公司申诉至劳动争议仲裁委，进行合法维权。

四、维权胜利

仲裁委经过对事件的详细调查，认为北水建设工程有限责任公司应当与老梁签订无固定期限劳动合同。

接到仲裁委的裁决书，北水建设工程有限责任公司却有不同的观点，于是又起诉至法院。公司认为，老梁等老员工均是 2004 年公司改制后才与现公司签的劳动合同，在该公司服务不满 10 年，不符合签订无固定期限劳动合同的条件。

但法院经审理认为，北水建设工程有限责任公司无法证明水利工程基础处理总队已经与老梁解除劳动关系。因此，根据法律的相关规定，老梁之前工作的水利工程基础处理总队，是由于企业改制才使得老梁等人的劳动合同签署单位发生改变。因此，在水利工程基础处理总队的工作时间应计算在他为北水建设工程有限责任公司工作的时间内，据此，法院最终判决北水建设工程有限责任公司应当与老梁签订无固定期限劳动合同。

思考题

1. 你认同法院要求公司与老梁签订无固定期限劳动合同的判决吗？请说明理由。
2. 什么是无固定期限劳动合同？它等同于我国计划经济时期的“铁饭碗”吗？

问题解析

一、无固定期限劳动合同的概念

无固定期限劳动合同是指用人单位与劳动者约定无确定终止时间的劳动合同，即劳动关系双方不能约定劳动合同终止的时间，劳动合同的期限长短不能确定，但并不是没有终止时间。在一般情况下，只有当出现法定解除情形、劳动者主动辞职或者双方协商一致时，无固定期限劳动合同方可停止履行。

二、无固定期限劳动合同的利弊

为解决劳动合同短期化，倡导长期稳定的劳动关系建立，《劳动合同法》放宽了订立无固定期限劳动合同的条件。在一定时期内，无固定期限劳动合同引起了用人单位的恐慌。是否无固定期限劳动合同就像用人单位想的那样对自身有害无利呢？

首先，从用人单位的角度看，无固定期限劳动合同可以保持团队的稳定性，避免频繁人员流动的不利影响。但是，这一类型的合同使用人单位用工自主权受到一定的限制，员工的隐性成本比较高，因为员工的医疗期、病假工资等都是与工作年限挂钩的。

其次，从劳动者的角度看，无固定期限劳动合同可以使员工得到职业稳定感，增强员工组织忠诚度，提高工作熟悉度。但是，这种长期在一个组织的情况，容易让人产生倦怠心理，导致工作积极性下降。

因此，无固定期限的劳动合同无论是对单位还是对个人都是有利有弊，在实践中，不应当片面地看待这个问题。

三、订立无固定期限劳动合同的条件

基于鼓励劳动关系长期化的理念，《劳动合同法》对无固定期限劳动合同的签订做了诸多规定。无固定期限劳动合同订立的条件概括来讲分为三种：一是双方协商订立；二是特定条件下，法定订立；三是在一定情况下视作订立无固定期限劳动合同。

（1）对于双方协商订立，法律规定用人单位和劳动者协商一致，可以订立无固定期限劳动合同。协商订立是任意的条款，只要双方愿意，便可以选择订立或者不订立无固定期限劳动合同。

（2）特定条件下的法定订立，是指在一定条件下，法律规定除非劳动者不愿意，否则必须订立无固定期限劳动合同。这些条件包括：①劳动者在该用人单位连续工作满十年的；②对于初次实行劳动合同制度或者国有企业改制重新订立劳动合同时，劳动者在该用人单位连续工作满十年且距法定退休年龄不足十年的；③连续订立两次固定期限劳动合同，续订劳动合同的。

（3）视为订立无固定期限劳动合同，是指用人单位自用工之日起满一年不与劳动者订立书面劳动合同的，则视为已订立无固定期限劳动合同。这项条款是强制性的，也是为了避免用人单位不与劳动者签订合同，维护劳动者的权益，因此，在合同签订过程中，用人单位应当注意。

四、无固定期限劳动合同的变更、解除与终止

在实践中，不论是用人单位还是劳动者对无固定期限劳动合同都存在一定的误解，认为签订无固定期限劳动合同就等于劳动关系的不可解除。事实上，无固定期限劳动合同并非“终身合同”，劳动者在与用人单位订立无固定期限劳动合同后，也并没有获得“铁饭碗”。它的解除条件和其他劳动合同的解除基本一样，它的终止条件除无到期终止一说之外，也和其他类型的合同一样。具体的无固定期限劳动合同变更、解除和终止条件如下。

（1）和其他类型的合同一样，双方协商一致可以变更无固定期限劳动合同。

（2）解除条件和其他劳动合同的解除基本一样。根据法律规定：

1）双方协商一致可以解除无固定期限劳动合同。

2）劳动者解除无固定期限劳动合同的条件：

① 劳动者提前三十日以书面形式通知用人单位，可以解除劳动合同。劳动者在试用期内提前三日通知用人单位，可以解除劳动合同。

② 用人单位有下列情形之一的，劳动者可以解除劳动合同：未按照劳动合同约定提供劳动保护或者劳动条件的；未及时足额支付劳动报酬的；未依法为劳动者缴纳社会保险费的；用人单位的规章制度违反法律、法规的规定，损害劳动者权益的；因《劳动合同法》第二十六条第一款规定的情形致使劳动合同无效的；法律、行政法规规定劳动者可以解除劳动合同的其他情形。

③ 用人单位以暴力、威胁或者非法限制人身自由的手段强迫劳动者劳动的，或者用人单位违章指挥、强令冒险作业危及劳动者人身安全的，劳动者可以立即解除劳动合同，不需事先告知用人单位。

3）用人单位解除无固定期限劳动合同的条件：

① 劳动者有下列情形之一的，用人单位可以解除劳动合同：在试用期间被证明不符合录用条件的；严重违反用人单位的规章制度的；严重失职，营私舞弊，给用人单位造成重大损害的；劳动者同时与其他用人单位建立劳动关系，对完成本单位的工作任务造成严重影响，或者经用人单位提出，拒不改正的；因《劳动合同法》第二十六条第一款第一项规定的情形致使劳动合同无效的；被依法追究刑事责任的。

② 有下列情形之一的，用人单位提前三十日以书面形式通知劳动者本人或者额外支付劳动者一个月工资后，可以解除劳动合同：劳动者患病或者非因工负伤，在规定的医疗期满后不能从事原工作，也不能从事由用人单位另行安排的工作的；劳动者不能胜任工作，经过培训或者调整工作岗位，仍不能胜任工作的；劳动合同订立时所依据的客观情况发生重大变化，致使劳动合同无法履行，经用人单位与劳动者协商，未能就变更劳动合同内容达成协议的。

（3）无固定期限劳动合同的终止无到期终止一说。其终止条件与其他类型劳动合同一样。主要包括：①劳动者开始依法享受基本养老保险待遇的；②劳动者死亡，或者被人民法院宣告死亡或者宣告失踪的；③用人单位被依法宣告破产的；④用人单位被吊销营业执照、责令关闭、撤销或者用人单位决定提前解散的；⑤法律、行政法规规定的其他情形。

操作建议

在法律放宽无固定期限劳动合同的订立条件后，很多用人单位都想办法规避签订无固定期限劳动合同。针对这一点，我们提供一些操作建议。

（1）用人单位为避免签订无固定期限劳动合同的一些方式是不可取的。这些方式包括：

1）买断工龄。用人单位通过协议约定方式让劳动者工龄“归零”，以规避签订无固定期限劳动合同，这一做法看似合理，但实际上存在风险。通常，用人单位“买断工龄”的操作模式为：与连续工作年限即将达到十年的劳动者签订协议书，对劳动者之前的工作年限进行“买断”，向劳动者支付相应的经济补偿，同时，在协议书中约定重新签订劳动合同后，之前的工龄不予连续计算，以规避劳动者连续工作十年以上需订立无固定期限劳动合同的规定。连续工作满十年是一个客观事实，只要劳动者一直不间断地在该用人单位提供劳动，就一定会达到该条件。用人单位与劳动者签订协议“买断工龄”后，劳动者仍继续为该用人单位提供劳动的，其工作年限仍会一直连续计算，根本无法“买断”。用人单位在协议书中约定“买断”之前的工龄不予连续计算违反法律规定，属于无效条款，当劳动者连续工作年限达到十年以上的，用人单位同样负有签订无固定期限劳动合同的义务。

2）辞职再聘用。许多用人单位为了规避《劳动合同法》关于订立无固定期限劳动合同的规定，先让劳动者辞职，过一段时间再办理入职手续，让劳动者工作年限不再连续。由于实践中“辞职”事件频出，有关部门已经注意到一些用人单位利用“连续”二字做文章损害劳动者的利益。为了堵住这个漏洞，有一些省市已经出台了地方性的指导意见对此进行约束。比如，《广东省高级人民法院、广东省劳动争议仲裁委员会关于适用〈劳动争议调解仲裁法〉〈劳动合同法〉若干问题的指导意见》第二十二条规定：用人单位恶意规避《劳动合同法》第十四条的下列行为，应认定为无效行为，劳动者的工作年限和订立固定期限劳动合同的次数仍应连续计算：为使劳动者“工龄归零”，迫使劳动者辞职后重新与其签订劳动合同的……

3）迫使劳动者提出签订固定期限劳动合同。实践中常有一些用人单位在劳动者符合上述条件的情况下，千方百计不与劳动者签订无固定期限劳动合同，因此利用“除劳动者提出订立固定期限劳动合同外”这个规定，由劳动者提出订立固定期限劳动合同。劳动者即使签订了固定期限劳动合同，对用人单位也没有什么实际意义，此时虽然签订的是固定期限劳动合同，但实际上与无固定期限劳动合同并无区别。原因在于，当劳动者签订的该固定期限劳动合同到期后，仍旧符合签订无固定期限劳动合同的条件，只要劳动者提出或者同意续订劳动合同的，用人单位并不能终止劳动合同，仍需与劳动者订立无固定期限劳动合同。

（2）通过前面的分析，我们可以看到无固定期限劳动合同对用人单位并非百害而无一益。因此，用人单位应当尽量发挥其优点，避免这种用工方式的缺点。在实践中，作为用工方，可以做以下努力：①作好岗位分析和员工筛选，对合适的岗位和员工，可以签订无固定期限劳动合同，如那些需要长期稳定的岗位；而对于不适合签订的岗位，用人单位可以用业务外包等用工方式代替。②签订无固定期限劳动合同后，重点在于管理。建立、健全约束激励机制，防止员工的惰性；完善单位规章制度，细化解除情形。

（3）应当订立而用人单位不订立无固定期限劳动合同的，用人单位将面临法律风险。《劳动合同法》第八十二条第二款规定，“用人单位违反本法规定不与劳动者订立无固定期限劳动合同的，自应当订立无固定期限劳动合同之日起向劳动者每月支付二倍的工资。”因此，用人单位对无固定期限劳动合同的订立应当给予重视。

第二章　一般员工在职管理

理理病假工资的头绪

伤身的病假，伤心的工资

一、美好开端

星期一一大早，孙喜又坐在了公司人力资源部门口，已经记不清是第几次来了，孙喜有点固执地认为，拖着病体多跑几次，公司也许会因为同情尽快解决自己的病假工资问题。

几年前孙喜经朋友介绍进入这家文印公司做办公室内勤工作，尽管企业规模不大，开出的工资也不高，但孙喜仍觉得满足。自己没文凭也没什么经验，能有个办公室的工作不受日晒雨淋已经很好了。企业与孙喜签订了为期一年的劳动合同，约定了两个月试用期，试用期间每月工资为1200元，期满后每月工资为1600元，并根据每月工作业绩的考核情况再给予奖金。

二、健康告急

工作了五年多，合同续签了两次，孙喜的工资也不断提高，去年10月已经上调至2500元，这让孙喜很高兴。可去年年底持续的眼睑水肿让孙喜走进了医院，经过诊断原来自己患上了慢性肾炎，医生建议卧床静养，不能劳累。

一切美好的前景仿佛瞬间被按了停止键，不能跟身体逞强，健康告急的孙喜开始请病假在家休养，这一休就过去了三个月。期间四处辗转求医、不断买药复查，看病的花费着实不小，可就在这节骨眼上，孙喜发现自己在病休假期间公司每个月只给他发了600元的病假工资，并且应缴纳的社会保险费也包含其中，这样算下来每个月自己连吃饭的钱都紧张了。

三、屡屡碰壁

震惊下的孙喜开始联系公司人力资源部的严经理，这位曾经被自己称为大姐的严经理却十分冷漠，先是拖，再是不接电话，无奈之下，孙喜开始了“登门拜访”，每周一到两次，风雨无阻，今天又是上门的时间了。

九点钟，严经理准时出现在了办公室门口，看见孙喜，严经理皱起了眉头没有理睬，转身就进了办公室，孙喜艰难起身跟了进去。还没等孙喜开口，严经理就不耐烦地摆摆手，“小孙，你还是在家好好休息好不好？我知道你是为了什么来的，这个你跟我说没有用，老板决定的。公司都没有管你休息多长时间，由着你看病，还给你每个月几百块钱，真是仁至义尽了，你再这样胡搅蛮缠，公司可以一分钱不给你，跟你解除合同的啊！”“严经理，不是我胡搅蛮缠，我也不会一直休病假的，我咨询过朋友，公司给我这么少的钱是不合法的，您看……”孙喜手里拿着厚厚一摞资料，争辩着。“不合法?!你不上班又不是工伤，公司没有辞退你还给你开工资，这叫不合法？小孙，大家知道你困难，可公司又不是善堂！好了好了，你快回去歇着吧，我这边还忙得很呢！”

四、对簿公堂

再度碰壁，孙喜拖着病体走出公司，这结果其实在他意料之中，公司的态度明确又强硬。想到自己每个月治病的开销，想到四处借钱辛苦的父母，孙喜觉得心酸极了。不能再这样僵持下去了，其实自己今天来的时候已经做好了打算，今天如果谈不拢，那就要跟公司仲裁庭见。

回头看了看这座熟悉的写字楼，孙喜深深地叹了口气，拨通了维权律师的电话……

思考题

1. 孙喜会在仲裁中胜诉吗？谈谈你的分析。
2. 案例公司在病假工资管理上的错误主要有哪些？
3. 结合案例，谈谈员工病假工资方法要注意哪些要点。

问题解析

一、员工病假的内涵

所谓的病假是大家通俗的理解，法律上统称为医疗期。医疗期是指企业职工因患病或非因工负伤停止工作治病时，企业不得解除劳动合同的时限，也就是患病或非因工负伤职工的病假假期。

二、员工病假的时间规定

根据《企业职工患病或非因工负伤医疗期规定》（劳部发［1994］479 号）等有关规定，任何企业职工因患病或非因工负伤，需要停止工作医疗时，企业应该根据职工本人实际参加工作年限和在本单位工作年限，给予一定的医疗期：①实际工作年限十年以下的，在本单位工作年限五年以下的为 3 个月，五年以上的为 6 个月。②实际工作年限十年以上的，在本单位工作年限五年以下的为 6 个月，五年以上十年以下的为 9 个月，十年以上十五年以下为 12 个月，十五年以上二十年以下的为 18 个月，二十年以上的为 24 个月。这里所说的一个月为 30 天，包括国家的法定节假日和休息日。

三、员工病假的报酬支付要点

不少企业错误地认为，劳动者生病没有为企业提供劳动，因此企业就可以不必支付任何报酬。其实，劳动者在治疗期间，不仅可以享受医疗保险待遇，而且用人单位需要按照法定标准向劳动者支付病假工资。

（一）《劳动法》病假工资规定

（1）职工患病或非因工负伤治疗期间，在规定的医疗期间内由企业按有关规定支付其病假工资或疾病救济费，病假工资或疾病救济费可以低于当地最低工资标准支付，但不能低于最低工资标准的 80%。

（2）除《劳动法》第二十五条规定的情形外，劳动者在医疗期、孕期、产期和哺乳期内，劳动合同期限届满时，用人单位不得终止劳动合同。劳动合同的期限应自动延续至医疗期、孕期、产期和哺乳期期满为止。

（3）请长病假的职工在医疗期满后，能从事原工作的，可以继续履行劳动合同；医疗期满后仍不能从事原工作也不能从事由单位另行安排的工作的，由劳动能力鉴定委员会参照工伤与职业病致残程度鉴定标准进行劳动能力鉴定。被鉴定为一至四级的，应当退出劳动岗位，解除劳动关系，办理因病或非因工负伤退休退职手续，享受相应的退休退职待遇；被鉴定为五至十级的，用人单位可以解除劳动合同，并按规定支付经济补偿金和医疗补助费。

（4）《劳动法》第四十八条中的“最低工资”是指劳动者在法定工作时间内履行了正常劳动义务的前提下，由其所在单位支付的最低劳动报酬。最低工资不包括延长工作时间的工资报酬，以货币形式支付的住房和用人单位支付的伙食补贴，中班、夜班、高温、低温、井下、有毒、有害等特殊工作环境和劳动条件下的津贴，国家法律、法规、规章规定的社会保险福利。

（5）劳动者患病或者非因工负伤，经劳动能力鉴定委员会确认不能从事原工作、也不能从事用人单位另行安排的工作而解除劳动合同的，用人单位应按其在本单位的工作年限，每满一年发给相当于一个月工资的经济补偿金，同时还应发给不低于六个月工资的医疗补助费。患重病和绝症的还应增加医疗补助费，患重病的增加部分不低于医疗补助费的50%，患绝症的增加部分不低于医疗补助费的100%。

（二）短期病假的工资计算基数

以上海为例，根据《上海市企业工资支付办法》的相关规定，病假工资的计算基数按以下原则确定：

（1）劳动合同有约定的，按不低于劳动合同约定的劳动者本人所在岗位（职位）相对应的工资标准确定。集体合同（工资集体协议）确定的标准高于劳动合同约定标准的，按集体合同（工资集体协议）标准确定。

（2）劳动合同、集体合同均未约定的，可由用人单位与职工代表通过工资集体协商确定，协商结果应签订工资集体协议。

（3）用人单位与劳动者无任何约定的，病假工资的计算基数统一按劳动者本人所在岗位（职位）正常出勤的月工资的70%确定。

按以上原则计算的病假工资基数，均不得低于本市规定的最低工资标准。法律、法规另有规定的，从其规定。

（三）连续病假工资的计算系数

（1）职工疾病或非因工负伤连续休假在6个月以内的病假工资（又称疾病休假工资）是按照连续工龄分别确定的：

1）连续工龄不满两年者，病假工资为本人工资的60%。

2）连续工龄满两年不满四年者，病假工资为本人工资的70%。

3）连续工龄满四年不满六年者，病假工资为本人工资的80%。

4）连续工龄满六年不满八年者，病假工资为本人工资的90%。

5）连续工龄满八年及八年以上者，病假工资为本人工资的100%。

（2）职工疾病或非因工负伤连续休假超过6个月的病假工资（又称疾病救济费）也是按照连续工龄分别确定的：

1）连续工龄不满一年者，疾病救济费为本人工资的40%。

2）连续工龄满一年不满三年者，疾病救济费为本人工资的50%。

3）连续工龄满三年及三年以上者，疾病救济费为本人工资的60%。

上述提及的“本人工资”均指按《上海市企业工资支付办法》规定的原则所确定的病假工资的计算基数。

（四）病假工资的计算公式

$$月病假工资 = 病假工资的计算基数 \times 相应的病假工资的计算系数$$

$$日病假工资 = \frac{病假工资的计算基数}{当月计薪日} \times 相应的病假工资的计算系数$$

（五）病假天数的确定

疾病或非因工负伤休假日数应按实际休假日数计算，连续休假期内含有休息日、节假日的应予剔除。而以上公式中提到的计薪日概念，是指国家规定的制度工作日加法定休假日，例如某单位的制度工作日是每周工作5天，6月份单位制度工作日是20天，如果是5月份就得加上“五一”3天法定休假日，而不是统一的国家规定的20.83天月平均工作天数。

操作建议

在明确员工病假工资支付规定的同时，企业还应明确病假请假程序和管理原则，明确程序能够使日常管理有序可循，规定管理原则则能够避免不必要的争议。下面仍以上海为例进行介绍。

一、病假请假程序

（1）员工因病或非因工负伤需要治疗的，须到上海市医疗保险机构认定的医院就诊。一般情况下，如果需要病假休息，在上班时间就诊的，应当在上班地点就近的医院就诊，在家就诊的应当在居住地就近就诊，特殊情况在其他医院就诊的病假，应当有充分的理由和证据。

（2）员工须凭医生诊断并出具的《病情证明单》、住院证明等申请病假休息；需要申请病假的，一般应当在病假开始前申请。

（3）申请病假必须填写《员工请假单》，并附医院《病情证明单》、病历卡为请假凭证，经部门主管、人力资源部审核、批准后生效。

（4）连续7天以上之病假须报总经理审核、批准方可生效。

（5）病假期内员工应给予部门主管及人力资源部保证能联系上的通信方式，使公司了解、关心其健康状况，及安排后续工作事宜。

二、管理原则

（1）员工疾病或非因工负伤休假日数按实际休假日数计算，连续休假期内含有休息日、节假日的给予剔除。

（2）明确企业员工病假工资支付办法（一般按照法律规定列出）。

（3）员工1年内病假累计超过1个月者，不享受当年年假。

（4）员工1月内病假超过3天以上者，不参与当月奖金的分配；1年内病假累计30天以上者，不参与当年年终奖金的分配。

（5）事先无法办理请假手续，须在病假休息开始的当天托人或电话向主管报知，并补办手续，否则以旷工论处。

（6）公司视具体情况有权要求员工出具医疗卡、挂号单、医药单、社会保险卡等资料，公司需要核实病情和病假情况时，员工应配合，无正当理由拒绝者视为请假无效，休息时间一律以旷工处理。

（7）公司如对员工临时就诊医院诊断证明持有异议，可另指定医院复查或前往区、县劳动能力鉴定委员会进行鉴定，员工无正当理由拒绝者，视为无效请假，一律以旷工处理。

（8）病假期届满仍未销假、续假而无故不正常工作者，一律以旷工处理。

（9）弄虚作假，采取欺骗行为或与医生联手得到非正常病假单等，经查属实，公司按规章制度给予相应的处理，直至解除劳动合同。

（10）职工在病假期间到其他单位兼职等从事有报酬的工作，病假将按旷工处理，直至解除劳动合同。

违纪惩罚，有理据也要有情义

十几元引发的辞退风波

一、规范管理

刚到精益纺织公司工作的时候，罗薇薇心里是有点打鼓的，早年的纺织厂基本上都破产倒闭了，这家香港公司投资的独资企业效益如何？都是流水线工人，自己学的员工关系管理能有用武之地吗？

不过工作了五年多，随着对公司业务的熟悉，这些疑虑基本上都打消了，公司拥有进口机器三百多台，开发、织造和销售业务都开展得有声有色，逐渐成为国内经编纺织品的龙头企业；总公司规范的生产管理也被移植了过来，工厂纪律严明、工人操作规范，自己工作期间也完善了不少公司的员工关系管理制度，考勤、加班、合同签订、员工活动等陆续规范起来，想到这些，罗薇薇充满了自豪感。

二、员工盗窃

一个平常的工作日下午，罗薇薇正准备下班。这时，行政部的孔宣和生产部的李威急匆匆走进来，孔宣喘着气说道："太好了，薇薇，你还没下班。保安在门口扣住了一个偷东西的员工，人赃并获，报到我和李威这里。我们让他签违纪记录要开除他，可他不服气，拒签，我们……"话音未落，就见一名保安带着个年轻人走了进来。

罗薇薇关上办公间大门，让保安帮忙驱散了门口围观的员工，拉下百叶窗，开始了解情况。年轻人叫张君，下班时被发现私自夹带了车间的一块天鹅绒面料，面料不算很大，形状也有些不规则。生产部的李威解释道："这是一款我们开发的新面料，别看尺寸不大，但是造价不低，你摸摸看，这么一片成本也要接近二十块钱。"薇薇点点头，浅蓝色的面料泛着珍珠一样的光泽，颜色清爽，手感也好。"这是一位国外客人的货，光是颜色确定就折腾了好几轮，薇薇你知道的，开发阶段的投入有多大，所以这块面料并不是看起来那么简单的。

另外我想，这要是流出去到了其他公司手里，可挺麻烦的，一是客人那边没法儿交代，二是咱们的独特性也没有了。”李威有点激动。

三、价值几何

罗薇薇转身对张君说道，“小张，公司《员工守则》规定，盗窃包括棉纱、棉布、原辅材料、机物料、电器件、生产工具等物品，尚不构成刑事犯罪的，公司可以解除劳动合同或开除。这个规定你应该知道，有什么疑问吗?”张君看起来有些紧张，“罗主管，您说的我知道，但这块面料只是一块下脚料！我就是这条流水线上的，这是其中一次打样剩下的，客人不满意还在改，所以也不存在秘密外泄的问题。我，我是觉得这么好看的东西扔在地上也浪费，所以想拿回家给孩子做个小衣服……我，我确实没有恶意，罗主管。”

听到这里，罗薇薇心里一软，“我看你的工号，应该在公司干了七八年，是老员工了。我能理解你的行为，但却不能接受你的解释。因为你确实违反了公司制度，咱们公司一直强调车间纪律，对盗窃是零容忍。”　“可是这块面料充其量20块钱，20块钱就要开除吗?我……”罗薇薇还没开口，旁边的孔宣急了：“你没听明白吗?和你偷东西的价值没有关系，只要你偷东西，就要开除!”

四、争执不下

孔宣的话一下子激怒了张君，“不要左一个偷，右一个偷好吗?我不是贼！如果真要盗窃，我会随便拿在手里出厂区吗?如果真要盗窃，我会选一块布料吗?!罗主管，这么多年了，有时候出差看货经理都会让我拿着钱，我有过歹意吗?都没有！你们这么说真是太过分了!”孔宣也不示弱，“不是偷?可是这么大个车间，这么多员工，只有你，拿走了这块布料!”

薇薇赶紧拉住孔宣，两人却越来越激动，张君将工牌摘下狠狠摔在地上，“让我走人，可以！但我要听法官的，为了十几块钱你们这样对待员工，咱们法庭上见!”张君说完摔门出去，留下了有点迷茫的李威、阵阵揪心的罗薇薇和余怒未消的孔宣，孔宣转头看向薇薇，“这人太恶劣了！薇薇你说我说的对不对?公司制度就是这么定的，上法庭咱们也不怕!”

思考题

1. 公司《员工守则》的规定存在什么问题吗?
2. 如果进入仲裁，你认为公司和张君谁会胜诉?
3. 结合案例，谈谈违纪员工处理的工作要点。

问题解析

一、违纪员工处理的原则

1. 以事实为依据，以规章制度为准绳

规章制度是企业的内部法律，在运用规章制度处罚违纪员工时首先要遵循的原则就是以事实为依据，以规章制度为准绳。员工没有违纪事实的，企业不能处罚；规章制度没有相应规定的，企业实施处罚也没有依据。因此，处理违纪员工时，首先员工要有违纪的事实，其次是规章制度中要有针对员工违纪情形的处罚措施。

2. 公开、公平、公正

这一原则对于确保规章制度的实施至关重要，否则一方面可能破坏规则的统一性；另一方面也会导致员工对企业处理结果的不认同。只有遵循“公开、公平、公正”的原则，才有可能使员工面对企业的处理结果时心服口服。

3. 以教育为主，惩罚为辅

企业规章制度中的约束性条款，其目的也是为了警示员工讲纪律、守规矩，引导员工正确行使自己的权利，履行相应的义务，妥善处理矛盾纠纷。因此，在处理违纪员工时，应本着“教育为主，惩罚为辅”的精神进行，不能仅仅为惩罚的目的而处罚员工，这样就背离了制度建设的目标。

4. 区别情节，分别对待

在处理违纪员工时，还需要根据情节的情况区别对待，如同样给公司造成损失的，是故意造成的，还是过失造成的，处理的时候应有所不同。如果不加区分，处理结果也难以获得员工的认同。

二、企业处罚违纪员工应符合的条件

（1）目的性。企业设定处罚权的目的，应是保障劳动者履行劳动义务，而不能给予其他目的，如为克扣劳动者工资、逃避法律规定的义务、侵犯劳动合同的人身权等。

（2）适当性。企业设定处罚权不仅要合法，还需要合理与适当，不能影响劳动者基本生活保障，更不能以牺牲劳动者基本生活保障为代价。例如，有的企业规定，上班不准迟到，每月迟到一次，罚款 300 元，迟到两次罚款 800 元。对于一般工资只有 2000 元左右的劳动者而言，迟到两次几乎就要被扣近一半的工资，显然是不妥的。

（3）范围性。处罚作为一种负激励措施，只有在一定的范围内实施才能起到警示作用。因此，企业的处罚范围也只能是规范劳动者在企业中从事生产、企业管理行为，不能随意扩大处罚范围，把毫无关系或关系不大的员工牵扯进去，或者是说和企业中从事生产、企业管理行为关系不大的行为也拿来处罚。比如，个别职工犯错误，全车间的职工一起受处罚，就是企业没有正确把握处罚范围性的表现。

（4）限定性。用人单位设定处罚权，一般不要涉及劳动合同的变更或解除。用人单位的处罚权本为用人单位内部管理职责之一，但是如果这种内部管理职责涉及劳动合同的变更或解除，性质上就从内部管理转移到法律限制的范围，如果劳动者提起申诉或诉讼，劳动争议仲裁机构或法院就可以介入审查变更、解除劳动合同是否具有“充分合理性”。

操作建议

企业要做好对违纪员工的惩处，一方面要完善惩处制度，这样才能做到合理处罚；另一方面也要在操作时注意惩处尺度，这样才能做到合情管理。

一、惩处制度的制定要点

（1）惩处的种类。关于处罚的种类，已废止的《企业职工奖惩条例》中提到了五大类，即行政处分、行政处理、经济处罚、调岗降薪、违纪解除劳动合同。由于条例已废止，这些处罚种类仅供企业参考，员工关系管理者需根据实际情况来选择惩处的种类，但应注意要在处罚程度上有明确分级。

（2）惩处的条件。确定惩处种类后，还需要明确界定各类惩处适用的条件，即员工的哪些违规行为需要受到哪些处罚。需要注意的是，用人单位在规定惩处条件时需要使用明确、具体的用词，切忌使用笼统的、原则的大而化之的用词。例如，有的企业规定“根据情况，给予警告、通报批评、记过、记大过、解除劳动合同处理”，这样的规定看似高明，其实会给日后执行规章制度带来困惑，也会给劳动争议仲裁、诉讼败诉留下隐患。因此，在制定规章制度时，就需要将惩处的条件和种类明确界定清楚，以便将来执行规章制度时可以“对号入座”，避免纠纷和败诉的风险。

（3）惩处的程序。惩处的程序即实施处罚时要经过哪些步骤才生效，这也是企业制定惩处制度时非常重要的一部分内容。

二、惩处尺度的把握

（1）把握立法精神。企业员工关系管理者应明确的是，无论是《中华人民共和国劳动法》还是《中华人民共和国劳动合同法》，其立法宗旨是保护劳动者的合法权益，构建发展和谐、稳定的劳动关系，因此员工关系管理者在制定企业惩处制度时要避免过于苛刻的要求，这样可能会被认为是有违劳动立法基本精神的规定，有用合法形式掩盖侵害职工合法权益之嫌。

（2）解除劳动合同的惩处条款要慎用。《劳动法》第二十五条、《劳动合同法》第三十九条均规定用人单位法定解除劳动合同的情形之一必须是劳动者严重违反劳动纪律或者用人单位规章制度的。目前，相关法律对上述条款中何为严重违纪违章尚未作出明确的解释，但在司法实践中，严重违纪违章一般应包含以下含义：劳动者的违纪违章行为是否造成了严重的后果（包含企业名誉、经济损失等）；是否影响到劳动合同无法继续履行或劳动者已无法履行劳动义务；是否屡教不改，多次违纪违规等内容。而这些在日常管理中其实并不常见，因此制定起来要慎之又慎。

三、对违纪员工处罚时应注意的问题

1. 时限

虽然规定有审批员工处分时间的《企业职工奖惩条例》已经废止，但它提示我们在运用规章制度对员工处罚时，也需要注意及时性。

在实践中，很多企业都往往忽略及时性问题，平时发现员工违反规章制度也不及时进行处罚，而是等到忍无可忍、决定与违纪员工解除劳动合同时，才想起来对以前员工所犯过错进行处罚。而此时企业只有反过来寻找员工违纪的证据，但是很多事情早已时过境迁，根本没有办法将事情复原。因此，我们提醒用人单位，必须注意平时的员工管理工作，对于违反企业规章制度的行为，哪怕不是十分严重的，但只要是规章制度所不允许的，都应该及时作出处理，即便是一个警告处分，也应该及时处理，并记录在案。只有注意处理的及时性，才能在日后的处理中占据主动地位。

2. 证据

《最高人民法院关于审理劳动争议案件适用法律若干问题的解释（一）》第十三条规定，因用人单位做出的开除、除名、辞退、解除劳动合同、减少劳动报酬、计算劳动者工作年限等决定而发生的劳动争议，用人单位负举证责任。因此，用人单位在对劳动者进行处罚时，一旦纠纷发生，企业必须对职工的违纪和失职行为举证，因此保全和收集证据至关重要。

企业所要保全和收集的证据，主要是两类：其一是员工所违反的企业规章及劳动纪律的具体条款；其二是员工的违纪行为。对于第一类要求用人单位建立、健全规章制度，对于第二类则要求用人单位搜集员工的违纪证据。通常，可以证明员工违纪行为的证据主要有：①违纪员工的“检讨书”、“求情书”、“申辩书”、违纪情况说明等；②有违纪员工本人签字的违纪记录；③其他员工及知情者的证明；④有关物证；⑤有关书证及视听资料；⑥政府有关部门的处理意见、处理记录及证明等。司法实践中，有违纪员工签字的书面材料，往往是劳动争议仲裁委员会和法院同意采纳的最有力的证据。因此，企业在处理违纪员工之前，应尽量取得有违纪员工签字的书面材料。对于有违法行为的员工，可以要求政府有关部门处理，政府有关部门的处理结论或者记录是最有力的证据。对于“大错不犯，小错不断”的员工的违纪行为，应注意平时记录在案。每次违纪时，企业都作出相应的书面处理材料，要求员工签字；为记录方便，也可以采取扣工资的处理方式，在每次的工资单中扣除相应的工资数额，并注明违纪事由，由员工在领取工资时签字确认。

3. 程序

企业处罚违纪员工，需要按照程序进行，有时候程序正义比实体正义还要重要。企业对违纪员工处理的程序主要应包括以下几个步骤：违纪事实的搜集、认定、固定（证据的搜集）；依据单位规章制度进行处罚；处罚通知的送达。

算算法定节假日加班费

各执一词的加班费数额

一、工资构成很简单

签了劳动合同，刘锴最关心的就是看看劳动报酬这部分，毕竟是自己的第一份工作，文化不高又没技术，能到这家连锁超市做理货员他已经十分知足。合同中明确约定月工资为900元，其实每月的实际收入为1200元，包含有交通费80元/月、通信补贴40元/月、伙食补贴180元/月，但这三种补贴以充值卡和现金的形式发放，未在工资总额中体现。这座小城市平均收入不高，比起很多拿着不足千元最低工资的同龄人，刘锴觉得这个收入算是不错了。

二、连续加班真艰难

日常的工作并不难，辛苦的主要是休息日和节假日，顾客一多，理货的工作量就多了起来，放错的产品要归位，堆积的货物要码放整齐保证安全，补货上货，清理货架上的问题产品，一天下来忙得脚不沾地。

春节前刘锴整整忙了一个月，几乎没怎么休息，周末加班了两天，春节前一周因为事情做不完，他自己又决定每天加班两小时。春节期间还加班了三天，分别是初一、初四和初五。一个春节过去，刘锴真觉得吃不消了，掰指头算算，这个月估计加了近50个小时的班。

从小身体就有点羸弱的刘锴在爸妈的劝说下，向人力资源部递交了辞职申请。

三、离职时刻有争端

公司很快同意了刘锴的辞职，于是人力资源部开始为他办理离职手续。在结算工资时，刘锴获得的加班工资为240元，过节费150元。刘锴觉得不对劲儿，虽然春节后公司给补休了一天，可自己加班了那么久，怎么只有两百多块的加班费呢。于是他找到了人力资源部，询问加班工资的算法。

人力资源部薪酬专员江恒接待了刘锴，拿出纸笔为他作了解释："加班工资是这样算的，240元=(750÷25÷8）元×32×2，这里750元是咱们省上年的最低工资标准，初一上班我们给你了补休。"刘锴抓抓脑袋，"江大哥，这样算好像不合理，应该按照我的实际收入就是1200元算吧，还有春节前一周，我每天加班2小时，累计有10小时，也应该有加班费吧？还有我爸告诉我初一加班不能补休，应该有三倍工资。"说着，刘锴掏出一张纸片，"您看，这是我爸帮我算的，1200元÷25÷8×(24×2+10×1.5+8×3)=522元。"江恒摇摇头，"小刘，你的理解不对，第一，加班工资基数只要不低于当地最低工资标准，企业可以自行决定；第二，春节前每天加班两小时是你的自愿行为，没经过审批；第三，企业给你发了过节费，又给你补休了一天，这就已经弥补了你初一不能休息了。我们的计算都有理有据，没问题的。"

思考题

1. 针对刘锴的三个疑问，江恒的解释对吗？江恒和刘锴谁计算得对？
2. 案例中出现的加班费计算问题主要有哪些？
3. 结合案例，谈谈加班费计发的管理要点。

问题解析

一、"加班"事实的认定

计算加班工资的一个前提就是"加班事实"是法律意义上的加班，在实践中，员工和企业在对"加班事实"的认定方面应把握以下几点：

(1) 自愿工作的不属于加班。用人单位支付加班工资的前提是"用人单位根据实际需要安排员工在法定标准工作时间以外工作"，即由用人单位安排加班的，用人单位才应支付加班工资。如果员工的工作既不是用人单位的要求、决定，也没有在用人单位认可的加班记录，而只是自愿加班的情况，则不属于加班，用人单位无须支付加班费。但是，如果用人单位对员工的加班予以追认的话，就是单位安排的加班，就应该支付相应的加班工资。

(2) 有证据证明为单位安排的，可确认为"事实加班"。比如，某公司的部门主管总是在放长假前，安排下属小李在长假结束后交一份企划书。这实际上，间接要求小王不得不在长假期间，留出时间完成工作。变相地延长了员工的工作时间，就应该属于加班。

二、加班工资基数的确定

在认定了加班时间的基础上，要准确计算加班费，首先必须正确确定加班费的计算基数，即员工的小时工资率。员工的小时工资率＝月工资收入÷月计薪天数，因此，确定员工的小时工资率的前提就是清楚界定“月工资收入”和“月计薪天数”两个概念。

1. 月计薪天数

根据《全国年节及纪念日放假办法》和《关于员工全年月平均工作时间和工资折算问题的通知》（劳社部发［2008］3号）的相关规定，按照《劳动法》第五十一条的规定，法定节假日用人单位应当依法支付工资，即折算日工资、小时工资时不剔除国家规定的11天法定节假日。据此，日工资、小时工资的折算为：

$$日工资=\frac{月工资收入}{月计薪天数}$$

$$小时工资=\frac{月工资收入}{月计薪天数\times 8\ 小时}$$

$$月计薪天数=\frac{365\ 天-104\ 天}{12}=21.75\ 天$$

由此可见，月计薪天数法律明确规定一律为21.75天。

2. 月工资收入

月工资收入由于国家相关法律没有明确规定，因此，它是加班工资争议颇多的一个环节，实践中“月工资收入”的确定应把握以下几点：

（1）如果劳动合同有明确约定工资数额的，按不低于劳动合同约定的工资标准确定“月工资收入”。集体合同（工资集体协议）确定的标准高于劳动合同约定标准的，按集体合同（工资集体协议）标准确定“月工资收入”。劳动合同、集体合同均未约定的，可由用人单位与员工代表通过集体协商确定“月工资收入”，协商结果应签订工资集体协议。应当注意的是，如果劳动合同的工资项目分为“基本工资”“岗位工资”“职务工资”等，应当以各项工资的总和作为基数计发加班费，不能以“基本工资”“岗位工资”或“职务工资”单独一项作为计算基数。

（2）如果劳动合同没有明确约定工资数额，或者合同约定不明确时，原则上“月工资收入”以员工实际月工资为标准。如果有具体的地方法规，则遵照相应的地方法规执行。应当注意一点，虽然说原则上以实际工资收入作为“月工资收入”计算加班费基数，但是，未在工资条中体现的补贴及津贴，可以不计入“月工资收入”。

（3）实行计件工资的，应当以法定时间内的计件单价为加班费的计算基数。

另外，需要特别强调一点，“月工资收入”不得低于当地最低工资标准，否则，应以最低工资确定“月工资收入”。

三、补休及加班费能否相互替代

根据规定，单位在法定节假日安排员工加班的，应当按照不低于员工本人日或小时工资的300%的标准支付加班工资，而不得以调休等方式代替。但是，依据《劳动法》第四十四条规定，休息日安排员工加班工作的，应首先安排补休，不能补休时，则应支付不低于工资的200%的工资报酬。补休时间应等同于加班时间。因而，在休息日安排员工工作，安排了补休可以不再支付加班工资。

另外，过节费与加班工资是完全不相关的两回事，过节费是公司的一种福利政策，而加班费是对员工在额外工作时间提供额外工作的报偿，不管公司是否支付过节费，如果安排员工加班，就必须按照相关规定安排补休或计算加班工资。

四、加班时间限定

《劳动法》第四十一条明确规定，“用人单位由于生产经营需要，经与工会和劳动者协商后可以延长工作时间，一般每日不得超过1小时；因特殊原因需要延长工作时间的，在保障劳动者身体健康的条件下延长工作时间每日不得超过3小时，但是每月不得超过36小时”。如果超时，无论给多少加班费，用人单位都违法了。

操作建议

为了避免实际工作中由加班引起的争议，同时明确上述四个问题，员工关系管理者应根据公司自身情况，制定完备的加班管理制度，并告知全体员工。下面为一具体示例。

公司加班管理制度

第一章 总 则

第一条 为规范加班管理，提高工作效率，根据《中华人民共和国劳动法》及其他有关法律法规，结合本公司实际情况，特制定本规定。

第二条 本制度适用于××公司全体员工。

第三条 责任人：各部门主管、经理。

第四条 程序内容：公司提倡高效率的工作，鼓励员工在工作时间内完成工作任务，但对于因工作需要的加班，公司支付相应（工作日）加班补贴或者（假日）加班费。

第二章 加班的分类和程序

第五条 加班：是指在规定工作时间外，因本身工作需要或主管指定事项，必须继续工作者。加班分为两种，即计划加班和应急加班。正常工作日内因工作繁忙，需要在规定时间外继续工作，称为应急加班。周末或国家法定节假日继续工作，称为计划加班。

第六条 员工加班应填写《加班申请单》（见附表），经部门主管同意签字后，送交人力资源部审核备案，由人力资源部呈总经理批准后，方可实施加班。

第三章 加班管理规定

第七条 加班人员应提前向人力资源部递交《加班申请单》（递交时间：工作日应急加班于当天17：00前；周末加班于加班前最后一个星期五的17：00前，国家法定节假日加班则于加班前一周）；特殊情况不能按时提交者，应由加班人员的部门主管电话通知人力资源部经理，在正常上班后的第一个工作日17：30前补交。

第八条 本公司人员于休假日或工作时间外因工作需要而被指派加班时，如无特殊理由不得推诿。

第九条 加班时间以0.5小时作为起点计时单位。累计4小时为0.5个工作日，累计8小时为1个工作日，累计12小时为1.5个工作日……以此类推。并以此作为计算加班补贴和调休的依据。（加班时间累计后的零头四舍五入）

第十条 已计算加班补贴或调休，奖金中不再作加班系数计算。

第十一条 工作日加班时间一般为1小时，经公司与该员工协商后，在保证员工身体健康的前提下最多不得超3小时/天，每个月加班时间不得超过36小时。

（续）

第十二条　有下列情形之一的，延长工作时间不受本规定第十一条的限制：

1. 发生自然灾害、事故或者因其他原因，威胁员工生命健康和财产安全，需要紧急处理的。

2. 生产设备、公共设施发生故障，影响生产和其他日常运作，必须及时抢修的。

第十三条　加班调休应在当年使用完毕，未使用完按放弃处理，不累积到下一年度。

第十四条　常驻公司人员的加班起止时间以打卡为准，外派人员的加班起止时间，以个人提交书面说明、部门主管签字确认为准。

第四章　加班补偿标准

第十五条　加班餐：员工加班达 3 小时，公司将免费提供一餐饭或者相应的餐费补贴。

第十六条　加班补偿方式有调休和加班工资两种。当月加班补休或补偿，公司根据工作紧张程度和员工本人意愿在本月或下个月内安排调休或发放加班工资。

第十七条　调休时间计算：

1. 工作日加班按 1∶1 的比例折算调休时间。

2. 周末加班按 1∶1.5 的比例折算调休时间。

第十八条　加班工资计算：

1. 工作日加班按正常工作日工资 150% 计算加班工资。

2. 周末加班按正常工作日工资 200% 计算加班工资。

3. 国家法定节假日加班按正常工作日工资的 300% 计算加班工资。

第五章　罚　　则

第十九条　未依本规定提前审批的加班公司一律视为个人自愿行为，不算加班，由此产生的损害后果概由本人承担。

第二十条　因工作需要而被指派加班时，无特殊理由推诿者，按旷工情节论处。

第二十一条　在加班期间迟到、早退者，按正常工作时间的迟到、早退情节处罚。

第二十二条　加班期间消极怠工，在指定加班时间内未完成交付的应完成工作者，公司有权取消加班工资。

第二十三条　为获取加班补偿，采用不正当手段（如“正常工作时间故意降低工作效率”“虚增工作任务”等）取得加班机会进行加班者，一经发现并核实，公司将取消加班工资。

第六章　附　　则

第二十四条　本规定作为《员工手册》的相关补充，共同使用，同具效力。

第二十五条　本规定于公布之日起实施，本规定的最终解释权归公司人力资源部。

××公司

年　月　日

附表：《加班申请单》

加班申请单

编号：

申请部门	
加班人员	
加班日期	
加班时间	始至 止；共 小时
加班原因	
部门主管	
人力资源部	
总经理	
备注	

考勤管理，孩子的把戏？

忙碌的考勤员

一、“科班出身”考勤员

虽然到这家制药公司只有两年多，但员工关系专员丁羽欣对工作信心满满，因为她知道自己是人力资源部第一个“科班出身”的员工，大学四年劳动关系专业的系统学习，加上自己勤奋考出的助理人力资源管理师证，应付尚在规范中的公司员工关系管理工作应该是足够的。

不过最近丁羽欣有点纠结，纠结的是自己在做的考勤工作，按理说，制定考勤制度、审批加班、汇总考勤结果，本是自己的分内工作，可最近自己承担的角色着实尴尬，已经不是员工关系专员了，活脱脱变成了“考勤员”。

二、忙忙碌碌不得闲

说自己是“专职考勤员”并不夸张，梳理一下工作吧：每天8：30上班，丁羽欣要在员工指纹打卡处进行监控；考勤完成后每天要在OA上公布迟到的人员名单，包括迟到1分钟的，但迟到1分钟的常常是由于打卡排队造成的；每周丁羽欣还需要汇总主管以上级别人员的考勤状况，包括迟到、请假，这一点羽欣觉得很难理解，一般高管都会加班到很晚，公司对这种情况宁愿高管先打卡再在公司休息，也不允许迟到；每月需要汇总公司所有员工的考勤情况，并由每个员工签字确认，总公司200多人，还有四家分公司，每个月羽欣要花费大量时间在统计考勤上。公司还对迟到采取了严厉的惩罚措施，迟到1～30分钟的扣1小时工资，迟到30分钟以上的扣2个小时工资，迟到1个小时按旷工半天处理。

每天忙碌的考勤工作没有给丁羽欣带来成就感和满足感，相反的，工作两年多，自己倍感疲惫的日子就是现在这一段时间。

三、如此重视为哪般

说起原因，丁羽欣把目前的状况归因于之前松散管理的反弹和报复。丁羽欣来这家合资制药公司工作时，看重的就是公司灵活的思路和人性化的管理，她认为在这样的企业，自己所学的员工关系管理知识才能有用武之地。不过半年前新来的人事行政副总似乎有不同的思路，他认为一个企业风格的建立需要恩威并重，需要严格的制度与严肃的管理，而这种管理思路就先落脚在了看起来小儿科的考勤管理。

当然，副总的话也不是全无道理，“不要认为考勤管理是小儿科，是小孩子玩的把戏，这是规范公司制度的重要一步，甚至是首要的一步，一定要做好！”这些话确实让丁羽欣开始反思，之前的考勤管理是不是太松散？简单的打卡是不是太不严肃？员工请假只要直接主管审批是不是架空了人力资源部的监控？对迟到几分钟的容忍是不是助长了更大范围的违规？……不过丁羽欣还是觉得，考勤管理只是手段，保持员工的工作热情和积极性才是根本。

四、做好制度才心安

越来越多的疑惑让丁羽欣有点喘不过气，考勤管理究竟该如何做？是否需要如此严苛？是不是应该有一些缓冲区或者特殊处理制度？如何平衡严格考勤与人性化管理？这些回答不了的问题不断困扰着她，纠结中的丁羽欣想到了人力资源部经理陈景，这位年长的经理从最初的技术员做到现在的位置，丰富的经验和不断的学习让他成为了丁羽欣佩服的导师。于是她把这些问题写进了邮件，点了“发送”。

第二天一早，丁羽欣迫不及待地打开邮箱，陈经理的回复简洁又清晰，“小丁，你的困惑也正是我最近在思考的问题。人性化的考勤管理和清晰严格的考勤制度其实并不冲突，我们现在的问题其实是制度方面的，思考的欠缺、设计的粗放，因此只好把大把工夫压在日常管理中。我的建议是，你来负责制度完善，在这个基础上，我来负责与高层沟通，这样才能使考勤管理不仅是形式，也不沦为孩子的把戏。”

思考题

1. 案例企业目前的考勤管理存在哪些问题？
2. 如何理解陈经理说的“人性化的考勤管理和清晰严格的考勤制度并不冲突”？
3. 如果你是丁羽欣，你会如何完成陈经理的要求？请详细作一说明。

问题解析

一、考勤管理

考勤管理是企事业单位对员工出勤进行考察管理的一种管理制度，包括是否迟到早退、有无旷工请假等内容。考勤管理看起来是员工关系管理中最简单初级的管理项目，但实际上涉及的制度文案以及相关的法律法规要求是非常丰富的。考勤管理的最终目的还是为了维护正常的工作秩序，保证企业有效率的运转。

二、考勤管理系统

现代企业在进行考勤管理时经常会依靠考勤管理系统，它是依据考勤管理办法或者考勤管理制度研发的软件管理系统，是企业管理中最基本的管理。企业规定员工的工作日、上下班时间，请假、加班、出差、外出等制度，考勤管理人员月底需要向主管和财务提供员工的考勤数据，包括迟到、请假、加班、早退、旷工等，以备主管对员工打绩效、财务对员工做工资等条目。

三、考勤管理的目的

考勤管理的目的是实现员工考勤数据采集、数据统计和信息查询过程的自动化，完善人事管理现代化，方便员工上班报到，方便管理人员统计、考核员工出勤情况，方便管理部门查询、考核各部门出勤率，使其准确地掌握员工出勤情况，有效地管理、掌握人员流动情况，考勤管理适用于各种类型的组织。

四、考核管理和意义

考勤不是只简单地说明这位员工来公司上班了，付出了时间成本，公司可以给予劳动报酬兑现了。其更重要的意义如下：

（1）考勤是组织纪律管理的基础工作，若没有考勤工作的约束，人人都没有时间观念，不对时间进行管理，那么组织管理的第一要求——组织行为的一致性就很难做到。

（2）组织的时间管理常常是由全体员工的时间资源有效组合而成的。若因某位员工的时间管理无法与组织时间管理相对应，那么组织其他成员的时间资源很有可能被浪费。

五、考勤管理系统的功能

（1）提供数据来源：员工上下班的数据经考勤软件从门禁数据库采集，为原始考勤数据的来源。

（2）统计：统计系统将个人的信息进行过滤处理，只保留每天的考勤记录，然后按员工姓名、日期或其他分类方式进行统计，生成各类报表。

（3）查询：可根据需要随时在查询系统查询各员工的上下班、出勤缺勤等情况，并可随时打印出来。

（4）系统管理：系统允许系统管理员进行系统设置。设置包括每次采集的有效时间段设置，迟到、早退、旷工的时间设置等，如提前多少时间上班有效，早退多少时间是旷工等。用户可以根据自己的实际情况进行设置，可根据公司的制度设定迟到、早退、旷工的条件。

（5）员工管理：每位员工都有较详细的信息，包括员工编号、部门、职位等。

（6）无人值守考勤：记录任何非法出入信息及图像，及时记录于机器硬盘上，断电仍可保证记录安全储存。

操作建议

以下为员工考勤管理制度范例，以供参考。

员工考勤管理制度

公司员工上班期间严格执行考勤制度，本制度适用于我公司一般员工至部门经理。

一、作息时间

（1）公司实行每周5天工作制

上午 9：00～12：00

下午 14：00～18：00

（2）部门负责人办公时间：8：45～12：00　　13：55～18：10。

（3）保洁员：7：30。

（4）在公司办公室以外的工作场所：工作人员必须在约定时间的前5分钟到达指定地点，招集人必须提前15分钟到达指定地点。

二、考勤登记

（1）公司员工上下班必须进行考勤登记，公司领导的考勤由综合办公室负责登记，营销业务人员的考勤由部门负责登记，其他员工每天上午上班、下午下班的考勤通过考勤机登记。由人力资源部进行管理。

（2）考勤统计以自然月为周期，是核发薪酬及各类补贴的依据。

三、违纪界定

员工违纪分为迟到、早退、旷工、脱岗和睡岗五种，管理程序如下：

（1）迟到。迟到是指未按规定时间到达工作岗位（或作业地点）。迟到30分钟以内的，每次扣10元；迟到30分钟以上的扣半天基本工资；迟到一小时的扣全天工资。

（2）早退。早退是指提前离开工作岗位下班。早退30分钟以内，每次扣罚10元；30分钟以上按旷工半天处理。

（3）旷工。旷工是指未经同意或按规定程序办理请假手续而未正常上班的。旷工半天扣1天工资，旷工1天扣罚2天工资；一月内连续旷工3天或累计旷工5天的，视为严重违纪，全年累计旷工7天的，也视为严重违纪。

（4）脱岗。脱岗是指员工在上班期间未履行任何手续擅自离开工作岗位的。脱岗一次罚款20元。

（5）睡岗。睡岗是指员工在上班期间打瞌睡的。睡岗一次罚款20元；造成重大损失的，由责任人自行承担。

四、请假制度

（1）假别分为病假、事假、婚假、产假、年假、工伤假、丧假七种。

（2）病假。病假是指员工生病必须进行治疗而请的假别。病假必须持县级以上医院证明，无有效证明按旷工处理；出据虚假证明加倍处罚。

（3）事假。事假是指员工因事必须亲自办理而请的假别；全年事假累计不得超过30天，超过天数按旷工处理；事假按实际天数扣罚日薪。

（4）婚假。婚假是指员工达到法定结婚年龄并办理结婚证明而请的假别。

（5）年假。年假是指员工在公司工作满一年后可享受5天带薪休假，可逐年递增，但最多不超过15天，特殊情况根据工作能力决定；年假必须提前申报当年使用。

（续）

（6）工伤假。按国家相关法律法规执行。

（7）丧假。丧假是指员工父母、配偶父母、配偶、子女等死亡而请的假别。丧假期间工资照发，准假天数如下：

父母或配偶父母死亡，给假7天；配偶或子女死亡　给假10天。

五、批假权限

（1）病事假：1天以内由部门负责人批准；3天以内由分管副总经理批准；3天以上总经理批准。请假手续送人力资源部员工关系管理员处备案。

（2）其他假别由部门负责人签署意见后报分管副总经理审批，并送人力资源部员工关系管理员处备案。

（3）所有假别都必须由本人书面填写《员工请假单》，并按规定程序履行签字手续后方为有效假别；特殊情况必须来电、函请示，并于事后1天内补办手续方为有效假别；未按规定执行一律视为旷工。

六、考勤登记

公司实行每日签到制度，员工每天上班、下班需签字（共计每日2次）。

七、外出

（1）员工上班直接在外公干的，返回公司时必须进行登记，并交由部门经理签字确认；上班后外出公干的，外出前先由部门经理签字同意后到前台处登记方可外出。如没有得到部门经理确认私自外出的，视为旷工。

（2）员工未请假即不到岗或虽已事先知会公司但事后不按规定补办请假手续的视为旷工。

八、加班

（1）公司要求员工在正常工作时间内努力工作，提高工作效率，按时完成规定的任务，不提倡加班。特殊情况非加班不可的，必须填写《加班申请表》，部门经理签字后报公司分管领导批准。未经批准，公司一律不予承认加班。

（2）经过批准的加班，公司人力资源部按月进行统计结算。所有加班首先必须抵冲病、事假，有一天抵冲一天，多余部分由公司发给加班工资，不作调休处理。

（3）人力资源部对每月的考勤进行统计，统计表由经理签字后交财务部计发工资。

九、出差

员工出差，应事先填写《出差申请表》，由部门经理签署意见后报公司分管领导批准，部门经理以上人员由分管经理批准；总经理出差时应知会办公室，以便联络。《出差申请表》交人力资源部备查。

十、员工因违纪的扣款，统一由公司办公室管理，作为员工集体活动的补充费用。

十一、本制度自公司公布之日起执行。

十二、本制度解释权归行政部。

附：《员工请假单》《未打卡情况说明书》《出差申请表》和《加班申请表》。

员工请假单

<table>
<tr><td>姓名</td><td></td><td>职位</td><td></td><td>所属部门</td><td></td><td>申请日期</td><td></td></tr>
<tr><td colspan="8">请假类别
□休假（或假） □公假 □病假 □其他（请说明） □事假</td></tr>
<tr><td colspan="8">请假时间
自____年____月____日____时至____年____月____日____时，共请假____天____小时</td></tr>
<tr><td colspan="3">直接主管审批</td><td colspan="5"></td></tr>
<tr><td colspan="3">部门经理审批</td><td colspan="5"></td></tr>
<tr><td colspan="8">□同意 部门经理签字
□不同意（请述明理由）
日期</td></tr>
<tr><td colspan="3">人力资源部审批</td><td colspan="5"></td></tr>
</table>

未打卡情况说明书

<table>
<tr><td>姓名</td><td></td><td>职位</td><td></td><td>所属部门</td><td></td><td>申请日期</td><td></td></tr>
<tr><td colspan="8">未打卡时间：</td></tr>
<tr><td colspan="8">未打卡事由：</td></tr>
<tr><td colspan="2">直接主管审批</td><td colspan="6"></td></tr>
<tr><td colspan="2">人力资源部审批</td><td colspan="6"></td></tr>
</table>

出差申请表

<table>
<tr><td>姓名</td><td></td><td>职位</td><td></td><td>所属部门</td><td></td><td>申请日期</td><td></td></tr>
<tr><td colspan="3">出差时间：</td><td colspan="5">出差地点：</td></tr>
<tr><td colspan="8">出差事由：</td></tr>
<tr><td colspan="2">直接主管审批</td><td colspan="6"></td></tr>
<tr><td colspan="2">部门经理审批</td><td colspan="6"></td></tr>
<tr><td colspan="8">□同意 部门经理签字
□不同意（请述明理由）
日期</td></tr>
<tr><td colspan="3">人力资源部审批</td><td colspan="5"></td></tr>
</table>

加班申请表

<table>
<tr><td>姓名</td><td></td><td>职位</td><td></td><td>所属部门</td><td></td><td>申请日期</td><td></td></tr>
<tr><td>加班时段</td><td colspan="7">□工作日加班 □周末假日加班 □法定节日加班</td></tr>
<tr><td>预定加班时间</td><td colspan="7">____年____月____日____时____分至____年____月____日____时____分</td></tr>
<tr><td>加班事由</td><td colspan="7"></td></tr>
<tr><td>实际加班时间</td><td colspan="7">____年____月____日____时____分至____年____月____日____时____分</td></tr>
<tr><td>直接主管审批</td><td colspan="7">□同意 直接主管签字
□不同意（请述明理由）</td></tr>
<tr><td>部门经理审批</td><td colspan="7">签字：
日期：</td></tr>
<tr><td>人力资源部审批</td><td colspan="7"></td></tr>
<tr><td>备注</td><td colspan="7">1. 请在加班前填写《加班申请表》，审批结束后交到人力资源部备案，实际加班时间以考勤记录为准
2. 加班人员填写完毕后，由所在部门经理审核并交至人力资源部留存</td></tr>
</table>

难断的加班与值班

三倍工资VS微薄值班费

一、新人要表现

唐汉在公司有个响当当的绰号——“铁人汉”，偏远的工厂谈业务，他能去；时间紧迫的订单，他能盯。不仅是工作，办公室换家具，他也帮忙整理到位；大热天出去买午餐，他自告奋勇，原因就是，自己是新人。英语专业毕业工作难找，能到这家外贸公司做业务员，工资算是可观，公司还提供宿舍，唐汉非常知足，活多干点儿也不要紧，新人嘛，就得好好表现。

二、终于有假期

可这么高强度的工作，谁都会累，唐汉终究不是铁人，他也一直盼着马上要来的国庆假期。同学聚会也安排在这个假期，大家约好了一起出去玩儿，最重要的是可以好好睡几天懒觉……想到这些，唐汉对假期充满期待。

谁知计划没有变化快，放假前两天，石经理一脸难色地找到唐汉，“小唐，假期公司会有几批货到港，1 号、3 号和 4 号，都是客供面料，几个业务部都要留人值班点货。你看，你能不能辛苦点儿，值几天班呢？”唐汉犹豫了，心想：“1 号、3 号、4 号，别看就三天，可是假期被拆得支离破碎，基本上哪儿也去不了了……”石经理也看出了唐汉的犹豫，补充道，“我也知道你平时很辛苦，不过部门确实有需要，而且值班是有报酬的，呵呵，年轻人，多攒点钱早点娶媳妇啊！”

三、报酬很失望

乐观的唐汉笑了，想想石经理说的也没错，自己隐约记得假期好像有三倍工资呢，算算看也是一笔不小的收入，行吧，那就值班吧，起码还有四天休息呢！

七天假期很快过去，唐汉结结实实上了三天班，说是清点货物，其实没那么简单，除了点货，还得记录、录入计算机存档、联系工厂安排生产，三天都是满当当的工作量。

月底一看工资单，唐汉傻眼了，三天假期，一天 50 块钱“值班津贴”，别说三倍了，连自己平时一天的工资都没达到，这不是忽悠人吗？想到工作一年来的辛苦，想到经理信誓旦旦的承诺，想到爽约的同学聚会，唐汉的心情瞬间跌入谷底，让人失望的不仅仅是这微薄的值班费，还有很多很多……不行，要去找经理。

四、谁也说不清

石经理也有点懵了，是不是人力资源部发错了？打个电话问问，员工关系专员的回答很简单也很明确，“石经理，加班和值班是两码事，我们给员工支付的是值班津贴，因为您报上来的就是‘值班’。业务员平时不负责点货吧？那他就不是从事日常工作，这就属于值班，给值班津贴没问题！”

放下电话，石经理还是有点疑惑，想了想对唐汉说，“小唐啊，我建议你再去咨询一下员工关系专员吧，他说已经给你值班津贴了。当时我是跟你说的值班，但好像不应该是这么少钱吧……”唐汉知道，石经理也说不清楚了，不知道为什么自己认为的三倍工资变成了少得可怜的值班费，算了，去找人力资源部吧。不过唐汉心里也作了个决定，如果公司是故意克扣加班费，自己也就不在这里耗费青春了，离开也许是更好的出路。

思考题

1. 案例中员工关系专员的解释有道理吗？
2. 结合案例，谈谈加班和值班的区别。
3. 请根据所学知识，分析唐汉三天工作的性质，是值班还是加班？
4. 为了避免值班和加班的混淆风险，企业员工关系管理应注意哪些问题？

问题解析

一、加班和值班的内涵

加班是指劳动者根据用人单位的要求，在 8 小时之外、休息日、法定节日等时间从事生产或工作，通俗地说，就是超出正常工时在应该休息的时间工作。

值班是指劳动者根据用人单位的要求，在正常工作日之外担负一定的非生产性的责任，主要是因单位安全、消防、假日等需要，担任单位临时安排或制度安排的与劳动者本职工作无关的值班。

二、如何认定是加班还是值班

根据上述定义，认定加班还是值班，主要看劳动者是否继续在原来的岗位上工作，或者是否有具体的生产或经营任务。如果劳动者继续在原来的岗位上工作或者有具体的生产或经营任务，则应当认定为加班；而如果不是继续在原来的工作岗位也没有具体的生产或经营任务，则应当认定为值班。不过，值得注意的是，如果单位安排劳动者从事与其本职工作有关的值班任务，但值班期间可以休息的，也不能够认定为加班。

三、值班与加班的区别

（1）工作特点和工作任务不同。值班和加班虽然都是在法定工作时间之外负担一定责任，但值班是由于一定的特殊原因，由劳动者在非工作时间内承担一定非生产性的、非本职的工作。而加班是因单位的生产经营需要，由劳动者在原工作岗位和非工作时间继续从事本职工作。

（2）调整规范不同。关于值班问题，目前尚无明确的法律规范对其进行调整。而加班却应受《劳动法》《劳动合同法》等有关法律法规的调整。

（3）工作报酬支付依据不同。值班的报酬标准法律上也无明确规定，一般情况下由单位内部制定的规章制度予以规范。而加班报酬是受《劳动法》《工资支付暂行规定》等有关法律法规的直接规范。

（4）时间限制不同。值班并没有时间长短的限制。而加班必须受《劳动法》规定的每日不得超过1小时，因特殊原因需要延长工作时间的，在保障劳动者身体健康的条件下延长工作时间每日不得超过3小时，每月不得超过36小时的限制。

四、加班与值班的安排程序

用人单位安排劳动者加班的，需经与工会和劳动者的双重协商程序，如果工会和劳动者不同意，则用人单位没有权力安排劳动者加班。而如果是用人单位安排劳动者值班的，则不必经过上述程序，劳动者在一般情况下不得拒绝，用人单位的这种安排属于用人单位用工管理权的范畴。

五、值班待遇与加班待遇

加班职工与值班职工所享受的待遇是不同的：加班工资是法定的，用人单位安排劳动者加班的，必须按照法定标准向劳动者支付加班工资；而关于值班报酬，单位规章制度有规定，集体合同、单项集体协议、劳动合同有约定或有惯例的，可遵照执行。一般而言，值班待遇会比加班待遇低很多。

操作建议

在明确值班与加班的内涵和区别的基础上，企业员工关系管理者还应特别留意一些关键的管理事项。

（1）一旦出现员工关于值班、加班确认问题的争议时，首先判断劳动者延长工作时间的工作内容是否符合《劳动法》《劳动合同法》加班的定义。即劳动者延长工作时间的工作内容是否属于“用人单位由于生产经营需要，经与工会和劳动者协商后作出的安排（《劳动法》第四十一条）”。如果符合这一定义，则应认定为加班，支付加班工资；如果劳动者的工作内容不符合这一定义，则按值班处理。

（2）企业应制定加班制度和值班制度，对值班和加班的定义、申报程序、审核、报酬支付等问题进行明确（参见附录）。

（3）企业要注意，即使是值班，也要严格执行《劳动法》第四十一条、四十二条、四十三条、四十四条等规定，以不影响劳动者身心健康为前提。

（4）值班劳动报酬可以在企业制度中进行约定，但建议不低于《劳动法》第四十四条和《工资支付暂行规定》第十三条标准的90%，企业效益好的还可高于这个标准，这样不仅能避免诉讼风险，也可以保证更稳定、健康的劳动关系。

（5）企业中可能有些员工的工作内容就是值班，比如保安、门岗岗位等，其工作内容本身就是在传达室值班如接听电话等，这类员工的加班如何认定？比如该岗位24小时均须在场，可允许睡觉，是否可以认定有16个小时的加班费呢？在当前司法实践中，主要有两种处理方法，①认可法定节假日工作时间计算加班，但不支持工作日的加点主张；②计算加班费用，但应当剔除根据常识判断所得出的应扣除部分：如应扣除8小时睡眠时间、8小时正常工作时间、2小时吃饭时间，支持的加班费部分一般在24－8－8－2＝6小时左右。

（6）对于上述这类人员，企业要注意避免值班认定为加班的风险，首先就需要明确保安、电工等门岗、维修人员的岗位工作职责和工作内容，并对其工作时间的安排作出约定，通常应当指明是否可以休息、睡觉等；其次，对值班情形应当进行合理的费用补助，并在工资条等书证上注明，避免将值班费和加班费混淆。另外，应当对特殊工作岗位申请综合工时制或不定时工时制，减少加班成本。

××公司加班、值班管理制度如下所示，以供参考。

××公司加班、值班管理制度

一、目的

为明确和规范加班、值班审批程序，有效控制加班，特制定本制度。

二、适用

本制度适用于公司全体员工。

三、责任

加班人员、各部门主管及经理。

四、原则

公司提倡高效率地工作，鼓励员工在工作时间内完成工作任务，但对于因工作需要的加班，公司支付相应加班费。各部门应合理安排工作时间，减少不必要的加班，提高工作效率，切实保护员工的身体健康。

五、加班

1. 定义：指在日常班次内已保质、保量完成定额工作之后，为完成领导安排的额外性工作或超前性工作而延长工作时间或在节假日、公司规定的休息日仍照常工作的情况。如遇以下情况，可组织加班：

（1）法定节假日、公休日为保护公司的连续运营时。

（2）为保证设备正常运行进行抢修时。

（3）为保证公司的正常运营而处理发生的紧急情况时。

注：属于本职工作范围内的当天工作任务，当日没有完成而延长工作时间的不属于加班。

（续）

2. 申报：员工因工作需要确需加班，须在实际加班前一天下午5点前填写《加班申请表》，并提交部门经理，经部门经理批准后方可加班，加班人员必须按时打卡。如遇特殊情况，来不及提前办理审批手续的，应事先经公司领导口头批准，实施后的第二天履行审批手续；未经批准自行安排的加班，不计入加班，也不计入存休。

3. 审核：各部门每月初对员工上月的加班情况进行审核，根据相关规定及考勤机记录填写员工的实际加班时数，报部门经理批准，每月5日前报送人力资源部审核。

4. 加班工资的支付：

公司可在加班后安排调休，若公司不能安排调休，则按规定支付加班工资。

加班工资计算标准：

正常工作日加班工资 = 正常工作日工资 × 150%

公休日加班工资 = 正常工作日工资 × 200%

法定节假日加班工资 = 正常工作日工资 × 300%

正常工作日工资 = 月工资收入/21.75天

正常工作日小时工资 = 正常工作日工资/8小时

5. 调休：员工调休须提前填报《调休申请单》，经部门经理和考勤主管批准同意后，报人力资源部审批，方可调休。

6. 原则上同一年度累计调休不超过六天，一次调休不超过两天。

7. 调休在加班年度内有效，且调休不能与春节假期合并使用。

六、值班

1. 定义：指在正常班次之外为保证业务工作的正常进行和突发事件的及时处理，由部门安排需延长工作时间或在节假日、公司规定的休息日仍照常工作的情况。

2. 申报：各部门如需安排值班，由部门经理批准通知相关值班人员，并作好值班记录。

3. 审核：每月初由各部门根据值班记录统计值班时数，经部门经理批准后，连同当月考勤报表报给考勤人员。

4. 服务部门周六上午9：00～12：00值班，值班人员值班期间发放值班工资。

注：员工在加班（值班）过程中发生的餐费由个人承担。

七、附则

1. 本办法修改、解释权属公司人力资源部。

2. 本办法自发布之日起执行。

培训费，好钢用在刀刃上

培训也要讲时机

一、信心满满做培训

走出李经理的办公室，晓雅真想跑出办公间跳个舞，经费终于获批了！终于可以做新员工培训了！四年前晓雅到这家软件公司人力资源部工作的时候，部门还只有两个人，没有任何培训，公司文化是什么？会议申请如何写？完全要靠自己在工作中摸索。所以自从晓雅接手员工关系管理工作之后，她就一直想把公司的新员工培训开展起来。可是培训需要钱，需要老板点头，所以一拖就是几年，现在在部门李经理的协助下终于获批了！晓雅现在想做的，就是马上写出一份方案，这样，两个月后要入职的应届毕业生就能培训了！

经过一周的反复推敲，一个一周的新员工入职培训方案出炉了：脱岗培训，培训内容包括公司历史、文化、制度、产品，职场礼仪，办公室工作流程等，还有两天的户外拓展训练，虽然费用省了又省，可平均下来每个员工也有近3000元的支出。李经理发了话："晓雅，钱批下来了，就一定要用在刀刃上，不要让公司的钱白花啊！"

二、有人离职很伤神

晓雅知道李经理的压力，公司顾总也很关注这次培训，常常过问，还参加了最后的拓展训练，使得新员工们群情激昂。可晓雅这一周却常常失眠，满脑子想的都是培训效果如何，如何继续改进。

热火朝天的入职培训很快过去，新员工在各自部门开始了工作，正在晓雅计划着作个总结，再作个培训方案满意度调查的时候，坏消息却来了，新招录的十几名新员工中试用期未过就出现了离职情况。

离职的员工有四个，两个是研发技术部的，另外两个分别来自市场部和行政部，尽管李经理和总经理都做了挽留，但看起来四名员工去意已决，无奈的晓雅开始着手为他们办理离职手续。

三、培训费用打水漂

按理说试用期内的辞职手续是比较简单的，但晓雅却遇到了新的问题：顾总坚持要让离职的四名员工赔偿招录费用、培训费用、档案关系调入费用等各种费用一人3500元；另外让晓雅没想到的是，离职的研发技术部的两名新员工在入职培训结束之后，和另外的四名研发技术部新员工被顾总选中，参加了两周的高级软件工程师培训，一个人的培训费就有8000元！顾总很火大，责令人力资源部务必追回这笔培训费。

晓雅一下子懵了，试用期怎么会有这种专业培训呢？人力资源部怎么完全不知情？李经理知道吗？各种问号搅得晓雅心神不宁，有点慌了手脚，可有一点晓雅是清楚的，员工在试用期离职，这些钱眼看着就要打水漂！

四、反思检讨很重要

和李经理的沟通结果在意料之中，当初顾总决定让几位技术苗子去参加高级技术培训时，李经理提出过质疑和担心，但是没有起到作用，现在老板怪罪下来，要求人力资源部追回培训费，李经理和晓雅一样为难。两人面对面坐着，却无力再说些什么，心情有点沉重的晓雅打破了僵局，"李经理，我有责任，只关注了培训，忘了关注培训可能引发的一些问题，我想尽快做些事情补救，您看，咱们是不是需要向一些重点员工明确服务期问题，这是以前忽略的。"李经理点点头，"晓雅你做的没有问题，责任在我，顾总那边我会去沟通。你说的也很对，反思培训带来的新的管理问题是现在我们需要做的。你不要有负担，咱们一起边学习边改进吧。”

思考题

1. 公司的培训费用一般包括哪些内容？
2. 员工在试用期内离职，企业可以追偿招录费用、培训费用和档案关系调入费用吗？
3. 企业能够获赔培训费赔偿的条件有哪些？
4. 案例企业的新员工培训存在的法律风险主要是什么？

问题解析

一、员工培训的内涵

员工培训是指一定的组织为开展业务及培育人才的需要，采用各种方式对员工进行有目的、有计划的培养和训练的管理活动，其目标是使员工不断地更新知识、开拓技能，改进员工的动机、态度和行为，使其适应新的要求，更好地胜任现职工作或担负更高级别的职务，从而促进组织效率的提高和组织目标的实现。

二、员工培训的类型

（1）员工培训按培训形式来分，可以分为“公开课”和“企业内训”两种。

1）公开课：是指让员工到企业外面参与一些相关的讲师开办的公开培训课程。

2）企业内训：是指企业邀请相关讲师到企业进行调研，针对性地对企业员工进行培训，这是全面的内部培训，一般不对外公开。

（2）员工培训按培训内容来划分，可以分为“员工技能培训”和“员工素质培训”两种。

1）员工技能培训：是指企业针对岗位的需求，对员工进行的岗位能力培训。

2）员工素质培训：是指企业对员工素质方面的要求，主要有心理素质、个人工作态度、工作习惯等的素质培训。

三、组织培训的作用

1. 对企业的作用

促进企业的变革与发展；稳定与激活员工队伍；提高企业经营业绩。

2. 对员工的作用

提高员工的综合能力；提高员工的忠诚度；培养员工良好的学习习惯。

四、培训费用的内容

员工培训费用包括直接费用和间接费用，直接费用主要是学费和资料费用，间接费用主要包括外出培训的差旅费用，培训期间的工资、奖金、津贴，以及培训场地、器材设备等固定资产的折旧分摊费用。

五、员工不用赔偿培训费的几种情形

（1）在试用期辞职，不用赔付培训费。《劳动部办公厅关于试用期内解除劳动合同处理依据问题的复函》（劳办发［1995］264 号）违纪员工处理的原则第三条规定：“用人单位出资（指有支付货币凭证的情况）对职工进行各类技术培训，职工提出与单位解除劳动关系的，如果在试用期内，用人单位不得要求劳动者支付该项培训费用。”

即使劳动合同中约定试用期赔偿培训费也无效，因为劳动者在试用期内享有对合同的任

意解除权，用人单位无权以合同、协议等形式加以限制。

（2）劳动合同期满，不用赔付培训费。培训费的约定只在当期合同期内有效，在续签的合同期内对上一期合同期内对培训费的约定因为上期合同的到期而失效。

（3）培训范围是学历培训（含大中专院校的代培生）、外语培训、劳动技能培训、出国业务培训、职称晋级培训等，不包括单位为调整人员和岗位结构而对人员进行的转岗培训。

（4）公司严重违约在先，比如拖欠工资、强迫劳动者劳动等，只要有明确的证据，劳动者提前解约不属于违约。

（5）劳动合同中“预定”的培训费不需要赔偿，单位没有实际支出培训费，因此不需要赔偿。

六、企业获赔培训费赔偿的条件

（1）由企业出资且有支付货币凭证，是企业要求职工赔偿培训费用的前提条件。也就是说，如果企业方面没有对职工培训出资，则无权要求职工赔偿培训费。同时，即使企业方面声称已出资，但不能提出相应的支付凭证，则因其缺乏证据，因而也不能要求赔偿。

（2）一般而言，只有当职工方面提出与企业解除劳动关系时，企业才可以要求职工赔偿培训费。不过，为了防止可能出现的规避赔偿责任的情况，如果职工方面因违纪等重大过错而被企业解除劳动关系的，企业则仍有权要求其赔偿有关培训费用。

劳动者在符合有关规定或约定的情况下解除劳动关系，企业不能要求其赔偿培训费。因此企业要特别注意在一些特殊时期，比如试用期内不要对员工实施花费较高的专业培训。

操作建议

实际上，对职工进行培训并支付培训费不仅是劳动者的一项权利，也是企业应尽的义务，但由于涉及费用支出，所以企业就可能会承担一定的风险，在实践中，员工关系管理者应特别注意培训管理中的细节，以避免培训费的损失以及由于培训而产生的争议风险。

一、员工自行培训，公司报销算培训吗？

企业为员工出资培训的方式有很多，在实践中也有员工自己参加培训企业报销部分或全部费用的做法，这属于“先培训后花钱”，所以也属于存在出资培训的事实，企业要注意的是保留出资的证据和员工参加培训的证据。

二、未约定服务期能否要求员工赔偿？

根据《劳动部办公厅关于试用期内解除劳动合同处理依据问题的复函》的规定：“用人单位出资对职工进行各类技术培训，职工提出与单位解除劳动关系的，如果在试用期内，则用人单位不得要求劳动者支付该项培训费用。如果试用期满，在合同期内，则用人单位可以要求劳动者支付该项培训费用，具体支付方法是：约定服务期的按服务期等分出资金额，以职工已履行的服务期限递减支付；没约定服务期的，按劳动合同等分出资金额，以职工已履行的合同期限递减支付；没有约定合同期的，按5年服务期等分出资金额，以职工已履行的服务期限递减支付。”也就是说，企业只要能证明自己进行了出资培训，那么是否约定服务期并不是获得赔偿的必要条件，但是由于培训时间与劳动合同时间的关系多样，我们仍然建议企业出资培训员工的，最好约定服务期。

三、员工离职企业能否追索招录费用？

《违反〈劳动法〉有关劳动合同规定的赔偿办法》（劳部发［1995］223号）第四条规

定："劳动者违反规定或劳动合同的约定解除劳动合同，对用人单位造成损失的，劳动者应赔偿用人单位下列损失：（1）用人单位招收录用其所支付的费用……"因此用人单位出资招用劳动者，劳动者在合同期内（包括试用期）与用人单位解除劳动关系，用人单位可依法索赔，但这一费用的内涵要明确，比如单位代为缴纳的员工与原单位解聘的赔偿金、委培费用，公司通过猎头或其他特殊渠道为寻找某人而开销的特殊费用等，除此之外其他以广告形式的花销均不应计入，只能算作企业的正常管理支出。

商业秘密，请放心底

保密义务≠竞业限制

一、离职员工索赔

每逢周五，康悦总会早到一个小时，把一天的工作往前赶，今天也不例外，七点半康悦啃着面包走进办公室，不过让她感到意外的是办公间的大门已经开了，走进办公室，康悦发现，来得早的正是勤勉的部门经理蒋明。康悦敏感地琢磨着，公司人事上有什么重要的事情？蒋经理习惯晚上加班，很少来这么早。刚刚坐下，蒋经理已经走出了自己的办公室，"小康你来了？来我办公室一下吧，有些问题我得向你请教。"

果然有情况，三个月前技术部副总设计师周礼突然离职，人力资源部接手办理离职手续时经过权衡，与他签订了一份保密协议，双方当时和平分手。可昨天，蒋经理却收到了劳动争议仲裁部门发来的应诉通知，周礼向公司索要每个月上万元的竞业限制补偿金。

二、何为竞业限制

康悦对周礼印象深刻，当年挖他过来时康悦刚入职不久，公司开给他的月薪几乎赶上了自己的年薪，不过这人确实是技术精英，来了不到五年，攻克了不少技术难题，让公司在玻璃纤维行业占据了一席之地。离职时的情形康悦也记忆犹新，蒋经理、副总、总经理轮番上阵，可周礼就是保持微笑，坚决拒绝，那副谦谦君子却又拒人于千里的模样也让康悦震撼。

蒋经理拿出纸笔，问康悦，"小康，我是人力资源管理的外行，不过周礼提出的竞业限制我是知道的，我们跟他签的保密合同和这个有什么区别吗？是不是我们真的错了？"康悦想了想说道："蒋经理，当时周总师离职的时候咱们讨论过这个问题，是签保密协议还是竞业限制协议。最后副总提出来的，行业龙头企业也就是那么几家，态势相对稳定，产品也有差别，周总师要去哪家他们其实心里也有数，所以最后敲定签的是保密协议。我们并没有限制他离职后到什么地方就业，所以不存在竞业限制补偿金的问题。"

三、保密协议内容

康悦在蒋经理准备的厚厚一沓文件中，找到了当时和周礼签订的保密协议，指着其中一个条款给蒋经理，"您看，咱们当时是这样写的，要求他'一年内不设计开发本公司正在生产及将要按新图样生产的同类产品，保证不将本公司设计信息、产品信息、经营信息泄露给第三方，或者应用于第三方的产品上’，这个应该是明确地属于保守商业秘密，而不是说一年内他不能到竞争对手处工作，两者是有本质区别的。”

蒋经理边听边点头，又仔细地读了两遍，“嗯，应该是这样的，我估计周礼也是听什么人一说，认为自己保守秘密也应该相应得到补偿。”“嗯，很有可能，保守商业秘密和遵守竞业限制是两码事，无论是性质、期限，还是权利义务关系，都不一样。我估计周总师可能并无恶意，也绝非要挟，只是理解有偏差，解释清楚应该就能化解。”

蒋经理频频点头，“好的，小康，你给我写个东西吧，让我再好好学习一下，这样我去和副总沟通，尽快和周礼联系解决。科班出身就是不一样，你治好了我的一块心病！”

思考题

1. 案例中康悦的解释对吗？
2. 假如你是康悦，你会为蒋经理提交一份怎样的解释文件。
3. 如果需要与周礼签订竞业限制协议，请你列出其中重要的权利义务条款。

问题解析

一、什么是商业秘密？

商业秘密是指不为公众所知悉、能为权利人带来经济利益、具有实用性并经权利人采取保密措施的技术信息和经营信息。

二、保密协议和竞业限制协议的内涵

保密协议是指用人单位针对知悉企业商业秘密的劳动者签订的要求劳动者保守用人单位商业秘密和与知识产权相关的保密事项的协议。从法律层面讲，负有保密义务的员工，即单位高级管理人员及涉及技术类的员工，恪守该秘密是法定义务，是不需要约定即须严格履行的、无期限的道德义务，且不需要单位支付相应的费用。

竞业限制协议是指用人单位与劳动者约定在解除或者终止劳动合同后一定期限内，劳动者不得到与本单位生产或者经营同类产品、从事同类业务的有竞争关系的其他用人单位任职，或者自己开业生产或是经营同类产品、从事同类业务的书面协议。依竞业限制产生的依据不同，可将竞业限制分为法定竞业限制和约定竞业限制。法定竞业禁止主要针对公司的董事、经理或者合伙企业的合伙人，而对于普通劳动者，往往是通过签订竞业限制协议，约定竞业限制业务。依竞业限制的对象不同，分为在职员工的竞业限制和离职员工的竞业。前者是指劳动合同存续期间或者受事实劳动关系约束的劳动者，包括停薪留职人员；后者包括劳动关系已经解除或终止的员工和虽未解除或终止劳动关系，但调离原职或被安排从事其他工作的人员。总的来看，企业签订竞业限制协议主要限制四类行为：不得竞争，即限制劳动者为竞争对手服务；保密，即限制劳动者使用用人单位的重要信息和商业秘密；不得拉拢客户，即限制原劳动者拉拢用人单位原有客户；不得招募，即限制原劳动者拉拢原用人单位的其他劳动者跳槽或者雇佣其他劳动者。

三、保密义务与竞业限制的联系

从两者的概念可以看出，竞业限制是保密的一种手段，通过订立竞业限制协议，可以减少商业秘密被泄露的概率；保密是竞业限制的目的，竞业限制主要是为了督促离职后的员工并采取一定的手段强制其履行保密的义务，从而保护用人单位的合法权益。

但是保密义务和竞业限制也有明显的区别：

（1）保密义务一般是法律的直接规定或劳动合同的附随义务，不管用人单位与劳动者是否另外签订保密协议，劳动者均有保守商业秘密的义务，这是劳动者对用人单位的忠诚义务，如果因为泄密给用人单位造成损失，劳动者得赔偿用人单位的损失；而竞业限制是基于用人单位与劳动者的约定产生，没有约定就无须承担竞业限制义务。

（2）劳动者承担保密的义务仅限于保密，并不限制劳动者的就业权；而竞业限制义务在一定范围、地域和期限内限制了劳动者的就业。

（3）劳动者履行保密义务是道德义务，因此期限较长，只要商业秘密存在，劳动者的保密义务就存在；而竞业限制期限较短，按照《劳动合同法》第二十四条的规定，在解除或者终止劳动合同后，竞业限制期限最长不超过两年。

（4）员工履行保密义务，用人单位无须额外支付费用；而竞业限制根据法律规定则必须有补偿。

（5）违反保密义务用人单位不能要求违约劳动者承担违约金，但可追究赔偿损失，除此之外，如造成重大损失达到一定数额标准的，可依法追究劳动者的刑事责任；而劳动者如违反竞业限制协议约定的义务，用人单位可要求依照约定支付违约金，违约金的数额不足以弥补违约行为造成的实际损失时，用人单位可要求劳动者全额赔偿实际损失。此外，依照《反不正当竞争法》的规定，劳动者还应当承担用人单位因调查该行为所支付的合理费用。

（6）保密协议根据需要可以和所有员工都签订；而竞业限制协议只能和相关核心人员签订，主要是用人单位的高级管理人员、高级技术人员和其他负有保密义务的人员，并且遵循有必要才签的原则。因为如果和所有员工签订，一来在出现纠纷通过司法途径解决时对竞业限制协议的效力解释会受到影响，二来给公司带来的补偿成本也太高。

操作建议

面对商业秘密保护问题，员工关系管理者最重要的工作就是设计科学、有效的保密协议与竞业限制协议，并有针对性地选择人员来协商签订。

一、保密协议的签订

保密协议应当以书面形式签订，一般应具备以下主要条款：①保密的内容和范围；②保密协议双方的权利和义务；③保密协议的期限；④违约责任。在保密协议有效期限内，劳动者应严格遵守本企业保密制度，防止泄露企业技术秘密，不得向他人泄露企业技术秘密，非经用人单位书面同意，不得使用该商业秘密进行生产与经营活动，不得利用商业秘密进行新的研究和开发。

二、竞业限制协议的签订

竞业限制协议中几个重要的条款和要点是：

1. 竞业限制经济补偿金的支付时间及方式

《劳动合同法》第二十三条规定：“……用人单位可以在劳动合同或者保密协议中与劳动者约定竞业限制条款，并约定在解除或者终止劳动合同后，在竞业限制期限内按月给予劳动者经济补偿。”由此可知：一是竞业限制经济补偿金支付期间法定，即应在“解除或终止劳动合同后”且在“竞业限制期限内”支付；二是竞业限制经济补偿金应“按月给予劳动者”，实际上这是对用人单位权益的保护。

2. 经济补偿金的标准

有关竞业限制经济补偿金的标准，《劳动合同法》并没有明确规定一个统一的标准。某些省市通过地方性法规对其进行了一定规定，但也有所不同，譬如：

（1）竞业限制协议约定的补偿费，按月计算不得少于该员工离开企业前最后12个月月平均工资的1/2。约定补偿费少于上述标准或者没有约定补偿费的，补偿费按照该员工离开企业前最后12个月月平均工资的1/2计算（《深圳经济特区企业技术秘密保护条例》第二十四条）。

（2）企业与员工约定竞业限制的，在竞业限制期间应当按照竞业限制协议中的约定向该员工支付补偿费；没有约定的，年补偿费不得低于该员工离职前1年从该企业获得的年报酬总额的1/2（《珠海市企业技术秘密保护条例》第二十二条）。

虽然上述地方性法规为竞业限制经济补偿金标准的确定提供了一定的依据，但由于地方性法规的空间效力有限，对辖区以外的省市并不具有法律上的拘束力，同时，又由于大部分省市在竞业限制补偿费用方面尚没有立法规定，因而实践中有关补偿金的标准，在大部分地区处于无法可依的局面，全依赖竞业限制双方的自由约定。在这样的背景下，我们建议：

（1）即使没有法律的明文规定，协议中补偿费用的标准也不宜约定过低，明显违反公平合理原则，否则劳动者有权要求增加。

（2）在某些对竞业限制补偿金有规定的省市，如果双方约定不符合法律规定如何处理？如果该省市有关补偿金的规定为最低标准，则约定应无效，但基于尊重双方意思自治的原则，不宜因此认定整个协议无效，而应就竞业限制补偿金一项，直接适用法律有关最低标准的规定，譬如《深圳经济特区企业技术秘密保护条例》的规定；但如果该省市有关补偿标准的规定是指导意见，规定约定优先的，则约定标准不符合法律规定的，只要不违反法律强制性规定，应认定为约定标准有效，譬如《珠海市企业技术秘密保护条例》中的有关规定。

3. 用人单位未支付竞业限制经济补偿金，竞业限制协议是否有效

（1）从基本法律理念来说，经济补偿金作为竞业限制合理性的根本前提，应当成为竞业限制协议有效性与否的根本评判尺度。因为用人单位在支付经济补偿金方面拥有绝对的主动权，只要愿意，用人单位总是可以将经济补偿金支付给劳动者，而且一般不需要产生额外的支付成本。反过来说，要求劳动者来承担"曾经向用人单位要求过经济补偿金"的证明义务显然是不公平的，劳动者的法律意识和证明能力的欠缺将使劳动者处于不利的局面。因此，多数研究者认为，用人单位不支付或者没有正当理由拖欠经济补偿金，应当认定为竞业限制约定无效，劳动者不再承担履行竞业限制的义务。

（2）从法律规定上说，《劳动合同法》没有给出明确的规定，而一些地方法规、规范性文件和司法解释对此作出了不同的规定：①用人单位未按照约定给予劳动者经济补偿的，约定的竞业限制条款对劳动者不具有约束力（《江苏省劳动合同条例》第十七条）；②企业违反竞业限制协议，不支付或者无正当理由拖欠补偿费的，竞业限制协议自行终止（《宁波市企业技术秘密保护条例》和《珠海市企业技术秘密保护条例》的规定相同）；③用人单位与劳动者约定竞业限制的，应当在竞业限制期限内依法给予劳动者经济补偿，用人单位未按约定支付经济补偿的，劳动者可要求用人单位履行竞业限制协议。至工作交接完成时，用人单位尚未承诺给予劳动者经济补偿的，竞业限制条款对劳动者不具有约束力（《广东省高级人民法院、广东省劳动争议仲裁委员会关于适用〈劳动争议调解仲裁法〉〈劳动合同法〉若干问题的指导意见》第二十六条）；④用人单位未按照前款规定支付经济补偿的，劳动者自用

人单位违反约定之日起30日内，可以要求用人单位一次性支付尚未支付的经济补偿，并继续履行协议；劳动者未在30日内要求一次性支付的，可以通知用人单位解除竞业限制协议（《深圳经济特区和谐劳动关系促进条例》第二十条）。

总结起来，有些地方用人单位不支付，或无正当理由拖欠经济补偿的，劳动者可以立即不受竞业限制协议的约束，无须履行特别义务；有些地方则要求劳动者在履行法律法规规定的程序后，才能终止竞业限制协议；而多数地方没有明确的规定。因此我们建议，用人单位科学控制签订竞业限制协议的人员范围，但只要在范围内的还是应该按照约定或法律规定，按时支付补偿金。

带薪年休假——少数人的盛宴？

我的休假不带薪？

一、“大龄”新员工

刚刚辞掉做了五年的保险业务员工作，27岁的段微却没有任何轻松感，银行卡里存款不足万元，自己要生活，母亲治病需要钱，心里的酸涩和着急几乎快让段微窒息。

老乡的介绍才让段微很快找到了“下家”，在一家规模不小的连锁餐厅做服务生，虽然和原来的工作完全不搭界，但因为段微会英语，所以老板开出的薪酬不仅解了自己的燃眉之急，也让自己觉得并未“贱卖”。一天100元的日薪，管吃住，偶尔还会有国外客人的小费。只是站在一群20岁上下的同事身边，段微才知道什么叫做“大龄”新员工。

二、请假难开口

工作还算顺利，可段微对家里的惦记越来越多，母亲病情如何？真想回家看看，可新工作没做多久，不好意思请假，更重要的，母亲的治疗费支出不小，一旦请假，钱哪里来？

这天段微看到一条新闻，讲的是刚刚实施的《企业职工带薪年休假实施办法》。带薪休假？这岂不一举两得，能休假回家，还不影响收入，段微惊喜，看看条件，“职工连续工作满12个月以上的，享受带薪年休假。”算算日子，自己都工作快六年了，太好了，这就准备请假去。

段微不好意思地提出了请求，餐厅行政专员何欣的询问很简单，“你来多久啦？”“刚刚三个月。”何欣抬头看看段微，微微一笑，“哦，刚来的啊？家里有事你就回去吧，不用费力请假，一方面是年限，另一方面服务生本来就是日薪制，不影响。”段微有点听不懂：“那公司就是批准我的年休假了？”“批准啊，以后有事提前跟前厅经理说声就可以，不用到我这里来请假了。”“那您给我一张休假条吧。”“好的，多久？”“7天吧。”

三、工资猛缩水

回家了一趟，看了父母，回来的段微感觉工作更有劲头了，为自己，更为家人，他比以往更期待着每个月发工资的日子。这个月的结账日如期而至，段微却吃惊地发现，自己的工资缩水了很大一块。想来想去，没什么其他理由，就是因为自己请了一周的假，可这年休假不是带薪的吗？公司不是也批准了吗？

四、员工很无奈

没办法，又去找何欣，这个漂亮姑娘仍旧是一副微微笑的模样："上个月你有 7 天没工作，少的就是这 7 天的薪水。"段微不太明白："可是我休的是年假，也有休假条，这不是带薪的吗？"何欣解释道："针对公司的月薪制员工这个规定是有的，但是服务生都是日薪制，工作一天，发一天工资，不工作，当然没有薪水啦。另外还有个重要原因，法律和公司都规定，要工作满 12 个月才可以休年假，你只来了三个月啊。"

段微坚持道："这 7 天我确实没有工作，但我不是不工作，我是休假，我觉得这是两码事；还有工作年限的要求，12 个月应该是工龄，我已经工作五年多了，何小姐。"何欣微笑着摇摇头，"段先生，工资制度不同，支薪和休假方式就是不同的；12 个月一方面是法律规定，另一方面也是经过员工认可的公司规定，到我这里，操作方式就是目前这样的。您如果还觉得有疑问，可以咨询老板看看。"说完，何欣便开始低头工作，显然没有了继续交谈下去的意思，留下了一脸无奈的段微。

思考题

1. 何欣的两个解释对吗？
2. 如何理解带薪年休假的享受条件？
3. 结合案例，谈谈带薪休假管理的工作要点。

问题解析

一、带薪年休假制度的内涵

带薪年休假制度是指劳动者连续工作一年以上，就可以享受一定时间的带薪年假。《劳动法》对带薪年休假作了原则性规定，但没有规定带薪年休假的休假时间及具体操作办法，而是指定由国务院制定相应的具体办法。2007 年 12 月 7 日国务院第 198 次常务会议已经通过了《职工带薪年休假条例》（下文中简称为《条例》），自 2008 年 1 月 1 日起施行。从此，职工带薪年休假就有了法律保障。

二、带薪年休假的享受条件

《人力资源和社会保障部办公厅在关于〈企业职工带薪年休假实施办法〉有关问题的复函》（人社厅函［2009］149 号）中明确了带薪年休假的享受条件"职工连续工作满 12 个月以上"，既包括职工在同一用人单位连续工作满 12 个月以上的情形，也包括职工在不同用人单位连续工作满 12 个月以上的情形。因此如果劳动者从上家用人单位刚刚离职，便立即进入了新用人单位，在入职之前，连续工作满 12 月的，则该劳动者一入职便有权享受带薪年休假。休假天数根据《企业职工带薪年休假实施办法》第五条规定，职工新进用人单位且工作已满 12 个月，当年度年休假天数按照在本单位剩余日历天数折算确定，折算后不足 1 整天的部分不享受年休假。折算方法为：（当年度在本单位剩余日历天数 ÷ 365 天）× 职工本人全年应当享受的年休假天数。

三、带薪年休假的申请与批准

尽管法律规定了员工享受带薪年假是其应有的权利，但在实际操中企业仍然拥有安排带薪年假的权利。有些员工不经批准自行休了年假，公司则认为公司未同意，员工这样擅离岗位的行为属于旷工，以严重违纪为由解除了劳动合同，这是最常见的争议内容。

《条例》第五条规定："单位根据生产、工作的具体情况，并考虑职工本人意愿，统筹安排职工年休假。年休假在一个年度内可以集中安排，也可以分段安排，一般不跨年度安排。单位因生产、工作特点确有必要跨年度安排职工年休假的，可以跨一个年度安排。单位确因工作需要不能安排职工休年休假的，经职工本人同意，可以不安排职工休年休假。对职工应休未休的年休假天数，单位应当按照该职工日工资收入的300%支付年休假工资报酬。"从这一规定可以看出，公司安排员工年休假应该统筹兼顾工作需要和员工个人意愿。如果员工提出年假申请，公司根据生产、工作的具体情况，不予批准，这也属公司的权利。而倘若员工一意孤行，未经公司同意擅自休年假，这样的行为并无法律依据，严重的还可能会导致劳动合同解除。同时，对于用人单位来说，若因成本控制等原因不希望支付三倍工资的，则应在年内对未休完年假的员工进行统筹安排休假，或征得员工本人同意后跨一个年度安排年休假。单位规章制度中类似"员工应主动申请年休假，过期作废"的规定是经不起法庭上的推敲的。"如何安排年休假"是用人单位的权利，但"安排年休假"是用人单位不可推卸的义务。

四、带薪年休假的具体天数规定

职工累计工作已满1年不满10年的，年休假5天；已满10年不满20年的，年休假10天；已满20年的，年休假15天。

国家法定休假日、休息日不计入年休假的假期。

五、带薪年休假与其他假期的关系

职工可以享受的其他休假主要有寒暑假、探亲假、病假、事假等。《条例》对年休假与这些休假的关系作了明确规定：

（1）年休假与寒暑假。学校一直实行寒暑假制度，教职员工享受的寒暑假天数（寒假2~3周，暑假5~6周）远远超过条例规定的年休假天数。因此，条例规定：职工依法享受寒暑假，其休假天数多于年休假天数的，不享受当年的年休假。

（2）年休假与病、事假。《条例》规定：职工请事假累计20天以上且单位按照规定不扣工资的，不享受当年的年休假；累计工作满1年不满10年的职工请病假累计2个月以上的，累计工作满10年不满20年的职工请病假累计3个月以上的，累计工作满20年以上的职工请病假累计4个月以上的，不享受当年的年休假。

（3）年休假与探亲假。探亲假与年休假是两种功能不同的休假制度，不应互相冲抵。因此，《条例》最终删去了征求意见稿中关于探亲假冲抵年休假的规定。

操作建议

有关职工带薪年休假的规定看起来简单，实际上企业在进行年休假管理时，还应注意以下一些重点问题，以避免争议发生。

一、应休未休带薪年休假折算工资的计算

（1）要明确计算基数。鉴于年休假一般以日为单位，故"日工资"即为年休假折算工资的计算基数。计算未休年休假工资报酬的日工资收入需按照职工本人的月工资除以月计薪

天数（21.75天）进行折算。这里所称的月工资是指职工在用人单位支付其未休年休假工资报酬前12个月剔除加班工资后的月平均工资。若职工在本用人单位工作时间不满12个月的，则按实际月份计算月平均工资。实行计件工资、提成工资或者其他绩效工资制的职工，日工资收入的计发办法同样按照以上的规定执行。

（2）要明确计算倍数。根据《条例》的规定，单位确因工作需要不能安排职工休年休假的，经职工本人同意，可以不安排职工休年休假。但对职工应休未休的年休假天数应按该职工"日工资收入的300%"支付年休假工资报酬，即上述日工资的三倍。需要注意的是，这里的"日工资收入的300%"，已经包含了用人单位支付职工正常工作期间的工资收入。也就是说，除了正常工作期间的工资外，应休未休的带薪年休假折算工资＝应休未休的天数×日工资×2倍。

二、劳动合同终止或解除后应休未休的年休假天数计算

倘若用人单位与职工解除或者终止劳动合同时，当年度未安排职工休满应休年休假的，则单位应当按照职工当年已工作时间折算应休未休年休假天数并支付未休年休假工资报酬，但折算后不足1整天的部分不支付未休年休假工资报酬。折算方法为：（当年度在本单位已过日历天数÷365天）×职工本人全年应当享受的年休假天数－当年度已安排年休假天数。用人单位当年已安排职工年休假的，多于折算应休年休假的天数不再扣回。

三、劳动者离职后就年休假问题申请劳动仲裁的时效

劳动争议申请仲裁的时效期间一般为一年。仲裁时效期间是从当事人知道或者应当知道其权利被侵害之日起计算（以下简称"普通时效"）。但是，劳动关系存续期间因拖欠劳动报酬发生争议的，劳动者申请仲裁不受以上规定的仲裁时效期间的限制；但是，劳动关系终止的，应当自劳动关系终止之日起一年内提出（以下简称"特殊时效"）。

一部分观点认为，应休未休的年休假折算工资属于劳动报酬，因此应当适用特殊时效，也就是说劳动者在离职后的一年里可以追讨他所有在职期间未休的年假工资；另一部分观点认为，虽然名为"工资"，但其本质并非劳动报酬，而是一种福利待遇，是对于未休年假劳动者的一种补偿，因此应当适用普通时效。目前学界比较倾向于第二种观点。因为3倍工资中的1倍是平日用人单位已支付的职工正常工作期间的工资（即劳动报酬），但双方在劳动仲裁案件中争议的需要补足支付的另外2倍，则不是劳动报酬，而是对于未休年假的补偿。例如在不存在时效中断的情况下，某劳动者在2012年提起劳动仲裁，主张2008～2011年间应休未休的带薪年休假折算工资。此时，用人单位提出时效抗辩，则大部分仲裁委员会将支持2011年的年假折算工资请求，对于2008～2010年间的，则一般以超过仲裁时效为由不予支持。

有情有理探亲假

谁动了我的探亲假

一、守法企业

毕业留在北京，用陈绵自己的话说，现在也不知道是为了什么。自己是四川人，北京的气候、饮食、语言，四年大学都没有适应，偏偏还要留下来接着适应。不过工作的机会确实多，在一家民营企业做了几年市场营销，去年陈绵跳槽到了一家大型国企的化学分公司，薪水几乎翻番，工作环境也好了很多，最重要的是国企规范守法的传统得以保留，合同、保险、休假基本上都有，这是陈绵最看重的，父母亲人都在四川，一有假期陈绵都要回去看看。

二、假期有变

今年陈绵更是高兴，因为公司批准了她每年休一次探亲假。这样一来，除了国庆春节，陈绵有了又一个悠长的假期，对于这点，陈绵满意而且感恩，工作这么忙还能休假，自己能做的就是拼命工作回报公司。不过陈绵这次的假期还有个重要任务，就是带男朋友见家长，自己不小了，也该成家了。

紧锣密鼓打仗一样地操办完婚礼，顾不得休婚假的陈绵就赶紧回公司报到，上班第一天，人力资源部的瑞玲就联系了陈绵："亲爱的，先恭喜你结婚，根据法律规定，你以前每年一次的探亲假，要减少为每四年一次。"陈绵咨询了朋友，确实是有这个规定，虽然有些失望，但陈绵安慰自己，四年一次也行，而且结婚租了个大点儿的房子，父母也可以经常过来。

三、人生转折

生活貌似走上了最传统的道路，下班回家，洗衣做饭，陈绵倒也满足，两年后出生的女儿也让陈绵对家庭有了更深的依恋。不过对于工作，陈绵从未放松过——认真迎来了新机会：新部门成立，一贯努力的陈绵升职到了新岗位。工作越来越忙，成就感越来越多，可对家庭的关注却越来越少，两人感情也越来越淡，因此当陈绵发现婚姻出现问题时，已无法挽回。

于是，陈绵将女儿留在了四川老家，过年回来后就与丈夫办理了离婚手续，独自搬进了公司的集体宿舍。

四、两个标准

7 月，手头的工作有了个暂时的停歇，想念女儿的陈绵再次向人力资源部提交了休探亲假的申请，员工关系主管瑞玲却温柔地拒绝了她，"亲爱的，已婚员工四年才能休一次探亲假，我查了一下，你前年刚休过一次，所以今年不能再休了。"

陈绵有点不好意思，"可是我去年离婚了，是不是应该按未婚的标准，每年休一次呢？"电话那端的瑞玲也停顿了几秒钟，但很快解释道："这一点我想应该是这样的，已经结过婚的，不管是否离婚，都应该一律按已婚算，不能因为离了婚就按未婚算。小陈你想，假设和你情况类似的一个员工，这次休完探亲假又结婚了，按照规定她就可以再申请一次婚假，然后休完假，要是再离婚，不又能……这样下去，企业会不会太吃亏？"瑞玲的解释虽然不好听，可好像也有些道理，陈绵一时愣住，只听瑞玲继续说道，"法律既然只简单规定了已婚和未婚两个标准，说明企业是可以进行解释和界定的，小陈，你也是老员工了，应该理解公司的做法不是？其实你可以申请年假啊，不必过分纠结这个假期……"

瑞玲挂断了电话，留下了电话这头迷茫的陈绵，这种复杂的情况，到底是哪个标准呢？

思考题

1. 你能回答陈绵的疑问吗？她应该按照哪个标准休探亲假呢？

2. 探亲假的具体内涵和享受条件是什么？

3. 国有企业和非国有企业在员工探亲假上的区别是什么？非国有企业应该如何管理员工的探亲假？

问题解析

一、探亲假的内涵

探亲假是指职工享有保留工作岗位和工资而同分居两地、又不能在公休日团聚的配偶或父母团聚的假期。《国务院关于职工探亲待遇的规定》（国发［1981］36号）是1981年出台的，探亲假是职工与配偶、父母团聚的时间，根据实际情况可以给予路程假。

二、享受探亲假的条件

根据《国务院关于职工探亲待遇的规定》，享受探亲假必须具备以下条件：

（1）主体条件：按照规定，只有在国家机关、人民团体和全民所有制企业、事业单位工作的职工才可以享受探亲假待遇。

（2）时间条件：工作满一年。

（3）事由条件：一是与配偶不住在一起，又不能在公休假日团聚的，可以享受探望配偶的待遇；二是与父亲、母亲都不住在一起，又不能在公休假日团聚的，可以享受探望父母的待遇。“不能在公休假日团聚”是指不能利用公休假日在家居住一夜和休息半个白天。职工与父亲或与母亲一方能够在公休假日团聚的，不能享受本规定探望父母的待遇。需要指出的是，探亲假不包括探望岳父母、公婆和兄弟姐妹。新婚后与配偶分居两地的从第二年开始享受探亲假。此外，学徒、见习生、实习生在学习、见习、实习期间不能享受探亲假。

三、探亲假的期限

根据规定，探亲假天数从20到45天不等：

（1）职工探望配偶的，每年给予一方探亲假一次，假期为30天。

（2）未婚职工探望父母，原则上每年给假一次，假期为20天。如果因为工作需要，本单位当年不能给予假期，或者职工自愿两年探亲一次的，可以两年给假一次，假期为45天。

（3）已婚职工探望父母的，每四年给假一次，假期为20天。

值得注意的是，探亲假期包括公休假日和法定节日在内。

四、探亲假的待遇

《国务院关于职工探亲待遇的规定》第五条规定，职工在规定的探亲假期和路程假期内，按照本人的标准工资发给工资。计算月标准工资时，应包括基本工资、保留工资和附加工资。也就是说，休探亲假应当视为正常出勤，按正常出勤工资标准进行工资支付。同时第六条规定：职工探望配偶和未婚职工探望父母的往返路费，由所在单位负担；已婚职工探望父母的往返路费，在本人月标准工资30%以内的，由本人自理，超过部分由所在单位负担。

操作建议

一、需要特别注意的一些问题

1. 离婚后该怎样享受探亲假

北京市劳动局《关于职工探亲待遇若干问题的处理意见》（市劳险字［1981］第133号）中规定：职工丧偶或离婚又未再婚的，如具备探望父母条件，在丧偶或离婚满一年后，即可按《探亲规定》（即《国务院关于职工探亲待遇的规定》）第三条第二项（即未婚职工探望父母，原则上每年给假一次，假期为 20 天）享受探亲待遇；上半年满一年的，可在满一年以后的当年享受探亲待遇，下半年满一年的，自下一个年度起享受探亲待遇。

2. 私营企业职工是否有探亲假

从现行的劳动法律体系来看，围绕探亲假的有关规定一般适用于国有企业，这与国家几十多年来的体制改革有重大关系，计划经济时代的许多职工福利（如探亲假）在劳动合同制度逐步建立的过程中并没有完全被纳入法定标准，使得许多私营企业认为，非国有企业职工不应享受探亲假，探亲假仅适用国有企业。

探亲假最基本的法律依据为《国务院关于职工探亲待遇的规定》，它规定，凡在国家机关、人民团体和全民所有制企业、事业单位工作满一年的固定职工，与配偶不住在一起，又不能在公休假日团聚的，可以享受本规定探望配偶的待遇；各省、直辖市人民政府可以根据本规定制定实施细则，并抄送国家劳动总局备案。根据国务院的上述规定，上海市政府转批的《上海市职工探亲待遇规定的实施细则》明确规定：本市各区、县、局集体企事业和街道集体企事业单位的职工的探亲待遇，可参照《探亲规定》和本实施细则执行。《外商投资企业劳动管理规定》第二十二条规定："企业职工在职期间的福利待遇，按照国家的规定执行"；第二十四条规定："企业职工享受国家规定的节假日、公休假日、探亲假、婚丧假、女职工产假等假期。"

所以如果完整理解和执行上述规定，非国有企业也应当给职工探亲假，但由于这些法规政策缺乏足够的清晰度，特别是地方的一些规定效力等级较低，而且没有强制效力，使得私营企业员工的探亲休假权利至今未得到充分保障。对企业来说，这类用人单位可根据本单位的实际情况，决定是否参考国务院有关规定制定本单位有关探亲假的规章制度，但注意一定要有明确的规章制度予以说明。

二、注意完善相关制度和表单

以下为探亲假审批表示例，仅供参考。

探亲假审批表

员工姓名		所在部门		员工编号	
探望对象		地址		婚姻状况	
休假时间	____年____月____日至____年____月____日				
部门负责人审核意见					
人力资源管理部审核意见					

加班工资惹纠纷

"聪明"公司的糊涂做法

一、"聪明"公司

某公司配送中心采取了这样一项制度：公司平时可以随意缩短或者取消当天的劳动时

间，然后累计起来，到了节假日的时候，用这些时间来冲抵超时的加班时间。

公司的做法可谓“一举两得”，既“灵活”地调整了时间，公司的事情不多，员工可以干上一两个小时回家休息，这样也降低了公司的消耗；同时，公司还可以在节假日把这些员工“拖欠”公司的时间拿来抵消超时加班时间，以这样的方式，一些公司“巧妙”地相互冲抵了加班时间，这样也可以节省不少“加班费”。

深圳某公司工会委员张妙泉说，这样做擅自改变了员工的上班时间，有时候员工一个月就“欠”了公司100个小时的工时。而到了节假日繁忙的时候，公司就要求员工长期加班，比如超时加班了100个小时，公司就认为不用为员工发放加班费用，它们以这样相互“抵消”的办法，1:1地吃掉了加班时间。

二、员工不满

对这样的公司制度，员工很快看出其中端倪，不满也越来越多。

“我们配送中心都是干体力活的，公司随意取消或缩短正常的8个小时工作时间，然后再让员工超时加班，很多员工被消耗得身心疲惫，过于集中的超时加班，我们的体力怎么受得了?”该公司前员工陈颖卓说，这样子，我们的合法权益也被无端地剥夺了，我们根本拿不到一分钱的加班费用。而按照《劳动法》的相关规定，陈颖卓可以拿到的加班费应为4000多元，他被公司以“巧妙”的处理方式“吃掉”了加班费。

三、企业意见

该公司人事部经理面对记者关于这种做法是否存在法律依据的询问时回答说：“《劳动法》是没有对此进行规定，因为法律不可能规定得这样详细，公司有公司的做法。法律没有规定，并不等于说公司不能这样去做。”

四、律师说法

律师认为，公司的这种做法纯属单方面的行为，公司管理层既没有征求员工的意见，也没有明确的合同约定，显然违反了《劳动法》。员工的上班时间超出8个小时的都属于加班时间，都应该按照《劳动法》规定支付给员工加班费。比如，公司要求员工一天上班5个小时，而其余的3个小时就视同于公司主动放弃，而不能累计起来折合抵消超时工时，公司上述的说法没有任何法律依据，是在逃避支付加班费。

律师同时指出，相关劳动法律、法规等均未规定在实行标准工时制度的情形下，每日工作时间不足8小时的，企业可通过安排员工在休息日集中上班又不安排补休及不支付加班工资的形式补足工作时间差额，因为这种方式不利于保障员工的休息休假权利。企业作出此种工作安排，就是为了避免本应依法支付的不低于150%工资报酬的加班工资，而自作聪明地以1:1的方式替换工作时间，这种替换显然是不对等的，侵犯了员工的劳动报酬权益。例如企业对员工每周工作时间作出此种安排：周一工作11小时，周二工作5小时，周三工作11小时，周四工作5小时，周五工作8小时。一年共有52周，则每周平均工作40小时，每日平均工作8小时，表面上看完全符合《劳动法》的规定，但实际此种安排的结果将使劳动者丧失就平时延长工作时间（每日工作时间超出8小时的部分）主张必须支付工资150%的工资报酬的权利。

五、工会说法

深圳市总工会法律工作部副部长张友泉指出，深圳某些企业的这种做法是很不妥当的，违反了国家的相关法律规定。他说，员工按照用人单位的要求进入公司的工作区域后，没有被安排满足8小时的工作，但在客观上用人单位已经占有了员工的有效劳动时间，他们的劳动价值就无法实现，这是用人单位管理不科学造成的结果，和员工本身没有直接关系。

而一些企业让员工在工作不到8个小时后随意下班，然后说员工拖欠了公司的上班时间，以此累计起来抵消其他的超时加班时间，这样做的目的是在逃避加班费用。显然，企业不科学的制度安排，让员工来承担不应该承担的劳动价值的损失。对于这样的变相强迫加班而不支付员工的劳动报酬，从根本上剥夺了员工的劳动权利和价值，导致员工的利益受到损害。

一些企业招进的是标准全日制员工，必须按照法定的规定来执行工作时间和加班费，而一些企业在没有得到劳动部门的批准时，不能以公司随意的制度安排来剥夺员工利益。同时，对于非全日制员工，公司也必须按照《劳动合同法》的规定，要在征求员工同意的前提下，才能实行相对弹性的工作时间安排。

思考题

1. 谈谈你对我国现行工时制度的认识。
2. 企业如果确有工作量不均衡的现状，应如何做才合法？

问题解析

一、工时

工时又称为工作时间，是指劳动者根据法律和法规的规定，在企业、事业单位、国家机关、社会团体以及其他组织中用于完成本职工作的时间。工时是劳动者进行劳动的时间，是劳动的自然尺度，是衡量每个劳动者的劳动贡献和付给劳动报酬的计算单位。工时的主要表现形式是工作日，即指法律规定的劳动者在一昼夜内的工作时间长度。

二、标准工时制度

所谓标准工时制度，是指通过立法的形式规定劳动者为履行劳动义务而消耗时间的最长限度的一种工时制度。根据《劳动法》第三十六条和《国务院关于职工工作时间的规定》的有关规定，我国现行的标准工时制度是劳动者每日工作时间不超过8小时，平均每周工作时间不超过40小时。在正常的情况下，任何单位和个人不得擅自延长劳动者的工作时间。

三、不定时工作制

不定时工作制是相对于标准工时工作制而言的一种特殊的工时制度，也叫做无定时工时制。它没有固定工作时间的限制，是针对因生产特点、工作性质特殊需要或职责范围的关系，需要连续上班或难以按时上下班、无法适用标准工作时间或需要机动作业的职工而采用的一种工作时间制度。

四、综合计算工时工作制

综合计算工时工作制是指因工作性质特殊或者受季节及自然条件限制，需在一段时间内连续作业，采取以周、月、季、年等为周期综合计算工作时间的一种工时制度，如建筑、旅游等岗位。但其平均工作时间和平均周工作时间应与法定标准工作时间基本相同。

五、不定时工作制和综合计算工时工作制的适用范围与对象

（1）根据原劳动部《关于印发〈关于企业实行不定时工作制和综合计算工时工作制的审批办法〉的通知》（劳部发［1994］503号）第四条，企业对符合下列条件之一的职工，可以实行不定时工作制：

1）企业中的高级管理人员、外勤人员、推销人员、部分值班人员和其他因工作无法按标准工作时间衡量的职工。

2）企业中的长途运输人员、出租汽车驾驶员和铁路、港口、仓库的部分装卸人员以及因工作性质特殊，需机动作业的职工。

3）其他因生产特点、工作特殊需要或职责范围的关系，适合实行不定时工作制的职工。

（2）根据劳部发［1994］503号文件的规定，实行综合计算工时工作制的企业职工要符合下列条件：

1）交通、铁路、邮电、水运、航空、渔业等行业中固定工作性质特殊，需连续作业的职工。

2）地质及资源勘探、建筑、制盐、制糖、旅游等受季节和自然条件限制的行业的部分职工。

3）其他适合实行综合计算工时工作制的职工。

4）因受季节条件限制，淡旺季节明显的瓜果、蔬菜等食品加工单位和服务生产的职工，以及宾馆、餐馆的餐厅和娱乐场所的服务员等。

六、不定时工作制和综合计算工时工作制的休息与工资报酬

综合计算工时工作制的，有正常的上下班时间，有延长工作时间的，应按规定支付相应待遇。如遇工作日正好是周休息日的，属于正常工作；如工作日正好是法定节假日时，则要依照《劳动法》第四十四条第（三）项（即法定休假日安排劳动者工作的，支付不低于工资的300%的工资报酬）的规定支付职工的工资报酬。

对实行“不定时工作制”的单位和人员来讲，其工作时间较宽松，每周有一天休息时间即可，不受《劳动法》第四十一条规定的日延长工作时间标准和月延长工作时间标准的限制，所以不涉及延长工作时间支付相应报酬的情况。但用人单位如安排职工在法定节假日工作，则要依照《劳动法》第四十四条第（三）项（即法定休假日安排劳动者工作的，支付不低于工资的300%的工资报酬）的规定支付职工的工资报酬。另外，用人单位同时应采用弹性工作时间等适当的工作和休息方式，确保职工休息休假权利和生产、工作任务的完成。

操作建议

一、实行特殊工时工作制的法律法规规定

原劳动部《关于印发〈关于企业实行不定时工作制和综合计算工时工作制的审批办法〉的通知》规定：“中央直属企业实行不定时工作制和综合计算工时工作制等其他工作和休息办法的，经国务院行业主管部门审核，报国务院劳动行政部门批准。地方企业实行不定时工作制和综合计算工时工作制等其他工作和休息办法的审批办法，由各省、自治区、直辖市人民政府劳动行政部门制定，报国务院劳动行政部门备案。”

之后2012年5月，为了规范特殊工时管理，维护劳动者权益，人力资源和社会保障部研究起草了《特殊工时管理规定（征求意见稿）》，征求意见稿的起草坚持了三个基本原则：

（1）维护劳动者权益和促进企业健康发展相统一。修订、完善特殊工时制度，既要严

格规范企业劳动用工行为，切实维护劳动者的合法权益，又要考虑促进企业良性健康发展的客观需要，综合平衡两者的利益关系，维护劳动关系的和谐稳定。

（2）标准工时制度为主体、特殊工时为补充。特殊工时制度只是针对特殊情况适用，不应该成为多数企业和劳动者广为适用的制度。

（3）严格限制与适度放宽相结合。特殊工时制度包括不定时工作制和综合计算工时工作制。其中，不定时工作制没有固定的工作时间，不计发加班工资，对劳动者的劳动报酬、休息休假权利和身心健康影响较大。因此，要严格把握不定时工作制的适用范围，以防因其滥用严重损害劳动者的合法权益。综合计算工时工作制，在其计算周期内的累计工作时间应当与标准工作时间相当，超出的部分算作延长工作时间，计发加班费。随着技术进步和经济发展，一些新兴行业企业具备实行综合计算工时工作制的特点，因此要区别情况适度放宽，将其纳入综合计算工时工作制的适用范围。

同时，征求意见稿明确了不定时工作制的岗位范围以及工资保护，规定实行不定时工作制的岗位范围包括：对企业经营管理负有决策、指挥等领导职责的高级管理岗位；劳动者可以自主安排工作时间且无考勤要求的技术、研发、创作等岗位；需要机动作业、由劳动者根据工作需要安排工作时间的外勤、推销、长途运输等岗位。

为了防止滥用不定时工作制，对实行不定时工作制劳动者的工资作了保护性限制，即年工资报酬不得低于企业所在直辖市、设区的市人民政府公布的本地区上年度职工平均工资。

此外，征求意见稿还规定了综合计算工时工作制的岗位范围及其综合计算周期、延长工作时间的限制、审批管理、相关法律责任等。

二、申请不定时和综合计算工时工作制审批程序（以上海为例）

一、事项

企业实行其他工作时间制度审批

二、依据

1.《中华人民共和国劳动法》。

2.《关于印发〈关于企业实行不定时工作制和综合计算工时工作制的审批办法〉的通知》（劳部发［1994］503号）。

3. 关于印发《关于贯彻实施〈关于企业实行不定时工作制和综合计算工时工作制的审批办法〉若干具体问题的说明》的通知（沪劳保发［1995］16号）。

4.《关于印发〈本市企业实行不定时工作制和综合计算工时工作制的审批办法〉的通知》（沪劳保福发［2006］40号）。

三、条件

符合下列条件之一的，可以实行不定时工作制：

1. 企业中的高级管理人员、外勤人员、推销人员、部分值班人员和其他因工作无法按标准工作时间衡量的职工。

2. 企业中的长途运输人员、出租汽车驾驶员和铁路、港口、仓库的部分装卸人员以及工作性质特殊、需机动作业的职工。

3. 企业的消防和化救值班人员、值班驾驶员等。

4. 其他因生产特点、工作特殊需要或职责范围的关系，适合实行不定时工作制的职工。

符合下列条件之一的，可以实行综合计算工时工作制：

（续）

1. 交通、铁路、邮电、水运、航空、渔业等行业中因工作性质特殊、需连续作业的职工。

2. 地质及资源勘探、建筑、制盐、制糖、旅游等受季节和自然条件限制的行业的部分职工。

3. 因受季节条件限制，淡旺季节明显的瓜果、蔬菜等食品加工单位和服装生产及宾馆的餐厅和娱乐场所的服务员等。

4. 市场竞争中由于外界影响，生产任务不均衡的企业的部分职工。

5. 其他适合实行综合计算工时工作制的职工。

四、管辖

1. 企业实行不定时工作制和综合计算工时工作制的，应当向企业工商登记注册地的区、县人力资源和社会保障局提出申请。

2. 企业实行以年为周期综合计算工时工作制（包括同时申请实行不定时工作制）的，应当向市人力资源和社会保障局提出申请。

3. 中央直属企业实行不定时工作制和综合计算工时工作制的，应当向人力资源和社会保障部提出申请。

五、申请材料

申请实行不定时工作制和综合计算工时工作制的企业，应当填写《企业实行不定时工作制和综合计算工时工作制申请表》，并递交下列申请材料：

1. 企业营业执照副本复印件和组织机构代码证复印件。

2. 企业实行不定时工作制或综合计算工时工作制对员工工作和休息安排的计划。

3. 劳动保障行政部门要求提供的与实行不定时工作制或综合计算工时工作制相关的职工名册、考勤记录等其他材料。

批复有效期限届满，企业需要继续实行不定时工作制或综合计算工时工作制的，向劳动保障行政部门再次提出申请。提出申请时，除应按初次申请规定递交申请材料外，还应递交企业按原批复执行不定时工作制或综合计算工时工作制情况的说明和原批复的复印件。

六、审批

劳动保障行政部门受理申请后，应当对申请材料进行审查，必要时可以指派两名以上工作人员到申请单位进行核查。劳动保障行政部门应当自受理申请之日起20个工作日内作出是否准予实行不定时工作制或综合计算工时工作制的决定，并书面批复申请单位。因情况特殊需延长审查期限的，经本部门主管领导批准，可延长10个工作日。

三、实行不定时工作制和综合计算工时工作制的申请报告样本

××市人力资源和社会保障局：

我公司是一家中外合资企业，主要经营范围为：生产针织毛衣、针织成衣，共有职工800人。因部分岗位工作性质的特殊性或职责范围的关系，无法按标准工作时间衡量或需要机动作业；部分岗位因生产具有明显的季节性，需采取集中工作、集中休息的方式来安排工作与休息时间。经与工会（职工）协商一致（协商证明文件附后），特申请对部分岗位实行不定时工作制和综合计算工时工作制。申报岗位中没有使用未满18周岁的未成年工，不存在有毒有害的岗位，生产环境符合职业卫生标准。对于处于孕期、哺乳期的女职工，公司将按国家有关规定调整其工作时间或工作岗位。

（续）

我公司拟申请实行不定时工作制的岗位有：高级管理人员3人（其中总经理1人，副总经理2人），业务员5人。申请理由是：高级管理人员实行管理责任制，弹性上、下班，无法按标准工作时间衡量；业务员负责日常的揽货业务及拜访客户等，工作时间具有不确定性，无法按标准工作时间来衡量具体的工作时间。特对上述岗位申请实行不定时工作制。实行不定时工作制的工作人员，根据生产特点、工作需要灵活安排工作时间，采取轮休、调休等方式灵活安排休息时间，在法定休假日安排工作的，按《××市企业工资支付条例》的规定支付加班工资。

（注：申请综合计算工时工作制须写明淡旺季形成的原因及淡旺季的大致时间，如产品受自然因素影响、订单影响等的详细情况）由于我公司生产的产品百分之百外销，外销的特性是季节性强，客户的下订单时间多集中在每年的3～8月，3～8月也就成了我公司大量生产的高峰期，其余时间订单大量减少，甚至有时处于无订单的状态，故我公司生产具有明显的淡旺季，拟对生产一线人员实行综合计算工时工作制。岗位及人员如下：纺纱工145人，编织工210人，缝合工210人。实行综合计算工时工作制的工作人员，在旺季3～8月，正常日工作时间是8小时，根据生产需要适当安排延长工作时间，加班时间安排：××××××，每周至少休息一天，月平均工作时间为×小时。淡季9月～次年2月，每日工作×小时，每周休息×天，月平均工作时间是×小时。旺季延长的工作时间在淡季根据生产情况安排轮休、调休，调休时间安排：××××××。对于实行综合计算工时工作制度实施周期内，总工作时间超过法定标准工时的（2000小时/年），我公司将按《××市企业工资支付条例》的有关规定支付加班工资。

特此申请。

××市××××有限公司（公章）

××年××月××日

续签合同惹纠纷

续签通知，是意向还是强制？

一、小小会计不安分

周一清晨，陈科像往常一样提前半小时走进了办公室，泡好咖啡，一边啃面包，一边翻看工作日历，这周人力资源部的事情仍然不少。正要打开计算机，陈科的手机响了起来，“这么早?!”陈科赶紧翻出手机，可显示的人名却让他皱起了眉头，又放下了手机。

林丽是公司财务部的一名小会计，最近一段时间找陈科的次数大概比找财务部经理的还多，原因很简单，陈科所在的荣景百货是荣景投资公司的一家子公司，三个月前总公司要从几家子公司选拔些人过去工作，陈科所在的人力资源部一直在协助总部HR们做选拔工作。林丽就是那个时候给了陈科一个深刻的印象——不安分。她一直想调到总公司去，尽管选拔已经结束，她仍然在努力，不断来找陈科，希望获得新的机会，哪怕是借调帮忙都可以，唯一的想法就是走出去，爬上去，到总公司更大的平台上去。

二、厉害角色终如愿

电话响了一会儿就停止了，没有再响起，也没有短信，陈科松了口气，没有多想，就投入了一天的工作中。

三天后，这个被遗忘的电话终于被提起，员工关系主管齐琪找到了陈科。“陈经理，财务部林丽三天没有到岗了，也没有履行请假手续，我们跟她联系才知道，她自己联系的，已经到总公司工作了，您看，需要跟她办理个什么手续吗?”

陈科不禁哑然，原来这姑娘还是自己折腾上去了，既然是到总公司工作，如果是长期的，总公司人力资源部肯定会联系自己，如果仅仅是帮忙，也不存在解除合同的问题。员工突然离职对人力资源部来说是大事情，可这次陈科却觉得有点轻松，“齐琪，这个员工的情况我知道，她一直想到总公司工作，这次也算如愿。总公司那边我会确认一下，目前来看，我估计她的工作只是暂时的借调性质，所以一切照常，工资按时发，保险按时交，岗位空缺和财务部经理联系，如果需要，尽快补充上就行。”

三、合同续签出问题

事情安排妥当，陈科原以为这会是自己工作中一个很小的插曲，没想到半年之后，这个“不安分”的小会计又卷土重来。

2009 年 9 月的一天，齐琪找到了陈科，“陈经理，林丽在总公司的工作上个月结束了，同时还有两周她跟咱们的合同就要到期，可她还没回来报到。我跟财务部沟通了一下，林丽与财务部郭经理联系过，希望能给她调高薪级，原因是在总公司培训过。不过会计岗一直就是三级岗，她本人也还没到调级的年限。但是郭经理还是看重她的工作能力，希望能说服她，接受条件，留下工作。”

陈科点点头，“嗯，郭经理也跟我提过了，那你跟她联系，解释一下公司政策，然后尽快让她来续签合同吧。”“是，我跟她联系了，不过她最近可能有事来不了公司，所以我把续签合同的通知快递给她了，要不我再给她发个通知催一催吧?”齐琪问道，“好，就这么办吧!”陈科边说边收拾东西，马上还有个会议，要赶紧上楼去。

坐进会议室，陈科正要关手机，却收到了林丽的短信：“陈经理，通知已收到，做法让人心寒! 我尽心尽力地在总公司工作兼培训，代表了分公司形象，也提升了自己水平，但公司却置我的情况和申请于不顾，强制要求我续签。如公司不能考虑我的请求，那我就不续签了，请公司结清并交付我应得的经济补偿。这个要求我也已经提交给了劳动争议仲裁，您应该很快会收到通知，祝顺利!”干脆又冷漠的短信让陈科着实一惊，正常的续签合同怎么会惹出官司呢?

思考题

1. 案例企业中谁对续签合同的理解出了问题?
2. 谈谈你对案例中公司续签合同通知书性质的理解，是意向还是强制?
3. 案例企业在劳动合同续签方面存在问题吗? 应如何规范企业的劳动合同续签工作?
4. 一个额外的问题，对待案例中出现的所谓“不安分”员工，企业员工关系管理者应该注意些什么？

问题解析

一、劳动合同续签的内涵

劳动合同续签是指合同期限届满，双方当事人均有继续保持劳动关系的意愿，经协商一致，延续签订劳动合同的法律行为。双方可以续签固定期限劳动合同、无固定期限劳动合同和以完成一定的工作为期限的劳动合同。

二、劳动合同续签中可能出现的法律问题

（1）劳动合同续签中涉及一个可以签订无固定期限劳动合同的情形（《劳动合同法》第十四条），有下列情形之一，劳动者提出或者同意续订、订立劳动合同的，除劳动者提出订立固定期限劳动合同外，应当订立无固定期限劳动合同：

1）劳动者在该用人单位连续工作满十年的。

2）用人单位初次实行劳动合同制度或者国有企业改制重新订立劳动合同时，劳动者在该用人单位连续工作满十年且距法定退休年龄不足十年的。

3）连续订立二次固定期限劳动合同，且劳动者没有《劳动合同法》第三十九条和第四十条第一项、第二项规定的情形，续订劳动合同的。

用人单位自用工之日起满一年不与劳动者订立书面劳动合同的，视为用人单位与劳动者已订立无固定期限劳动合同。

（2）同一用人单位与同一劳动者只能约定一次试用期。所以先前劳动合同约定了试用期的，在该单位续签合同不得约定试用期。

三、劳动合同期满企业可不续签的条件

劳动合同期满的，劳动合同即终止，企业终止劳动合同有三种情形（《劳动合同法》第四十六条第五款）：

（1）公司维持或者提高劳动合同约定条件（工资待遇等）续订劳动合同，劳动者不同意续订，终止劳动合同的，没有经济补偿。

（2）公司降低劳动合同约定条件（工资待遇等）续订劳动合同，劳动者不同意续订，终止劳动合同的，有经济补偿。

（3）公司和劳动者一方或者双方不予续订劳动合同，终止劳动合同的，有经济补偿。

根据《劳动合同法》第四十四条第一款、第四十六条第五款、第四十七条、第九十七条的规定，劳动合同期满终止固定期限劳动合同的，用人单位应当向劳动者支付经济补偿，经济补偿年限自本法施行之日起计算，按每满一年支付一个月工资的标准向劳动者支付，六个月以上不满一年的，按一年计算。

操作建议

尽管新法没有再就劳动合同续签的程序和时间进行要求，但为了避免争议，规范管理，我们仍然建议企业制定符合本企业情况的续签程序，同时还要明确企业如果不续签时可能涉及的补偿金规定以及续签合同时应注意的一些要点。

一、劳动合同续签的程序

（1）一般在合同到期前一个月左右，用人单位应书面了解劳动者的意向。

（2）对有续订合同意向的员工，用人单位应及时确定是否与其续订的意向。

（3）双方当事人协商要约和承诺，实际是对原合同条款审核后确定继续实施还是变更部分内容。

（4）协商一致后，双方签字或盖章。实际操作中可以重新签一份，也可以填写续签合同单（该续签合同单一般附在劳动合同后面）。

二、企业不续签劳动合同的经济补偿

（1）如果在劳动合同中约定劳动合同到期公司不续签应当提前30天通知，那么未提前30天通知的，应当多支付一个月工资的代通知金。

（2）如果劳动合同中没有约定，那公司可以不提前通知，因为法律并没有规定劳动合同到期前双方必须提前通知。但要注意地方政府的特殊规定，北京市的劳动合同规定中就有明确要求，劳动合同到期不再续签，用人单位必须提前30天通知劳动者，否则就要按照延迟通知的天数支付赔偿金。

（3）《劳动合同法》施行之日存续的劳动合同在《劳动合同法》施行后解除或者终止，依照《劳动合同法》第四十六条规定应当支付经济补偿的，经济补偿年限自《劳动合同法》施行之日起计算。

（4）《劳动合同法》施行前按照当时有关规定，用人单位应当向劳动者支付经济补偿的，按照当时有关规定执行。

（5）如果公司不续约或者要降薪续约而劳动者不续约的，都要根据劳动者在本单位工作的年限，按照每满一年支付一个月工资的标准向劳动者支付经济补偿金。

（6）公司不支付经济补偿金的，劳动者可以向当地劳动部门投诉举报，依法维护自己的合法权益。

（7）经济补偿金中的“月工资”是指劳动者在劳动合同解除或者终止前12个月的平均工资。

（8）《劳动合同法实施条例》第二十七条规定，《劳动合同法》第四十七条规定的经济补偿的月工资按照劳动者应得工资计算，包括计时工资或者计件工资以及奖金、津贴和补贴等货币性收入。劳动者在劳动合同解除或者终止前12个月的平均工资低于当地最低工资标准的，按照当地最低工资标准计算；劳动者工作不满12个月的，按照实际工作的月数计算平均工资。

三、其他需要注意的合同续签要点

（1）劳动合同终止的法定条件之一是劳动合同期满。也就是说，如果不存在诸如员工处于医疗期、女员工“三期”等劳动合同应顺延的情形，那么，劳动合同期限届满即行终止。在劳动合同终止时，企业可以与员工续签，也可以不与员工续签。若存在员工有权利要求签订无固定期限劳动合同的情形，则企业应与员工签订无固定期限劳动合同。

（2）企业向员工发出的续签劳动合同通知属于企业的单方面意向，员工是否续签由员工自行决定。如果员工对企业所提出的续签意向不满意，则可以与公司进行协商，直至双方在劳动合同期满前达成一致。

（3）在劳动合同期限届满之日，如果双方就是否续签劳动合同没有达成一致，则从法律风险防范角度来看，企业应终止与员工的劳动合同关系。

（4）续订劳动合同不得再约定试用期。也就是说，试用期仅指用人单位在初次招用劳动者签订劳动合同时才能约定。原合同期满后，当事人双方续订劳动合同时单位不得再次提出约定试用期。

（5）原有劳动合同到期即劳动合同规定的终止条件出现，原有劳动合同则终止。如果双方均没有提出解除劳动关系，也没有续签劳动合同，那么，在劳动纠纷发生后，解决纠纷的依据则是原有劳动合同规定的相关条款。根据法律规定，原有合同到期后，双方的事实劳动关系建立在双方对原有劳动合同没有异议的基础上。因此，当劳动合同到期或者终止后，企业应及时与劳动者商议续签事宜，以避免由于没有续签合同而导致的劳动纠纷。

四、劳动合同续签相关表单

劳动合同续签通知书

尊敬的__________先生/女士：

您好！

您与公司________年______月______日所签的《劳动合同》，将于________年______月______日到期，现公司决定与您续签《劳动合同》。

请在接到本通知后于________年______月______日之前以书面形式通知公司是否续签《劳动合同》。

特此通知！

××××公司（盖章）

年　月　日

签收回执

本人已收到单位于________年______月______日发出的《劳动合同续签通知书》。

员工签收（签名或盖章）：____________

签收日期：____________

注：此通知一式两份，公司与员工各持一份。

劳动合同到期不再续签通知书

尊敬的__________先生/女士：

您好！

您与公司________年______月______日所签的《劳动合同》，将于______年____月____日到期，按照《劳动合同》的相关规定，公司决定不与您续签《劳动合同》，请您于______年____月____日前按规定办理离职手续。

特此通知！

××××公司（盖章）

年　月　日

签收回执

本人已收到单位于________年____月____日发出的《劳动合同到期不再续签通知书》。

员工签收（签名或盖章）：____________

签收日期：____________

注：此通知一式两份，公司与员工各持一份。

续签劳动合同确认书

尊敬的__________先生/女士：

您好！

公司发出的《劳动合同续签通知书》未得到您的回馈，再次向您确认是否同意续签《劳动合同》，如同意续签请您将签好的《劳动合同》递交于公司××部门，如不同意续签请您在____年____月____日前到公司××部门办理工作交接手续，以便顺利计发您的最后薪资。

××××公司（盖章）

年　月　日

签收回执

本人已收到单位于______年____月____日发出的《续签劳动合同确认书》。

员工签收（签名或盖章）：___________

签收日期：_______

注：此通知一式两份，公司与员工各持一份。

第三章 特殊员工在职管理

非全日制用工的是与非

警惕非全日制合同陷阱

一、勤勉保洁员

算起在艺陶工艺品公司的工龄，赵杰绝对算是老员工了。1993年刚从农村出来打工，老实的赵杰就到艺陶公司做起了保洁工作。为了多赚点钱供孩子读书，赵杰有时还会身兼数职，在不同的企业间穿梭干活。

不过，年纪越来越大的赵杰慢慢干不动了，只是一直坚持着在艺陶公司的工作，虽然公司一直没有和自己签订任何的劳动合同，最早1100元的工资也是口头约定的，不过公司待自己不薄，当月工资下月1号会准时发到手中，过年过节有时候也会发点米和面。所以上班的时候，赵杰任劳任怨不敢怠慢，每天8小时，偶尔上夜班，双休日、法定节假日也难得休息，不过赵杰想得通，保洁员嘛，哪有休息的时候。

二、意外被辞退

2008年1月的一天，工友找到赵杰，让他到人事部去签字，“签字？没到发工资的日子啊？”赵杰有点紧张，是自己哪儿干得不好吗？

到了人事部，人事主管邱丽丽拿出一份文件递给赵杰，“别紧张老赵，这是你的劳动合同，请你签个字，以后工作啊都得签合同了。”赵杰松了口气，原来是签合同，好像听到工友们议论过。丽丽翻开合同的最后一页，指着空白处说道，“来，这里签字吧。”而前面的内容丽丽却顺手翻了过去，没有让老赵看看的意思。老赵没多想，反正自己也看不懂，公司不会骗人，签就签吧。

可让老赵感到意外的事情在一周后发生了，正在工作的他突然接到了公司的通知：由于公司生产业务转移，决定和他终止劳动合同！

三、合同有问题

赵杰有点想不通，自己工作了那么多年的公司，怎么会突然在签完合同之后立刻辞退自己呢？工友们都说签合同是保护劳动者的，可为什么自己反而变成了签合同就失业呢？

打电话把遭遇告诉了自己上大学的儿子，电话那头的声音冷静而坚决，“爸，既然签了劳动合同，那公司辞退您就得给您经济补偿！您别怕，先去问问吧！”

可人事部的回答又让老赵陷入了更大的疑惑中，丽丽指着劳动合同中的一栏，“老赵师傅，你自己看看合同，公司跟你签的合同是非全日制劳动合同，不是全日制劳动合同，这种合同是没有经济补偿的！”

四、老赵勇维权

自己工作了十几年的公司就这样轻描淡写地撇清了关系，老赵觉得十分愤懑，骨子里的“轴劲儿”让他决定搞清楚这其中的原委。于是，在众人的劝说和儿子的鼓励下，赵杰决定拿起法律武器争取自己的权益。

而艺陶公司这边也是自信满满，合同上白纸黑字写着“非全日制用工合同”，赵杰清清楚楚地签上了自己的名字，更何况赵杰在公司工作的头几年一直在外有兼职，这都是铁一般的事实和证据。

双方分歧明显，各自又都觉得理据充分，赵杰的维权战役能有胜算吗？

思考题

1. 你认为赵杰的维权战役能胜利吗？他到底属不属于非全日制用工？

2. 如果赵杰属于非全日制用工，那么他与艺陶公司口头约定的相关事项（包括工资发放、工作时间等）是否成立？

3. 非全日制用工与全日制用工相比有哪些突出特点？

4. 艺陶公司在这件事情的处理上存在哪些管理问题和误区？

问题解析

一、非全日制用工的概念界定

《劳动合同法》关于非标准用工的第二类形式是非全日制用工。近年来，以小时工为主要形式的非全日制就业在我国许多地方呈现迅速发展的趋势。特别是在餐饮、超市、社区服务等领域，用人单位使用的小时工越来越多。2002 年 9 月，中共中央、国务院召开的全国再就业工作会议上，中央领导强调要大力发展非全日制等灵活多样的就业形式。会后明确提出了“对下岗失业人员以非全日制、临时性和弹性工作等灵活形式就业的，要适应其特点，抓紧制定劳动关系形式、工资支付方式和社会保险等方面的配套办法，保障他们的合法权益”。《劳动合同法》也开辟专门章节将这一用工形式加以固定和规范。非全日制就业是与非全日制用工相对应的。两者实际上指的是同一事物的两个方面，从劳动者的角度来讲就是非全日制就业，从用人单位的角度来讲是非全日制用工。

《劳动合同法》规定，非全日制用工是指以小时计酬为主，劳动者在同一用人单位一般平均每日工作时间不超过 4 小时、每周工作时间累计不超过 24 小时的用工形式。而标准用工中的标准工作时间是每天不超过 8 小时，每周不超过 40 小时。

需要指出，《劳动合同法》关于非全日制用工的界定，比原劳动和社会保障部《关于非全日制用工若干问题的意见》要严格，后者将非全日制用工界定为“在同一用人单位平均每日工作时间不超过 5 小时，累计每周工作时间不超过 30 小时的用工形式”。《劳动合同法》对此分别缩短了 1 小时和 6 小时，可以看出我国对于非全日制用工这个概念是比较谨慎的，规定的条件比较严格。

二、非全日制用工的特点

（一）协议的口头性

用人单位采用标准用工的，必须与劳动者签订书面劳动合同，否则，将支付双倍工资甚至签订无固定期限劳动合同。用工单位采用劳务派遣用工的，法律规定也需要与劳务派遣单位签订劳务派遣协议。如果用人单位选择非全日制用工的，则不受书面劳动合同或协议的限制，可以选择口头协议。对此，《劳动合同法》规定，非全日制用工双方当事人可以订立口头协议。

（二）劳动关系的多重性

在标准用工形式下，劳动者一般只能与一个用人单位建立正式的劳动关系。劳动者同时与其他用人单位建立劳动关系，对完成本单位的工作任务造成严重影响，或者经用人单位提出，拒不改正的，用人单位可以解除劳动合同。而非全日制劳动关系不是标准的劳动关系，因而不受这一规定的约束。非全日用工的劳动者可以与多个用人单位建立劳动关系，但是后订立的劳动合同不得影响先订立的劳动合同的履行。

（三）辞退的无因性、随时性和无补偿性

标准用工辞退劳动者受到了严格的限制，不仅要具备法定的条件，还需要符合法定的提前通知程序，而且还有可能需要经济补偿金等。但是，用人单位辞退非全日制用工的劳动者不需要理由，不需要提前通知，也不需要支付经济补偿金。对此，《劳动合同法》规定，非全日制用工双方当事人任何一方都可以随时通知对方终止用工；终止用工，用人单位不向劳动者支付经济补偿。

三、非全日制用工的劳动法律规定

目前对非全日制劳动关系的规定仅见诸一些人力资源和社会保障部的法规、地方性法规或规章。《劳动合同法》则对非全日制工作制订了特别规定，使非全日制劳动关系纳入劳动法律调整范围。依据现有规定以及《劳动合同法》相关规定，企业在非全日制用工时应注意以下事项：

（一）劳动合同形式的约定

法规规定非全日制用工合同可采用书面形式，也可采用口头形式，但书面合同有利于举证。由于《劳动法》对非全日制劳动者的保护力度远远低于全日制劳动者，所以，建议企业在使用非全日制劳动者的时候最好通过书面劳动合同明确工资报酬、工作时间、工作内容等事项，以防止不必要的纠纷。

（二）试用期的禁止

法规明确禁止非全日制劳动合同约定试用期。所以，在企业规章制度或劳动合同中不应出现有关非全日制用工试用期的规定或约定。

（三）工作时间的约定

由于法规规定非全日制劳动者在同一用人单位一般平均每日工作时间不超过 4 小时，每周工作时间累计不超过 24 小时的用工形式，因此，企业在与非全日制劳动者签订劳动合同或实际用工时，要特别注意时间界限，即不要超出法规规定的时间，否则非全日制用工会被认定为全日制用工，而适用一般《劳动法》的规定，这样会增加企业不必要的成本。

（四）劳动报酬结算周期的约定

虽然现行立法规定，非全日制用工工资支付可以按小时、日、周或月为单位结算，但是《劳动合同法》第七十二条规定，非全日制用工劳动报酬结算周期最长不得超过 15 日。因此，为了提前预防风险，建议企业约定结算周期最好不要长于 15 日。

（五）劳动合同解除约定

《劳动合同法》规定，双方当事人任何一方均可随时通知对方终止用工。所以，企业要慎用非全日制用工形式，以避免非全日制劳动者随时辞职给企业造成损失。

（六）劳动基准的遵守

现行立法对非全日制用工的劳动基准适用有明确规定，所以，企业不能再抱有利用非全日制用工规避雇主责任、降低用工成本的想法。应该根据企业经营需要选择非全日制用工形式。关于非全日制用工的劳动基准规定主要有：

（1）最低工资标准的规定。法规明确规定，用人单位支付非全日制劳动者的小时工资不得低于当地政府颁布的小时最低工资标准。

（2）工伤保险及工伤责任的规定。法规规定，用人单位应当按照国家有关规定为建立劳动关系的非全日制劳动者缴纳工伤保险费。同时，《关于实施〈工伤保险条例〉若干问题的意见》（劳社部函［2004］256 号）第一条规定也适用非全日制工，即职工在两个或两个以上用人单位同时就业的，各用人单位应当分别为职工缴纳工伤保险费。职工发生工伤，由职工受到伤害时其工作的单位依法承担工伤保险责任。

四、企业选择非全日制用工的利弊

《劳动合同法》正式将非全日制用工关系纳入调整范围。《劳动合同法》第六十八条规定：非全日制用工是指以小时计酬为主，劳动者在同一用人单位一般平均每日工作时间不超过 4 小时，每周工作时间累计不超过 24 小时的用工形式。采取这种用工形式对企业有利有弊，具体分析如下：

（一）非全日制用工的好处

（1）用人单位可以随时解除劳动合同，且无须支付经济补偿金。《劳动合同法》下，用人单位解除劳动关系受到了严格限制，但非全日制用工则不一样。《劳动合同法》第七十一条明确规定：非全日制用工双方当事人任何一方都可以随时通知对方终止用工。终止用工，用人单位不向劳动者支付经济补偿。

（2）签订非全日制用工劳动合同可以是口头协议。全日制用工而不签订劳动合同，已经被《劳动合同法》当成了一种违法用工的形式，用人单位将承担双倍工资的赔偿责任。但非全日制用工可以不签订书面合同。

但是，我们要提醒的是，从劳动法律风险防范的角度出发，使用非全日制用工最好还是签订一份书面的合同，一来就工资等权利义务作出约定，避免争议；二来作为双方非全日制用工关系的有力证据。否则，一旦劳动者起诉，认为双方属于全日制用工，且没有签订劳动合同，要求支付双倍工资、缴纳社会保险费等，用人单位将很难举证推翻，将陷于极大的被动之中。

（3）用人单位可以不用缴纳养老保险费、失业保险费、医疗保险费、住房公积金，但应该上工伤保险。否则一旦发生工伤事故，用人单位将承担全部责任。

（二）非全日制用工的弊端

（1）由于劳动者可以随时解除劳动合同而不负任何法律责任，会使非全日制用工流动性大，不稳定。

（2）不能与员工约定试用期。

（3）劳动报酬支付周期最长不得超过 15 天，否则会被当做拖欠工资处理。而拖欠工资可能会被要求支付额外的经济补偿金。这会给财务结算带来一定的麻烦，因为用人单位一般是按月支付工资。那么，能不能按月支付，但提前支付下月工资呢？从法条的文义上来看，这仍然是违法的。但此时，应该不构成拖欠工资。

（4）员工缺乏归属感，不利于企业凝聚力的形成。非全日制劳动者同时与几家用人单位建立非全日制用工关系是合法的，也是很常见的。

（5）非全日制用工每天工作不得超过 4 小时，每周不得超过 24 小时，所以并不适合于大多数岗位。偶尔超出上述标准影响不大，但如果经常超时，员工可能会主张按照全日制用工处理，单位就可能承担社保、补足最低工资等一系列责任。

另外，各地对非全日制用工有最低小时工资，一般还另外有一个法定节假日小时最低工资。请勿低于上述标准。例如北京市 2014 年 1 月 1 日起执行的标准是："非全日制从业人员小时最低工资标准由 15.2 元/小时提高到 16.9 元/小时；非全日制从业人员法定节假日小时最低工资标准由 36.6 元/小时提高到 40.8 元/小时。以上标准包括用人单位及劳动者本人应缴纳的养老、医疗、失业保险费。"

五、非全日制用工合同范本

由于非全日制用工的特殊性，因此其合同约定也具有其本身的特殊性，非全日制用工合同范本如下所示。

非全日制用工合同书

甲方：____________________　　乙方：____________________

地址：____________________　　居民身份证号码：____________________

法定代表人（委托代理人）：________　　现居住地址：____________________

甲方招用乙方以非全日制用工形式就业，根据国家、省、市有关规定，经双方平等自愿、协商，同意订立本劳动合同。

一、劳动合同期限

本合同自______年______月______日起，至______年______月______日止。

二、工作时间

乙方在甲方从事非全日制工作，平均每日工作不超过______小时，每周工作时间累计不超过______小时。

三、工作内容

甲方根据工作需要，安排乙方在______岗位（工种）工作，乙方应按甲方的要求完成该岗位（工种）所承担的工作内容。

四、劳动报酬

甲、乙双方协商确定乙方小时工资报酬为每小时______元，甲方应以货币形式按时足额支付，小时工资不低于当地政府公布的最低小时工资标准；工资报酬结算支付周期最长不超过 15 日。

五、社会保险

乙方在从事非全日制就业期间可参照城镇个体工商户或灵活就业人员标准自行参加基本养老保险和基本医疗保险，费用由乙方承担。甲方为乙方缴纳工伤保险费。

六、劳动合同的变更、解除、终止、续订

1. 甲、乙双方当事人可以随时提前 7 天时间通知对方终止用工合同。终止用工时，甲方

（续）

不向乙方支付经济补偿。

2. 当合同期满后，双方若无异议，合同期限可以自动延长一年时间。

七、双方需要约定的其他事项（若无约定事项请打上“//”）

____

八、劳动争议处理

甲、乙双方发生争议的，应当协商解决，协商不成的，可以依法向劳动争议仲裁委员会申请仲裁。

九、本合同一式两份，甲、乙双方各执一份，双方签字或盖章生效。

甲方：（盖章）　　　　　　　　　　　　乙方签字（盖章）：

法定代表人或（委托代理人）：（签名）

合同订立日期：　　年　　月　　日

操作建议

与全日制用工标准不同，非全日制用工有其自身的特点和要求，因此人们在执行非全日制用工身份的过程中需要明确以下一些问题：

一、试用期是否存在

我们知道标准用工的试用期有明确的法律规定：劳动合同期限在三个月以上的，可以约定试用期。也就是说，固定期限劳动合同能够约定试用期的最低起点是一个月。劳动合同期限一年以上不满三年的，试用期不得超过两个月；三年以上固定期限和无固定期限劳动合同试用期不得超过六个月。这是针对用人单位不分情况，一律将试用期约定为六个月，《劳动合同法》的具体措施。全日制用工形式双方可以约定试用期，非全日制用工能否约定试用期呢？《劳动合同法》规定，非全日制用工双方当事人不得约定试用期。因此，企业不能为非全日制用工的劳动者设定试用期。

二、计酬方式：“日？月？小时？”

国家法律明确规定，劳动者每日工作时间不超过 8 小时、平均每周工作时间不超过 40 小时的工时制度。即每日工作时间不超过 8 小时，是指法定正常付出劳动时间，也就是超过这一时间的工作即视为额外劳动，用工单位需支付加班工资。累计工时每周超 24 小时就应该属于全日制用工。普通的劳动关系是以日、月、年为单位建立劳动合同的，而非全日制劳动合同是以小时为单位建立劳动关系的，因此非全日制劳动合同的计酬单位是小时。

三、薪酬底线

全日制用工的薪酬底线是当地的最低标准。那么非全日制用工的薪酬是否有底线限制呢？《劳动合同法》规定，非全日制用工小时计酬标准不准低于用人单位所在地人民政府规定的最低小时工资标准。

四、报酬结算周期到底多长

在全日制劳动关系中，劳动报酬一般按月支付给劳动者，并且这个月的工资下个月发放给劳动者。而非全日制由于实行以小时计酬，因此非全日制的劳动报酬结算也与全日制不同。《劳动合同法》规定，非全日制用工劳动报酬结算周期最长不得超过15日。由此可见，企业对于非全日制就业的劳动者的劳动报酬支付周期最多不能超过15日，用人单位可以与劳动者约定每天、每周、每半个月支付一次劳动报酬。

五、社会保险是否仍存在

从事非全日制工作的劳动者应该参加基本养老保险，原则上参照个体工商户的参保办法执行。对于已参加过基本养老保险和建立个人账户的人员，前后缴费年限合并计算，跨统筹地区转移的，应按照基本养老保险关系和个人账户的转移、接续手续来办理。符合退休条件时，按国家规定计发基本养老金。从事非全日制工作的劳动者可以以个人身份参加基本医疗保险，并按照待遇水平与缴费水平相挂钩的原则，享受相应的基本医疗保险待遇。参加基本医疗保险的具体办法由各地劳动保障部门研究制定。用人单位应当按照国家有关规定为建立劳动关系的非全日制劳动者缴纳工伤保险费。从事非全日制工作的劳动者发生工伤，依法享受工伤保险待遇；被鉴定为伤残5~10级的，经劳动者与用人单位协商一致，可以一次性结算伤残待遇及有关费用。由此可见，对于非全日制劳动者的社会保险，用人单位只需要缴纳工伤保险费，其他保险费由劳动者自己缴纳。

六、是否仍可以有权进行劳动争议处理

非全日制用工与全日制用工在很多地方存在区别，但是在劳动争议解决机制上，两者没有任何区别。与全日制用工的劳动合同争议的解决途径一样，从事非全日制工作的劳动者与用人单位因用工发生的劳动争议，仍然适用《劳动争议调解仲裁法》。

七、非全日制用工的管理风险

（一）被认定为全日制用工的法律风险

正如上文所述，非全日制用工相较之全日制用工成本更低、灵活性更强。但是，非全日制用工有被认定为全日制用工的风险。诱发这一风险的因素有：未订立非全日制用工书面协议，同时缺乏其他非全日制用工的相应证据；不清楚非全日制用工的界限，不慎超出法律边界；滥用非全日制用工，以“经常加班”等手段延长工作时间，行全日用工之实。

（二）被认定为劳务关系的法律风险

非全日制用工较之劳务关系风险更小。在劳务关系中，如果发生人身意外，雇主需要依法承担人身损害赔偿责任。一般而言，人身损害赔偿责任较工伤赔偿要重。非全日制用工有可能被认定为劳务关系的主要原因有：未订立非全日制用工书面协议，未依法缴纳工伤保险费。

（三）工伤

用人单位有为非全日制用工劳动者缴纳工伤保险的义务。如果用人单位未能履行这一法定义务，一旦发生工伤事故，须按照《工伤保险条例》的标准支付工伤保险待遇。甚至在未订立书面协议、未缴纳工伤保险费的情况下，劳动者认为双方不存在非全日制劳动关系，而是劳务关系，用人单位有可能需要承担人身损害赔偿责任。

（四）侵权或公司商业秘密被泄露等法律风险

非全日制用工劳动者可能同时与数个单位存在劳动关系，甚至这些单位之间有可能存在竞争关系。如果不加强用工管理和商业秘密保护，用人单位的商业秘密也有被泄露的法律风险。

把握好劳务派遣工的量与度

劳务派遣解约后的麻烦事

一、撤柜裁人

顾小兵拿着被撤销门店和柜台的名单，拨通了人力资源部的电话。这名单上的两个门店和六个专柜，涉及二十几名销售导购，店好撤，人难散，自己只不过是销售经理，解约的事情还是交给专业人员吧。

顾小兵所在的美石珠宝公司规模不大，员工数量也不算多，不过公司定位比较明确，因此在江北这座大城市的经营情况还算得上马马虎虎，不过生意越来越难做，这已经是今年的第二次撤店了。公司销售门店里的导购员绝大部分都不是正式员工，而是通过与劳务派遣公司签订劳务派遣合同，招用的派遣工，这一点顾小兵是知道的，不过这类人员与公司的关系到底是什么，自己却说不清楚。

二、解约责任

下午的销售部会议，人事主管陈佳也来参加了。会上宣布了撤柜名单和涉及的遣散员工名单，陈佳也向大家讲解了派遣合同的性质以及公司解除合同的政策。

员工们仿佛已经有了准备，顾小兵没有看到太多吃惊的表情，不过会议快结束的时候，一名员工举手站了起来。这是宏都商厦的张大姐，顾小兵有印象，刚来的时候对珠宝知识完全不懂，不过进步很快，人也热心，只可惜柜台所在的商场业绩不佳，拖累了她。张大姐清清嗓子问道："陈主管，我是2007年4月来公司的，2008年2月签的合同，到现在2012年9月，也有四五年了，我听人说解除合同是要有补偿的，像我这样的能补多少钱呢？"

陈佳倒是很耐心，"大家可能还没理解派遣合同的意思，虽然大家在公司工作，有些员工工作时间也不短了，但是2008年大家统一是和创智劳务派遣公司签的劳动合同，和咱们公司只是劳务关系，所以补偿的问题不由公司负责，大家可以联系创智问问。"

三、疑问重重

散会后的员工另起炉灶开起小会，大家你一言我一语地议论着，"张姐，解除合同真的有钱拿吗？"张大姐皱着眉头点点头，"我是听说解除合同有补偿的，要不，明天我去创智问问吧。"

听到张大姐愿意做代表，大家更活跃了，"那也问问工资少的事儿吧，同样是柜台导购，咱们每个月都比老李他们少300块钱，陈佳说是因为岗位性质不一样，可实际上是一样的啊，这也是因为咱们是和创智签的合同吗？问问是什么原因啊。"旁边的小玲也开口了，"张姐，那也帮我问问工伤的事儿吧，去年6月我去门店上班的时候被摩托车撞了，右手臂骨折，这应该是工伤吧，工伤待遇创智能给我吗？"

四、创智回应

带着员工们的疑问，张大姐找到了创智劳务派遣公司，不过创智的解释让事情更加复杂了。2008 年 2 月，美石珠宝公司与创智签订了劳务派遣合同，创智便与美石珠宝公司原来招聘的十几名职工签订了劳动合同，合同期限为三年。合同签订后，张大姐他们并没有感觉到明显的差别，工资还是每月由美石珠宝公司发放，也要服从美石珠宝公司的日常管理。2011 年 2 月两家公司之间的劳务派遣合同到期，美石珠宝公司没有再和他们合作，所以创智也就没和这些员工续签劳动合同。至于张大姐问到的经济补偿、工伤保险待遇和管理费，创智一一否认并拒绝了，其实从 2011 年 2 月开始这些员工已经与创智没有关系了，一直以来创智其实只是负责签了合同，其他的各项管理都是美石珠宝公司在做。

五、谁是谁非

张大姐带回来的消息让大家泄了气，当时签劳动合同时没写明具体时间，而且签订的两份劳动合同，一份在派遣公司，另一份在珠宝公司，大家手里全都没有，连时间都无法求证。

美石和创智看来都有充足的理由不负责，大家面面相觑，该怎么办？张大姐缓缓说道，“咱们大伙都干了四五年了，却什么都没有得到，我想，与其和美石与创智纠缠，不如找个真正能有说法的地方吧？大家知道劳动争议仲裁吗？如果相信我，明天咱们一起去吧？”

思考题

1. 张大姐从 2007 年 4 月工作至 2012 年 9 月，其中哪一段时间张大姐的工作属于劳务派遣性质，哪一段时间不属于？根据案例提供的资料判断，张大姐究竟是不是劳务派遣工？
2. 案例中小玲的工伤保险责任应该由哪个公司承担？
3. 劳务派遣工与正式工的薪资待遇是否应该存在一定的差别，以反映身份的区别？
4. 劳务派遣的用工形式有什么优缺点？

问题解析

一、劳务派遣的内涵

（一）劳务派遣概念概述

劳务派遣，又称人才派遣、人才租赁、劳动派遣、劳动力租赁，是指由劳务派遣机构与派遣劳工订立劳动合同，由要派企业（实际用工单位）向派遣劳工给付劳务报酬，劳动合同关系存在于劳务派遣机构与派遣劳工之间，但劳动力给付的事实发生于派遣劳工与要派企业（实际用工单位）之间。例如保安公司派遣保安、翻译公司派遣翻译人员等。其特点可以用“招人不用人、用人不招人”来概括，即劳务派遣单位“招人不用人”，实际用工单位“只用人不招人”。

由于劳务派遣在“招人”和“用人”上存在这种分离，因此容易产生纠纷，尤其是被派遣劳动者的权益容易受到侵害。这些纠纷主要体现在以下几个方面：①信息不对称。一些劳务派遣单位在招聘时为了增强吸引力，故意蒙骗求职者。更有甚者，劳务派遣单位从中拿走差价的现象也存在。②同工不同酬。一些用工单位在观念上仍把派遣员工看做是“临时工”，而不是本企业的正式员工，派遣员工尽管与企业的正式职工承担的工作并无差别，但享受到的权利待遇却大打折扣。③劳动争议无人管。劳务派遣单位和用工单位在使用劳动者的过程中，双方责任不清，一旦劳动者权益受损，派遣机构和用工单位之间互相推诿，都不肯承担对劳动者的义务。

（二）劳务派遣三方的法律关系

劳务派遣三方关系如下：

（1）派遣单位与被派遣劳动者之间——劳动法律关系

劳务派遣单位作为用人单位，要承担《劳动法》规定的对劳动者的义务。劳务派遣单位需要与被派遣劳动者签订书面劳动合同。它们之间适用劳动法律法规，如《劳动法》《劳动合同法》等。

（2）派遣单位与用工单位之间——民事法律关系

派遣单位与用工单位之间签订的是民事合同，双方是民事法律关系，即双方约定由派遣单位向用工单位派出员工为其提供劳动管理服务，用工单位向派遣单位支付服务费和承诺给受派员工提供劳动条件。他们之间适用民事法律法规，如《民法通则》《合同法》等。

（3）用工单位与被派遣劳动者之间——特殊劳动关系

派遣员工与用工单位之间的关系受到劳动关系和劳务关系两者叠加的影响，既具有正常劳动关系的特点，又具有民事劳务关系的特点，上海市人力资源和社会保障局将其定义为特殊劳动关系，介于劳务关系和劳动关系之间。

二、劳务派遣的功效

（一）建立弹性用工机制的需要

劳务派遣可以通过人力资源的社会化配置和管理，为用人单位提供一种“即时需要即时租用”的弹性用工机制，更好地解决阶段性、临时性或特殊项目对人才的需求。用人单位根据自身需要可随时从劳务派遣机构的人才储备库中挑选人才或将派遣员工退回或将符合自身需要的派遣员工正式调入，使人才能进能出、合理流动，从而大幅度提高对市场的反应速度，加强对人力成本的有效控制，既可以保证合理、合法用工，又可以达到员工能进能出、合理流动的目的。

（二）摆脱日常人事管理烦琐工作的需要

劳务派遣用工方式可以免去用工企业的招聘、入职、离职、签订与解除劳动合同，各项社会保险的缴纳、中断、转移及其他日常人事管理等事项。因为这些事项都可以由派遣单位来完成，从而可以将用工单位从烦琐的劳动人事管理事务中解脱出来，将精力集中投入到人力资源管理创新上来。

三、《劳动合同法》对劳务派遣的一般规制

2012 年 12 月 28 日，《劳动合同法》修订案正式公布，并于 2013 年 7 月 1 日起开始实施，新法对有关劳务派遣的相关内容作出了新的规定，从法律上进一步规范了劳务派遣用工行为。之后，为了配合《劳动合同法》修订案的实施，《劳务派遣暂行规定》已于 2013 年 12 月 20 日通过，并自 2014 年 3 月 1 日起施行，它对企业共同关心的“三性”岗位、同工同酬、劳务派遣用工比例、用工管理、新老政策的衔接，以及法律责任等一系列问题都作了规范。同时，对劳务派遣机构的行政许可、业务经营和违法处罚也即将施行系列新政。

（一）限制劳务派遣单位

1. 资质的特殊要求

《劳动合同法》规定经营劳务派遣业务应当具备下列条件：

（1）注册资本不得少于人民币 200 万元。

（2）有与开展业务相适应的固定的经营场所和设施。

（3）有符合法律、行政法规规定的劳务派遣管理制度。

（4）法律、行政法规规定的其他条件。

经营劳务派遣业务，应当向劳动行政部门依法申请行政许可；经许可的，依法办理相应的公司登记。未经许可，任何单位和个人不得经营劳务派遣业务。

2. 劳动合同的特殊要求

劳务派遣单位与被派遣劳动者订立劳动合同，除应当载明《劳动合同法》第十七条规定的事项外，还应当载明被派遣劳动者的用工单位以及派遣期限、工作岗位、与用工单位同类岗位劳动者同工同酬等情况。劳务派遣单位应当与被派遣劳动者订立两年以上的固定期限书面劳动合同。由此可见，劳务派遣单位不仅要与劳动者签订劳动合同，而且劳动合同比标准用工下的劳动合同要求更严格。

3. 劳动报酬的特殊要求

劳务派遣单位应当按月支付劳动报酬；被派遣劳动者在无工作期间，劳务派遣单位应当按照所在地人民政府规定的最低工资标准，向其按月支付报酬。由此可见，《劳动合同法》不仅要求劳务派遣单位按月支付劳动者劳动报酬，还特别明确指出，即使劳动者没有工作期间，劳务派遣单位也要按照不低于所在地最低工资标准支付劳动者工资。

4. 招工形式的要求

劳务派遣单位不得以非全日制用工形式招用被派遣劳动者。这就意味着，劳务派遣单位只能以标准劳动关系的形式招用劳动者。不过，劳务派遣单位以标准劳动关系形式招用劳动者时，可以将劳动者派遣至用工单位从事非全日制工作，对此，法律并无限制。

5. 违法操作的严重后果

劳务派遣单位违反《劳动合同法》规定，未经许可，擅自经营劳务派遣业务的，由劳动行政部门责令停止违法行为，没收违法所得，并处违法所得一倍以上五倍以下的罚款，没有违法所得的，可以处 5 万元以下的罚款。

劳务派遣单位、用工单位违反《劳动合同法》有关劳务派遣规定的，由劳动行政部门责令限期改正；逾期不改正的，以每人 5000 元以上 1 万元以下的标准处以罚款，对劳务派遣单位，吊销其劳务派遣业务经营许可证。

6. 连带责任

用工单位给被派遣劳动者造成损害的，劳务派遣单位与用工单位承担连带赔偿责任。《劳动合同法》修订后去掉了劳务派遣单位侵害劳动者权益，劳务派遣单位与用工单位对劳动者承担连带赔偿责任的法律规定，而变更为：用工单位侵害劳动者权益，劳务派遣单位与用工单位承担连带赔偿责任。新规定会不会导致劳务派遣单位损害劳动者权益，劳动者不得向用工单位主张连带赔偿责任，这一点还需要追踪最新的司法实践。

（二）限制用工单位

1. 适用范围的限制

劳动合同用工是我国企业的基本用工形式。劳务派遣用工是补充形式，只能在临时性、辅助性或者替代性的工作岗位上实施。临时性工作岗位是指存续时间不超过六个月的工作岗位。辅助性工作岗位是指为主营业务岗位提供服务的非主营业务岗位。用工单位决定使用被派遣劳动者的辅助性岗位，应当经职工代表大会或者全体职工讨论，提出方案和意见，与工会或者职工代表平等协商确定，并在用工单位内公示。替代性工作岗位是指用工单位的劳动者因脱产学习、休假等原因无法工作的一定期间内，可以由其他劳动者替代工作的岗位。

用工单位应当严格控制劳务派遣用工数量，使用的被派遣劳动者数量不得超过用工总量的 10%。这里的用工总量是指用工单位订立劳动合同人数与使用的被派遣劳动者人数之和。

2. 强化被派遣劳动者“同工同酬”权利保障

《劳动合同法》第六十三条明确规定：被派遣劳动者享有与用工单位的劳动者同工同酬的权利。用工单位应当按照同工同酬原则，对被派遣劳动者与本单位同类岗位的劳动者实行相同的劳动报酬分配办法。用工单位无同类岗位劳动者的，参照用工单位所在地相同或者相近岗位劳动者的劳动报酬确定。

劳务派遣单位与被派遣劳动者订立的劳动合同和与用工单位订立的劳务派遣协议，载明或者约定的向被派遣劳动者支付的劳动报酬应当符合前款规定。同时，《劳务派遣暂行规定》中再次明确，用工单位应当按照《劳动合同法》第六十二条规定，向被派遣劳动者提供与工作岗位相关的福利待遇，不得歧视被派遣劳动者。

实践中用工单位选择劳务派遣的目的之一就是节约用工成本。同工同酬原则的确立对用工单位的影响很大，可以看出其立法目的也是限制用工单位大规模选择劳务派遣用工。

3. 自己派遣和再派遣的限制

首先，用工单位不得设立劳务派遣单位向本单位或者所属单位派遣劳动者。这是限制用工单位自己向自己及所属单位派遣劳动者的规定。其次，用工单位不得将被派遣劳动者再派遣到其他用工单位。即法律禁止用工单位接受派遣劳动者后再向其他单位再派遣。

四、劳务派遣工的工伤责任问题

对劳务派遣这种用工形式来说，最常发生的就是工伤纠纷。工伤的责任到底是由派遣单位来负还是用工单位来负呢？《劳务派遣暂行规定》第十条对此作了明确规定，“被派遣劳动者在用工单位因工作遭受事故伤害的，劳务派遣单位应当依法申请工伤认定，用工单位应当协助工伤认定的调查核实工作。劳务派遣单位承担工伤保险责任，但可以与用工单位约定补偿办法。

被派遣劳动者在申请进行职业病诊断、鉴定时，用工单位应当负责处理职业病诊断、鉴定事宜，并如实提供职业病诊断、鉴定所需的劳动者职业史和职业危害接触史、工作场所职业病危害因素检测结果等资料，劳务派遣单位应当提供被派遣劳动者职业病诊断、鉴定所需的其他材料。”

劳务派遣用工的一大特点就是“招人”和“用人”分离，而在此情况下，被派遣劳动者在工作中发生工伤或者罹患职业病的，会面临一个很重要的问题，那就是应当由谁来办理工伤认定手续或者职业病诊断、鉴定手续。该条规定正好解决了这个问题，明确了用工单位、劳务派遣单位在工伤认定以及职业病诊断、鉴定过程中的角色分工以及各自的义务。在工伤认定程序中，劳务派遣单位应当依法申请工伤认定，用工单位则有协助工伤认定的调查核实工作。而在职业病诊断、鉴定程序中，用工单位则应处于主导地位，负责处理职业病诊断、鉴定相关事宜，并如实提供职业病诊断、鉴定所需的劳动者职业史和职业危害接触史、工作场所职业病危害因素检测结果等资料，在此过程中，劳务派遣单位则应当提供被派遣劳动者职业病诊断、鉴定所需的其他材料。

另外本条还对工伤保险责任的归属进行了规定，根据本条规定，劳务派遣单位应当承担工伤保险责任，但劳务派遣单位可以与用工单位约定补偿办法，只是这种双方约定的补偿办法不能对抗被派遣劳动者直接向劳务派遣单位主张工伤补偿的权利。

操作建议

（一）慎重审查劳务派遣单位的资质

企业选择优质的劳务派遣单位，既可以有效降低管理成本、提高管理效率，同时也可以提升企业声誉和管理水平。因此慎重审查劳务派遣单位的资质是劳务派遣实际执行过程中很关键的一项影响因素。如果用工单位选择的合作对象是不具有办理劳务派遣资质的企业，一旦发生纠纷，就有可能视为劳动者直接与用工单位建立劳动关系。

（二）劳务派遣业务实施流程

劳务派遣业务的具体实施流程如图 3-1 所示，用工单位和派遣企业都可以参考这一流程，规范操作。

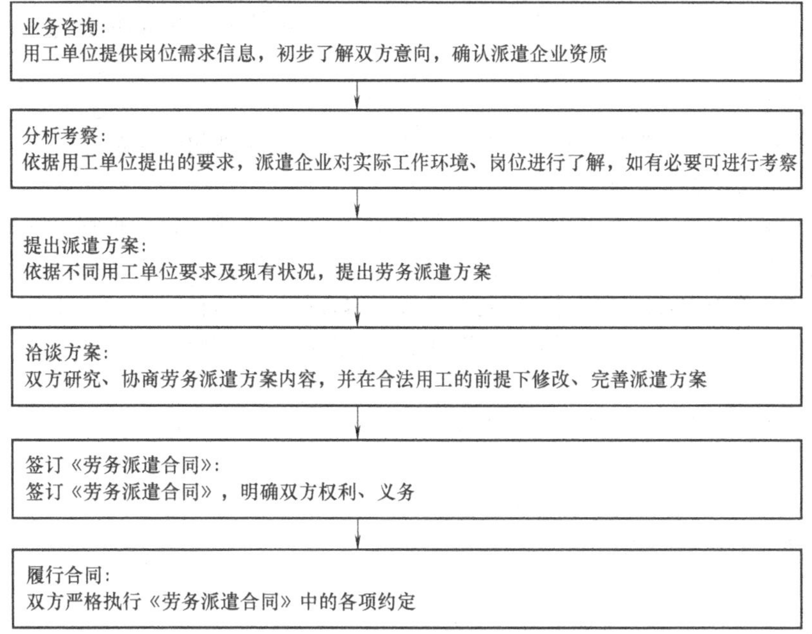

图 3-1　劳务派遣业务实施流程

（三）签订详细的劳务派遣协议

如前所述，由于劳务派遣单位与用工单位之间属于民事法律关系，按照民事法律“意思自治”的原则，双方可以就劳务派遣用工的事项进行约定。对此，应该签订详细的劳务派遣协议，法律也对此进行了相关问题的规定。劳务派遣协议应当约定派遣岗位和人员数量、派遣期限、劳动报酬和社会保险费的数额与支付方式以及违反协议的责任。这不仅是《劳动合同法》的要求，也是用工单位与劳务派遣单位相互明确各自权责以及各自对被派遣劳动者义务的基础。具体劳务派遣协议范本如下所示。

劳务派遣协议书

劳务输入单位（甲方）：____________________

电话：____________________________________

地址：____________________________________

劳务派遣单位（乙方）：____________________

电话：____________________________________

地址：____________________________________

户名：____________________________________

开户行：__________________________________

账号：____________________________________

甲乙双方经过平等协商，建立劳务派遣合作关系，乙方根据甲方要求向甲方派遣劳务人员，甲方根据生产工作需要安排劳务人员的工作。现就有关问题签订本合同：

一、劳务人员的数量、条件、派遣期、试用期和提供劳务的方式

乙方按照甲方要求从______年______月______日起派遣______名劳务人员到甲方工作，甲方安排劳务人员的具体工作，并向乙方支付劳务服务费用。派遣期______年，试用期______个月。

劳务人员须具备的条件：____

提供劳务的方式：按照用工单位的生产需要，派遣符合条件的劳务人员。

二、劳务人员的招录与变更

劳务人员由乙方负责按照合同条款条件组织招录，也可由甲方进行推荐，按照择优的原则确定派遣劳务人员。派遣的劳务人员一经确定，甲乙双方应拟定《劳务派遣人员清单》，并签字、盖章，作为本合同的附件。甲乙双方按照本合同约定对被派遣的劳务人员进行变更的，要相应修改《劳务派遣人员清单》，并须经双方签字、盖章认可。

三、劳务合同的期限

本合同自甲乙双方签字并盖章之日起生效，至______年______月______日终止。

四、费用的支付

（一）甲方向乙方支付的劳务费用包括：

1. 劳务人员的劳务报酬。

2. 甲方应承担劳务人员的相关社会保险费用。

3. 甲方应向乙方支付的劳务派遣服务费用。

（续）

4. 用于劳务人员的一次性费用：劳动合同鉴证费、劳务人员的体检费等。

（二）费用的标准：

1. 劳务人员的劳务报酬标准按国家和省的规定由甲方确定，并由甲方向乙方提供劳务报酬单。

2. 甲方应支付的相关社会保险费用，数额按双方约定的标准由乙方书面通知甲方。

3. 劳务派遣服务费标准：甲乙双方经过协商，从以下两种标准中任选一种。

（1）乙方委托甲方代发劳务人员工资，乙方收取____________元/（人·月）的劳务派遣服务费。（　　）

（2）若由乙方直接发放劳务人员工资，乙方收取____________元/（人·月）的劳务派遣服务费。（　　）

4. 一次性费用标准为：劳动合同书及鉴证费用由甲方按实际发生数支付；其他一次性费用经甲、乙双方协商后由甲方承担。

每月应支付的劳务派遣服务费＝当月实际使用的劳务人员数×派遣服务费标准/（人·月）×派遣月数

当月实际使用的劳务人员数以双方签字盖章的《劳务派遣人员清单》人数为准。

派遣期不超过半月的，派遣月数按半月计算，派遣期超过半月、不满一月的，派遣月数按一个月计算。

（三）支付方式和支付时间：

1. 劳务人员的劳务报酬，由乙方以书面正式委托形式，委托甲方代为发放；（具体操作按委托书面条款执行）或由乙方直接为派遣劳务人员发放。

2. 甲方应支付的相关社会保险费用，由乙方提供缴纳清单，缴纳期限经甲方确认后，支付给乙方按期缴纳。

3. 劳务派遣服务费按______（月、季）支付，由甲方于______将当______（月、季）费用以转账结算的方式支付给乙方。

4. 劳动合同书及鉴证费用，由乙方开具正式单据交给甲方确认后，甲方支付给乙方。其他一次性费用，支付时间根据实际情况经双方协商后确定。

5. 劳务人员个人需承担的费用，由甲方按月从劳务人员工资中扣除，并打入乙方账户。

五、甲方权利

（一）安排劳务人员在甲方的具体工作岗位，监督、检查、考核劳务人员完成工作的情况，并负责日常管理。

（二）劳务人员有以下情形之一的，甲方应提前3日通知乙方，并于3日后退回乙方，并有权要求乙方在______日内重新派遣符合条件的劳务人员：

1. 在试用期内不能胜任甲方工作要求。

2. 不服从甲方工作安排。

3. 严重违反甲方劳动纪律、规章制度和工作定额任务管理。

4. 工作失职，给甲方造成经济损失。

5. 派遣期未满，被派遣劳务人员提出停止派遣或擅自离岗。

（三）确定和调整劳务人员的劳务报酬标准。

（续）

（四）甲方出资对劳务人员进行业务、技能培训的，甲方有权与劳务人员签订培训服务合同，约定服务期及违约责任，并书面通知乙方。

（五）对劳务人员给甲方造成的经济损失，甲方有权按有关规定向劳务人员索赔，乙方有责任给予协助。

（六）对乙方不履行合同的，甲方有权追究违约责任。

（七）法律、法规规定的其他权利。

六、甲方义务和责任

（一）对劳务人员的职业道德规范、工作任务、技能培训、应达到的工作要求、应注意的安全事项、应遵守的各项纪律等履行告知、教育、管理督查的义务。

（二）为劳务人员提供必需的劳动条件、劳动工具和业务用品，以及符合国家规定的劳动安全卫生设施和必要的劳动防护用品。

（三）若乙方委托甲方代发工资，甲方应按乙方出具委托书要求代为发放劳务人员的劳务报酬和扣缴个人社会保险费用以及个人应承担的其他费用等。

（四）凡甲方要求在本合同第五条第二款情形之外停止派遣或更换劳务人员的，应提前______日书面向乙方提出，乙方同意后，方能停止派遣或更换劳务人员。

（五）劳务人员发生工伤事故时，甲方应立即通知乙方，并负责做好现场处理工作和协助乙方按《工伤保险条例》规定处理。

（六）按时足额支付乙方的劳务费用。

七、乙方的权利

（一）对甲方不履行合同的，有权追究违约责任。

（二）依法维护劳务人员的合法权益。

（三）法律法规规定的其他权利。

八、乙方的义务和责任

（一）与劳务人员建立劳动关系，签订劳动合同，并进行鉴证，负责劳动合同的管理工作。

（二）按合同条款规定派遣符合条件的劳务人员到甲方工作。对于甲方按本合同第五条第二款要求停止派遣并退回乙方的劳务人员，乙方应予接收并负责处理与劳务人员之间的劳动关系，同时按照甲方要求及时派遣符合条件的劳务人员到甲方工作。

（三）负责劳务人员档案管理，负责建立、接转劳务人员档案。

（四）负责为被派遣劳务人员办理社会保险。

甲方应支付的相关社会保险费用标准由乙方按相关规定计算并书面通知甲方。乙方为劳务人员所缴纳的各项社会保险费用的有效单据应复印一份给甲方。

（五）劳务人员发生工伤事故的，乙方接到甲方通知后，按《工伤保险条例》妥善处理，并负责办理申报和理赔事宜。

（六）对劳务人员给甲方造成的经济损失，乙方应积极协助甲方对劳务人员进行索赔。

（七）乙方应定期或不定期到甲方，了解劳务人员的思想动态、工作表现、遵纪情况以及对乙方的合理要求，乙方尽力提供最佳服务。

九、合同的变更、解除、终止和续订

（一）甲乙双方应共同遵守本合同的各项条款。在合同履行期间，未经对方同意，任何

（续）

一方不得变更或解除；若一方因国家重大政策改变或不可抗力等因素不能履行合同，应及时通知对方，双方通过协商，对合同进行变更或解除。

（二）本合同期满前______日，甲乙双方应就本合同是否终止或续订进行协商，并按协商结果办理终止和续订合同手续。如不及时办理终止或续订手续，合同终止后，甲方仍继续使用被派遣劳务人员，则视为续订同一期限的派遣协议，甲乙双方应当及时补办派遣协议手续。

十、其他

（一）未尽事宜。法律、法规有规定的，按照相关规定办理；无规定的，由双方协商解决。经双方协商一致对本合同进行修改、补充达成的补充协议与本合同具有同等效力。

（二）双方在履行合同时发生争议，应本着实事求是的精神友好协商解决；协商不成，可向甲方属地仲裁机构提起仲裁或向甲方或乙方属地人民法院提起诉讼。

（三）本合同正本一式______份，甲乙双方各执______份。

甲方：____________________　　乙方：____________________

法定代表人/授权人签字：__________　　法定代表人/授权人签字：__________

甲方盖章：　　乙方盖章：

日期：______年______月______日　　日期：______年______月______日

（四）用工单位风险防范与应对要点

（1）审查劳务派遣单位的资质。

（2）签订详细的劳务派遣协议。劳务派遣协议应对以下条款有详细说明：

1）被派遣员工和工作岗位的基本情况。

2）劳务派遣的期限。

3）劳动报酬和社会保险费的数额与支付方式。

4）违反协议的法律责任。

（3）规范自身操作，明确单位内部员工关系管理规章制度。

（4）积极寻找其他灵活用工方式。

“好用”的实习生

实习期是否等于白用期

一、实习生填空缺

新年刚过，友通汽车销售公司的人力资源部就忙碌了起来，公司上半年要开一家新店，需要人手；之后稍作喘息就是金九银十直至年底的旺季，也需要人手。眼下，招人成了最困难的事情，公司人力资源部经理凌浩如坐针毡，每天惦记的都是人员缺口还有多少。

今天一上班，招聘主管朱琪带来了好消息，年前一直在谈的与一家职业技术学校的校企合作事宜终于有了眉目，人手的问题能解决了！

朱琪难掩兴奋，“凌经理，3 月初学生就能到岗开始实习，有学校的统一安排，好管理，成本也比较低，还能培养后备人才，您之前提出的这个想法真的是太好了！”

二、年轻人入职场

两周后，七名实习生到岗，友通汽车销售公司和学校的实习协议约定，这些实习生的实习期限均为 3 月 15 日 ~6 月 30 日，实习结束学生们的学业也完成了，7 月 1 号这些学生就正式毕业了，双方都有意向的，就可以正式在门店工作。实习期间按日付酬，每天 40 元，虽然很微薄，但是年轻的学生们心满意足，有实习的地方已算是杀出重围、迈向就业的第一步了。

这些学生多数是学汽修的，于是基本上都分配进了各个 4S 店的修理车间，人岗匹配完成，忙碌的工作便开始了。

三、实习期要延长

一周五天，一天八小时，这样的日子过得很快，三个多月转眼过去，学生们的成长和贡献有目共睹，一些表现优秀的，公司便与他们签订了劳动合同。不过其中的小严让门店经理有些犹豫，小严的工作态度是不错，不过总有些马虎，常常出些小问题，留下，差点儿意思，放弃，又觉得有些可惜。于是门店经理与朱琪商量，能不能让小严再实习两个月看看。

于是朱琪向小严提出再继续实习两个月的意向，如果这两个月合格的话，马上就签合同。小严考虑之后同意了，毕竟是熟悉的地方，再出去找工作也确实不容易，尽管还是实习待遇，为了以后能留下，就再委屈两个月吧。

四、出意外见分歧

就在两个月的延长实习期快要过去的时候，2010 年 8 月中旬的一天，小严驾驶客户的轿车到公司洗车区洗车，由于疏于观察，出车门时被后行的另外一辆轿车撞伤，膝盖被撞成了粉碎性骨折，看似明朗的前途一下子灰暗起来。

小严想去申请工伤，却发现自己还不是公司的正式员工，着急的他在休息了一周后拄着拐找到了凌浩。看到小严走进办公室，凌浩已经清楚为何而来，他招呼小严在休息室坐下，无奈地解释道，“小严，你的情况我知道了，公司也很无奈，你现在还是实习生，还没有正式签合同，所以你还是得去找找学校啊。”“凌经理，可是我已经毕业了，7 月 1 号就已经办了离校手续了，学校那边我联系过了，还是让我找公司解决。”

凌浩摆摆手，“公司不是不想解决，可你还不是正式员工，没有办法解决啊，我劝你还是找找学校，我们和你们学校是签有实习协议的。”小严的眼圈有点红了，“凌经理，我基本上是零工资在给公司打工，我问了朋友，按照之前我工作几个月的状态和内容，都跟正式工一样，可是连最低工资标准都没有达到，公司也没有补偿给我……”“小严，你的遭遇我很同情，但是之前的待遇问题你翻出来就没有意义了，你 3 月份来的时候还是个普通学生，公司还为你提供了学习的机会呢！”凌浩打断了小严的话，也准备结束这次谈话。

送走委屈的小严，凌浩心里也有点不忍，“哎，用实习生就是因为手续简单，成本低，上岗快又好管理。公司怎么可能为实习生负责，支出大笔费用呢？”

思考题

1. 为什么现在很多企业管理者都偏爱招实习生？招聘实习生对企业和社会有什么重要的意义？

2. 案例中小严能否得到工伤待遇和工资补偿？小严的身份到底是什么？

3. 企业在招录和管理实习生的过程中应该注意哪些事项以避免纠纷？

4. 小严的工伤到底应该由谁负责？

问题解析

一、实习生管理内涵

（一）实习期的概念界定

实习期是针对在校学生而言的概念，是指学生在校期间，到单位的具体岗位上参与实践工作的过程。在法律上区别是否为实习的唯一标准就是学生的身份，即以学生身份到用人单位去的，包括假期的勤工俭学等，属于实习，不视为就业。毕业之后以失业或待业人员到用人单位的，则已具备劳动者的身份，视为就业，产生试用期、学徒期等其他概念。

为了与试用期、见习期进行区分，在此也将试用期与见习期的概念列出。

见习期是我国针对应届毕业生进行业务适应及考核的一种制度，适用于政府机关及事业单位招收应届毕业生的情况。见习期不是劳动合同制度下的概念，而是人事制度下的做法。见习期满如果合格，则对职工办理转正手续，为其评定专业职称。如果见习期满，达不到见习要求的，可延长见习期半年到一年，或者降低工资标准，表现特别不好的，用人单位可予以辞退。

而试用期是用人单位和劳动者建立劳动关系后为相互了解、选择而约定的考察期，适用于初次就业或再次就业时改变就业单位的劳动者。至于试用期多长时间，由劳动者和用人单位协商确定，但不得违反国家有关试用期最长限度的规定，即劳动合同期限三个月以上一年以下的，试用期不得超过一个月；劳动合同期限在一年以上三年以下的，试用期不得超过两个月；三年以上固定期限和无固定期限的劳动合同，试用期不得超过六个月。并且，试用期包括在劳动合同期限中，劳动者在试用期内享有如同正常劳动关系中或者劳动合同正常履行期内的全部劳动和社会保险权利。

因此，实习生的概念应该与实习期相匹配，即处于实习期的学生才属于实习生的概念内涵范围之内。

（二）实习期间的劳动关系

一般来说，在校学生在学校安排下或者利用课余时间到单位进行实习，因在此时全日制学生还是学生身份而不受《劳动法》调整和保护，他（她）与用人单位建立的也不是劳动关系。由于学生不是《劳动法》调整的对象，学生和实习单位之间发生的争议不能作为劳动争议处理。如果出现工伤等问题，可通过民事纠纷的渠道解决。同样的道理，大学生毕业以前与用人单位和学校三方签订的《全国普通高等学校毕业生就业协议书》，在法律上也视为民事合同，如双方在签订劳动合同之前违约，需按协议承担违反民事合同的违约责任。由于实习期不受《劳动法》保护和调整，因此，国家关于最低工资的规定，也不适用于学生，实习期间的报酬如何发，当事人可以自由协商确定。

二、企业建立实习生制度的意义

实习生制度是企业实习生管理的核心，其目的是对企业实习生管理进行规范和指导，而实习生又是一个特殊的群体，实习生只是他们在企业中的称呼，当他们回到学校又是一名学生，走向社会又成为了求职者，因此，企业建立实习生制度是有多方面意义的。

（一）通过建立有效的实习生制度可以为企业招聘和选拔优秀的人才

通过建立实习生制度来招聘和选拔优秀的人才，几乎所有企业都能够认识其重要意义。企业希望通过实习来考察应聘者，并从中筛选到自己满意的员工。比如说东方通信有限公司特地制定了实习生档案，记录实习生在实习期间的工作表现、能力特质等，作为以后招聘时优先考虑的依据。华立控股有限公司在实习生结束实习时还特地设宴欢送他们，将表现优秀的实习生列入后备人才库，在招聘时优先录用。根据有关调查显示，大多数企业对于在实习期间动手能力、处事态度等方面表现优秀的实习生，在其自愿的前提下，毕业后都会将其转为正式员工。

（二）实习生制度可以促进社会失业问题的解决

企业人力资源的需求不是固定的，很难完全控制在人力资源需求计划之内，那么企业在开展某些临时性项目的时候，人手紧缺就成为制约项目顺利完成的重要障碍。比如企业有时需要针对一些特殊情况开展相关营销策划活动，有时某一个科研攻关项目临时需要一些助理来帮助处理一些数据和资料等。这时，企业如果有完善的实习生制度，便可以立即从储备的实习生档案中挑选到合适的人员迅速投入到相应的岗位上去。此时，人手紧张的问题便可以迎刃而解。

（三）实习生成本较低，有利于企业降低人工成本

企业实习生不仅可以满足企业阶段性人才需求，还可以在很大程度上降低雇佣成本。实习生经过企业招聘环节的严格筛选再经过必要的培训后，基本都可以胜任部分员工的部分工作，甚至有些优秀的实习生还可以独当一面，比较高效地完成企业交代的业务。而与此同时，实习生只有不太多的实习生补助，一般来说大都是正式员工薪酬的1/3左右，甚至有些企业对于实习生是不发放实习补助的，这对于企业来说极大地降低了雇佣成本。

（四）提升企业形象和品牌知名度

企业作为促进社会发展的动力成员之一，应承担一定的社会责任。企业通过实习生项目可以在学生中树立愿意为社会培养人才、勇于承担社会责任的良好企业形象。企业通过科学系统的实习生项目的认真落实为实习生留下美好的印象，而留用的实习生在学校的宣传作用也是不可低估的，这为日后的校园招聘创造了良好的口碑，进而提高了雇主品牌。另外，企业在学校大规模的实习生招聘活动也是对企业本身的一种低成本、高成效的宣传。

三、实习期间高校学生的双重身份

目前我国司法实践将高校实习生定位为学生而非劳动者，这一法律地位实际上剥夺了在校实习生合法权益受法律保护的可能性，这也使在校实习生处于公法和私法管辖的中间灰色地带。在校实习生的法律地位涉及公营造物侵权责任、私法主体之间的经济纠纷，很难界定为单纯的公法抑或私法问题。

（一）特殊权利关系下的高校—学生关系

我国公立高校作为独立的公法人，其职权具有双重性，即依《教育法》和《高等教育

法》授权对在校学生学籍、学位授予等方面的公行政管理和依规章为实现管理目的而进行的私行政管理。前者目前司法实践认为是外部行政行为，可提起诉讼，而后者一般认为是内部行政行为，排除了诉讼作为其救济手段。组织学生在毕业前实习属于《教育法》第二十八条第二款“组织实施教育教学活动”授权的职权范围内，而不属于第四款“对受教育者进行学籍管理，实施奖励或者处分”和第五款“对受教育者颁发相应的学业证书”的范围。由于实行内部管理行为的性质，因实习期间侵权行为合法权益受到损害的学生不能对学校提起行政诉讼。

（二）法律地位尚不明确的实习单位—学生关系

大学生毕业实习期间与实习单位的关系目前存在争议。有将实习行为划入民法上的劳务行为，也有人认为其属于纯粹教学行为。通常认为，可以明确的是实习生与企业间不是《劳动法》意义上的劳动关系。我国《劳动法》第二条规定：“在中华人民共和国境内的企业、个体经济组织（以下统称用人单位）和与之形成劳动关系的劳动者，适用本法。国家机关、事业组织、社会团体和与之建立劳动合同关系的劳动者，依照本法执行。”从该条文可以看出，需要同用人单位形成劳动关系才能成为受我国《劳动法》保护的劳动者。而《劳动法》第十六条规定：“劳动合同是劳动者与用人单位确立劳动关系、明确双方权利和义务的协议。建立劳动关系应当订立劳动合同。”可见，我国《劳动法》要求建立劳动关系需要双方签订劳动合同，而在校生在学习期间到用人单位进行实习，无论是学生还是接收实习生的单位都没有签订正式劳动关系的意图。实习生的身份仍然是学生，而非雇工，实习行为也不是因订立劳动合同而产生，实习生与实习单位之间也无人身隶属关系，实习行为很难用《劳动法》来约束和评价。

由于不受《劳动法》调整、保护，实习生实习期间的合法权益无法得到有效保障。且不说同工同酬，就连最低每小时工资都不能保证，而一旦发生人身伤害，也不能按工伤认定处理，只能提起一般侵权之诉。目前一些企业借大学生实习和勤工俭学之际，剥削之，掠夺之，可以说实习生权益保护是一片法律空白。

四、实习生工资税务问题的法律规定

国家税务总局印发的《企业支付实习生报酬税前扣除管理办法》，其中规定：“第四条，企业按照财税［2006］107号文件规定支付给在本企业实习学生的报酬，可以在计算缴纳企业所得税时依照本办法的有关规定扣除。第五条，接收实习生的企业与学生所在学校必须正式签订期限在三年以上（含三年）的实习合作协议，明确规定双方的权利与义务。第六条，对未与学校签订实习合作协议或仅签订期限在三年以下实习合作协议的企业，其支付给实习生的报酬，不得列入企业所得税税前扣除项目。第七条，企业虽与学校正式签订期限在三年以上（含三年）的实习合作协议，如出现未满三年停止履行协议情况的，主管税务机关对已享受税前扣除实习生报酬税收政策的企业应调增应纳税所得额，补征企业所得税，并依法加收滞纳金；对因企业主体消亡或学校撤销等客观原因导致未满三年停止履行协议情况的，不再补征企业所得税和加收滞纳金。”

五、实习生的工伤责任问题

毕业前的实习阶段是毕业生就业前适应社会的一个重要环节；每当假期来临，利用空闲时间到一些用人单位实习的在校学生也越来越多。随之而来，学生在实习期间遭遇伤亡事故的事件也屡屡发生。有调查显示，67%的学生在实习中没有任何劳动安全保障，近30%的大学生在实习过程中会受到不同程度的伤害，甚至出现学生工作中致病、猝死的严重后果。由于《工伤保险条例》并未就实习生伤亡事故认定及处理作出明确规定，实习生和用人单位之间也没有建立起事实或法律上的劳动关系，双方的权利义务不受《劳动法》调整，所以实习生无法与普通劳动者一样享受工伤保险待遇，通常只能依照民事侵权要求用人单位或学校承担相应的赔偿责任。而同样的人身伤害案件，按民事侵权途径处理比按工伤事故处理要复杂得多，大大增加了受伤学生的维权难度。

实习生在实习期间受到伤害，在《劳动法》《工伤保险条例》适用不了的情况下并不意味着无法救济。实习生是民事主体，同时也是学生，可以适用《民法通则》《最高人民法院关于贯彻执行〈民法通则〉若干问题的意见》《最高人民法院关于审理人身损害赔偿案件适用法律若干问题的解释》《学生伤害事故处理办法》的相关规定，由实习单位和学校对受害的实习生承担损害赔偿的责任。企业方面，根据《民法通则》的规定，实习生在实习单位发生事故，最终的责任承担方只能是企业。但如果企业与学校约定了责任承担比例，则企业就可以不用背负如此大的风险和负担了；学校方面，学校在与单位签订实习协议的同时，也应购买校方责任险，从而解决学校的担忧，保障实习生的权益。

六、企业对实习生管理的风险防范

现在越来越多的企业采用实习生的用工形式，那么在法律制度有待完善的情况下，企业如何才能有效规避实习生管理过程中的各种风险？

（一）遵守国家等相关法律法规的规定，规范用工行为

具体操作如下：

（1）不得安排未满16周岁的学生实习。

（2）不得安排学生从事矿山井下、有毒有害、国家规定的第四级体力劳动强度以及其他具有安全隐患的劳动。

（3）不得安排学生加班、加点、夜班工作，一周休息时间不得少于两日。

（4）对未成年的学生定期进行健康检查。

（5）对实习生进行岗前培训和职业教育、劳动保护、劳动纪律培训。

（二）和学校签订协议

企业应与学校明确约定由哪一方及时为学生办理意外伤害保险、支付实习报酬等相关事宜。实习有无偿和有偿两种形式，无论哪种形式都应该明确作出约定，并且向学生明确告知。

（三）建立实习生档案信息制度

企业应该对实习生建立“实习生档案信息制度”，在学生拿到毕业证之前，对其进行考核，愿意与实习生建立劳动关系的，应及时征求实习生的意见，实习生同意的，在其拿到毕业证的第二日起与其签订劳动合同。

操作建议

一、实习协议书

在实际实习过程中，双方应该提前订立实习合约或者实习协议书，在工伤、奖惩、辞退、薪酬等方面协商一致，以防出现责任不清，损害双方的利益。其参考内容如下所示。

实习协议书

甲方：

乙方：

年龄： 性别：

学历： 学校：

通信地址： 身份证号码：

甲乙双方在平等自愿的基础上，共同订立本协议，并认同以下条款内容：

一、甲方接收乙方在公司进行实习，实习内容如下：

____

____

二、乙方实习时间为______年______月______日起至______年______月______日止，为期______。实习期满前，甲乙双方任何一方拟再续签此协议时，需提前5天通知对方，否则到期协议自动终止。

三、甲方有责任向乙方提供必要的实习条件，包括所需办公设备和基础背景资料等，并视工作进度及难度的不同，协调人员相互配合。乙方有责任依甲方要求完成实习期间的有关工作。

四、乙方所进行工作的责任、权限、程序、方法等均以甲方规定为依据，不得自行变更和推卸责任。

五、乙方在工作期间应尽职尽责，服从领导，与公司其他员工团结合作，并遵守甲方有关公司规章制度。如有违反，甲方有权中止协议并保留因乙方造成损失而向乙方索取赔偿的权利。

六、乙方的工作时间安排______，实习期间工资按______每月（每日）计算。

七、乙方作为本公司______工作人员。实习期间乙方的保险及其他福利费用应同学校协商，甲方不承担该项责任。

八、乙方在实习期间接触到的有关甲方研究成果、财务、人事等方面的机密，如有泄露，甲方有权要求乙方承担因此而产生的一切责任。

九、乙方在甲方实习期间所产生的一切工作成果均属公司成果，甲方保留该部分成果的知识产权。

十、本协议一式两份，甲乙双方各持一份，签字后生效。

甲方：（签章） 乙方：（签章）

二、实习生管理过程中的重要提醒

（1）完善单位的知识产权保护制度和泄密责任追查制度来保护商业机密。

（2）明确实习生在实习期间可能遭遇的意外伤害。实习的在校学生不能算是《劳动法》意义上的劳动者，他们因而也不具备工伤保险赔偿的主体资格。

（3）尽量接受由学校集体派遣的实习。

（4）岗前培训与现场劳动保护很重要。

(5) 签署协议划清诸方责任和义务。

(6) 妥善发放生活补贴。由于实习学生尚不是《劳动法》意义上的劳动者，其主要任务是学习劳动技能，因此，实习生没有“工资”，企业并没有向实习生支付劳动报酬的义务。但有的劳动部门人士认为，实习生也是“劳动者”，应该享有“取得劳动报酬”“接受职业技能培训”及法律规定的其他劳动权利。

如何应对“问题员工”?

让“问题员工”不再有“问题”

一、众矢之的

看完市场部的绩效考核结果汇总，有点疑惑的人力资源部经理孙薇打开邮箱，重新翻阅着几封“告状”信。这些邮件基本上都陈述了一件事，就是销售部主管胡建的为人处世。胡建在公司工作已近七年，不过他好像对公司的人和事都存有一种敌对心理，而且这种心理毫不掩饰，常常表现出来。据员工们反映，他轻易不会与部门内部的同事沟通，讨论工作问题时，一言不合就大发雷霆；同事向他咨询工作问题时，他总是有意含糊推托；让同事们觉得更难以接受的是他言语犀利，常常奚落同事，让人无从反驳。

孙薇翻看着邮件，努力将这些行为与她平时看到的胡建联系起来，自己对这位主管还是有印象的，大概五年前胡建从技术部调至销售部，技术过硬，又是一把销售好手，话不多，偶尔在电梯里遇到，也只是点头示意而已。

二、矛盾人物

这次的“告状信”看起来是有些严重，不少员工在信中对胡建进行了类似情绪宣泄一样的抨击，更有员工威胁说，如果胡建下一次仍然以这样粗暴的态度对人，肯定会辞职了结，因为“实在受不了他的侮辱性语言”。情况严重，看来不能放任，孙薇决定了解了解情况。

可让孙薇意外的是，这样一个不受欢迎的人，在部门内的绩效考核成绩却堪称出色，他的直接上司——市场部郭阳经理对他的能力和业绩非常满意，评语中满是溢美之词。

“矛盾的人物”，孙薇心想，要了解他这么做的原因才能对症解决。于是孙薇决定与几位“告状”的员工做做沟通。发邮件的员工看起来并没有遮掩的意思，基本上都爽快地答应了面谈。可是面谈的收获并不大，员工们反映的基本上还是邮件中的事情，大家对于胡建行为的原因也归结为个人性格问题，因为大家仔细分析之后都觉得，无论是公司环境还是部门环境，抑或部门的同事环境，都友善而温暖，不可能激发他这样的反应。

三、上下了解

“现在，除了胡建，只有郭经理一个突破口了。”孙薇简单地在心里盘算了一下，中午吃完饭，孙薇在茶水间“碰巧”遇到了郭阳。

简单说明了事情，孙薇满怀期待地看着郭阳，希望能得到些答案，郭阳看起来并不意外，“胡建的个性就是那样，脾气有些急，不过我觉得这是员工之间的小事，就像住在同一屋檐下会产生摩擦一样，小孙，不必太紧张。胡建的业绩非常好，对于这类员工，我们还是要用他的长处啊。”

“不过郭经理，员工们对这件事情的反应还是比较大的，胡主管的这种行为会影响其他员工的情绪和正常工作，您想，长期持续下去的话，大家都可能会孤立他，也会影响他乃至整个部门的效率。我希望您和我一起和胡主管谈一谈吧，好吗？”郭阳有些犹豫，孙薇说得有些道理，他看着孙薇认真的样子，有些不情愿地答应了。

四、沟通失败

面谈特意安排在轻松的周末下午，不过孙薇一走进会议室就感受到了强大的抗拒，没等孙薇说完开场白，胡建就发话了，“孙经理，人力资源部的主要职责是什么？也关心员工的闲话吗？我知道有人对我有意见，但是这属于个人风格，这么做违反了什么规章制度吗？”孙薇控制着情绪，还是微笑地说道：“胡主管，一个公司或者一个部门也好，都不是个体工作的场所，您的这种个性已经影响到了同事的士气，以及对您的个人看法，您想，如果有其他同事这样对您，您……”胡建摆摆手，“不用如果，大家现在就是这样对我啊，我觉得没什么。坦白说，我觉得人力资源部做这些事情有些多余。”

温和的孙薇一时无言以对，只好用求助的目光看看郭阳，可郭阳却一言不发地把视线转到他处，于是，谈话在尴尬的气氛中不欢而散。

胡建未作告别便起身离开，留下了郭阳和孙薇，郭阳有些不好意思地苦笑着说，“小孙，不好意思，我确实不知道该说些什么，胡建是个厉害角色，我还是那句话，用长处吧。”孙薇皱起了眉头，“难道 HR 真的多余了吗？这种问题员工究竟该如何管理呢？”

思考题

1. 面对案例中的“问题员工”，孙薇的做法是否妥当？
2. 哪些员工是应该特别留意的“问题员工”？
3. 在管理“问题员工”时，你认为应该把握什么原则？
4. 假如你是孙薇，你觉得应该如何处理案例中出现的问题？

问题解析

一、问题员工的概念内涵

在任何组织里，都会有这么一类成员不同程度地存在着。他们在组织里的表现往往是两面冒尖：业绩或能力比较突出；但同时，自身存在的问题也比较突出。例如热播的电视连续剧《亮剑》里的人物李云龙，屡次违反军纪，但是战功卓著，从一个农民成长为新中国的将军，他所带领的部队也成为解放军作战部队中的王牌军。小说《三国演义》里的人物杨修，在曹营号称才子，但在不该涣散军心时，聪明反被聪明误，被曹操所杀。很多企业往往都会有几位这种类型的员工。

通常，我们把这种特长突出，但个性鲜明、不服常规管理的孙悟空式员工，称为“问题员工”。事实上，各类人才中，德才兼备、虑事周全、谦虚谨慎的人才毕竟是极少数。如果简单划分的话，那大多数人才要么是孙悟空式的（能力较强，但不好控制），要么是猪八戒式的（能力较弱，但易于管理）。按照以上论述的企业员工分类标准，“问题员工”属于合格但不合适的员工一类，这类员工绩效突出，工作技能较强，但个性鲜明，人际关系较差，同时不容易服从企业的规章制度。

一般而言，企业对以上两类人员都需要。而当企业处于初创期或是高速发展期时，对于能够为公司创造突出业绩的员工，需求会显得更为迫切。因此，在用人观方面，处于初创期或高速发展期的企业，不得不偏重于“唯才是举”或“才德并重”，而不是一味拘泥于企业处于平稳发展期时所信奉的“唯德是举”。这一点在竞争激烈的行业里体现尤为明显。因此，虽然存在这样或那样的问题，但“问题员工”仍然是众多企业争夺的目标。

二、对“问题员工”的管理误区

像这种能力超群的员工，企业一旦招聘进来，又会发现他们往往个性鲜明，桀骜不驯，惯于我行我素，容不得别人对自己的工作品头论足。他们这种特立独行的工作风格，令管理者们爱恨交加，却又束手无策，例如本案例中的HR孙薇对胡建管理的困惑与无奈。这类员工如果使用得当，则可能成为组织里的中坚力量，产生突出的业绩；但若使用不当，则可能成为企业的祸害，使得其他员工怨声载道，不满情绪加重，明显降低组织的效率。因此，如何使“问题员工”发挥出应有的甚至是更大的作用，是企业不得不面对的一大难题。目前，在激励“问题员工”方面，很多企业常常陷入误区。

1. 依赖“紧箍咒”

一些“问题员工”的主管喜欢把自己当唐僧，希望手中也能有个“紧箍咒”，时不时念一念，让那个桀骜不驯的家伙俯首帖耳，在“问题员工”出现相关问题时，对其进行严格的教导和批评，要求他完全服从相关的规章制度或者自己的威信。但实际情况却远没有这么简单。由于“问题员工”本身能力高于常人，因此在他们眼里，企业已不再是传统意义上能够挡风遮雨的“屋檐”，而是施展自己才华的“舞台”。在这种前提下，强行念“紧箍咒”的结果往往就是“两败俱伤”：核心人才流失，影响企业的快速发展；频频跳槽，使得员工个人的职业生涯发展不断受阻。

2. 放任自流，不管不顾

还有一些主管的做法与上一做法恰恰相反，他们对“问题员工”基本上放任自流，坚持结果控制的原则，在问题员工工作期间，主管对其完全不管不顾，任由其发挥，只关注其最后的绩效结果和部门工作目标是否达到。美其名曰：用人不疑，疑人不用。然而很多时候等结果出来时，企业的损失已经造成，企业只好挥泪斩马谡，但是损失却难以弥补。

举例来说，某公司为了激励那些业绩比较突出的业务人员再创佳绩，公司给销售人员的考核激励就是销售额提成（也称为销售大包），至于该员工如何开拓市场、如何管理客户等问题，公司从不过问。在初期，由于销售政策的激励作用大，极大地促进了公司业务的扩大。但是几年后，弊端逐步显现。公司前端的销售信息以及客户基本由几位核心销售人员掌握，他们挟客户与公司谈判，并且私自开公司，公然违反公司整体营销政策。最后不得已，公司忍痛割爱，解雇了几个虽然业绩好但屡次违反公司规定的核心销售人员，白白流失了很多老客户，使得公司的业绩受到了很大程度的影响。

三、针对“问题员工”的管理

1. 了解“问题员工”的实际需求，对其“对症下药”

很多企业的管理者都有疑惑，我们各种激励方式都试过了，但就是收不到效果。事实上，对“问题员工”需求判断的错位是激励难以奏效的首要原因。据美国一项专项调查显示，在“问题员工”激励要素排序中，管理者的判断与“问题员工”的实际需求差异较大。管理者通常把薪酬福利待遇、工作安全感、提升和发展等要素视为关键激励要素，而“问题员工”自己关注的关键激励要素则是工作参与感、客观评价工作表现、灵活的纪律约束等。因此，摸清“问题员工”个性化的需求是有效激励的第一步。“问题员工”的行为主要受自尊和自我实现需求的驱使。自我实现的需求激励着个人为取得成就尽最大的努力，因此，是否能展示个体的创造性和发掘自身潜能，常常成为他们最关注的因素。

以工作成就感为例，只有满足了其最主要的需求，员工才会产生成就感。然而，一般而言，“问题员工”对工作成就感的需求往往多于其他员工，而且主要需求往往因人而异，随着时间的推移也会发生变化。刚进入公司时的需求与工作一段时间的需求会有较大差别，工作职位变动、员工家庭变化、年龄变化等因素，也会影响需求。因此，摸清某一时期员工最主要的需求是一个动态的过程，需要管理者经常与“问题员工”进行交流。交流方式可以是工作会谈、私下交流、共同娱乐等多种方式，但目的只有一个：了解“问题员工”近期的需求。

同时，将“问题员工”一定时期的需求进行固化也是激励的有效手段之一。一些聪明的企业管理者喜欢帮助“问题员工”设定奋斗目标。实际上奋斗目标的设定就是与员工达成一种共识，让员工知道怎样才能称得上有成就。换句话说，就是将员工成就感的标准短期内给固定下来了。这样，在一定时期内，管理者在把握“问题员工”的需求方面会更具有控制力，变被动为主动。

2. 在企业内部制定相关规则，并且对“问题员工”进行积极引导

激励的精髓确实就是这样一条最简单不过但却往往被人遗忘的道理：想要什么，就该奖励什么。奖励什么，惩罚什么，无疑就是向员工昭示企业的价值标准。作为一位管理者，建立符合企业根本利益和发展目标的、明确的价值标准，并通过明确无误的激励手段表现出来，是工作中的头等大事。但现实是，管理者往往犯这样的错误：希望得到 A，却不经意地奖励 B，而且还在困惑为什么会得到 B。因此，制定合理的规则，减少以上行为发生是保证激励有效性的重要因素。

然而“问题员工”往往喜欢特立独行，与众不同，因此违反公司规定的事时有发生。那么，如何引导“问题员工”遵守规则呢？“问题员工”最不喜欢的就是被动地执行规则，因此，最好的办法就是让其发挥对规则的影响力。使其参与规则的讨论或制定就是最好的办法，通过利益相关者充分讨论的规则往往是最有执行力的。

3. 对“问题员工”进行个性化激励，增加其归属感

同一种激励方式，对于不同的员工，在不同时期和不同环境，会产生不同的反应和效果。因此管理者应根据不同的激励对象和环境的差异，采取不同的激励方法和手段，以求达到最佳激励效果。但在具体实施过程中，需要坚持以下原则：

（1）通过个性化措施，体现组织的关心。企业应非常重视“问题员工”的情感需求。因此，为了增加“问题员工”的归属感，企业应让其体会到组织的关心。例如，针对处于不同时期的“问题员工”，应采取不同的措施，如子女入学补助、家属工作补贴、休假奖励

等福利，这些都可以转化为个性化的激励措施。

（2）激励需要与“问题员工”的职业生涯相联系。由于“问题员工”更注重自我学习、个体成长与发展，因此为“问题员工”的发展提供更多的培训和晋升空间，满足其理想诉求，帮助其进行自我实现，也是组织管理工作的重点之一。

（3）激励方式中应体现组织的信任。要赢得“问题员工”的感情和忠诚，必须给予他们足够的信任，这一点对“问题员工”而言尤为重要。因此，管理者应多与“问题员工”进行坦诚沟通，在工作中多体现对“问题员工”的信任，从而，与“问题员工”建立相互信赖的关系，增加员工的归属感。

操作建议

在实际操作过程中，对于“问题员工”的管理实际是解决“问题员工”产生的与上级、同事以及下级之间的冲突，对不同类型的“问题员工”应有不同的解决对策。

一、解决员工之间冲突的技巧

因不同原因产生的冲突，在化解时，其方式和方法有一定的差异，“问题员工”与其他员工在相处过程中，很容易产生冲突，管理者不仅仅需要在冲突产生之前对其进行正确的管理，而且还需要在产生冲突以后，对冲突进行化解，保持企业员工之间的和谐气氛。表 3-1 列出了“问题员工”冲突化解的方法和技巧。

表 3-1　“问题员工”冲突化解的方法和技巧

由沟通问题引发的冲突	1. 和当事人直接沟通，这样有助于防止矛盾的进一步激化，也有利于管理者管理工作的开展 2. 培养沟通能力，有时因为缺乏必要的沟通技巧才使得矛盾激化，因此企业可以为员工开展必要的沟通能力培训
由压力引发的冲突	1. 帮助其采取正确的宣泄措施 2. 对其进行沟通和正确的引导，防止出现过激行为
由认识不同引发的冲突	1. 换位思考 2. 尝试接收他人的看法
由职责不清引发的冲突	1. 进行工作分析，规范、明确各个岗位的工作职责 2. 完善职能划分

二、对不同类型的“问题员工”进行不同的管理

1. 管理“功高盖主”的员工

“功高盖主”的员工是一些非常能干的员工，他们工作勤奋并且工作业绩出色。譬如，作为销售人员，他们可以经常为公司签订一些金额非常大的合同，给公司带来非常大的利润；作为研发人员，可以对公司新产品的研发提出决定性的意见，开发出决定公司发展命运的新产品。这些员工对于公司来说具有非常高的价值，他们的功劳远远超过了老总，更包括其主管和经理。凭着自己的业绩，他们不服从公司的管理制度，在企业里一直都按着自己的性子做事，给企业和其他员工都带来了不良影响。

对于此类“问题员工”的管理：①研究其本人特征，找出相对容易实施领导权的部分进行管理。例如销售人员善于销售，但不擅长回款管理，那么管理者应该针对这一点对其进

行管理。由于被自己的上级抓住了缺点，员工自然会有所收敛。②经常与不服从者进行沟通。沟通的时候，管理者应首先肯定他的业绩，然后再要求他遵守公司的规章制度。③建立系统，分配给这些员工一些需要团队合作及领导辅导的工作。由于员工在完成这些工作时，仅凭一己之力是无法很好地完成的，只有这样他们才会感到自己力量有限，认识到团队力量与上级领导的重要性。④管理者需要适时地自我反省。有时，管理者自身的一些缺点是导致员工不服从管理的重要因素。因此，管理者应审视自己的权威性，检讨是否有缺点削弱了自己的权威性。如果有，那么管理者应该通过培训或者自我管理等方式来克服这些缺点。

2. 管理“标新立异”的员工

标新立异的员工往往不安定，比较情绪化，容易违反纪律。他们思维灵活，个性鲜明，敢于实践，他们的思考方式不拘泥于任何形式，包括公司的规章制度。因此，他们也许是别的部门的“宠儿”，但却是人力资源部眼里的“问题员工”。

对于这些“问题员工”，管理者如果采取强制的管理措施，也许会让这些员工遵守公司的规章制度，但是伴随他们的，是创造力的消失。他们的创造力在很多情况下是公司宝贵的财富，是公司利润不断上升的源泉。对于这些员工，正确的方法是管理者要努力与他们进行沟通，让他们明白公司规章制度的重要性。另外，管理者应该审视一下公司的规章制度，是不是这些规章制度在某种程度上不合理而束缚了员工的创造性。

3. 管理“完美主义”的员工

问题员工中有相当一部分属于完美主义者，这类员工通常比较固执，追求完美，对自己与他人都要求很高，却不太擅长变通，因此在人际关系上比较紧张。在工作方面，由于过分追求完美，容易出现工作进度比较迟缓，甚至无法按时完成工作的情况。不过，奉行完美主义的员工也有很多优点，譬如，他们能够把每一件事做好，并不断精益求精；做任何事情都思维缜密、有条不紊等。这些优点往往能够给他们带来很好的工作业绩。

针对“完美主义”的问题员工，管理者应注意以下五点：

(1) 放大“完美主义”员工的优点。完美型的员工讲究条理，善于分析，一丝不苟。他们擅长作记录、制图、分析他人弄不清的问题等。所以，管理者要重视完美主义员工的优点，并适度放大。

(2) 关注完美主义员工的敏感性。完美主义员工很敏感，容易受伤害，特别是在他人批评他们的时候。因此管理者在对其进行管理的时候要特别注意这些员工的敏感性。

(3) 采取周到的、有条不紊的方法。追求完美的员工最反感粗心、邋遢、不完美的人，因此管理者在对他们进行管理的时候要刻意采取有条不紊的方法。

(4) 管理者应向完美主义员工列出其工作计划的长处及不足，尤其是指当他们不能按时完成工作时给公司和自己带来的损失，从而使他们降低自己完美的要求，把按时间完成工作放在第一位。

(5) 保持自身的良好形象。管理者在与完美主义员工打交道的时候要尽可能注意自己的形象，使自己保持一个整洁有礼的形象，这样会更容易接近这些员工。如果在他们心中觉得你很不完美，那他们就不会服从你的管理。

4. 管理具有“敌对心态”的员工

问题员工中有很大一部分员工属于具有“敌对心态”的员工，他们在业绩上能够完成企业所分配的任务，并且没有明显违反企业的规章制度，但几乎从来不与周围的员工进行交流沟通，经常独自一人工作，这类员工在工作场所经常对周围人产生一种“防备”心理，甚至有敌对状态。

对于具有“敌对心态”的员工的管理，在获得员工冲突的信息后，管理人员可提出与员工进行面对面的沟通，但在此之前，管理人员必须有准备地列举出特定的行为会带来哪些专业性的影响。必须注意的沟通技巧是，需要询问员工怎样感觉自己的一般性行为与对待工作团队的特定的态度、工作哪里出现问题，包括工作关系、个人烦恼或是否受到什么挫折等。人都不是有着极强防御心理的，如果这个员工能够听得进管理人员的反馈，面谈就会有一种醒示作用。在本案例中，孙薇的失误在于，过于相信自己 HR 的权威作用，教化的口吻起到了反作用，造成了员工的不满与反感。如果员工接受管理人员的劝诫，双方即可制定绩效改善计划，包括对目标、行为内容与时间界限都要有明确的监控，最好是每周反馈。

用好外籍员工，合法是第一步

“不合法”的外援

一、求贤若渴挖人才

Gordon 最近是公司人力资源部的常客，每次过来总会和劳动关系主管梁娜聊一会儿，了解一些劳动政策，当然更重要的也是了解自己的《外国人就业许可证》办理的情况。

Gordon 是公司副总李总挖来的高级人才，是美国人。李总在一次国际信息企业年会上结识了他，当时 Gordon 正就职于美国一家公司的海外市场部，做技术出身，却精通国际市场开拓，并且业绩卓著，对于正在拓展海外市场的合资企业航信信息技术公司来说，这样的国际人才实在难得。求贤若渴的李总花了半年多的时间尽力游说，终于如愿以高薪请动了 Gordon，公司口头承诺了岗位——国际市场与合作部经理，并很快办理了《外国人就业许可证》，Gordon 其后也顺利获得了就业签证，一枚外援空降成功。

二、管理问题待理清

对于其他一些部门来说，Gordon 的到来只是公司的一道新鲜风景，可对于人力资源部来说，却遇到了新挑战——外籍人才，这是公司的第一位，当然不会是最后一位，那么如何管理才会不违规还能最大限度地激励他呢？

梁娜把各种政策研究了两天，与部门马经理进行了沟通，不过马经理并没有梁娜那么担心，“小梁，Gordon 是李总直接挖来的高级人才，这类人的管理其实咱们部门只是辅助性的工作，很多决策要听高层的。”对于这一点，梁娜也认同，“这个我理解，不过外籍人才在中国就业是有一些原则性要求的，先得按规定办理《外国人就业证》和《外国人居留证》，之后的工作才好开展。”马经理点点头，“我会再提的，不过公司可能有自己的安排，你不要着急，听通知吧。”

三、持续请求终有效

时间一天天过去，Gordon 也多次催促《外国人就业证》的事情，可管理层总说这些都是次要的，他迅速适应，好好工作最重要。有些着急的 Gordon 只好常常来人力资源部咨询，有时梁娜看到 Gordon 来到部门一脸期待又略显焦虑的样子，突然觉得，无论是中国人还是外国人，五位数的月薪有时也不及一张身份合法的纸重要。

工作两个月后，Gordon 持续的请求终于见到了效果，公司开始着手办理 Gordon 的《外国人就业证》，不过这些工作直接交给了马经理和李总秘书。由于之前没有过外籍员工管理的经验，如何签订劳动合同都成了难题。为了能够尽快帮 Gordon 申办到《外国人就业证》，让他安心工作，公司急急忙忙随意拟了一份劳动合同，合同写明聘用 Gordon 为国际市场与合作部经理，月工资为税后人民币 50000 元，不过合同没有写明期限，其他的待遇也含糊带过了，Gordon 听说是办理《外国人就业证》用的，也没有过多追究就爽快地签了字。

四、意料之外出状况

Gordon 在公司工作一年后，因为文化、环境、语言沟通等多方面的问题，业绩并没有像公司预期的那样，这让公司管理层特别苦恼，于是讨论后决定与 Gordon 解除合同。Gordon 得到消息后，既生气又无奈，生气是因为公司并没有事先告诉他将与他解除合同的相关事宜，Gordon 对此毫无准备，无奈是因为自己对公司的贡献和业绩确实不太理想，给公司造成了一定的损失，但 Gordon 对公司的突然解雇行为仍然表示不满，对公司提出了补偿金的要求，但公司方面认为自己没有做得不妥的地方，经过一番审查，公司给出了解释：由于 Gordon 身份特殊，一开始工作的两个月属于试用阶段，没有《外国人就业许可证》也没有签订劳动合同，所以并不能算是一个合法的劳动者，而后来签订的劳动合同实际上也并不生效，因为《外国人在中国就业管理规定》明确规定，用人单位与被聘用的外国人所订立的劳动合同期限最长不得超过 5 年，而 Gordon 的合同上并未写明期限。

看着 Gordon 无奈又求助无门的样子，梁娜的同情心和自己的职业角色打起了架，公司在对 Gordon 的使用和管理上显然是有问题的，他成了公司国际化人才引进的第一个牺牲品，关心他的命运还是关心公司的外籍人才管理，这道题目摆在梁娜面前，难住了她。

思考题

1. 案例中公司与 Gordon 之间是否存在合法的劳动关系？请说明理由。
2. 公司招募外籍人才工作的合法手续包括哪些？应该如何办理呢？
3. 公司的解释有道理吗？Gordon 是否应该得到劳动合同解除的经济补偿金？

问题分析

一、外籍员工的内涵

外籍员工是指那些自身国籍是外国，但具有当地国要求的就业手续，与当地国单位签订了劳动合同，在当地国已经就业的员工。这类员工由于政治、文化等的不同，有其自身特殊性，在法律上也没有针对性以及强制性的法律条款，因此外籍员工的管理是企业面临的一个突出的管理问题。

外籍人员也称外国人，通常是指不具有中国国籍在中国工作和居住的人。根据《外国人在中国就业管理规定》（劳部发［1996］29号，以下简称《规定》）第二条的规定，“外国人”是指依照《国籍法》规定，不具有中国国籍的人员。与此同时，《规定》还明确了“外国人在中国就业”的具体含义，即“外国人在中国就业”是指没有取得定居权的外国人，在中国境内依法从事社会劳动并获取劳动报酬的行为，也即外籍员工。需要指出的是，根据《规定》第三条的规定，本《规定》适用于在中国境内就业的外国人和聘用外国人的用人单位，但不适用于外国驻华使、领馆和联合国驻华代表机构、其他国际组织中享有外交特权与豁免权的人员。

二、外籍员工的类型

大体来看，引进外籍员工可以分为四种情况：

第一种情况是企业完成了海外并购，本身需要使用大量的海外员工；也有一些企业是在海外设立了分支机构，需要在当地实施本土化策略，这一点与国外企业到中国设立分支机构是一样的。

第二种是我国从境外引进的高端管理员工。这些管理人才有助于中国企业实施国际化战略，使企业的视野更加国际化。最重要的是，这种人才对企业进入新的管理阶段具有催化作用，案例中被引进的外籍人才类型就属此类。

第三种是聘请海外的技术人员，这是目前珠三角制造企业中比较多的一种。国内在这方面的人才缺乏，因此需要企业高薪从国外引进。例如，美的微波炉事业部就已引进了不少韩国人。

第四种外籍员工是聘请的外籍的金融、融资方面的员工，尤其是一些需要在海外（境外）上市的企业，如果要达到上市地的财务要求，往往需要熟悉国际化金融规则的专门人才。一般来说，这些员工的使用有一定的阶段性。

三、外籍员工的劳动关系认定

在处理外籍员工劳动关系的问题上主要的争论焦点在于确认双方之间存在的用工关系是否适用《劳动合同法》。该法第二条规定：“中华人民共和国境内的企业、个体经济组织、民办非企业单位等组织与劳动者建立劳动关系，订立、履行、变更、解除或终止劳动合同，适用本法。”这就意味着从《劳动合同法》出台至今，从未将在中国就业的外国人排除在适用范围之外，但也没有明确对外籍员工是否适用《劳动合同法》作出相关规定。因此确认外籍员工的劳动关系问题重点就是双方之间用工关系是否可认定为劳动关系。

根据公司属性的不同，签订劳动合同，确立劳动关系就可分为以下两种情形：

（1）如若是外商投资企业（含外商独资、中外合资、中外合作企业），依据《劳动法》第十六条、《北京市劳动合同规定》（市政府第91号令）第九条、《外国人在中国就业管理规定》第十八条的规定，外籍劳动者应与用人单位依法订立劳动合同，劳动合同的期限最长不得超过五年；但用人单位与外籍员工签订劳动合同时必须遵守外国人在中国及北京市就业的有关管理规定，否则，无论是用人单位还是外籍员工，都将会受到我国法律的制裁。

（2）如若是外国企业常驻在京代表机构，依据北京市对外国公司驻华办事机构的有关规定，外国公司驻京办事处不得招用雇员，必须通过合法的中介机构派遣；此时，外籍员工是由合法的中介机构派遣到外国公司驻京办事处的，那么，外籍员工是与合法的中介机构签订劳动合同并确立劳动关系，而与外国公司驻京办事处非劳动关系却仅仅是劳务关系。

四、外籍员工的劳动关系管理

（一）“就业许可”的必要性

不同于国内劳动者就业，出于种种考虑，外籍员工在中国就业实行的是就业许可制度。换句话说，外籍员工要想在中国就业，必须经过有关部门的同意，否则即为非法就业，用人单位将面临公安部门和劳动行政部门的双重惩罚。因此用人单位在招用外籍人员时，应当注意并依法为其办理《外国人就业许可证》和《外国人就业证》，以免构成非法用工，被国家有关部门惩罚。

（二）外籍员工的劳动合同管理

一旦外籍员工依法在国内用人单位就业，根据《外国人在中国就业管理规定》中的相关规定，用人单位应当与被聘用的外籍员工签订劳动合同，并且劳动合同期限不得超过五年。

根据该规定可以得出以下两个结论：

（1）依法办理了就业手续的外籍员工与用人单位建立的是劳动关系，依法适用中国的有关劳动法律法规，包括《劳动合同法》等，故用人单位应当自用工之日起一个月内与其签订劳动合同，否则，该员工有权要求用人单位承担签订劳动合同的法律责任。

（2）外国人与国内用人单位建立劳动关系，签订劳动合同时，劳动合同的种类仅限于五年期限的固定期限合同，不适用有关无固定期限劳动合同的规定，同样不适用以完成一定任务为期限的劳动合同。

但是，对于劳动合同内容的约定问题，目前尚存在争议。即用人单位和外籍员工可否突破《劳动合同法》《劳动法》的有关规定，在劳动合同中自行约定有关事项。对此，全国各省、市、自治区各有不同的观点，有些地方是认可这种突破法律的约定的，例如上海；有些地方却不认可，例如广东、浙江、北京。

（三）外籍员工的劳动管理

根据《外国人在中国就业管理规定》，在中国就业的外籍员工的工作时间、休息休假、劳动安全卫生以及社会保险按国家有关法规执行。由于劳动合同的特殊性，不管双方如何约定，违法的约定只不过是无效条款而已，只要不执行，就不会有问题。但是在日常管理中，如果违法了就不得不面临因此而带来的违法后果。

（1）最低工资。对于在用人单位依法就业的外籍员工，其提供正常劳动后的工资标准不得低于当地最低工资标准。

（2）休息休假。在用人单位依法就业的外籍员工，依法享有国家法律法规规定的休息休假权利。这就意味着，外籍员工同样享受年假、法定节假日、婚假、产假等法定假期。实践中，很多用人单位考虑到外籍员工远在他乡工作，于是双方约定给予外籍员工每年一定时间的休假，让其回国与家人团聚。这是用人单位的福利，法律应予以支持。但是，用人单位需要注意，这里所谓的探亲假等与法定的年休假是既不重复也不能相互抵消的。所以，应当尽量先安排外籍员工使用完有关的法定假期，以免产生额外的法律成本。

（3）加班。依法就业的外籍员工如在法定工作时间外加班，也有获得加班工资的权利。根据国家法律的规定，依法就业的外籍员工也适用国家的有关工作时间规定。因此，对于依法就业的外籍员工，如果在超过法定工作时间外劳动，用人单位应当依法支付加班工资。在实践中，用人单位里的外籍员工一般都身居管理岗位，且薪资相对较高，于是一部分用人单位就因考虑到加班成本而直接与外籍员工约定无加班费，以为这样就可以规避加班工资问题。但这样解决不了根本问题，同样存在严重的法律风险。

（4）社会保险。外籍员工也要依法缴纳社会保险费。外籍员工缴纳社会保险费的问题，一直受到用人单位的关注。但由于实际操作与法律规定脱节，因而一直未能很好地贯彻实施。在天津、上海等部分省市，早在一两年前就已经打开了外籍员工缴纳社会保险费的窗口，用人单位可以为本单位的外籍员工缴纳社会保险费。只不过，当时对于这部分的规定不具有强制性，用人单位可以选择性地为其缴纳社会保险费，而且当时对于外籍员工享受社会保险待遇的有关问题并未得到明确。因此，在《社会保险法》实施前，用人单位为外籍员工缴纳社会保险费的情况非常罕见，大多都是以商业保险形式进行弥补。

2011 年 7 月 1 日《社会保险法》正式实施，其第九十七条规定："外国人在中国境内就业的，参照本法规参加社会保险。"该法首次规定了外籍员工强制缴纳社会保险费的问题。但由于缺乏相关操作办法，这一问题一直受到争议。在 3 个月后，2011 年 10 月 15 日实施的《在中国境内就业的外国人参加社会保险暂行办法》，进一步明确了外籍员工必须缴纳社会保险费的问题，除此之外，还就外籍员工缴纳社会保险费的前提条件、缴纳的社会保险种类、社会保险待遇的享受、不缴纳社会保险费的救济方式及其他情况等都做了一一说明。

五、外籍员工劳动关系的法律适用性

外籍人员的招用在适用法律法规方面，应该是和中国人不同的，因为他们在就业时受就业许可的限制，需办理《外国人就业许可证》《外国人就业证》等特殊证件，还有明文规定外籍人员的劳动合同签订最长不超过 5 年。这显然与国内劳动者的用工有差异。

同时，《外国人在中国就业管理规定》第二十六条："用人单位与被聘用的外国人发生劳动争议，应按照《中华人民共和国劳动法》和《中华人民共和国企业劳动争议处理条例》处理。"这也明确了外国人在中国就业的劳动关系适用性。

在司法实践中，还要看外国人在中国就业是否按相关规定办理了《外国人就业许可证》和《外国人就业证》等，如果没有办理相关手续，就意味着属于非法就业，那就不能受中国劳动法律法规的保护，在这种情形下，如果当事人双方产生争议，不属于劳动仲裁受理范围，则可由法院直接按民事纠纷受理。

操作建议

由于外籍员工的特殊性，在实际管理过程中，应注意以下几个方面的问题：

一、外籍员工在中国就业需办理的相关手续

外国人在中国就业，需要向有关主管部门进行申报，在经核准后办理相关手续。在外国人在华就业管理实务中，有三张证书非常重要，它们是《外国人就业许可证》《外国人就业证》《外国人居留证》。

1. 《外国人就业许可证》。根据《外国人在中国就业管理规定》第五条的规定，用人单位聘用外国人须为该外国人申请就业许可，经获准并取得《中华人民共和国外国人就业许可证书》（简称《外国人就业许可证》）后方可聘用。《外国人就业许可证》由人力资源和社会保障部统一制作。

2. 《外国人就业证》。根据《外国人在中国就业管理规定》第八条的规定，在中国就业的外国人应持职业签证入境（有互免签证协议的，按协议办理），入境后取得《外国人就业证》

和外国人居留证件，方可在中国境内就业。①未取得居留证件的外国人（即持 F、L、C、G 字签证者）、在中国留学、实习的外国人及持职业签证外国人的随行家属不得在中国就业。特殊情况，应由用人单位按本规定规定的审批程序申领《外国人就业许可证》，被聘用的外国人凭《外国人就业许可证》到公安机关改变身份，办理《外国人就业证》、《外国人居留证》后方可就业。②外国驻中国使、领馆和联合国系统、其他国际组织驻中国代表机构人员的配偶在中国就业，应按《中华人民共和国外交部关于外国驻中国使领馆和联合国系统组织驻中国代表机构人员的配偶在中国任职的规定》执行，并按本相关审批程序办理有关手续。《外国人就业证》由人力资源和社会保障部统一制作。用人单位应在被聘用的外国人入境后 15 日内，持《外国人就业许可证》与被聘用的外国人签订的劳动合同及其有效护照或能代替护照的证件到原发证机关为外国人办理《外国人就业证》，并填写《外国人就业登记表》。

3. 《外国人居留证》。根据《外国人在中国就业管理规定》第十七条的规定，已办理《外国人就业证》的外国人，应在入境后 30 日内，持《外国人就业证》到公安机关申请办理《外国人居留证》。《外国人居留证》的有效期限可根据《外国人就业证》的有效期确定。

二、外籍员工在中国就业的法律风险

关于法律风险，存在以下两种情形：

（1）根据《外国人在中国就业管理规定》第二十八条的规定，对违反本规定未申领《外国人就业证》擅自就业的外国人和未办理《外国人就业许可证》擅自聘用外国人的用人单位，由公安机关按《中华人民共和国外国人入境出境管理法实施细则》第四十四条处理。

而根据《中华人民共和国外国人入境出境管理法实施细则》第四十四条的规定，对未经中华人民共和国劳动部（现人力资源和社会保障部）或者其授权的部门批准私自谋职的外国人，在终止其任职或者就业的同时，可以处 1000 元以下的罚款；情节严重的，并处限期出境。对私自雇用外国人的单位和个人，在终止其雇用行为的同时，可以处 5000 元以上、5 万元以下的罚款，并责令其承担遣送私自雇用的外国人的全部费用。

（2）根据《外国人在中国就业管理规定》第二十九条的规定，对拒绝劳动行政部门检查《外国人就业证》、擅自变更用人单位、擅自更换职业、擅自延长就业期限的外国人，由劳动行政部门收回其《外国人就业证》，并提请公安机关取消其居留资格。对需该机关遣送出境的，遣送费用由聘用单位或该外国人承担。

三、关心外籍员工生活

外籍员工离开自己的国家，进入中国就业，他们的加盟可以为企业的国际化进度带来一定的积极作用，也可以更好地利用他们的优势，打开国际市场。但是毕竟他们有的是初来乍到，对于中国的生活环境还是比较陌生的，要适应环境还是需要时间和过程的，而用人单位要做的，就是缩短这个适应的时间，使外籍员工更快、更好地融入企业的环境和中国的环境中。所以，企业可以采取一些温情的做法，比如为刚来的外籍员工解决基本的住房问题；如果有携家属一起来的，可以帮助他们解决家庭保姆的问题；如果他们原本持有的是外国驾照，可以协助他们转为可以在国内使用的驾照等。当然，以上并不是法律规定用人单位必须做到的，但是如果单位在这些方面多加关注，对于吸引、留住外籍员工肯定有非常积极作用的。

四、注重外籍员工培训，缩小文化差异

由于外籍员工与本土员工文化间的巨大差异以及语言之间的巨大障碍，导致现在合资企

业中外籍员工与本土员工之间缺乏有效的沟通交流，进而对企业的发展造成负面的影响，正如上述案例中的 Gordon 一样，他不是工作能力不够，而是在中国就业时由于文化、语言方面的差异导致信息不对称，进而影响其工作业绩。因此，企业在外籍员工进入企业之前应该对其进行适当的培训，尤其是使他们了解到中西方文化之间的差异，为将来可能出现的沟通问题扫清障碍。除此之外，应对外籍员工进行适当的汉语培训，不必要求精通汉语，但是至少应该能做到日常交流。通过培训，使外籍员工具有识别中西文化差异并具有初步汉语交流的能力，缩小外籍员工与本土员工的文化差异和语言隔阂。只有这样，才能使外籍员工的工作效率和企业的管理水平得到提高。

第四章　企业规章制度管理

编写《员工手册》是门技术活

我的处罚谁做主?

一、擅改考勤记录

还有几天就是月底了，黄小曲的心里越来越忐忑，这个月女朋友生病了，前前后后陪了好几天，全勤奖肯定别想了，因为没怎么加班，估计工资也会少得可怜，更重要的，明年自己想申请转二级工，不是全勤怕是会受些影响。

两年前，换过几次工作的黄小曲落脚在这家童装厂。这家民营工厂历史不算长，不到十年，早期专为国外品牌童装贴牌加工，不过几年积累下来，厂子逐步明确了定位，形成了款式设计、品牌策划整合和贴牌设计加工三大主营业务，拥有 100 多名工人和整整 100 个车位。黄小曲还是喜欢这家工厂的，老板对员工不错，尤其愿意招聘湖北老乡，厂子里浓郁的湖北口音让黄小曲少了些异乡人的清冷感。这年头找个喜欢的工作不容易，于是一个念头在黄小曲的心里慢慢升腾起来，“每天工厂都这么繁忙，考勤全靠打卡机，会有人注意我请假了几天吗?”看看厂区门口那台寂寞的打卡机，黄小曲作了个大胆的决定。

二、ER 胸有成竹

月底，人力资源部负责考勤工作的陈星在核对考勤情况时，很快就发现了黄小曲偷偷改掉的几次考勤记录。陈星有点吃惊，虽说操作工人的纪律管理一直是工作的难点，可自从陈星接手这块工作后，篡改考勤记录这么严重的行为还是头回遇到。带着黄小曲涂改的考勤卡和公司的《员工手册》，陈星找到了公司员工关系主管雷大姐。

雷大姐了解了事情原委，几乎没有犹豫地对陈星说：“流水线工人的纪律管理咱们一直很重视，也反复强调，出现这种涂改考勤记录的行为太恶劣了！按规定，我们可以开除他。就这么处理吧，陈星，对其他员工也是个警示!”陈星一惊，篡改考勤记录是违纪那是肯定的，但是直接开除，有依据吗?雷大姐似乎看出了陈星的犹豫，于是翻开《员工手册》，迅速找到一页递给陈星，只见上面写着：“员工私自涂改考勤记录或者其他资料的，公司可以给予警告、记过、记大过或者解除劳动合同处理。”“你看，《员工手册》他们都看过并签过字了，上面的规定很清楚，我们完全可以据此处理他，没问题，这个到哪儿都说的过去!”

三、仲裁谁胜谁负

看着手中的一纸《劳动合同解除通知书》，黄小曲也懵了，自己在工厂勤勤恳恳工作了两年多，态度认真，技术也好，差错率和残次品率一直很低，老板还在大会上表扬过自己，因为一时糊涂，就要开除?！可是看着自己签了字的《员工手册》，又听着雷主管斩钉截铁没有商量余地的解释，黄小曲也心虚了，这可怎么办？再找工作？打道回府？“不对，不对”黄小曲看着一脸冷漠的雷主管，心里反复琢磨，“这处罚是不是不合适？到底哪儿出了问题？我得为自己讨个说法，走也得走得明明白白的！”

于是，第二天，黄小曲带着这张《劳动合同解除通知书》和工厂发给自己的那厚厚一本《员工手册》，走进了仲裁大厅。

思考题

1. 黄小曲和工厂谁会在仲裁中胜诉？谈谈你的分析。
2. 案例中提及的工厂《员工手册》的条款编写合理吗？怎样修改更科学？
3. 结合案例，谈谈《员工手册》编写的技术要求有哪些？

问题解析

一、《员工手册》

简单来说，《员工手册》就是用人单位将组织内涉及员工利益的规章制度汇编成册而成的。这样做一方面可以使规章制度显得比较系统和规范，另一方面也便于员工查询和学习，更为重要的是，也便于企业履行公示或告知程序。

二、《员工手册》的内容

完整的《员工手册》一般包含以下几个方面的内容：前言；企业简介；总则；员工行为规范；人事管理制度（如录用制度、试用期制度、劳动合同管理制度、考勤制度、加班值班制度、休假制度、薪酬制度、福利制度、培训制度、考核制度、离职管理制度等）；保密制度；安全卫生制度；其他制度（如差旅制度、车辆管理制度、通信费管理制度、借款和报销制度等）；奖惩制度；员工申诉与争议处理制度；附则。

三、《员工手册》的功能

（1）有利于新员工尽快进入角色。新员工通过《员工手册》可以全面和迅速地了解公司文化、个人行为规范和公司的员工管理政策，从而为尽快进入工作角色作好知识和心理上的准备。所以，学习《员工手册》应该成为新员工入职后的第一门培训课。

（2）有利于规范指导员工的行为。《员工手册》在员工被录用后的岁月里，将一直陪伴着他们，对其职业行为发挥引导作用。

（3）有利于企业文化建设。《员工手册》体现了企业的人文环境和行为规范，承载了企业和全体员工的心理契约，成为传递企业文化的重要桥梁。

（4）有利于提升企业形象。《员工手册》不仅是企业内部员工的向导，也是社会公众了解企业的窗口。一本精美生动的《员工手册》将有利于树立企业形象，成为企业对外宣传的良好工具。

（5）可作为招聘时的宣传资料。有些公司甚至在招聘面试时就请求职者阅读《员工手册》，目的是让他们对公司的情况和即将面临的职业生活有所了解，以便作出正确的职业选择。

四、《员工手册》制定依据

1. 企业的基本特征

企业的基本特征表现为行业特征和企业自身的特征两个方面。行业特征一般提出对行业内企业的基本要求。行业的一切要求和标准对行业内所属的企业均具有约束力和控制力。这样，企业在制定《员工手册》时，对员工的行为约束，如着装约束、员工工作秩序约束、员工卫生条件约束等都要相应提出具体的要求和措施。

企业特征是企业的个性风格，它对制定企业《员工手册》也会产生一定的影响。例如，企业可能依据企业自身的观念（如决策者的观念、性格等），对员工提出一些有利于企业发展的基本要求和基本规则。这类要求不是在行业的规定下提出的，更不是在国家法律的规定下提出的，而是在企业经营发展过程中逐渐总结出来的，并使其成为企业内部的规则。

2. 企业的管理制度

企业的管理制度包括企业对生产的管理制度、对人事的管理制度、对用工的管理制度、对后勤的管理制度、对财务的管理制度、对经营计划的管理制度、对市场的管理制度、对服务的管理制度等。其中对企业《员工手册》影响最大的是企业的人事管理制度和用工管理制度等。因为企业的《员工手册》是企业员工管理制度的一种延续，是企业对员工管理规则的具体化。它是在企业人事管理制度和用工管理制度的基础上制定的，其规则必须要全面反映企业的人事管理和用工管理的基本思想和基本内涵。

3. 企业形象识别系统战略目标

企业形象识别系统（Corporate Identity System，CIS）战略目标规定着企业的形象战略。企业形象战略的内容主要有产品形象、员工形象、品牌形象、环境形象等。其中员工形象由员工的各项表现得以形成，包括员工的着装、员工的精神风貌、员工的语言特征、员工的行为表现等。而这些内容又是企业《员工手册》中所必备的内容。这说明企业的 CIS 战略目标是企业制定《员工手册》的一个重要依据。而《员工手册》是企业战略目标具体分目标的一种表现，是实现其战略目标的一种具体规划。

五、《员工手册》的特点

《员工手册》与企业内其他的制度文案相比，具有以下几个典型的特点：

1. 目的性

所谓目的性，是指《员工手册》的制定目的是为了有效控制生产劳动过程，规范员工在实现劳动过程和完成生产任务中的行为，确立并调整企业生产劳动过程中企业与员工以及员工与员工之间的关系，从而确保企业总体目标顺利实现。简言之，《员工手册》的目的就是为企业劳动用工管理提供服务和支持。这一特点将《员工手册》与企业其他的规章制度区别开来。

2. 稳定性

所谓稳定性，是指《员工手册》一经编制实施，将保持较长时间的稳定性，不能朝令夕改。《员工手册》所汇总的规章制度是对企业较长一段时期用工关系进行规范和约束的文件，需要具备稳定性。这一特点将《员工手册》与其他的相关公文区别开来，比如通知、请示、会议纪要等。当然，《员工手册》的稳定性是相对的，它也需要依国家法规政策和企业客观情况的变化而发生变化。

3. 普适性

所谓普适性，是指《员工手册》一旦形成，不管员工职位高低或者权限大小，都将受到约束和规范。《员工手册》是对企业全部或部分范围劳动用工管理行为进行规范和约束的文件，应具有普适性。这一特点就将《员工手册》与企业同个别员工或特定员工签订的协议、使用的文案等区别开来。这一特点也是制定和编制《员工手册》时应该注意的重要问题，即不具有普适性的内容不应在《员工手册》中规定，而应该在劳动合同或者专项协议文案中加以规定和体现。

4. 强制性

所谓强制性，是指对于已经经过法定程序生效的《员工手册》，员工必须无条件地贯彻执行，没有讨价还价的余地。《员工手册》是依据国家法律、法规制定的，其内容是法律、法规的延伸和具体化，具有强制执行的属性。企业可以按照规定采取一定的措施、运用一定的手段来保证其实施。这一特点将《员工手册》与企业的道德规范区别开来。

5. 综合性

所谓综合性，是指《员工手册》内容的全面性，它包含了员工入职之后需要面对和使用的、与劳动用工管理相关的各项制度，它类似于员工在企业中寻求成长的“指南性文件”，与自身发展相关的各项规定、奖惩都应该包含其中。这一特点将《员工手册》与企业的某一单一条文区别开来。

操作建议

《员工手册》不是规章制度的简单罗列，实践中不少争议的发生都源于《员工手册》编写的严谨性和科学性欠缺。因此，员工关系管理者要特别注意《员工手册》编写的技术要求，这样才能保证《员工手册》有效地为企业管理服务。

一、用语准确、条理清晰

一套编制完备的《员工手册》首先需要注意用词、造句和逻辑结构，这是《员工手册》制定最基本的技术要求。

1. 用词规范、准确

《员工手册》是企业各项规章制度的汇编，制定《员工手册》等于是在为企业立法，因此要使用法律术语，避免使用俗称，比如有的企业在规章制度中用“转正”，其法律用语应该是“试用期届满”；再如平时习惯所说的“辞退”，其法律用语应该是“劳动合同解除”。此外，用词要准确，语言表达要有层次、有条理。《员工手册》撰写完成后要交多人反复阅读和讨论，看看能否清楚地表达想要表达的意思。同时，由于中文表达的特殊性，遣词造句时要注意避免歧义，避免笼统地表达。

2. 逻辑关系严密

在语言方面，除了用词、造句之外，最后需要注意的就是逻辑结构，否则，缺乏逻辑结构的《员工手册》不仅不美观，而且也会出现疏漏。比如，在惩处制度中，企业规章制度中一般会列举三类违纪行为，如轻微违纪、一般违纪、严重违纪。有的企业《员工手册》中单独列举轻微违纪、一般违纪、严重违纪的诸多情形，但没有注意到三类行为之间的递进关系，就会导致规章制度有疏漏。比如有员工经常犯轻微违纪或者是一般违纪怎么处理？按照《劳动合同法》的规定，只有达到严重违反企业规章制度的，才可以解除劳动合同。由此可见，针对员工的违纪行为，必须在制定规章制度时注意其逻辑结构设计，要通过一系列逻辑结构设计使员工的小过错不断升级，从而达到“严重违纪”来解除劳动合同。

此外，在设计《员工手册》条款时，还需要注意句与句之间、条款与条款之间不要脱节，更不要自相矛盾。否则，也会导致企业在劳动争议中败诉。

二、灵活运用授权性条款

在制定《员工手册》时会涉及一些专业性问题，如财务报销制度、安全生产制度等，这时候就需要灵活运用授权性条款，即授权专门的部门制定相应的规章制度。这样做有以下两点好处：①可以发挥职能部门的优势；②可以避免规章制度的内容过于繁多。但是，需要指出的是，授权职能部门制定的规章制度要想对全体员工发生效力，必须通过规章制度制定的程序使其上升为公司的规章制度，否则，无法对全体员工发生效力。

三、适当运用弹性条款

1. 兜底条款

兜底条款或称其他类条款。《员工手册》的制定是事先预设性质的，尽管大部分是对以前实践经验的总结，但是，也有对未来行为的预设。因此，在制定手册时，不可能穷尽所有事项，这就需要对难以穷尽的事项采用技术性术语进行概括规定，以增加规章制度的广覆盖性和适用时的弹性。例如列举“严重违纪”情形时，即使列举再多情形，也不可能列举得全面，这时就需要一个“其他”条款，如“其他与上述违纪情形程度相当之情形”。这是一项常用的立法技术，在规章制度制定时也应好好利用，其优点是可以增加规章制度的灵活性，扩大了其约束范围。

2. 转嫁条款

立法中常用的第二大类弹性条款是转嫁条款。这项立法技术也可以在制定手册时运用。这类弹性条款主要适用于国家法规政策变化比较频繁的事项。比如涉及最低工资、社保费缴费比例等。最低工资每两年甚至每一年都会调整一次，社会保险的缴费基数、比例等也会经常调整。《员工手册》中如果涉及这些内容，就不要进行详细规定，一句话带过即可，如“按照国家法规政策执行”等。对国家法规政策变化比较频繁的事项在《员工手册》中作出具体、详细的规定后，要注意在国家法规政策变化后，修改《员工手册》的相应条款，并且要履行相应的程序进行修订。因此，在制定规章制度时，灵活运用援引条款，可以增加规章制度的灵活性、适应性和稳定性。

规章制度与劳动合同的爱恨情仇

“小员工”的大权力

一、提成诱惑

虽有犹豫，可徐岩还是跳槽了，职位没有改变，还是做区域销售经理，新公司的吸引力其实很简单，就是4000元的底薪加上15%的销售提成，这在软件销售业还是很有竞争力的。但对于徐岩来说，底薪多少并不重要，自己的工作是销售，因此他更看重的是那15%的提成比例，比原来公司开出的价码高，也正适合他现在努力攒钱供儿子出国读书的迫切要求。

二、薪酬改革

工作开展了半年多，对徐岩来说基本上一切如常，业绩好，带出的销售团队也越来越出色。看着各个骁勇善战的年轻销售员，也看着账户上日日增长的数字，徐岩心里很是安慰，一把年纪选择跳槽，虽有风险可现在看来还是正确的决定。只是最近公司的领导层进行了更换，一系列新政策陆续出台，工作的压力越来越大了，这倒是没什么，不过最近公司提出要对薪酬制度进行改革，还请来了咨询公司，这成了徐岩最近最关注的事情。

很快，人力资源部按照法定程序制定了新的薪酬制度，还真有改动，其中区域销售经理月薪标准调整为：底薪5000元，加上浮动销售提成10%～12%。

三、收入波动

底薪提高了，提成降低了，徐岩一时有点算不过账，比原来公司的水平还是高的，可和自己现在的比较呢?

年底一结算，徐岩便明白了公司新领导的“高明”，这看起来“变化不大”的薪酬改革，给自己的钱包显著地减了肥，不光是自己，由于公司本身的销售渠道和产品比较好，所以平时主要依靠销售提成的大部分同事收入也都减少了。当然，也总是有人欢喜的，以前销售业绩不好的同事对公司的改革感恩戴德，因为无论销售业绩如何，每年的收入都不同程度的稳步增长了。

徐岩当然不满意，作为金牌销售，他要的就是高提成，可这改革——程序没问题、内容也没问题、效果更是没问题。自己的满意不满意又有什么影响呢?

四、各自选择?

有些郁闷的徐岩左思右想也想不明白这盘棋的下法，走人?不行，来了不过一年多。接受?可总觉得心有不甘。自己的劳动合同还未到期，和公司的新制度都一样白纸黑字摆在面前，为什么非得按照规章制度来?各人情况不一样，我就不能选择高提成吗?此时的徐岩想起进公司时，人力资源部高经理的一句话，“凡事我们多沟通，沟通才能产生正能量。”对!既然想不通，那就把想法提出来沟通吧，徐岩自言自语道，“我要的其实也很简单，就是按照我的劳动合同执行薪酬标准，这不算过分的请求吧?”想到这里，徐岩放下手头的工作，拨通了高经理的电话。

思考题

1. 设想高经理会如何答复徐岩呢?
2. 徐岩的请求过分吗?员工可以自由选择按照哪一规定吗?
3. 劳动合同和规章制度的关系是什么?两者内容发生抵触时如何处理呢?

问题解析

一、规章制度与劳动合同、集体合同的内涵

企业规章制度包含的内容非常广泛，广义的规章制度既包括企业的经营管理制度，也包括企业的劳动规章制度；狭义的规章制度仅指企业劳动规章制度。我们这里所说的规章制度

仅指企业劳动规章制度，即企业根据国家法律法规，结合企业自身特点制定的，明确劳动条件、调整劳动关系、规范劳动关系当事人行为的各种规则、规定、规范、规程、标准、纪律等制度的总称，一般表现为管理制度、操作规程、劳动纪律和奖惩办法等。

劳动合同是劳动者与用工单位之间确立劳动关系、明确双方权利和义务的协议。集体合同是指企业职工一方与用人单位就劳动报酬、工作时间、休息休假、劳动安全卫生、保险福利等事项，通过平等协商而达成的书面协议，集体合同规定劳动者的集体劳动条件。

二、规章制度与劳动合同、集体合同的关系

规章制度、劳动合同、集体合同，都是确立劳资双方权利和义务的重要依据、规范劳动行为的准则、协调劳动关系的重要制度。因此，从三者的目的来看，具有一致性，均是为调整企业劳动关系而存在的。但三者的区别也是明显的，具体区别主要体现在以下几个方面：

（一）参与主体和制定要求不同

根据《劳动合同法》的规定，规章制度制定也是劳资双方共同决定的事项，需要经过民主程序，最后通过平等协商程序确定。但是，规章制度制定时对劳资双方“共决”的要求比较低。《劳动合同法》第四条第二款规定：“用人单位在制定、修改或者决定有关劳动报酬、工作时间、休息休假、劳动安全卫生、保险福利、职工培训、劳动纪律以及劳动定额管理等直接涉及劳动者切身利益的规章制度或者重大事项时，应当经职工代表大会或者全体职工讨论，提出方案和意见，与工会或者职工代表平等协商确定。”从这一规定可以看出，企业制定规章制度时需要将企业起草的规章制度草案交由职工代表大会或者全体职工讨论，而不是由职工代表大会或者全体职工“讨论通过”；员工讨论后，让员工提意见和方案，最后由企业和工会或职工代表通过平等协商确定。集体合同的制定需要劳资双方共同决定，其劳资“共决”的程度比规章制度要高。《劳动合同法》第五十一条规定：“企业职工一方与用人单位通过平等协商，可以就劳动报酬、工作时间、休息休假、劳动安全卫生、保险福利等事项订立集体合同。集体合同草案应当提交职工代表大会或者全体职工讨论通过。”这里法律要求集体合同草案应该提交职工代表大会或者全体职工“讨论通过”。显然，集体合同所要求的“讨论通过”比规章制度所要求的“讨论”在“共决”程度上要高。劳动合同订立是劳动者与用人单位的双方法律行为，缺少任何一方就无法订立劳动合同，劳动合同的内容均由用人单位和劳动者遵循平等自愿、协商一致的原则，共同确定，因此，劳资双方在劳动合同事项上的“共决”程度更高，且是用人单位与单个劳动者进行“共决”。

（二）内容指向不同

规章制度、劳动合同、集体合同都会涉及劳动报酬、工作时间、休息休假等内容。但是，三者的内容指向与侧重点是不同的。劳动合同中的内容是企业与单个劳动者约定的事项。集体合同与规章制度的事项一般来说都是适用企业和全体劳动者之间的事项。就同一问题而言，集体合同与规章制度的侧重点是不同的。比如，对于工作时间事项的规定，集体合同侧重于工时标准以及延长时间的工作要求，主要目的是对劳动者在工作时间上进行保护，而规章制度侧重于规定实行哪一种工时制度、上下班时间以及违反规定的处理等，主要目的是要求员工遵守工作时间。再如休假制度，集体合同和规章制度也都会涉及，集体合同主要侧重于为劳动者享有各类假期提供保障，而规章制度主要侧重于员工请假的手续、要求以及违反的后果等。

（三）实施方式不同

规章制度的实施主要靠企业通过奖励和惩罚两种手段来落实，在实践中，一般是通过教育为主、惩罚为辅的原则来督促员工遵守规章制度的自觉性，维护正常的生产工作秩序。劳动合同、集体合同作为双方的协议，主要靠协议的约束力来确保落实。

（四）效力范围不同

规章制度的内容是集体性的，它的效力范围也是整个企业，对象是全体员工。集体合同的效力范围一般也是适用整个企业，针对特定群体的集体合同仅适用特定的群体，如企业内部的女员工权益保护专项集体合同仅适用企业内部的女员工。劳动合同的效力仅适用于企业的单个劳动者，对其他劳动者无法发生法律效力。

（五）效力等级不同

规章制度、集体合同、劳动合同的效力等级如何？这是一个非常重要的法律问题，理清三者之间的关系对于处理劳动争议具有重要的指导作用。首先，如果规章制度与劳动合同、集体合同规定的事项不一样，那么三者具有同等的法律效力，因为从法律规定来看，规章制度和劳动合同、集体合同都具有法律效力，三者对不同的事项作出不同规定的，各自在各自的范围内适用。其次，如果规章制度与劳动合同、集体合同对同一事项作出规定且规定的内容不一致的，三者的效力哪个高呢？对此，《最高人民法院关于审理劳动争议案件适用法律若干问题的解释（二）》第十六条给出了明确的答案，即“用人单位制定的内部规章制度与集体合同或者劳动合同约定的内容不一致，劳动者请求优先适用合同约定的，人民法院应予支持。”最高人民法院对于这个规定给出的原因是，确定劳动合同和集体合同的优先适用效力，主要目的是为了防止用人单位，特别是企业的经营管理者不正当行使劳动用工管理权，借少数人的民主侵害多数职工依法享有的民主权利，从而倡导运用协商对话、集体谈判的机制建立和谐劳动关系，维护和推行集体劳动合同制，促进劳动力市场管理秩序的规范。

操作建议

在实践中，许多用人单位在订立劳动合同时，将一些方便自我管理但又不便写入劳动合同的条款，另行制定成内部规章来加以完善；或者与劳动者签订劳动合同在前，修改规章制度在后，这就出现了劳动合同表面合法，而具体执行中的许多内部规章对劳动合同内容加以限制、调整，甚至会向用人单位利益方面倾斜的现象。用人单位这种做法并不明智，当出现这种用人单位内部规章与劳动合同相抵触的情况时，劳动者有优先选择权。

（1）用人单位制定的内部规章制度在法律上应视为劳动合同的附件，它是对劳动合同已规定内容的细化和对劳动合同未加规定部分的补充，但它不得违反劳动合同的原则和精神。这是因为劳动合同是劳动者在加入用人单位之初，和用人单位订立的确立双方劳动关系、明确双方权利义务的协议，依法遵循平等自愿、协商一致的原则，也就是说劳动者是基于接受劳动合同约定的权利义务的前提，才自愿加入用人单位的。同时，根据《劳动法》第十六条的规定，劳动者的权利义务又是通过劳动合同明确的，因此，用人单位制定的规章制度应是保障劳动合同中双方权利义务的实行，而不得改变劳动合同，更不得与之相抵触。

（2）劳动合同是劳动者和用人单位在平等协商一致的基础上签订的，反映的是双方的真实意思表示，合同一旦依法订立，对双方具有同等约束力；而现实中的用人单位为“方便”管理，制定的内部规章在更大程度上反映的是用人单位单方面的意愿，劳动者只能无条件服从，可能并不完全是劳动者的真实意思表示，从这点上看，单位内部规章的效力也不及劳动合同。

(3)《劳动法》第十七条第二款规定："劳动合同依法订立即具有法律约束力，当事人必须履行劳动合同规定的义务。"同时，《劳动法》第八十九条规定，用人单位制定的劳动规章制度违反法律、法规规定的，由劳动行政部门给予警告，责令改正；对劳动者造成损害的，应当承担赔偿责任。

(4) 涉及劳动报酬等劳动条件的内容时，《劳动合同法》第五十五条规定："集体合同中劳动报酬和劳动条件等标准不得低于当地人民政府规定的最低标准；用人单位与劳动者订立的劳动合同中劳动报酬和劳动条件等标准不得低于集体合同规定的标准。"并且，《最高人民法院关于审理劳动争议案件适用法律若干问题的解释（二）》第十六条也规定："用人单位制定的内部规章制度与集体合同或者劳动合同约定的内容不一致，劳动者请求优先适用合同约定的，人民法院应予支持。"也就是说，当规章制度规定的内容与劳动合同和集体合同相冲突且不利于劳动者时，劳动者有选择的权利。

《员工手册》要生效，平等协商不可少

我要我的民主程序

一、严厉新制度

已近十点，友朋酒店的员工关系主管姜薇终于完成了手头的一份重要报告，揉揉通红的双眼，开始打印。这份报告是酒店员工请假制度的修改稿，针对的事情其实也不是很大，就是酒店员工的病假管理问题。

这家四星级酒店是一家上市公司，经营项目丰富，客源一直很稳定。酒店女职工多，连轴转的工作也确实辛苦，所以姜薇和顶头上司人力资源部经理郝杰似乎达成了一种默契，一直以来有意无意地放松了员工病假管理，可近段时间两人都发现有些员工提交的病假单有点不对劲：主要集中在一两家医院，常常有连续编码的病假单，与病假单配套的挂号单和门诊病史记录总会"遗失"……善良的本意被利用，姜薇与郝经理一商量，问题出在制度不严、规定不清上，于是几天后姜薇起草了这个新措施："员工持有不真实的医院疾病诊断书请病假的，一经公司查出，给予相应的惩罚措施：请假 3 天以内的扣发当月半个月工资、当月各种津贴；请病假 3 天（含）以上、5 天以内的停发一个月工资和当月各种津贴，并且当月的各种保险费用全由个人负担；请病假 5 天以上或一个月以内累计 10 天及以上的除名。"

第二天，这份严厉的新制度提交了董事会讨论，翌日便发文公布生效了。

二、出现违纪者

制度出台近两个月之后的一天，客房部小麦的病假单引起了姜薇的注意。老样子，连续两张病假单，六天病假，只有病假单和皱巴巴的挂号单，没有门诊病史记录，姜薇心想，

"这正是个显示新制度效力的机会，一定要查清楚!"果不其然，去查证的员工打回了电话，医院无法查证小麦第二次就诊的记录；还有员工私下反映，第二次病假小麦去拍了婚纱照，去影楼一查便知。

证据确凿，姜薇胸有成竹地打电话请来了小麦。坐在对面这个姑娘年轻漂亮，满脸洋溢着新婚的喜悦，姜薇心里有些许不忍，可制度就是制度，谁也不能破例。

三、员工不服气

没有寒暄，姜薇将新制度、小麦的病假单、人力资源部的调查结果，一起摆在小麦面前。小麦顿时惊住了，"姜主管，我……，对不起，结婚事情太多了，事假工资又太低……"

姜薇指着新制度对小麦说，"我能理解，可制度不能理解。小麦，新制度才出台不到两个月，你就违纪，这是不可以原谅的。你看看，两次六天病假，第二次病假已经查证是假的，第一次我不想再追究，请你接受处罚，并且理解我们的工作。"

"停发一个月工资……"小麦轻声念着处罚条款，脸色越来越差，正是结婚用钱的时候，这简直是雪上加霜。冷静想了一会儿，小麦说道，"姜主管，我确实有错误，可我也是懂些《劳动法》的，酒店这种惩罚措施没有跟我们协商过，这是不民主的，而且我根本也不知道啊……"

四、民主有质疑

"不民主?"姜薇一听有些激动，"这是经过董事会认可的决议，走了民主程序，不是我们人力资源部某个人说了算的，怎么叫不民主呢?《员工手册》是协商过的，上面明确说了病假造假要惩罚，你知道吧?这次我们只是把惩罚的细则讲清楚了。而你说你不知道，这更不是公司的责任，OA上清清楚楚挂着，你怎么能说自己不知道呢?"

姜薇连珠炮似地质问让小麦懵住了，自己最近忙，确实没关注这新的细则规定。怎么办?认栽?正是用钱的时候……辞职?那收入损失更大了……冷静了点儿的小麦只好咽下了愤懑，"姜主管，您现在的处罚我认可，但是我始终觉得这个惩罚文件是有问题的，等我了解清楚了，我会再来和您沟通的!"

思考题

1. 小麦和姜薇说到的民主分别是什么内涵?
2. 针对小麦的质疑，姜薇的解释对吗?
3. 案例中惩罚细则生效的程序是什么?这一程序合法吗?应该如何做?

问题解析

一、规章制度生效的民主程序要求

《劳动合同法》第四条第二款规定，用人单位在制定、修改或者决定有关劳动报酬、工作时间、休息休假、劳动安全卫生、保险福利、职工培训、劳动纪律以及劳动定额管理等直接涉及劳动者切身利益的规章制度或者重大事项时，应当经职工代表大会或者全体职工讨论，提出方案和意见，与工会或者职工代表平等协商确定。《最高人民法院关于审理劳动争议案件适用法律若干问题的解释（一）》第十九条也规定："用人单位根据《劳动法》第四条之规定，通过民主程序制定的规章制度，不违反国家法律、行政法规及政策规定，并已向劳动者公示的，可以作为人民法院审理劳动争议案件的依据。”因此，通过民主程序制定规章制度既是必要的，也是必需的。否则，无法产生法律效力。

何谓民主程序，就国有企业来说，对于一些涉及员工根本利益的规章制度，如有关职工奖惩的规定、有关工资管理、福利待遇的规定，要经过职工大会或者职工代表大会的审议通过；就非国有企业或者没有职工代表大会的企业来说，用人单位制定劳动规章制度时必须听取职工的意见，具体的程序方法可以视用人单位的具体情况实行，比如召开座谈会、书面征求意见等。

二、工会和职工代表大会的内涵与联系

工会是市场经济条件下，雇员为改善劳动和生活条件而在特定工作场所自主设立的组织。中国工会是中国共产党领导的职工自愿结合的工人阶级群众组织，是党联系职工群众的桥梁和纽带。

职工代表大会是企业实行民主管理的基本形式，是职工行使民主管理权利的机构。工会依照法律规定通过职工代表大会或者其他形式，组织职工参与本单位的民主决策、民主管理和民主监督。职工代表大会是国有企业民主管理的基本形式，是职工行使民主管理权利的机构。

工会是职工代表大会的工作机构，而不是它的常设机构。工作机构与常设机构是有原则区别的，常设机构在职工代表大会闭会期间，行使职工代表大会的职权。工作机构没有这种职权。它的任务是：会同有关部门进行大会的筹备工作、会务工作以及大会闭会期间的日常组织工作，办理职工代表大会或主席团交办的事项。工会作为职工代表大会的工作机构的工作内容包括：建立、健全职工代表大会制度和做好职工代表大会的宣传教育工作；提出关于召开职工代表大会的中心议题和议程的建议，会同有关部门准备会议文件和做好会议的筹备工作；组织选举职工代表，审查代表资格；组织职工代表活动，检查大会决议、提案的落实情况；组织与支持各专门工作委员会开展活动；培训职工代表等。

三、规章制度制定的步骤

如何将法律规定的程序要件转换为企业可操作的规章制度制定程序，这是员工关系管理者的重点工作，我们建议企业在制定规章制度时遵循如图 4-1 的步骤。

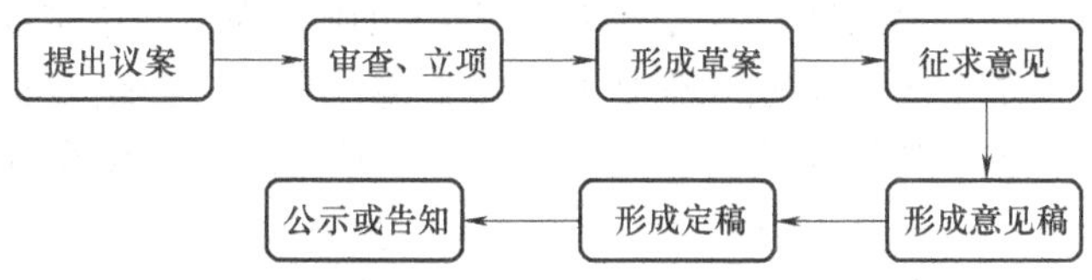

图 4-1 制定规章制度时遵循的步骤

1. 提出议案

一般来讲，公司《员工手册》的制定，首先需要由人力资源部门或者有关部门，根据企业的状况和科学合理的预测，发现需要设立制度进行管理的问题，并根据企业章程和其他制度规定的有关规章制度设立提案权的规定，提出规章制度立、改、废的提案。需要指出的是，在这个阶段，企业也可借助专业人士的力量预测《员工手册》的需要，如劳动法方面

的实务专家、律师等。

2. 审查、立项

接到提案后，企业领导或者有关部门在各自的职权范围内对提案进行审查，认为确有必要的，应该进行立案。立案时应明确起草的部门或人员、时间要求等事项。

3. 形成草案

立项后，负责起草《员工手册》的人员，应仔细研究提案说明，明确要设立的《员工手册》的目的，并结合本企业的实际情况，完成草案的起草工作。在这个阶段，除非一些特别简单的制度可由企业自己制作外，其他最好聘请专业人士介入。

4. 征求意见

草案完成后，首先应该提交职工代表大会或全体职工讨论，征求意见。即企业有职工代表大会制度的，应组织召开职工代表大会，将形成的《员工手册》草案提交职工代表大会进行讨论，让职工代表大会的代表对草案提意见或方案；企业没有建立职工代表大会制度的，应当将形成的草案交由全体职工，由全体职工提出意见或方案。

5. 形成意见稿

草案提交职工代表大会或全体职工讨论，征求意见后，企业应搜集职工代表的意见或全体职工的意见和方案，并需要对意见或方案进行梳理、归类和总结。然后，企业需要根据搜集到的意见和建议，对《员工手册》草案进行完善，形成规章制度建议稿。

6. 形成定稿

形成建议稿后，企业需要派代表与工会或者职工代表对规章制度建议稿进行协商，确定《员工手册》的最终稿。

7. 公示或告知

经平等协商确定的《员工手册》的定稿，企业还需要采取合理的方式向职工公示或者告知职工，以便职工遵守执行。

操作建议

一、民主程序所要求的“平等协商确定”是一种结果性要求还是过程性要求？

2006 年 12 月全国人民代表大会法律委员会关于《中华人民共和国劳动合同法（草案）》修改情况的汇报中提到：草案第五条第二款规定“用人单位的规章制度……，应当经工会、职工大会或者职工代表大会讨论通过……”，有些常委委员则认为，规章制度的内容不少属于用人单位的经营自主权，草案规定企业规章制度要由工会、职工大会或者职工代表大会讨论通过，实践中难以操作，也与其他相关法律的规定不尽一致。因此法律委员会经同国务院法制办、劳动和社会保障部、全国总工会研究，建议将这一款修改为：“……应当经职工代表大会或者全体职工讨论，提出方案和意见，与工会或者职工代表平等协商确定。”这个汇报的内容说明，《劳动合同法（草案）》中的规定原为“讨论通过”，后改为“协商确定”，而 2008 年 1 月 1 日起施行的《劳动合同法》确定为“平等协商确定”，并且是出于单位经营自主权的考虑，说明立法者最后摒弃了“讨论通过”这样的结果性要求。考察立法者的本意是法律解释的重要方法，因此所谓“平等协商确定”可以理解为只是个过程性要求。

二、未经过民主程序的规章制度效力如何？

《劳动合同法》规定规章制度制定程序时使用的表述是“应当”，这个措辞在法律上代表强制性规定，就是说，规章制度必须经过讨论、提案、协商的民主程序。在《合同法》中，违反法律法规的强制性规定的合同是无效的，因此基本可以判断，违反法律强制性规定的规章制度也是无效的。最高人民法院在其司法解释中也是同样的规定，认为通过民主程序制定的规章制度才可以作为审理案件的依据。《最高人民法院关于审理劳动争议案件适用法律若干问题的解释（一）》第十九条规定，用人单位根据《劳动法》第四条之规定，通过民主程序制定的规章制度，不违反国家法律、行政法规及政策规定，并已向劳动者公示的，可以作为人民法院审理劳动争议案件的依据。

三、民主程序的证据搜集与保留

企业以职工违反规章制度为由对职工予以处罚的，包括但不限于罚款、减薪、降职、调整工作岗位、解除劳动合同等，一旦引发劳动争议，企业除有义务提供证据证明职工存在违反规章制度的情形外，仍有义务证明所援引的规章制度是合法有效的，所以对于规章制度程序合法性证据的保留对于企业来说至关重要。

规章制度经职工代表大会或全体职工讨论并通过的程序：企业需要记录规章制度形成前关于职工代表大会或全体职工讨论的过程以及最终讨论通过的结果，使之形成会议记录和职工代表大会（或全体职工）书面决议，由全体参会职工签字确认。

“公示或告知”，其实不简单

只选贵的，不选对的？

一、繁忙告段落

周一清晨，曹雨走进人力资源部办公室的时候，突然有点不适应这种清静，过去的三个多月，这间大办公室里的嘈杂和忙碌着实惊到了曹雨，自己所学的专业和选择的职业原来会这么繁忙。曹雨本科毕业后来到这家进出口公司工作，这是一家国有能源企业的下属公司，成立没多久，在人员基本到位、业务开始开展之后，公司就展开了大规模的建制工作，劳动人事方面的制度是其中重要的一环。于是，曹雨的试用期就裹挟在这轰轰烈烈的制度汇编工作中开始了。

上个周末，是自己试用期结束的日子，而忙碌的工作也基本告一段落，人力资源部刘经理在部门会议上有点激动地宣布，“这个周末大家可以好好放松休息一下，我们的劳动人事制度汇编终于完成了，二校稿新鲜出炉！”

二、接到新任务

听到这句话，曹雨感到部门上空的空气都松弛了下来，不过自己的工作还没结束，会后，刘经理留下了曹雨和秦菲，她俩既是同事也是校友，“咱们的制度汇编定稿了，公司的《员工手册》也就基本完成了，还需要你们俩负责一下后续工作，向办公室陈姐要一下咱们一直合作的那家印刷公司的联系方式，抓紧时间排版、设计、开印，争取这个月底就下发给员工，这也是建制的一个重要工作。”曹雨点点头，这好像就是老师讲过的规章制度生效的公示或告知手段吧。她和秦菲约好了周一早点儿到，商量一下工作安排。

三、大胆新想法

曹雨刚打开计算机，秦菲就到了，她有点兴奋地冲到曹雨面前，“小雨，这周末我回去查了好多资料，我有个新想法，既能完成任务，还能给公司省一大笔钱呢！”曹雨一头雾水，秦菲接着说道，“刘经理让咱们印《员工手册》，目的就是为了让大家知道新制度，可是我查了资料啊，网上说的公示告知的办法可多了，印《员工手册》实在太花钱了，你说是不是？”

“但是刘经理说的让印啊，我们不能随便改了领导的想法吧……”曹雨是个老实姑娘，虽然她也记得老师讲过很多种公示告知办法，但这是领导交办的任务，怎么好改？“可咱们也是为公司好啊，你算算，这么厚的《员工手册》，印一本怎么着也得二三十块，这么多员工啊，这笔开支太大了，咱们在 OA 上挂个公告贴个附件，再写个让大家看 OA 公告的通知贴在楼下公告栏里面，这不也是公示告知嘛？”秦菲说的好像有些道理，曹雨有点犹豫了，“那我们要跟刘经理请示一下的吧？”“嘿嘿，这个我也想好了，咱们这就发，等刘经理上班就能看到了，到时候咱们再去告诉她，做好事不能太高调，是吧？”

四、悬崖急勒马

不等曹雨犹豫，秦菲已经挽起袖子拉开架势，在曹雨的计算机上开工了，“小雨你帮我看着有没有错别字，咱们速战速决赶在上班前啊！”曹雨似乎也被秦菲的情绪感染了，开始帮着想措辞，做校对。正在这时，办公室的门被推开了，走进来的不是别人，正是刘经理。

曹雨看了看秦菲，“怎么办？这下来不及了啊……”秦菲倒是个干脆人，“哎，算了算了，那就告诉刘经理吧。”刘经理一脸迷茫地听着，被两人有趣的对话吸引了，“什么来不及？做了什么坏事了？呵呵。”看到领导心情不错，秦菲和曹雨你一言我一语的，把两个人的“大计划”对刘经理和盘托出。秦菲眨着漂亮的大眼睛，等待着经理热情的赞许。没想到刘经理的脸色马上变了，“幸亏我今天来得早，才来得及阻止你们俩的闹剧，曹雨你不是学人力资源出身的吗？这些基本的知识你都搞不清楚吗？秦菲你的胆子也太大了，不是学这个专业的就要知道谦虚谨慎，看了本所谓的武林秘籍就准备上擂台操练?！今天上午你们俩先不要着急工作了，先把这个问题搞清楚！”

思考题

1. 曹雨和秦菲的做法有什么风险？
2. 刘经理为什么坚持采用发放《员工手册》这一“花钱”的做法？
3. 实践中常见的公示告知方法有哪些？哪些是安全的？哪些是存在风险的？

问题解析

一、规章制度公示原则的意义

公示原则是现代法律法规生效的一个要件，企业规章制度的生效也同样要遵守这一原则。企业规章制度应该对其适用的对象公示，未经公示的企业规章制度，职工无所适从，对职工不具有约束力。《劳动合同法》第四条第二款规定，直接涉及劳动者切身利益的规章制度应当公示，或者告知劳动者。《最高人民法院关于审理劳动争议案件适用法律若干问题的解释（一）》第十九条也明确规定了规章制度向劳动者公示才能作为审判案件的依据。

二、公示或告知的方法选择

关于如何公示、公示的方式及形式，法律上均无明文规定。实践中常见的方法主要有以下几种：

（1）阅读签字法。用人单位将规章制度交由每个员工阅读，并且在阅读后签字确认。阅读规章制度的签字确认，可以通过制作表格进行登记，也可以制作单页的声明由员工签字，内容可以包括员工确认“已经阅读”并且“承诺遵守”。

（2）发放签收法。

（3）培训法。用人单位对员工进行规章制度的培训。培训的方式多种多样，但是一定要求员工签到，同时需要注明培训时间、培训地点、参会人员、培训内容等必要信息，谨慎地保留好培训签到记录。切记：不要让其他人代替员工签字，即使代签的人和本人是夫妻关系。

（4）考试法。开卷或者闭卷考试都是可以的，没有任何区别。主要的是要有劳动者的签名，并保留好试卷。如果用人单位对考试参加者发给小小的奖励，那会更激励劳动者对规章制度的学习热情。

（5）大会公示。用人单位可以通过召开职工大会公示，并以适当方式（例如以“签到”和其他方式）来保留证据。利用此种方法时用人单位需要注意的是，劳动者签到的材料一定要反映大会的内容，一定要能够证明该次会议就是该规章制度的学习会议。

（6）公告栏张贴法。在公司里将规章制度的内容公告，并且将公告的现场进行拍照、录像等方式的记录备案，并可由公司里的治安、物业管理等人员见证。

（7）电子邮件通知法。

（8）局域网公布法。

（9）作为劳动合同的附件。

但是上述方法并不都是安全可行的，前五种相对比较稳妥，只要不是他人代签姓名，一般是有效的。后面四种公示或者告知方法可能在举证的时候会出现麻烦。

操作建议

一、有问题的公示或告知方法

公告栏张贴法、电子邮件通知法、局域网公布法和作为劳动合同的附件，这四种都是存在风险的。前三类的风险都在于取证的困难，公告栏张贴要对公告现场进行多种方式的证据固定和保留，还要保存一段合理的时间，这在实践中的操作是存在困难的，同时，由于没有劳动者确认的任何证据，因此也存在举证的困难。第二类和第三类则都因为它们是电子类证据，而电子类证据的取证非常困难，一旦出现争议，无法取得有力证据，就会非常被动。

第四类将规章制度作为劳动合同的附件实际上从逻辑上讲是可行的，看起来也像是一个很有效的办法，实际上并非如此。原因在于：

（1）规章制度并不是因为成为劳动合同的附件而变得有效，而是因为其本身就是有效的；无效的规章制度绝对不会因为成为劳动合同的附件而变得有效。

（2）规章制度作为劳动合同的附件，照样需要劳动者签字确认才算是完成了告知程序。规章制度不作为劳动合同的附件时，告知程序没有实质性的区别，并没有显得麻烦了多少。

（3）作为劳动合同附件的规章制度在修改时，必须要变更劳动合同才能够使该规章制度的修改生效。而变更劳动合同要比修改规章制度难得多。如果劳动者不愿意变更劳动合同的相应条款或者附件，则劳动合同就很难被变更。用人单位单方变更劳动合同是没有效力的。

这样一来，原本只要进行一个程序（修改规章制度）就可以完成的事情变成了两个事情（修改规章制度和变更劳动合同），不仅程序多了一个，难度也大了许多。规章制度作为劳动合同的附件实际上只是规章制度的一种公示或者告知方式而已。认识到这一点，用人单位就可以考虑是否需要把规章制度作为劳动合同的附件了。

二、做好公示告知程序的注意事项

（1）用人单位一定要有一个合法的公示或者告知的过程。

（2）用人单位一定要把这一过程作为证据固定化，以便发生劳动争议时可以随时有效举证，证明自己的主张。

（3）认真保管档案资料，不得丢失。人力资源管理者要特别注意保存劳动者的签收记录、签到记录和试卷等资料。无论是作为员工档案保存，还是另外保存，不丢失是基本前提。

三、公示告知证据收集的注意事项

采用公示方式的，企业要通过拍照或录像的方式对公示的行为进行证据保存，并且最好在不同的时间多次拍照或录像，以证明公示的时间和公示行为的持续性。即便如此，因采用公示方式不利于证据留存，所以建议企业采用告知方式。采用告知方式的，通知上要写明交付给职工的规章制度的名称，规章制度中包括哪些内容，注明交付日期，由职工签字确认，企业归档留存。

一旦发生劳动争议时，无论采取何种方法，企业都要谨记，所收集保留的反映公示的证据要体现出两点：①劳动者已经知晓该规章制度；②劳动者所知晓的规章制度同劳动争议中用人单位所依据的规章制度内容一致。

制度画个圈，员工站中间

厂区外的约束力

一、麻烦事件

顺程运输公司的人事经理老李这两天有点发愁，尤其当他站在三楼办公室看到公司大门口进进出出的摩托车时，就更加闹心。这座三线小城市的汽车普及率还不高，公司的很多年轻员工都喜欢骑摩托车上下班，一方面那突突的发动机声着实让人热血沸腾，另一方面，老李觉得，大概是他们经常可以“免费”使用公司大院里轻易可得的汽油。

一直以来公司对这种行为保持了少见的宽容，因为难取证又碍于面子，除非是被公司领导看到了，才会批评几句。但是新来的田总是个认真人，他很快发现了这件事，并且给人事部下了死命令，务必严惩这一行为，必要时可以解除劳动合同，三天内出禁令！

二、温和处理

老李是个老实的中年人，一个上午他都在纸上写了删，删了写，其实这个条款不复杂，只需要把这一行为列为“严重违纪”，就可以实施相应的惩罚，甚至可以解除劳动合同。这样做应该是田总的初衷，可老李觉得这样的规定略显严厉，思前想后，老李写下了这样一条，“员工私自在厂区内使用公司汽油为私人车辆加油者，给予记大过处分。”

老李这样做有自己的打算，一方面在制度中明确了要处罚，而不是简单的警告和记过，但是又给员工留下了余地，因为距离解除劳动合同这种最严重的惩罚，员工还有犯错的空间。

老李的建议得到了田总的认可，于是公司规章制度顺理成章地走入了修改程序，大家对这一条款的异议不大，一方面大部分员工不会触及，另一方面这也是新来领导的授意，于是，在与职代会协商讨论之后，修改的规章制度便通过、公布了。不过老李始终认为，规则的目的在于防范，他不希望看到任何一个员工受到处罚。

三、有人犯规

但老李担心的事情还是很快出现了，新规公布一个多月后，市场部小邱和当天的执勤保安小赵在厂区小西门的围墙下灌油被抓了个正着。

了解情况后，老李知道了小赵跟小邱是老乡，当天小邱骑着摩托车刚出单位没多远，就发现没油了，不敢离开车子，又赶着去给在外谈业务的同事送材料，于是让小赵帮忙从厂里拎了一桶油出来，灌进了自己的摩托车，这一灌，就是满满一箱。尽管事出有因，但是小邱和小赵的行为却是确确实实地触犯了新规。

四、效力几何

老李找来小邱和小赵，正要开口，没想到小邱先说了话，“李经理，我能不能先说说我的理解啊，您规定里面说不能‘在厂区内’使用公司汽油，其实我并没有在‘厂区内’啊，这规定应该不能限制我们！”老李一听倒愣住了，当时那么写是有自己的考虑的，一方面，员工在厂区内的这种行为影响了公司形象，也影响了其他员工对公司的信任，另一方面，在厂区内倾倒汽油，存在很大的安全隐患，而且公司之前的大部分规定都是写明了“厂区内”，意在明确规章制度不仅限制员工在工作场所内的行为，也限制他们在整个厂区内的行为……至于小邱说的这个层次，老李倒真的没有想到。

一时间，老李没了话，他皱着眉头，抬头看看期待答案的小邱和一脸迷茫的小赵，自己也琢磨起来，在厂门口违规，规章制度就不能管吗？不应该不应该……那么，规章制度的效力范围到底应该圈到哪儿呢？

思考题

1. 小邱的质疑有道理吗？
2. 老李制定的这一条款有问题吗？
3. 小邱和老李谁的判断是正确的？规章制度的效力范围有多大？

问题解析

一、企业规章制度的效力范围

企业内部规章制度的效力，可以分为对人的效力、空间效力、时间效力三类。

1. 对人的效力

企业规章制度一般是用于企业内部的管理，所以对全体职工都有约束力，当然对企业自己也有约束力。

2. 空间效力

企业规章制度的空间效力范围是指企业规章制度约束力的空间，一般来讲，企业内部规章制度在企业经营运作的场所都有效，但是，有些规章制度适用的空间效力范围不限于工作场所，还适用于其他场所。比如，不论是在工作场所还是在工作场所之外，员工都有义务遵守公司的保密制度。

3. 时间效力

时间效力范围涉及企业规章制度的生效时间、失效时间及溯及力。生效时间、失效时间要在规章制度中明确，一般来讲，员工在公司任职期间企业规章制度都是有效的，除非企业废除该规章制度。关于规章制度的溯及力，一般而言，企业规章制度的法律效力不能溯及既往，也就是说，企业规章只对其发布实施之后的人或事产生效力。

二、企业可以处分员工的行为

处分在使用的时候可以和企业中的员工行为准则、工作礼仪、劳动合同管理办法、考勤等关联使用，也就是说，当员工出现违反以上规则的时候，公司可以根据行为的程度给予不同类型、不同级别的处分，从警告到解除劳动合同不等。例如，可以根据企业性质和违纪行为对企业的影响加以划分和选择，将违纪行为划分为轻微行为过失、行为过失、重大行为过失、严重触犯法纪等几类。

三、企业处分员工的方式

给予处分自然是员工出现违反规章制度、行为规范的行为或事实，但即使是触犯刑律也会因主观意愿、社会危害性、危害结果的程度不同给予不同刑事处罚，企业中的处分也一样道理，违纪程度不同，将量事而为，按照级别、类型和范围给予处分。

1. 口头警告

对一些危害不大、主观意识不强的行为可以采取这种处分方式，如：迟到或早退在30分钟以内，当月累计两次以内（含两次）；在工作时间聊天、嬉戏，或做与工作无关的事情而影响自己或他人工作，或造成不良影响；在禁烟区内吸烟者；浪费或损毁公司财物；不按照规定使用办公用计算机，滥用或误用公司计算机软件、因特网或公司内部局域网等其他情节类似行为。

2. 书面警告

对一些程度较重、以口头警告处理畸轻、以解聘处理又畸重的行为，可以在二者之间设立这样的处理方式，如：一次迟到、早退或离岗在4～8小时的；旷工一天的；无视公司的考勤纪律，代替他人打卡、代替他人进行大型会议或培训的签到，或接受上述代办行为；在3个月内受到3次或者3次以上口头警告者；丢失公司文件，但未造成重大损失等其他情节类似的行为。

3. 解除劳动合同

《劳动合同法》第三十九条规定，“劳动者有以下情形之一的，用人单位可以解除劳动合同：（一）在试用期间被证明不符合录用条件的；（二）严重违反用人单位的规章制度的；（三）严重失职，营私舞弊，给用人单位造成重大损害的。”但在条文中并没有对什么情况能够达到以上程度作详细说明，因此就需要公司在规章制度中明确解释和列举可以解除劳动合同的行为有哪些。

要确认员工的某一行为是否构成严重违反公司规章制度要从四方面分析确认：①要确认公司规章制度是否对员工的某一行为有明确约定；②要确认公司约定限制某一行为是否具有合法性，不得违反法律规定，非法限制员工权利；③要有明确标准，要明确一般违反公司规章制度与严重违反公司规章制度的区别；④要对员工进行告知，要确认公司的规章制度对员工有进行公示，员工要知道规章制度的约定。四者结合在一起才能判断员工的行为是否构成了严重违反公司规章制度。

操作建议

一、企业规章制度规定效力范围的注意事项

1. 对人的效力

要注意的是，如果有外部人员进入企业内部，比如到企业来的外访人员、国有企业外部调入来锻炼的人员、临时借调的工作人员等，企业规章制度对他们也有可能有约束力，但是要注意提前告知外部人员应遵守的规章制度。

2. 空间效力

企业规章制度在界定空间效力时，要在合理的范围内尽可能大地规定企业规章制度所覆盖的空间，比如一些条款就不能仅规定工作场地，而应该规定为公司范围内或厂区范围内。

3. 时间效力

对于既往已经发生的事件，企业规章制度也可以进行规范，但前提是企业和劳动者另行特殊约定承认后来实施的规章制度对以往的事或者人发生法律效力。

二、存在关联的公司之间的规章制度如何适用

在实践中还常常见到的一种情况是，总公司与下属公司之间的制度内容存在差异甚至相冲突、相矛盾，这种差异如果不界定清楚的话，则很容易引起争议。因此总公司应该对自身和下属各个公司的规章制度进行梳理，调整、修订相互矛盾、存在差异的内容。另外从避免纠纷的角度来说，总公司可以制定统一的相对笼统和原则性的规章制度，然后授权各个公司根据总公司的制度结合各自实际，在总公司制度基础上制定更为详细和具体的规章制度。

三、企业处罚员工要防范风险

对于现金处罚，鉴于劳动法律没有明确规定企业可以处以经济处罚，以及《中华人民共和国行政处罚法》等法律的规定，企业一般情况下是不具有这样的权限的，因此，尽量不要处以罚款、扣款的处分，防止造成克扣工资的风险。

降职、降薪的处分方式也要慎用。岗位和薪金属于劳动合同的重要内容，如需变动的应经过双方一致的同意才可以变更，单方面予以降职和降薪会有极大的争议风险，与末位淘汰的道理相仿，都应该谨慎使用。

第五章　员工沟通管理

E 公司的员工参与经验

“金点子”拣出“大节约”

一、鼓励员工挖金子

E 公司的年会有个重头戏，就是公司年度“金点子”评选活动的颁奖典礼，今年的奖项更多，奖金也更丰厚：特等奖 1 名，奖金 5000 元；一等奖 2 名，奖金 3000 元；二等奖 3 名，奖金 2000 元；三等奖 5 名，奖金 1000 元。

公司人力资源部的刘洋经理是这个活动的提出者，他是人力资源管理科班出身，有咨询公司工作的经验，也有公司 HR 的经历，三年前刘洋来到 E 公司，管理的工作他轻车熟路，但困扰他的一个很大的难题就是对企业产品不了解，用刘经理自己的话说，“完全是个外行”，可是人力资源的工作离不开对公司专业的了解，这些知识一方面得靠自己弥补，另一方面就来自于公司的普通员工——车间工人、技术人员，刘洋从他们身上学到了很多，而这就是“金点子”计划萌生的原因。

二、提供点子很便利

对于“金点子”评选活动，刘洋常常对部门员工说，“我们这种企业，一线员工是企业的重要资源，他们熟悉生产，了解细节，实现‘提质、降耗、增效’的目标就要依靠他们。员工为企业发展献计献策，这些意见和建议就像金子一样珍贵，我们也要回报员工的这种积极性和对企业的关心！”

刘洋和员工关系主管黄雯一商量，对一线员工来说，提意见的途径越直接越简单越好，于是一个看起来很简单的办法就产生了，车间内外、生产部经理办公室门口，人力资源部办公室门口，都设置了“金点子”投递箱，员工对公司改进有什么“金点子”都可以投进这个箱中。黄雯负责每周收集查看，对于那些兼具可行性和效益性的点子，黄雯会协同相关部门的负责人找来相应的员工详细商讨，每季度末，人力资源部会在公司网站上公布本季公司采纳的金点子的详细信息，网站公布的金点子则会参加公司年度“金点子”评选活动，评选结果由管理层评分和员工评分的平均分决定。

三、小小投入大收益

一开始员工对这一计划的热情并不高，公司的合理化建议工作一直都有，不过总是雷声大雨点小。可这次刘洋和黄雯下了决心要把“金点子”计划做实做好，第一年，“金点子”投递箱只收到了 50 几封建议书，不过公司还是坚持进行了评奖，当员工们看到获奖的普通员工，看到他们手里拿着的沉甸甸的奖金信封，那一刻年会会场沸腾了，而刘洋也知道这项工作有了继续开展的空间。

之后黄雯的工作落实更加细致，生产部的配合也很到位，一些重要的产品方案会议也会邀请重点员工参加。今年，公司总共征集到“金点子”496 条，获得“金点子”评选活动特等奖的是磷铵一车间的副主任老冯，在他的领导和参与下，磷铵一车间对某装置预中和工艺管式反应器技术进行了改造，仅节约煤一项，每年就能为公司创造经济效益 90 万元。

听着老冯在舞台上有点羞涩又有点激动的发言，刘洋的心里也溢满激动，他在心里暗暗下了决心，一定要把这项计划坚持下去，明年还要说服公司高层进一步加大奖励力度和覆盖范围，让员工的“金点子”得到更大的回报。

思考题

1. 仔细阅读案例中涉及刘经理的部分，分析管理者在员工参与管理中的角色、素质要求。
2. 结合案例，简述员工参与管理的作用或意义。
3. 思考企业还可以通过哪些方式来激励员工参与管理。

问题解析

一、员工参与管理的概念

所谓员工参与管理，是指在不同程度和不同范围上，让员工参与企业决策及各级管理工作，通过员工与企业高层管理者的有效沟通，双方共同研究和讨论企业中的重大问题，从而增强员工对企业发展的责任感和满意度。

员工参与管理并非让员工来作决策，而是使员工主动、积极地参与到管理决策过程中去，针对部门管理活动充分表达个人意见和建议，集思广益，从而使管理决策更加全面、科学，更能体现员工的想法和利益。

二、员工参与管理的起源和发展

员工参与管理最早出现在英国。19 世纪末期，由于受产业革命的影响，许多行业如印刷、造船、机械制造、建筑等，相继建立了劳资集体谈判制度。这是资本家逐利本性与员工维权的博弈结果，它在产生之初就带有争取权益的色彩。这时的员工参与管理以集体谈判为主要形式。

20 世纪 30 年代，资本主义经济危机引起“大萧条”，这时劳资双方矛盾突出、对抗加大，也促使一些管理学家的关注和研究，梅奥所做的“霍桑试验”就是在这样的背景下进行的，此外还催生了诸如“社会人假设”“马斯洛需求层次理论”等一系列理论，它们强调调动人的积极性，也促使企业探寻能有效缓解这种矛盾的管理模式。这时的企业管理由“以物为中心”转向“以人为中心”，注重调动员工积极性和其参与决策，逐渐出现了“参与管理”的新型管理方式。

20 世纪 50 ~ 70 年代，第二次世界大战后社会化大生产促使经济规模迅速扩大，影响了企业员工的工作生活质量（Quality of Work-Life），一些企业管理者及学者开始研究员工在工作中的安全、健康、心理及福利问题，尤其是工作满意度问题，探讨员工参与管理的具体方式等，员工参与管理也得到了推动和发展。

20世纪80～90年代，由于学科技术的快速进步与发展并在生产中得到广泛推广和应用，经济持续增长，员工的知识水平和受教育的程度也大幅提高，员工参与企业管理的意识和要求增强。这时，员工参与管理成为相当普遍的要求，员工参与管理的形式逐渐多样化，如“员工所有权参与”和“利益分享参与”等。

三、员工参与管理的意义

1. 员工参与管理有利于发挥员工个人才智，形成人力资源优势

员工比较了解企业内部情况和管理过程，熟悉公司流程，企业在某种程度上是他们实现自身利益的平台，所以，鼓励员工在与自己密切相关的问题上行使发言权，有利于调动他们的积极性。另外，参与管理是员工体现自我价值的要求，员工能在这个过程中体验到归属感和尊重感，有利于激发其主动性和创造性。

2. 推动企业决策的全面性和准确性，提高其认可度

员工参与的决策，集中了大家的正确意见，特别是吸收了与工作岗位有关的管理信息，可以减少或克服因缺少实际工作情况信息所引起的失误，避免决策的片面性。如果员工的建议在管理决策过程中得到一定程度的吸纳和认可，那么员工就会全力支持决策的行动方案，执行起来效果会更好。

3. 有利于缓解劳资矛盾，提高员工工作满意度

员工参与管理使管理者和员工之间的互动合作增多，企业内部的多方互动、沟通与协调有利于加强彼此间的沟通与信任，尤其是不同部门员工之间的沟通。这有利于营造良好的组织氛围，使管理者与员工建立合作关系，有利于提高双方及组织的满意度。

4. 提升员工的“企业、员工一体化”意识，增强忠诚度和归属感

在员工参与管理的过程中，员工与管理者双方共同谋划企业未来的发展战略，每个人都充分发表观点和想法，集思广益，有利于真正形成“企业是我家，发展靠大家”的合力，从而增强企业的核心竞争力。

四、员工参与管理的影响因素

1. 管理者因素

企业管理者特别是最高管理者对员工参与管理有着重要影响。管理者的理念（是否尊重信任员工、对员工参与管理是否支持、与员工沟通是否流畅）、态度和风格行为都在一定程度上影响着员工参与管理的积极性及其参与效果。要想让员工参与管理得到很好的实施，管理者首先要有“以人为本”的管理理念，企业只有在合作、信任、团结的氛围下才能推动员工积极参与。其次，要有授权意识，员工参与管理，如果没有授权，没有组织中权力的再分配，那它就只是一种形式，毫无作用。

2. 参与渠道

员工参与管理最终还要依托于参与渠道，没有一个参与管理的畅通渠道，参与活动只能是空谈。企业沟通渠道是否完善畅通，这些渠道是否和企业相适应，参与制度是否健全，员工参与有无后续奖励等都会直接影响员工参与管理的效果。企业要想鼓励员工，首先要建立参与渠道，可以是工会或职工代表大会抑或是案例中涉及的员工建议制度等；其次，完善参与管理的程序等实施制度以及后续奖励制度等，使员工参与管理实现公平高效、有章可循；最后，利用切实可行、有吸引力的奖励体系持续激发员工参与管理的热情。

3. 组织保障

组织保障是指企业为员工提供的参与物质条件，它是保障员工能够及时参与企业事务管理、提高员工参与效果和满意度的有效条件。它包括参与的时间、企业信息透明程度、组织层级结构、团队类型、组织的社会化程度、参与后利益安全等组织气氛因素。

4. 企业发展前景和规模

企业的发展前景是指企业在未来发展过程中，经济效益状况、在行业中所处位置、社会认可程度等情况。对于企业员工来说，企业在行业中处于什么样的水平、具有什么样的发展前景，将直接影响员工参与管理的热情。如果企业没有良好的发展前途，员工的归属感就会降低，一旦有好的机会他们将离开。相反，如果企业发展前景好，员工感觉在这样的企业能实现自我价值，则更愿意为企业出谋划策，积极地参与到管理中。

5. 员工自身因素

员工自身因素是影响员工参与管理的主要因素，其知识文化素质、业务技能、沟通能力、参与管理的意识、员工的从众心理等都影响到员工参与管理的程度，此外，参与过程技巧的把握也会影响员工参与过程及最终效果。员工参与的态度是员工参与的动力，员工是主动参与还是被动参与，是在参与过程中敷衍了事，还是积极、主动地投入到参与过程中，在一定程度上影响参与的效果和积极性。

操作建议

一、员工参与管理的五种主要形式

1. 以工会为代表的集体谈判制

具体谈判内容主要有：①企业财务，包括工资占企业开支的比例、退休金开支管理、福利基金的提留和管理等；②人事管理，包括企业员工规模、雇工原则、晋升办法、调换工作、调换班次、临时解雇和复职的先后顺序、解职费用、工作考核和劳动纪律等；③生产政策，包括扩大和限制生产的政策等；④技术改造、生产定额、调整工作内容等。

2. 以公司治理为核心的董事、监事会员工代表制

董事、监事会员工代表的是公司制企业最高管理机构中的员工参与制，它设立员工董事、监事，让员工代表直接进入公司的决策层。员工参与企业管理与决策在微观层面上可以协调企业利益和个人利益，职工依法参与企业管理主要通过职工派代表直接参加企业的领导机构——董事会和监事会，但实行这一制度的企业必须是依法设立监事会且职工人数超过一定数量的企业。

3. 以所有权为核心的员工持股计划

这种形式就是企业员工通过投资购买、贷款购买或红利转化等方式拥有企业全部或部分股票，以劳动者和所有者双重身份参与企业生产经营管理的制度，是一种既能满足企业的融资需求又能实现职工与企业利益高度一致性的新型企业财务组织形式。其特点是：企业员工持股与退休计划结合，创造员工收入的多种来源；员工购买企业股票不是用过去劳动（现金）支付，而是用预期劳动支付；员工拥有的股份与其年薪相挂钩；员工拥有的股份在一定时期内不得兑现或转让。

华为——民营企业的典范，就在公司内部实行全员持股，其内部有一种“1 + 1 + 1”的说法，即员工的收入中，工资、奖金、股票分红的收入比例是相当的，可见员工持股在公司

内的地位。

4. 以贡献为核心的员工建议制

该制度的核心在于动员企业员工在提高管理水平、优化产品设计、改进工艺流程、降低产品成本、提高产品质量、开拓产品市场、为企业树立良好形象等方面献计献策，根据员工提出建议的贡献大小，企业给予员工相应的奖励。上述案例中的“金点子”计划就是一种员工建议制。

日本丰田公司是实行员工建议制的典范，它认为好产品来自于好的设想，员工是公司改善的来源，因此公司提出了“好主意，好产品”的口号，并在全体员工内开展合理化建议制度，鼓励员工施展才华。20 世纪 90 年代，公司平均每年收到的合理化建议数约达 200 万个，人均 35.6 个。这些建议为企业降低成本、保证质量等提供了丰富的途径，也使高层接触底层的呼声，从而在决策时照顾广大基层员工，提高了决策的准确度。

5. 以主观能动为核心的自我管理制

自我管理制是以管理活动小组为单位，注重发挥人的因素，努力调动员工的积极性、主动性、创造性，强调员工在生产过程中的作用，注重人的因素。目前，最具代表性的自我管理的组织形式有：①自我管理小组。小组规模在 3～15 人不等，它根据企业有关部门规定的生产指标制定小组的生产指标，员工进行自我控制，自主决定完成任务的方式，实现目标后由企业给予相应的奖励。②质量管理小组。小组通常有 6～8 名生产人员或管理人员自愿组成。这种小组只在车间管理层开展活动，每周开一次会议，专门研究和解决工作中遇到的实际问题。③劳动生产质量小组。它在组织形式和活动方式方面与质量管理小组几乎相同，也是采取自愿参加的原则，由 6～8 人组成，在技术顾问的帮助下，首先提出问题，然后寻找解决问题的方案，经企业管理部门审批后，再付诸实施。但其活动内容更为丰富，包括工人劳动过程中所感受到的精神上的满足等。

二、员工参与管理的注意事项

1. 授权是员工参与管理的根本前提

企业要员工参与到管理中来，就必须赋予员工适当的管理和参与决策的权力。企业可以在很多方面赋予员工权力，如工作方法的选择权、工作进度的安排权、任务分配权、顾客服务的创新权、一定金额的财务支配权等。赋予员工权力的大小可以根据公司发展的实际情况而定，同时规定员工参与管理的责任，提升其责任感。

2. 相关信息公开

在员工参与管理的过程中，企业要为员工提供充分的信息，信息对员工参与管理并提出有效建议是至关重要的。传递给参与管理员工的信息应该包括企业发展观念和管理理念、行业竞争状况、市场形势、企业努力的方向等宏观信息，以及当前企业的工作重点、企业面临的问题等微观信息，使员工参与管理具有明确的导向性。

3. 赋予不同员工个性化参与权限

每个员工的能力素质、参与管理意愿都存在不同程度的差异，公司应赋予不同员工个性化的参与权限。这一方面有利于提高员工参与管理的有效性；另一方面也是一种激励因素，可以鼓励员工不断提高自身素质。企业究竟选择什么样的员工参与民主管理模式才能更好地发挥人力资源的作用，还要看企业高层管理者的理念、企业战略思想、企业管理制度和员工的成熟度来确定。

三、改善提案建议书举例

改善提案建议书

提案日期： 年 月 日

<table>
<tr><td>姓名：</td><td></td><td>工号：</td><td></td><td>部门：</td><td></td><td>岗位：</td><td></td></tr>
<tr><td colspan="2">提案类别：</td><td colspan="6">□效率 □品质 □成本 □安全 □其他______</td></tr>
<tr><td colspan="2">提案名称：</td><td colspan="6"></td></tr>
<tr><td colspan="4">问题描述：</td><td colspan="4">原因分析：</td></tr>
<tr><td colspan="4"></td><td colspan="4"></td></tr>
<tr><td colspan="4">改善对策：</td><td colspan="4">预期改善效果：</td></tr>
<tr><td colspan="4"></td><td colspan="4"></td></tr>
<tr><td colspan="2">部门内评价：</td><td colspan="6">□建议采纳 □建议不采纳</td></tr>
<tr><td colspan="8">评语：

审核人：____________
日 期： 年 月 日</td></tr>
<tr><td colspan="2">企业评价：</td><td colspan="6">□采纳 □不采纳</td></tr>
</table>

<table>
<tr><td colspan="7">评价指标</td></tr>
<tr><td>创意及难度</td><td>普通</td><td>1</td><td>显著</td><td>2</td><td>非常显著</td><td>3</td></tr>
<tr><td>鼓舞士气</td><td>普通</td><td>1</td><td>显著</td><td>2</td><td>非常显著</td><td>3</td></tr>
<tr><td>降低成本，创造利润</td><td>普通</td><td>2</td><td>显著</td><td>3</td><td>非常显著</td><td>4</td></tr>
<tr><td>提高质量，安全卫生</td><td>普通</td><td>2</td><td>显著</td><td>3</td><td>非常显著</td><td>4</td></tr>
<tr><td>点数合计：</td><td colspan="6"></td></tr>
<tr><td colspan="7">评语：

审核人：____________
日 期： 年 月 日</td></tr>
</table>

注：如纸张不够用，可自行续页。

理顺公司沟通渠道

裁员沟通不简单

一、被迫转型

秦明知道，目前摆在报社面前的实际上只有一条路，就是转型。秦明所在的报社隶属于市报业集团，从1996年创办以来，报社成绩斐然，市场份额几乎达到了30%，十多年来，报社已经拥有了100多人的采编队伍和30多人的经营管理队伍，总规模近两百人。不过2000年前后，秦明明显感觉到了变化，以计算机技术、网络信息技术为代表的新媒体的出现以其快捷、及时、互动、广泛的传播方式对传统媒体尤其报纸业造成了很大的冲击。

2003年，报社的报纸发行量为12.9万份，这是自1999年以来首次低于15万份，同时，2004年广告营业额下降12%，市场份额也下滑到21%，经营发展愈发显出疲态。

二、面临裁员

不过秦明是有顾虑的，要转型意味着要有人员变动，甚至是裁员，但是不转型意味着大家会一起陷入深渊，于是前几天，秦明在经理办公会议中与领导班子成员、各部门负责人、一些资深编辑等核心员工一起商讨起了转型事宜。最终，会议决定利用纸媒的人才队伍优势，加大新闻报道的深度，突显与网络媒体报道的差异性，增强纸媒竞争力；同时决定建立旗下网站，实行报网互动，优化资源。

人力资源部经理侯林心知肚明，这一切意味着下一步自己的部门要承担最不想承担的职责，就是进行员工结构调整，配合精简组织结构来缩减纸媒队伍，简单来说，就是裁员。

三、邮件化解？

第二天，侯林还没有做出裁员的方案，报社里已经弥漫起了浓厚的传言，大家肆意揣测着裁员的比例、裁员的原因、裁员的补偿，各种疑惑和忧虑的情绪笼罩着公司。

侯林这里也已经收到了一些员工发给人力资源部的邮件，直接询问裁员的情况，侯林想秦总大概也会有所耳闻，于是决定去跟秦总商量一下信息的发布和与员工的沟通问题。可侯林刚走出自己的办公室，却看到大办公间里一片骚动，一问情况，原来秦总给全员群发了一封邮件。邮件中写道：

报社全体员工，大家好：

报社的经营有顺境亦有曲折，过去的几年中受到新媒体的冲击，我们早期的快速成长与获利表现已不复现，随着行业发生的显著变化，我们必须同时变革。对于报社来说精简组织、缩减人力已是刻不容缓。今年报社将在全社183名员工中裁员15人，这是一个痛苦的过程，也是我们拥抱变革的一部分。

为调试大家的心理，对于离职同仁，报社特以优于《劳动法》的标准处理。

我衷心地感谢大家过去对报社所作的贡献，同时也对因报社转型给你们带来的不便表示歉意。谨此敬祝顺利！

秦明

2005年2月23日

四、如何应对

这封邮件不但没有为员工服下一颗定心丸，反而激发了更大的恐慌，一时间质问声、抱怨声层出不穷。秦明有些震惊，邮件里的解释他自认为诚恳而周全，也表达了管理层的善意，怎么员工还会有这么大的情绪反弹？有点无奈的秦明找到了侯林。

两人是老搭档了，对话直入主题，如何平息议论，缓解员工情绪？侯林想了想说道，“秦总，裁员是公司里最糟糕的事情，所以这件事情的处理和与员工的沟通应该慎之又慎，您的邮件写得很诚恳，但对于员工来说，言辞如何不重要，这封邮件对于他们来说就是一纸通知。员工怎么想，他们有怎样的疑问和忧虑、困难和期待，其实我们应该去主动了解，改变一下沟通的方式，可能能改变现在的局面。”

五、以心易心

秦明轻轻点点头，“你说的对，老侯，我当时想既然已经有了传言，索性印证传言，不要让流言蜚语影响大家，想法可能简单了。”

“嗯，您这个判断其实没有错，这些信息是需要向员工公布的，只不过稍微着急了一些。下一步先要确定裁员方案和步骤，然后跟工会沟通一下，公布给大家，在这个正式沟通之后，就需要您空出时间，尽可能与这些被裁的员工做一对一的面谈交流，以心易心的沟通是能够缓解现在的被动局面的。”

思考题

1. 认真阅读案例，找出案例中涉及的沟通渠道有哪些。
2. 根据所学知识，结合案例说明该公司可以建立哪些沟通渠道。
3. 结合案例思考沟通渠道对于公司有哪些意义？
4. 针对案例中涉及的裁员沟通，有哪些特殊的要求和注意事项吗？

问题解析

一、沟通渠道的概念、类别

沟通渠道即信息传递的媒介。这种媒介包括大众媒体、书、纸张、电话、计算机等多种方式。具体可分为两种，正式渠道和非正式渠道。在组织中，这两种都是存在的。两种渠道互为补充，公司可以通过这两种渠道提高沟通效率。

1. 正式沟通渠道

正式沟通渠道是指信息传递的官方渠道，它通过组织正式结构或层次系统运行。但在信息上传下达过程中，信息丢失和失真量很大，心理学家研究表明，从董事长到副总经理，损失信息达37%，传递到中层时，只剩下56%，再传到一般管理者，只剩下40%，待传递到基层班组长时，只有20%左右。

根据信息的流向，公司的正式沟通渠道又分为上行、下行和平行沟通三种形式。上行沟通即自下而上的沟通，是指在公司层级中，信息由下层向上层流动，如下级向上级提出自己的意见和建议等，包括各种员工恳谈会、提出建议的系统、工会代表制度及员工信箱等；下行沟通即自上而下的沟通，在组织职权层链中，信息由高层次成员向低层次成员流动，如上级向下级发布各种指令、指导文件和规章制度等；平行沟通是指组织中不同部门之间的信息交流。

2. 非正式沟通渠道

非正式沟通渠道是一种非官方的沟通网络，是正式渠道的补充。它以社会关系为基础，是与组织内部正式结构划分没有关系的沟通渠道。这种沟通不受组织监督，也没有层次结构上的限制，是由员工自行选择进行的。非正式沟通渠道传播的信息又称“小道消息”。

非正式沟通是指不按组织中的正式沟通系统方式进行的信息传递活动。非正式沟通一般可分为两大类：①具有补充正式沟通不足的非正式沟通——谈心，这种沟通多是积极的，一般来说有助于弥补正式沟通的缺陷。②对正式沟通有一定副作用的非正式沟通——传言或小道消息。在正式沟通中不易表露的真实思想和动机可以通过非正式沟通来获取必要的信息，这样就具有比正式沟通更快捷的传递速度。

二、裁员的概念、类别

裁员是指企业基于自身的人力资源需求，以非员工意愿单方面解除聘用合同的方式，裁掉不适应企业发展或相对富余的员工，与其终止雇佣关系的行为。企业裁员主要是裁减企业的劳动力规模，旨在降低劳动力成本、提高效率和竞争力、改善企业绩效。根据裁员动机可把裁员行为划分为经济性裁员、结构性裁员和优化性裁员三种。

（1）经济性裁员。经济性裁员是指由于市场因素或企业经营不善，导致经营状况出现严重困难，盈利能力下降，企业受到生存和发展的挑战，为降低运营成本，企业被迫采取的裁员行为。

（2）结构性裁员。结构性裁员是指由于企业的业务方向、提供的产品或服务发生变化而导致内部组织机构重组、分立或撤销而引起的集中裁员。结构性裁员的依据是原有的产品或服务遇到市场需求变化，需要及时对产品线进行调整、压缩、裁减，人员被裁掉，同时相关配套服务、管理支持部门的人员也随即裁减。结构性裁员既可发生在企业困难时期，也可发生在快速成长时期。

（3）优化性裁员。优化性裁员是指企业为保持人力资源质量，根据绩效考核结果解聘不合格员工的行为。优化性裁员的目的是淘汰不适合岗位的人员，调剂出岗位空缺并补充新的人员。

裁员又可根据企业的决策行为分为主动性裁员和被动性裁员，一般而论，结构性裁员和优化性裁员属于主动性裁员行为，而经济性裁员属于被动性裁员行为。

三、裁员沟通的重要性与特殊性

裁员是企业中对有效沟通要求最高的一项管理活动之一。裁员沟通比一般的管理沟通更具重要性与特殊性。裁员沟通更强调及时性，一旦企业决定裁员，相应的沟通工作必须跟上，否则会导致企业裁员决策混乱，运行失序，甚至出现激烈反应；裁员沟通更强调针对性，裁员沟通往往采用一对一面谈的方式，以期疏通员工情绪，满足不同员工的期望；裁员沟通更强调人性化，失去工作会给员工个人及家庭带来负面影响，因此，沟通中一定要真诚、有耐心、仔细，否则很难使员工接受和认可。

裁员沟通的重要性体现在以下四个方面：

（1）有效沟通是理性裁员的先决条件。裁员对相关信息的要求特别严格，对信息沟通渠道和质量的要求也非常高，忽视裁员过程中的沟通将会给企业带来极大损失。裁员过程同时是管理人员内部沟通的过程，最高决策者能否借机说服其他管理者理解和接受裁员的决定，并就裁员的原因、方式达成一致，对员工保持一个声音，会直接影响裁员效果。

（2）有效沟通是裁员过渡管理的核心工作。所谓裁员的过渡期，就是指企业发布裁员声明、明确裁减对象、帮助被裁减员工顺利推出岗位和组织的阶段。在此进程中，组织要向员工和社会宣布裁员的原因和方式；通过适当的方式选择被裁减对象并提前通知他们；同被裁减员工谈话，帮助他们接受企业的裁员决定并促使其平静退出；在某些情况下，企业要听取员工关于裁员的意见和建议，接受他们的申诉。

（3）有效沟通能有效疏导裁员期内部员工情绪。无论对被裁员工还是留用员工，裁员行为本身对所有人都会产生一定的负面影响。有效沟通能营造信任氛围，提高员工接受度，并使员工把注意力集中在手上的重要工作上。

（4）有效沟通能有效维护企业声誉。虽然裁员仅是企业内部行为，但从媒体来看，裁员行为特别是知名企业的裁员行为可能涉及员工利益的调整，预示企业竞争态势的变化，甚至对社会稳定产生影响，因而备受关注。企业应主动联系媒体，坦诚说明裁员的原因、依据和处置办法，引导舆论看法，从而树立一个诚信、负责的公众形象。

操作建议

一、裁员的方法

（1）自愿离职法。自愿离职法一般由企业制定离职补偿标准，员工自愿递交辞呈，离职补偿标准不得低于法律规定的要求。自愿离职法的优点是有利于维护企业形象，使员工有一定的安全度和自由度。但自愿离职的弊端在于，有可能促使一些有真才实干的员工拿着优厚的补偿另谋高就，而平庸之才滞留企业，降低人力资源竞争力。自愿离职法一般用于经济性裁员。

（2）员工培训法。员工培训法是一种变相通过第三方的自愿裁员法。裁员前，公司邀请职业设计人员，举办讲座和培训，通过专家告诉员工企业的裁员计划和实施背景、方案，引导员工结合自己的情况选择留下还是离开。企业可以制定一些政策，企业不愿意留、本人不愿意走的员工如果继续留在企业，可能会对其降低工资待遇甚至降职，而对于那些选择离开的员工则给予优厚的补偿。员工在权衡利弊后可能会选择离开。

（3）提前退休法。提前退休法是一种比较温和的企业裁员法，企业提前制定一些标准和条件，使一些年龄较大或成绩较差但未达法定退休年龄的员工提前退出工作岗位。这些员工一般可获得企业给予的一次性补偿或其他优惠待遇。提前退休的优点是促进了人员配置的优化，对年老的员工通过经济补偿减少了离职损失。在执行过程中需要避免与劳动法规冲突。

（4）绩效淘汰法。这是一种刚性的指标性裁员方法，比较常用的是末位淘汰法。即在年终绩效考核结果出来后，规定一定比例的绩效差的员工必须离开企业或岗位。其优点是促使员工竞争和绩效，缺点是给员工带来较大压力，并可能造成员工追求短期效用、人际关系紧张和对企业忠诚度下降，且实施的合法性也受到质疑。

（5）弹性裁员法。弹性裁员法通过减薪、向下派遣员工等方式达到减员但不裁员的目的。常用方法有以下几种：①全员自愿减薪代替裁员，在保持或降低人工总成本的情况下，不减少员工规模，但降低人均收入水平。②向下派遣员工，通过把员工派到分公司或基层单位达到裁员的目的。这样能使才能出众的员工进入所需要的岗位，而绩效不佳的员工离开关键岗位，提高人岗匹配度。③用短期雇用合同代替长期雇用合同，但必须在劳动法规的约束下进行。

二、非正式沟通渠道的管理

流言一方面能起到信息传递的作用，但如果这种信息是负面的，则会极大地破坏工作效率，降低员工士气，引发紧张情绪。公司必须采取合适的方式管理非正式沟通渠道，尤其是企业内部谣言。谣言是指没有可靠的事实根据而被传播的小道消息，它是小道消息中的不真实的内容。谣言的蔓延就像一个灾难，在短时间内会横扫整个组织，造成很大的损失。

（1）要弄清谣言的含义。设法收集所有的谣言并对其进行分析，找出谣言所传播的真实内容。有的谣言看上去是对事情的夸张描述，但其背后隐藏着的却是员工的一些意见和不满。谣言本身的内容揭示后就要尽快处置，这其中要集中精力对付恶性谣言。

（2）根据谣言产生的特点，公司可以采用适当的方法避免谣言的传播，如完善正式沟通渠道，堵截和疏导谣言。

三、常用沟通渠道举例

1. 内部沟通平台

构建公司内部媒体，包括刊物、网站、开放的 BBS 电子论坛等。公司可以通过刊物与网站宣传公司企业文化、公司经营动态，报道公司近期发生的大事，公布文件通知、规章制度。通过刊物与网站加强公司内部信息和知识的交流。在 BBS 论坛上，每个员工都可以发布信息或就某个问题提出看法，同样员工也可以阅读他人关于某个主题的最新看法，并同他们进行交流。在 BBS 里，员工之间的交流打破了职位、级别、时空的限制，彼此无须考虑自身的职务、性别、年龄、学历。而这些条件往往是员工在其他交流形式中无可回避的。

此外，有的公司把电子邮件打造成内部沟通平台。例如摩托罗拉前首席执行官高尔文先生每周会给全体员工发一封电子邮件，告诉员工他一周的工作和见闻，甚至包括他带孩子去钓鱼之类的生活琐事，提醒大家在努力工作的同时，注意多关心一下家人与生活。

2. 议事渠道

首先，会议是企业议事最常用的一种沟通渠道，包括公司经营计划会议、公司月度会、总经理办公会、研讨会、部门会议等。在会议上，与会人员可以讨论、商议公司政策、员工福利、职业发展等工作和事宜，或是回顾总结工作、制定工作计划、解决具体问题等。

其次，文件制度体系也是重要的议事渠道。公司内各种制度是其经营过程中必不可少的一环，很多时候，制度奠定了公司的基本价值观和行为导向，所以完善的文件处理体系对于公司议事决策具有重要意义。公司应建立完善的开发管理规章制度、高效周全的服务体系以及其他规章制度，明确员工的职责和行为规范；对新员工进行入职培训，传播企业文化，讲授规章制度；同时从员工满意度调查中，去了解员工对这些重要政策的认识，以及员工是否得到公平一致的待遇。

3. 员工建议渠道

员工建议渠道的建立主要是为了搜集员工对企业经营、发展、管理的建设性意见和合理化建议。

（1）各种意见箱。意见箱可以是匿名的或非匿名的，在员工不愿或不便直接面对面交流的情况下，这是一种很好的员工建议渠道。为了避免流于形式，意见箱一般有专职人员负责把问题分门别类送给相关人员，并要求其在指定期限里予以解答。相关部门人员在接到员工的建议或批评后要认真地给予答复，及时更正部门存在的不合理做法，如果一时无法更正，也要向员工解释清楚原因，而不能对员工的建议或批评不予理睬。最后，专门的管理人员再把部门人员的答复反馈给员工。对于那些提出合理建议且建议被采纳的员工，公司应制定相应的奖励制度。

（2）网上交流。网站或即时通信工具等也可以成为员工进行沟通的渠道，员工通过网络提出投诉或合理化建议，许多问题可以得到管理层的调查与跟踪解决。

4. 员工满意度调查

员工满意度调查是公司了解员工心声的重要途径，调查一般涉及工作本身、薪酬、规章制度、沟通、人际关系、晋升发展、考核、培训、人力资源管理等方方面面。对调查结果的分类汇总，有利于了解员工的士气状况、员工最关注的问题、员工对各种问题的态度和看法。

5. 员工与公司高层直接沟通渠道

企业内部的沟通往往是逐级沟通，基层员工有什么意见只能与自己的上级主管交流，上级主管再向企业高层交流。这一过程中，基层员工的真实声音有可能会被扭曲，公司高层领导就无法了解基层员工的心理状态，尤其是当员工与上级主管之间存在矛盾的时候，上级在向上传达员工心声时，就有可能夹杂着个人感情，甚至扭曲事实。这样员工的不满就很难被高层了解和解决。所以员工能有与公司高层直接沟通的渠道对沟通质量和沟通满意度来讲至关重要。这种沟通渠道往往没有特定的模式，需要公司高层采取主动。例如索尼创始人盛田昭夫多年来保持着与员工一起吃饭、聊天的习惯；在摩托罗拉，各级主管、经理的门永远是敞开的，随时准备接待来访员工。

不让人满意的满意度调查

“双刃剑”刺出的痛

一、人心涣散为何故

神宇集团经过十几年的发展，已经成为一家专业从事移动通信产品研发、生产、销售和售后服务的高新技术企业，在国外品牌充斥的手机市场中开拓出了一片自己的小天地。这些成绩的得来，总经理薛志功不可没，尽管有六家企业作为强大的股东背景支持，薛志仍然保持了敏锐的观察力和警惕心。

集团运作的自动化和规范化程度越来越高，也培养出了自己的职业化研发团队，可是规模的扩大却没有让薛志看到更加强大和团结的员工队伍，相反的，这几年薛志清晰地发现员工的士气低落，流失率不断提高。薛志和公司人力资源部经理杜威聊过多次，不过转行做HR的杜威显然并没有特别好的办法，虽然改革了薪酬方案，也重视了员工关系的维系，可集团人心涣散的局面却一直没有改观。

二、培训引入新理念

薛志于是鼓励杜威去培训学习，了解员工关系处理上的新理念和新方法，主管经理理念更新了，才能带来崭新的气象。

一个月的培训让杜威有醍醐灌顶的感觉，培训内容中让他最有启发的就是一个观念——把员工当成内部客户一样对待。一直以来，神宇集团对于客户的关注远远高于对员工需求的关注，但实际上只有员工满意了，客户才能满意，才能使企业产生持续的利润增长。

杜威兴奋地将这一理念与薛总进行了交流，并提出了一个马上可以操作的项目，就是作全员的满意度调查。杜威解释道："薛总，集团成立快二十年了，却没有在真正意义上关注过员工的工作满意度，更谈不上专业的员工满意度测评和管理程序。这项工作不能再等了，应该马上开展！"

三、调查带来新意见

薛志同意了杜威的建议，他也希望通过满意度调查了解员工积极性不高的原因，于是，一场寄托了无限希望的满意度调查迅速开始了。杜威的同事们找了很多材料开始设计问卷，之后又马不停蹄地发放、回收、整理、分析、写报告、画图表，一个月下来，杜威和人力资源部的员工忙得四脚朝天。

可是，与这一个月工作结伴而行的，是员工没有停止的抱怨声。员工的指责并非没有根据——"声势大、口号响、目标高，这是虎头；问题多、不公布、没反馈，这是蛇尾。""我们投入了心力，也付出了感情，认为公司真的会有改变，结果就像是被欺骗的孩子，被问了需求，却没有下文！"生产部经理老汪还提出了一些细节问题，"调查问卷的针对性也不行，比如我们部门遇到的主要问题是各有关部门之间的协作意识差，员工觉得工作很难开展，这些管理上的细节问题，调查的时候根本没有涉及，这怎么能反映实际情况呢？"

四、老板心中也不满

带着调查的结果和收集到的几张纸的意见，杜威找到薛总，希望管理层能尽快给员工做个反馈，可是薛总也板起了面孔。

"杜威，一方面，调查中员工提到的很多问题短期内实际没办法解决，因为公司的很多事情要上董事会讨论，你向我要迅速的反馈和解决方案，我给不了你，前期你应该想到这个问题；另一方面，问卷反映出的这么多问题应该是有解决的先后次序的，哪些问题是最严重的，哪些问题是核心员工最关注的，这些分析都没有，我也觉得无所适从。""另外我也听说员工对问卷内容也有疑问，你们前期是怎么设计的问卷呢？现在这个问题你预备如何弥补？"

五、求助专家帮解惑

薛总的批评和疑问也都是对的，杜威有点懵了，员工觉得问卷没有调查到真正问题，反映出的问题又没有反馈，所以觉得调查流于形式；薛总提出调查针对性不强，人力资源部没有承担起反馈解释的职责，也对部门工作失望。

看着沉默的杜威，薛总叹口气说道，“杜威，这项工作本身没有错，调查虽然花费了钱，但我还是支持的，了解员工所想，是我们改进管理的第一步。我希望你能总结经验教训，完善一下前期的准备工作和后续的反馈改进机制，明年继续做。”

杜威倒吸一口凉气，明年再做？这绝对是个巨大的挑战，他当然想从这次调查中吸取经验，完成好下一次的调查，于是他决定求助当时培训时候的主讲老师……

思考题

1. 案例企业员工满意度调查失败的主要原因是什么？为什么员工和薛总对员工满意度调查都不满意？
2. 结合案例提供的信息谈谈，薛总和杜威对满意度调查工作的理解有哪些偏差？
3. 实施员工满意度调查过程中有哪些注意事项？
4. 员工满意度调查的步骤和程序是什么？

问题解析

一、员工满意度调查的内涵

员工满意是指员工通过对企业可感知的效果与他的期望值相比较之后形成的一种感觉状态。而员工满意度是指反映员工感知效果与期望值比较之后的程度指标，也就是员工感觉到工作本身可以满足或者有助于满足自己的工作价值观需要，而产生的一种愉悦的感觉程度。

$$员工满意度=\frac{实际感受}{期望值}$$

员工满意度有广义和狭义之分，狭义的员工满意度是指员工对其工作的满意程度，广义的员工满意度则是指员工对组织文化、工作环境、领导与管理、员工发展等方面的认同程度，反映了员工愿意为企业付出的程度。员工满意受每个人价值观的影响，不同的人员对同一事物存在不同的价值判断，所以员工满意带有一定的主观性。

满意度调查则是指通过科学的测量工具对员工满意度进行调查分析，用量化指标把员工对企业管理各个方面的认同情况反映出来，用于指导企业进行保持或改善。

二、员工满意度调查的作用

1. 修正液：及时调整企业管理策略与方向

通过满意度调查，企业可以了解员工对企业发展战略、企业现状、企业文化、企业管理、人际关系、薪酬分配和个人发展等方面的满意度，找出制约和影响员工积极性发挥的因素，及时调整和完善有关政策，提高员工积极性，推动企业快速、健康发展。

2. 通信器：企业与员工沟通的桥梁

全球化时代，面对瞬息万变的市场环境以及频繁的技术更新，企业需要通过不断的变革来适应外部环境，而公司的快速发展和规模的扩大必然要求更加高效的沟通管理。满意度调查不仅能为企业提供决策支持，更为企业与员工之间的沟通反馈提供了渠道和平台。

3. 体检表：随时为企业经营与管理测量“体温”

员工满意度调查一方面可以了解员工的需求，另一个重要方面是能够反映出企业经营与管理的效果，是企业经营与管理的“体检表”。但公司做完检查时，发现生病了，还要及时医治，有些管理者很想找出公司发展或改革中面临的负面因素，但又对所存在的问题进行掩饰或搁置，到头来，既伤害了员工感情，也丧失了企业“健康”。

4. 助飞器：帮助员工发展

员工满意度调查可以深入了解员工的发展需要以及个体之间的差异化需求，这些都为员工的自我定位提供了条件，所以提高员工满意度也是帮助员工成长的“助飞器”。

5. 孵化器：促进公司产品价值的实现

企业的盈利能力是通过较高忠诚度的客户来实现的；而客户忠诚度则取决于客户满意度；客户满意度是由所获得的产品价值的多少决定的；而产品价值的大小又最终又要靠一批高工作效率并对公司忠诚的员工来创造；员工对公司的忠诚则要取决于其对公司的满意度。所以，欲提高客户满意度，员工满意度的提高是前提和基础。

综上，满意度调查受益者不仅仅是企业或者股东，对员工和客户也有重要意义，具体内容如图 5-1 所示。

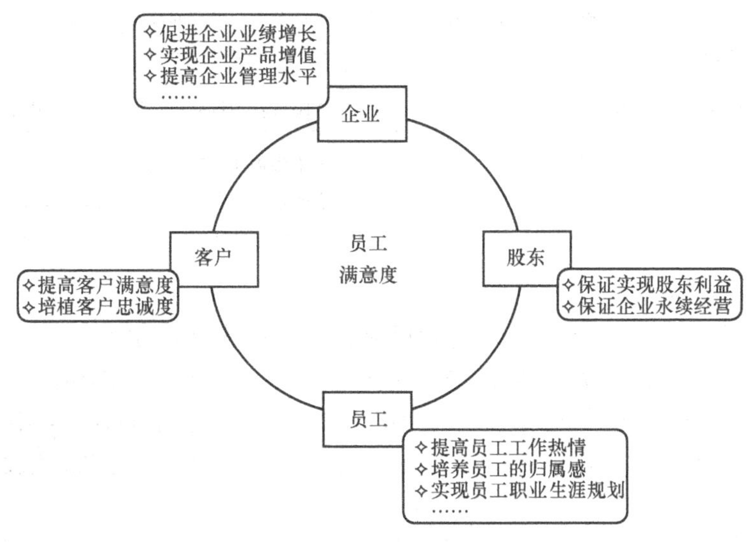

图 5-1　员工满意度调查的作用

三、员工满意度的调查方法

员工满意度的调查方法主要有访谈调查法和问卷调查法，两种方法的详细比较见表 5-1。

四、员工满意度的结果应用

员工满意度调查是一个闭环管理，一方面调研员工所感知的信息，另一方面针对这些信息进行反馈。企业员工满意度调查也叫“管理诊断”，分析、回馈、改进，这三点都是调查的后期工作，但却是调查中最重要的环节。

调查结果出来后，企业应与员工分享，并商讨改进方案。在此之前，首先，应该针对员工满意度调查问卷或者访谈提纲作一个整体的问题分析，把需要得到的指标整理归类。其次，在得到调查结果以后，对于员工存在的共性问题，如培训、薪酬方面的满意度得分下滑，企业就应对其培训体系、薪酬水平作出反思和改善。再次，还应进一步分析核心员工的满意度，着重沟通处理，因为核心员工是创造企业价值的主体，他们的需求应该在企业能力范围内最大限度地满足，以激发其最大的积极性。最后，将满意度结果公布给全体员工，并且将具体需要改进的问题也与全体员工分享，与员工共同商议改进方案，收集可行性意见。

表 5-1　员工满意度调查方法比较

	访谈调查法	问卷调查法
优点	直接；灵活；适应性和应变性强；回答率高；便于了解受访者的真实体验和感受	涉及范围广；快速；成本低；可大范围施测；数据结果易量化；标准化程度高；分析结果可靠；有现成的问卷或量表借鉴
缺点	费用高；规模小；耗时长；受访者容易受到访谈者的影响，标准化程度比较低；后期数据分析难以量化；需要事前准备	前期问卷设计要求高；与受调查者的互动性差；难于获取细节性的信息；问卷回收率不可控
类型	结构化访谈；非结构化访谈；半结构化访谈	开放性问卷；封闭式问卷
场合	适合于前期调研探索性信息搜集，为后期问卷调研做铺垫	适合于对调研对象有一定了解之后，能基于调研目标进行针对性的分析
方式	集体性访谈；个别性访谈	邮寄；现场施测；网络施测；电话施测
方法	—	工作描述指数测量法；彼得需求满意测量法；工作说明量表测量法；明尼苏达工作满意测量表法

五、年中满意度调查

员工满意度调查一般每年进行一次，大型企业甚至以 18 个月为周期进行，但随着市场竞争、企业变革的加快，年中甚至季度满意度调查应运而生。年中满意度调查主要有以下几个特点：

（1）年中满意度调查应该较少涉及宏观层面和体系性的复杂问题。年中员工满意度调查就不应涉及企业战略、企业文化、组织架构等宏观层面的因素，而应将之放在年度满意度调查中。

（2）年中满意度调查应较少涉及长期问题。需要长期解决的问题，应放在年度调查中。年中满意度调查涉及，而在短期内又没有采取改善的措施，会增加员工的不满。

（3）年中满意度调查不必大而全，调查的问题要更加具体，有针对性，体现时效性和灵活性。

（4）在年中调查或者季度调查的问题设置上，可以更加强调对员工的关注，着重点是站在员工的角度，分析员工的薪酬待遇、职业发展等问题，更容易获得员工的好感和配合，可以作为严肃的年度调查的补充。

（5）年中调查的实施方式，对普通员工采取快速的网络匿名问卷调查较好，骨干员工则可以约谈。

需要注意的是，员工的满意度随着员工职业发展生涯的不同阶段、企业发展的不同阶段、企业外部和内部环境的变化而变化，是一个动态的过程。一个阶段的重要因素解决了，员工满意度提高了，其他的某个本来次要的因素又可能上升为最重要的因素，而严重影响员工满意度。所以提升员工满意度这个工作不是一蹴而就的，要长期地、动态地、逐步地实施才能够做好。

操作建议

一、有针对性地选择调查对象

一个企业80%的利润是由20%的人创造的，如果忽略了关键的20%，调研报告的有效性将大打折扣。在开展员工满意度调查之前应预先设定好需要调查的关键人群，在设计调查问卷时，要对调查对象的身份进行一定的识别。针对公司关键的20%的人群进行满意度分析，其结果对企业管理决策的调整将会有更大的价值。

也有的企业把全体员工或其中的大部分作为调查对象，他们认为员工满意度调查不仅仅是获取信息的渠道或绩效考核的形式，更重要的是在传递一个人本理念——公司愿意倾听员工的心声并作出改变。

具体调查对象的选取公司可根据实际情况权衡确定。

二、正确选择满意度调查时机

员工满意度调查的时机不是任何时候都是有效的，具体时机可以在以下情况发生时选择：

（1）企业快速扩张导致各项管理要素变化的时候。这时候由于企业的迅速扩张，制度、人员方面不一定会随着企业的发展而相应迅速作出调整，因此此时员工与企业之间往往会频繁地出现问题，员工满意度调查此时显得尤为重要。

（2）有较高的员工流动率。若一个企业有较高的员工流动率，则说明很大一部分员工对企业现今的一些制度或者其他方面存在不满意的情况，此时管理者应该立马进行员工满意度调查，迅速找出原因并且进行改进，以降低员工流失率。

（3）准备或刚刚完成组织变革。

（4）小道消息蔓延或泛滥。

（5）组织内部发生了突发事件。

（6）公司进行重大变革的时候。

三、员工满意度的调查步骤及其注意事项

员工满意度调查结果的好坏与其施行步骤密切相关，企业必须严格控制每个流程，才能保证结果的准确性和可信度。具体流程如图5-2所示。

1. 决定是否有必要实施员工满意度调查项目

有的企业中，有下列几种情况：管理者清楚员工所处的工作环境，员工也知道这种情况；所涉及的调查对象范围较小；管理者能够预测出调查结果等。这时就没有必要做一个调查项目，代之非正式沟通效果会更好。

2. 与公司决策层充分沟通，得到其认可和支持

决策层支持是满意度调查有效实施的保障。决策层缺乏员工反馈时，员工的工作效率、团队士气等管理现状都处于信息真空状态，从某种程度上说也是一种资源浪费。

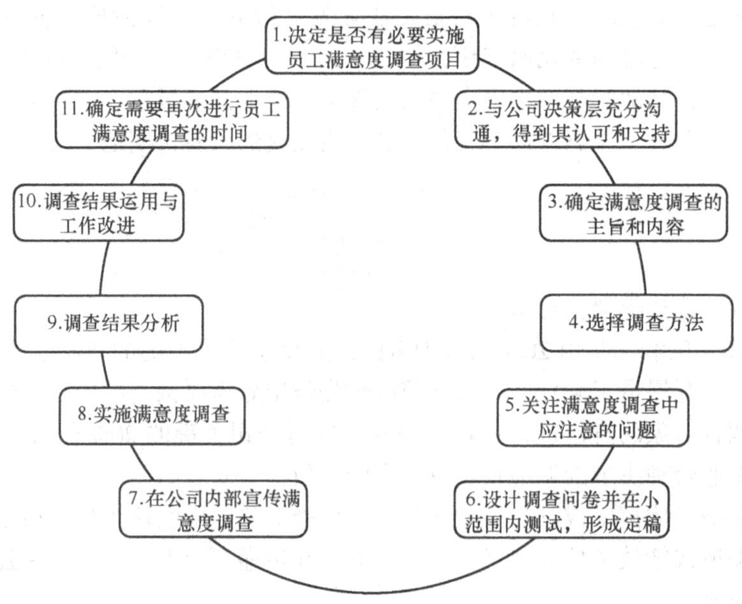

图 5-2　员工满意度的调查步骤

3. 确定满意度调查的主旨和内容

调查主旨、内容来源的依据有两个：一是目前或将来影响公司发展的管理瓶颈，或即将进行变革的重大事项；二是与员工切身利益有关并且为员工所关注的问题。

4. 选择调查方法

问卷调查有两种方式，互联网和纸张问卷。当样本量较小且调查对象集中时，两种方式均可；但当公司规模较大、员工工作地点分散时，互联网调查则是更佳选择。

5. 关注满意度调查中应注意的问题

（1）调查前说明每份问卷都是保密的。

（2）匿名调查。

（3）讲明满意度调查的真实意图及其对公司的重要性。

6. 设计调查问卷并在小范围内测试，形成定稿

根据调查主旨、内容设计满意度调查问卷，答题时间不宜过长。为了确定问卷的可行性，先在小范围内测试，根据结果修正，最终形成问卷终稿。

7. 在公司内部宣传满意度调查

满意度调查前，应通过内部宣传让员工了解调查的目的和重要性，保证各环节能够按既定方案进行。宣传时，首先，与公司决策层进行沟通，强调调查的意义及其保密性；其次，与中层管理人员再做一次情况调查；最后，所有经理都应通过工作会议向所属员工通报调查重要性、流程等信息。

8. 实施满意度调查

成立调查小组对实施过程进行监控与指导，确保调查按计划进行。

9. 调查结果分析

分析的主要内容包括：员工满意度调查数据统计、满意度项目优劣排序、满意度现状、满意度的强项弱项分析、员工满意度弱项改进建议等。此外，有条件的企业还可以根据不同

人群进行细分，为每个人群形成独立的报告。

10. 调查结果运用与工作改进

满意度调查最忌未公开调查结果，没有制定改进计划。需要注意的是，并不是把完整满意度调查报告发布出来，而是尽可能用诚实和公开的态度揭示调查中发现的问题和不足，并及时提出改善计划。

在此过程中，应注意：

（1）调查结果公布时间越快越好。

（2）结果中既要有积极的方面，也要公布不利的问题。

（3）为不同层级管理者提供差异化报告，决策层要掌握公司整体调查信息，部门经理则需了解部门间、部门内部的详细信息。

（4）调查中的弱项和问题，必须有改进计划。

11. 确定需要再次进行员工满意度调查的时间

调查中弱项的改进措施的效果需要再次评估，企业经营中存在许多可变因素，因此需确定满意度调查周期。一般一年进行一次，大型企业 18 个月一次较为理想。

温暖的员工援助计划

关注你的点点滴滴

一、员工步履沉重

部门员工小琴一直是人力资源部经理周沐关注的一个重要对象，这姑娘勤奋踏实，也聪明好学，不过贫苦的家境总让她有些拘谨和内向，话不多，很多心事不愿与人交流。

周沐知道小琴除了正常上班之外，还在做家教补贴家用，为了让工作业绩更好，她还在利用周末时间进修，时间总排得满满当当，生活上极尽节俭，工作上又特别拼命。

这样的员工当然是好的，“不必扬鞭自奋蹄”，但是周沐总觉得小琴给自己的压力太大了，重点大学毕业、热门专业、成绩优异、外表也清秀可人，这已经足够让人羡慕，可是她总给自己背上重重的负担，每一步前行都显得步履沉重。

二、计划满满当当

实际上，公司给员工们的待遇还是很优厚的，这是一家特殊的教育培训机构，主要从事青少年感恩励志教育，他们的客户群体也很特殊，基本上都是家庭条件优越的“富二代”们，由于定位有特色，公司慢慢发展成为了行业内的领头羊，这几年客户越来越多，经营效益不错，小琴的收入也在不断提高。但是周沐知道，小琴的工资不光要养活自己，还要负担贫寒的家庭，这个年轻的姑娘总有不符合年龄的老成和内敛，这让人欣赏，但也时常让人担忧。

前几天，周沐无意中看到了小琴贴在办公桌上的任务计划表，她更为小琴的状况捏了把汗。这份计划表满满当当，写的却不是工作任务，而是小琴一周业余时间的安排：周一晚，英语家教（19:00～21:00）；周三晚，语文家教（19:00～21:00）；周四晚，在职研究生上课（18:00～20:30）；周五晚，英语家教（19:00～21:00）；周六全天，在职研究生上课（9:00～16:30）。看着几乎没有闲暇的计划表，周沐倒吸一口冷气，这姑娘怎么吃得消？

三、家庭出现意外

周二下午，周沐看到小琴红着眼睛走进办公室，很快她敲响了自己办公室的门，小琴努力控制着自己的情绪，但是眼泪还是不断地掉下来，原来小琴的父亲病重住院了，早上刚刚接到的电话，小琴要请假回家。看着小琴痛苦而隐忍的样子，周沐心里作了个决定，她拨通了一个电话，简单说了几句，就带小琴走了出去。

两人来到了公司三层，这一层基本上都是员工的活动室，周沐带小琴走进一间房间，阳光洒进来，房间里舒服极了。周沐对小琴说道："小琴，你还记得去年年底部门开始牵头在公司作的一项计划吗？叫员工援助计划，现在还在推进过程中。"小琴有些疑惑地点点头，周沐接着说下去，"这项计划的作用就像它的名字一样，援助员工，在他们的身心可能遭受打击和创伤的时候，它就要发挥自己的作用。而你现在，实际上不仅仅是现在，一直以来你都应该接受企业的援助……"周沐话音未落，有人敲门走了进来。

四、专业人员介入

周沐起身向小琴介绍，"这是公司签约的心理咨询师林舒，你的情况我之前和林舒大概说过，即便没有你家里的意外，小琴，我也觉得你应该和她聊一聊，让自己放松一些。"

小琴哽咽了，"周经理真不好意思，我总觉得这是我自己的私事，怎么可以麻烦公司，浪费公司的资源……"周沐拍拍她，摇摇头说道，"不，小琴，你自己是做人力资源管理的，怎么会想不通这个道理，公司的资源是什么？你们才是公司的资源。"周沐示意小琴靠窗坐下，向林舒点点头，便关门出去了。

而沐浴在阳光下的小琴，抬头看到林舒温暖和亲切的笑容，一下子觉得放松了许多，她觉得，自己确实需要与人聊聊天了……

思考题

1. 案例中小琴的问题主要是什么？你还能提出一些其他的纾解方式吗？员工援助计划与这些方式相比的特点和优势是什么？

2. 企业在推行和实施员工援助计划时应注意哪些问题，遵循哪些程序？

3. 结合案例，简要说明员工援助计划对员工、管理者、企业的作用。

问题解析

一、员工援助计划的概念

员工援助计划（Employee Assistance Programs，EAP），又称员工帮助计划或员工辅助计划，个别组织为突出人本观念，称其为员工关怀计划。EAP 是组织为员工设置的一套系统的、长期的服务项目；通过专业人员对组织的诊断和建议，以及对员工及其直系亲属提供的专业咨询、指导和培训，旨在帮助改善组织的环境和氛围，解决员工及其家庭成员的各种心理和行为问题，以及提高员工在组织中的工作绩效。

EAP最早产生于美国，是19世纪70年代以来在企业界所推行的一种福利方案，目的在于帮助员工解决酗酒、身心健康、家庭、经济与职业发展等方面的问题。随着社会的演变和发展，EAP的核心关注点从最初传统的、比较单一的酗酒等不良行为转移到广义的精神压力和心身健康问题，从关注员工精神健康的日常维护转移到预防为主的策略，范围不断扩大，内容更加丰富，逐渐成为一种综合性服务，涉及心理健康、生活方式、压力管理、裁员危机、职业生涯发展、组织与管理风格设计等各个方面。

二、EAP的发展演变

EAP缘起于19世纪中期美国的职业戒酒计划，到最近出现的职业提升计划，主要经历了以下四个阶段：

1. 职业戒酒计划——OAP（1936～1962年）

EAP的前身是职业戒酒方案（Occupational Alcoholism Program，OAP）。19世纪中期的西方国家，工人在工作场所饮酒是一种极为普遍的现象，包括雇主在内的管理者普遍接受了这种习俗，部分雇主不但会为工人们留出足够的饮酒时间，甚至为其在喝酒上的花销买单。到20世纪初，这种现象进一步加剧，美国一些企业随着规模不断扩大，管理者与员工的接触越来越少，怠工、装病、离职和工伤事故层出不穷，而研究发现，酗酒正是这些问题的首要原因。于是，禁酒的观念开始在美国盛传，第二次世界大战时期，各种工作场所的禁酒运动逐渐开展。进入20世纪50年代，酗酒者匿名团体（Alcoholics Anonymous，AA）推动了OAP的发展，越来越多的OAP开始出现并在许多企业内部长期实施。

2. 员工援助计划——EAP（1962年至今）

20世纪60年代，美国社会的剧烈变革所引发的酗酒、吸毒、药物滥用等成为严重的社会问题，同时家庭暴力、离婚、精神抑郁等个人问题也层出不穷，严重影响了员工的工作表现。于是，OAP扩大了它的范围，首先，针对员工本人，开始涉及除酗酒以外的其他个人问题；其次，员工的家属也成为其服务对象。1962年，坎波集团启动了公司的酗酒员工再就业计划，并将这一计划扩展到了公司员工家属以及那些有着其他生活问题的员工。这项方案增加了援助计划的服务内容，将情绪问题、家庭生活、婚姻、经济问题等列入服务内容，开启了现代员工援助计划的先河。到了20世纪70年代，这一计划迅速扩展开来。耶鲁大学和拉特加大学进行了大量有关酗酒问题的研究，共同促进成立了美国酗酒协会（National Council on Alcoholism，NCA），还举办了多场关于EAP的研讨会，使更多的企业接触到了EAP，对其有了初步的认识，推动了EAP的发展。

3. 职业健康促进计划——OHPP（1980年至今）

20世纪80年代，美国政府在社会福利上的投入减少，使得大量公立的相关研究机构不得不另找出路，EAP服务机构之间的竞争白热化，这也客观上推动了EAP自身的发展。这时EAP的内容不仅涉及员工的酗酒、家庭生活、婚姻、经济等问题，还包括工作压力、人际关系、个人素质提升、职业身心健康、健康生活方式、职业倦怠、减肥、失眠等方面，称为OHPP。它意在提高员工的身心健康水平，促进员工人际关系良性发展，增加工作环境中的合作行为，提高员工的适应性、健康水平及主观幸福感，最终达到提高工作效率与组织绩效的目的。

4. 员工提升计划——EEP（1988年至今）

20世纪90年代前后，越来越多的人开始接触到一种新的EAP形式，即员工提升计划

(Employee Enhancement Programs, EEP), 它强调压力管理、全面健康生活形态、人际关系管理等问题, 致力于改善工作中和工作后可能逐渐引发的未来健康问题的行为。

三、EAP 服务内容

目前 EAP 应用非常广泛, 政府部门、大学、相关机构等组织都纷纷向自己的雇员提供 EAP 服务。由于组织性质的不同和服务对象的差异, 组织提供的 EAP 的核心内容也不尽相同。针对 EAP 的服务内容许多研究者都提出了自己的看法, 表 5-2 为 Lewis 定义的 EAP 服务内容。

表 5-2　Lewis 定义的 EAP 服务内容

类　型	服务内容
个体咨询	工作、个人及家庭问题
团体咨询	以团体为对象, 目的在于解决团体面临的问题
咨询服务	提供各种咨询、社会资源及中介服务
教育培训	为员工提供援助服务培训、再培训, 各种咨询培训
职业生涯规划	为个人或组织提供职业生涯规划方面的咨询
特别服务	酗酒计划、健康促进计划或员工福利计划
研究工作	为员工援助计划的研究及推广提供支持
紧急服务	为各种紧急、重大事项提供服务

EAP 计划由西方传入中国, 整体上来讲, 国外组织提供的 EAP 内容较为全面, 而国内的 EAP 由于发展时间不长, 其内容则相对偏少, 具体举例如下:

1. 国外组织示例

美国洛杉矶县警察局公共安全办公室提供的 EAP 包括以下八个方面: 酒精和药物使用; 压力; 工作关系问题; 情感困惑; 婚姻或家庭问题; 饮食失调; 财务问题; 失业问题。

佛罗里达州立大学提供的 EAP 包括以下 13 个方面: 婚姻和家庭冲突; 工作压力; 酒精和药物滥用; 饮食失调; 财务困难; 法律需要; 分居, 离婚; 悲伤, 损失; 子女抚养; 关系问题; 焦虑、失望、愤怒; 生理、性、情感滥用; 交流障碍。

国际 EAP 组织将员工援助计划分为: 电话服务; 面对面咨询; 网络援助; EAP 培训; 管理援助; 危急事件及压力管理; 儿童与老人照顾及其他中介服务。

2. 国内组织示例

案例公司员工援助计划的服务内容主要涉及对员工工作压力、家庭问题进行个体咨询。

实际上, 中国有一部分优秀企业正逐渐迈开员工援助计划的脚步。

富士、施乐高科技的 EAP 目标: 降低员工离职率。

腾讯科技、UT 斯达康的 EAP 目标: 舒缓研发人员工作压力, 重拾创新能力。

国家开发银行的 EAP 目标: 解决工作负荷、工作与家庭的平衡、内部沟通改善问题。

新浪华南的 EAP 目标: 并购融合; 环境适应。

中国 EAP 服务中心提供的服务有心理咨询、压力测评、离职面谈经理求助热线、相关培训及讲座、创伤管理服务等。

四、EAP 的作用

1. 组织层面

EAP 能够减少员工怠工缺勤、非正常离职, 能降低成本, 提高组织效率。有分析证明,在 EAP 上每 1 美元的投入，将会给企业降低 5～15 美元的成本。1994 年 Marsh & McLennan 公司对 50 家企业作过调查，在引进 EAP 后，员工的缺勤率降低了 21%，工作事故率降低了 17%，生产率提高了 14%。目前，90% 以上的世界财富 500 强企业总部为员工提供了 EAP 服务。有 1/4 的美国企业员工享受 EAP 服务。EAP 已成为帮助组织成员缓解精神压力、改善生活方式、促进身心健康，进而提高企业工作效率的一种重要方式。

2. 管理者层面

从管理者的工作职能来说，EAP 有助于降低工作压力，促进人岗匹配；从管理者的管理职能来说，EAP 则有助于其提升领导能力，实现工作生活平衡。

3. 员工层面

沃顿管理学教授南希·罗斯巴德说："人们无法将生活中的各个部分分割开来并进行分类。在人们扮演的各种角色之间存在着外溢效应。"所以，组织的 EAP 不仅能直接提高员工的工作效率，还通过帮助员工实现个人成长、身心健康等外溢效应进而间接提升工作效率。对于这一点，案例中的小琴就是一个最好的例子。

图 5-3 详细、系统地展示了 EAP 对组织、管理者以及员工的意义。

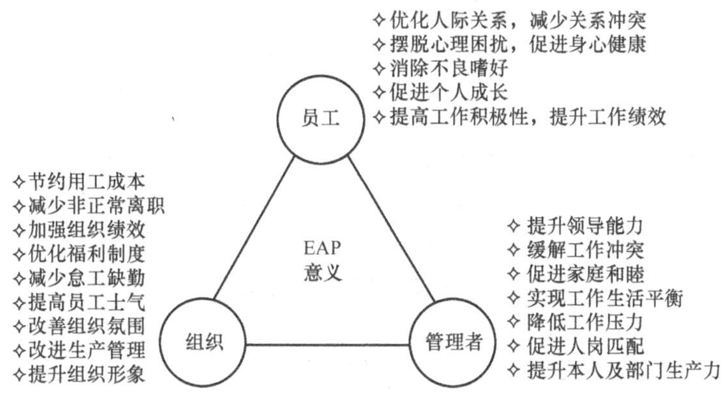

图 5-3 EAP 对组织、管理者以及员工的意义

操作建议

一、EAP 实施流程

EAP 实施流程共包括五个步骤：需求评估与规划、宣传推广、培训辅导、咨询辅导、效果评估。需要注意的是，EAP 的实施是一个循环，是一个螺旋上升的过程，如图 5-4 所示。

二、EAP 服务内容要中国化

EAP 最早起源于美国，其产生有特有的社会和文化背景，对于中国企业来说，在引进 EAP 的同时应选择适合"国情"和"企情"的 EAP 服务内容。目前，中国社会正处在转型的关键阶段，首先，社会变革促进经济高速发展、社会结构的变化、利益分配的调整和信息急剧的膨胀，社会节奏加快，竞争日趋激烈；其次，各种思潮的冲击使人们的思想、观念、心理、行为发生了一系列的变化。这在为企业管理者和员工提供实现个人理想的发展机遇的同时，也为其带来了由于行业竞争、企业生存、员工生活工作以及人际交往中带来的诸多心理困惑与障碍。

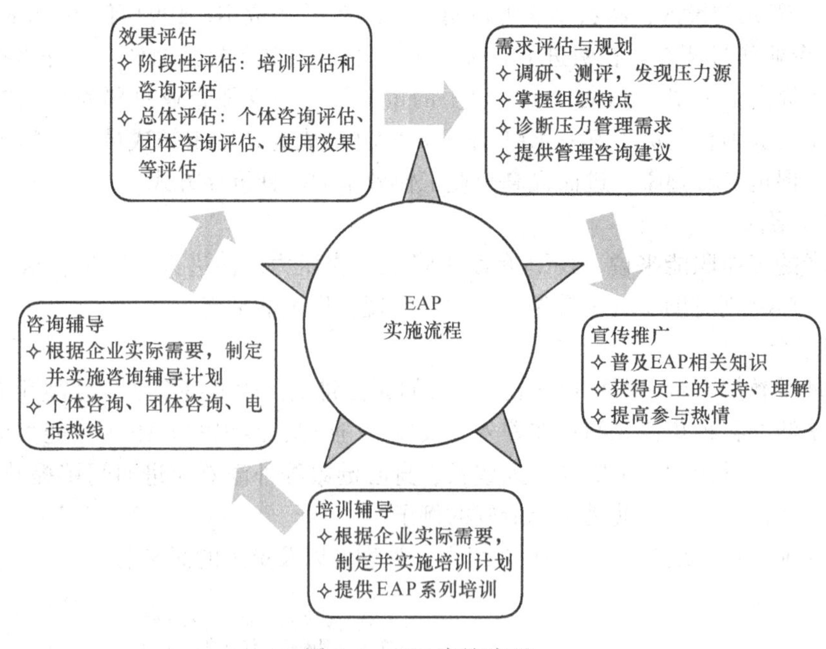

图 5-4　EAP 实施流程

1. 压力和情绪管理

在中国，员工酗酒、吸毒、滥用药物、艾滋病、性骚扰等问题并不特别突出，但对于中国企业来说，员工个人的压力、情绪以及心理健康状况不容乐观，对个人和企业都有较大的负面影响。EAP 需要解决的个人问题主要应是压力、情绪和心理问题。而且，压力和情绪管理事实上已成为当今和未来企业管理中最紧迫的课题之一。

2. 危机灾难事件的应对管理

自然灾害和危机事件事关国计民生，不仅会影响当事人，还会在更大的范围内引起恐慌。从 1998 年的南方地区大洪水到 2007 年四川地区大干旱，从 2008 年的汶川地震到 2010 年玉树受灾，自然灾害的频发造成了人心理的恐惧；矿难事件、重大交通事故、富士康的 12 连跳、华为员工自杀事件、奶粉等食物安全问题，更是加剧了这种无助与恐慌。因此，在中国，危机灾难事件的应对管理理应成为 EAP 服务内容的一部分。

3. 其他

除此之外，对于中国高速发展和转型的情况，组织变革中的员工心理辅导、员工的职业生涯发展等也是我国 EAP 建设的重要方面。

三、实施 EAP 的影响因素

1. 组织规模

研究表明，随着组织规模的扩大，人员数量增多，组织实施员工援助计划的可能性就越大。一方面，随着员工数量增加，组织感受到的压力与威胁会越大；另一方面，员工的增加也会导致员工需求的多元化，组织势必要采取多元化的员工援助计划来满足员工需要。

2. 行业

EAP 在不同行业间的覆盖面也是有明显差异的，在采矿、通信公共事业和运输行业最有可能建立 EAP，而在零售业、服务和建筑行业的可能性最小。在高科技领域，由于环境多变复杂、竞争激烈，产品更新速度快，员工的工作压力较大，出现身心健康问题的可能性也越大。

3. 员工整体特性

组织中员工的整体特性也是影响企业实施 EAP 的重要因素。一般来说，员工的受教育和学历水平越高，组织越倾向于实施 EAP。知识型员工善于运用现代科学技术知识，自我要求高，有较强的自学能力和创新能力；他们渴望被尊重和自我实现；他们喜欢挑战，追求不确定的未来；他们注重信息更新，注重最新、最快资讯；他们的工作复杂性高，没有固定的步骤，工作环境不确定。这些独特的个人特点和工作特征在为企业带来效益和竞争力的同时也使员工个人面临更大的压力和心理问题。

四、组织实施 EAP 注意事项

1. EAP 模式选择

按服务来源划分，EAP 分为四种模式：①以管理为基础的内部模式，这种模式是指组织在内部设置专门机构或在人力资源部门新增职能，由内部专职人员负责 EAP 的整体实施。②以契约为基础的外部模式，这种模式是指组织将 EAP 外包，由外部专业人员或机构提供服务。③以资源共享为基础的联合模式，这种模式下，若干组织联合成立一个专门为员工提供援助的服务机构，配备专职人员提供服务。④专业化和灵活性相结合的混合模式，组织内部 EAP 实施部门与外部专业机构联合，共同为组织员工提供服务。

企业应详细评估自身预算承受能力、内部人员专业素质、便利性、有效性等因素，选择适合自身的 EAP 模式。

2. 保密

保密在某种程度上可以说是 EAP 得以有效实施的基础。所有员工都有权利为自己的问题寻求帮助并获得保密的承诺。所以在整个 EAP 实施过程中，从预约时间的保密、咨询时间的限制到员工的个人信息和工作信息都必须严禁泄露，只有这样才能取得员工的信任，否则，再出色的 EAP 都无法顺利进行。

3. 记录、追踪和后期评估

首先，每项 EAP 服务，都要保留及时、准确、完整的记录，这些资料可作为后期诊断、评估、追踪、督导及研究的依据。其次，还应向服务对象了解成效、关注员工后续情况。而 EAP 的整体评估，对于一个有效的 EAP 来说也非常重要，一方面，它有利于评估 EAP 是否取得了预期成效；另一方面，它有助于组织了解 EAP 进行情况并及时调整、改进。

缺钱的员工活动如何办

不伤“感情”不伤“钱”

一、少花钱多办事原则

清晨，i-shopping 网站人力资源部员工关系专员乔乔打开计算机，正要开始一天的工作，办公桌上的电话却适时响起来了，打来电话的是新任部门经理黎俊，原来他已经更早到了办公室，而且有工作布置给乔乔。

黎俊开门见山，“乔乔，公司的员工活动一直是你在做是吧？昨天下班前周总打电话说要准备一下下个月的员工活动，年后比较忙没有组织，员工们也经常在询问。不过周总重点提到了预算问题，全年预算中批下来给员工活动的经费非常有限，少花钱多办事是原则。我才来不久，公司的传统并不太了解，所以这件事情乔乔你得全权负责，并且要做好。”

乔乔点点头，新经理的风格还不太了解，少说多做吧，于是简单问了一些要求，便出去工作了。

二、合适活动实难寻找

可坐下工作后，乔乔却着实为这员工活动伤起了脑筋，少花钱、要做好，这可能是黎经理能不能受到周总肯定的第一项工作，责任不小；而既然开展活动，就得让员工满意、喜欢、愿意参加，那——该做些什么活动好呢？

中午吃完饭，乔乔照例戴上耳机准备到员工活动室休息一会儿。走进活动室，里面已经有几个同事了，大家要么看书，要么睡觉，也有几个员工在小声地聊着天儿，乔乔找到个位置也准备休息一会儿。

刚坐定，财务部陈敏背着个瑜伽垫走了进来，乔乔乐了，“小敏你要练瑜伽啊？”“对啊！”陈敏边铺垫子边说，“我颈椎疼了好久，练瑜伽之后好多了，下午上班也精神，而且还瘦了五斤，呵呵。”活动室的女员工呼啦一下子围了上来，“是哈，真的看起来瘦了”，“你脸色也好了很多，我能不能一起练啊？”“外面的瑜伽班挺贵的呢，陈敏你教我们吧？”“行啊行啊！今天就先练几个动作吧，大家的装备还不行。”热情的陈敏这就拉开了架势。乔乔看着一屋子沸腾兴奋的同事，甚至有些男同事也加入了进来，一个念头突然就升腾了起来。

三、周密计划才是重点

对，就是瑜伽工间操，够时尚，符合公司定位，大家的伏案工作时间都比较长，瑜伽不仅能保健身体，更能舒缓心情，这应该是一个适合公司员工特点的活动，而且周总也经常在会议中强调要关注员工的健康，避免出现 IT 企业的“过劳”通病。不过这还只是个初步的想法，接下来几天，乔乔做了更多的功课，与陈敏沟通，了解场地和设备要求、做瑜伽的装备、瑜伽垫的价钱，准备瑜伽音乐，等等，事无巨细，这项活动在她头脑里逐渐清晰了起来。同时，公司不大，乔乔也试图去了解每位员工对这项活动的意见，在此基础上她形成了这样一套方案，如表 5-3 所示。

四天后，乔乔拿着这份方案交给黎经理的时候，黎经理首先吃惊的是速度，他仔细看完了计划书，脸上的表情松弛了下来，黎俊点点头，“乔乔你做得很好，有想法，也符合周总的要求，我觉得是可行的，我这就提交上去。”乔乔不好意思地点点头，走了出去。

乔乔开始了新的工作，过了一会儿，黎经理走出办公室，冲她满意地点点头，并且露出了少见的微笑，乔乔知道，一项新的活动又可以开展了。

表 5-3 瑜伽工间操活动计划简表

活动主题	瑜伽工间操
活动目的	缓解颈、腰椎病等办公室疾病，提高公司员工身体素质；舒缓工作压力，促进员工心理健康；增强员工工作热情，提高工作效率
活动时间	每周二、四中午 1:00～1:30（4 月起实行）
活动地点	公司员工活动室
活动内容	公司员工中午半小时瑜伽练习
活动参与人	教练：财务部陈敏；参与人：公司所有员工自愿参与
预定人数	20 人/天
活动预算	购置瑜伽垫 20 个，共计 350 元

思考题

1. 分析案例中，乔乔在瑜伽工间操策划过程中的优缺点。
2. 如果你是乔乔，你还能设计哪些低成本的员工活动？
3. 结合案例，谈谈员工活动的意义和作用。
4. 结合案例，分析员工活动成本和激励效果的关系。

问题解析

一、员工活动类型

员工活动在某种程度上是企业的一种特殊福利形式与管理手段，也是增强企业凝聚力的一件利器。企业所举办的员工活动形式多样，最常见的如员工聚餐、节日晚会等，也有知识竞赛，以及案例中提到的瑜伽工间操等，具体如表 5-4 所示。

表 5-4 员工活动类型举例

类　型	举　例
聚餐活动	生日聚餐、年会聚餐、特定节假日聚餐（中秋节、端午节等）
旅游	休闲度假式旅游、家庭式旅游、探险式旅游、培训式旅游
健身	登山、游泳、太极工间操、瑜伽工间操
技能比武	球类赛、棋类赛、排舞培训大赛、知识竞赛、特殊才艺比拼（插花、调酒、武术）
文体娱乐活动	卡拉 OK、小品、曲艺、魔术、乐器、摄影展、书画展
慈善公益活动	植树活动、希望工程、义务公德类主题宣传、灾区捐助、企业内部爱心互助

二、员工活动的意义

随着企业竞争的加剧以及员工知识水平的提高，企业除了要给予有竞争力的薪酬外，还应通过丰富的员工活动来满足员工人际和精神需要，这些活动传递了企业关怀，对增强员工团结和提高企业工作效率都具有重要意义。

1. 推动企业文化建设

员工活动的核心目的是要增强员工的凝聚力，具有共同价值观的员工才能拥有共同的目标，团结协作，共创辉煌，而这恰恰是建立企业文化的宗旨，因此，员工活动可以推动企业文化建设。但企业文化的培养是一个长期工程，在设计员工活动时应明确当期重点主题。

2. 激励、培训员工

通过员工活动丰富员工的生活，给员工提供轻松的工作氛围，有利于缓解工作压力，提高工作效率。员工生日会、奖励旅游等活动都是激励员工的好办法，如果管理者适时地表达对员工工作的认可与感谢，那么这种激励作用将会更大。另外，知识竞赛类活动本身就是一种寓教于乐的员工培训。

3. 增进沟通，推动企业团队建设

对于管理者来说，组织员工活动是增强企业凝聚力的大好机会，可以通过表达对员工的理解与关心，拉近同员工之间的距离，稳定干将们的军心。另外，集体活动能够将平时分散在不同部门、不同地点工作的员工聚集在一起，这些员工平日里以部门为单位开展工作，共同完成部门目标，有时还会因部门间目标的不同产生摩擦，通过员工活动，为不同部门员工提供一个交流情感、分享经验的契机，可以促进员工之间的沟通与理解，增进友谊。

三、组织员工活动应遵循的原则

1. 企业目标导向原则

企业的任何活动都要与企业目标挂钩，或是为了增加团队合作、提高员工满意度、塑造企业文化、降低员工离职率、改善经营业绩等长期指标，抑或是缓解疲劳、鼓舞士气等短期目标。与此同时，企业要把活动的真正目的传达给员工，切忌为了组织活动而组织活动。

例如，英国天空广播公司（BSkyB）为了在公司内倡导节能，设计了一种与之相应的员工活动：它推出了一款碳信用卡，发给员工们使用。只要员工更绿色地生活，例如搭乘交通工具或者步行上班，进行视频会议而非乘飞机等，就能获得更多积分。对于积分最多的员工，公司会给予奖金。此外，公司还为员工的绿色假期提供折扣，鼓励到学校参加可持续性的志愿者服务计划。可以看出，其员工活动以及相关奖励无时无刻展示了公司节能环保的目标价值观。

2. 维护企业正常运营原则

企业组织的活动既要尽可能保证参与度，又不能影响企业的正常运营，所以活动组织者要全面考虑活动时间、参与人员、活动地点、活动内容等因素。

3. 员工活动“安全第一”

企业组织员工活动必须遵循“安全第一”的原则，尤其是组织员工户外活动。首先，员工参加活动之前应签署《员工活动同意书》；其次，应确保具备实行活动的天气条件、交通条件等；最后，活动中应遵循既定的项目、路线、预算等安排，如遇意外情况，必须把员工的“人身安全”作为第一考量。

4. 符合员工特点原则

员工活动的内容和形式多种多样，但需要注意的是应在纷繁复杂的活动中选择适合企业员工特点的活动。例如，如果企业的外地员工较多，则可以组织员工家访活动或家属探亲活动，这对增进企业与员工、企业与员工家属、员工与员工家属之间的认同感有重要意义；另外，如果员工中新妈妈新爸爸较多，则可以组织育儿讲座，真正解决员工面临的难题；如果未婚的年轻男女占员工的大多数，那么相应的联谊活动、卡拉 OK 等娱乐活动则更易满足员工需要。

5. 自愿原则

企业组织员工活动要在与员工协商的前提下进行，平等自愿是活动顺利举办的基础，只有把活动的选择权真正下放到员工手中，才能真正激发员工的积极性以及推动员工活动不断完善。如果参与活动成了企业的一种硬性要求，那么这只会为员工增加另一份责任，也是另一份负担，而很难收到活动的预期效果。

操作建议

一、激发员工积极性，鼓励员工自主策划活动

所谓“众人拾柴火焰高”，在员工活动的组织策划方面也应充分发挥员工的集体智慧。首先，员工的某些创意活动可以真实反映员工的需求，其中不乏可行性和娱乐性强的项目，积极鼓励员工策划活动有利于提高员工活动质量。其次，员工设计活动可以减少企业用在活动策划方面的时间和精力以及管理成本。最后，员工自主策划活动事实上也是员工参与管理的一个途径，企业为员工搭建这样一个平台，有利于提高其工作满意度。

这时，企业要做的就是提供一个良好的制度保障、公平的审核程序。图 5-5 展示了员工策划活动的流程。

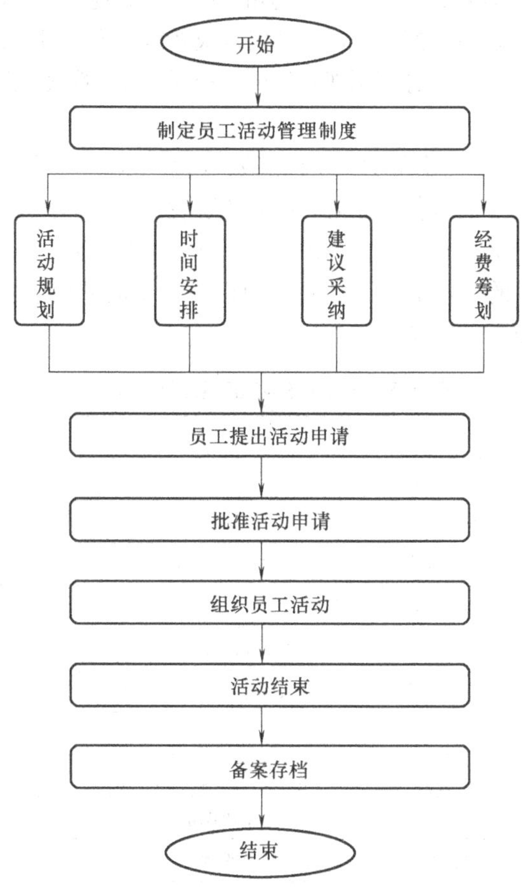

图 5-5 员工策划活动的流程

二、低成本员工活动举例

1. 春节贺年卡

在新春佳节到来之际，企业可以开展送温暖活动，为每位员工写一封感谢信，表扬员工的工作态度以及感谢员工为企业作出的贡献，这时最好是企业管理层的亲笔信抑或是亲笔签字。另外，企业在春节期间可以向员工家属寄出贺年卡，附带小礼品或慰问金，送上新春祝福。

2. 员工自创文艺活动

文艺晚会是企业必不可少的员工活动之一，为了降低成本，调动大家的积极性，企业可以举办员工自编、自排、自演的文艺晚会，以部门为单位，并设置“最佳表演奖”“最佳创意奖”“最佳团队奖”等，以鼓励员工。

3. 员工集体婚礼

年轻员工较多的企业，每年都会有几对年轻人谈婚论嫁，企业可以抓住时机，为员工举办一场集体婚礼。企业帮助新人联系婚纱摄影机构、婚礼策划、婚庆公司等，通过与其达成业务合作，为员工提供质优价廉的婚礼服务。在集体婚礼上的欢声笑语可以极大地提高企业凝聚力。

4. 自主培训活动

企业可以邀请有特殊技能或经验的员工作为培训师培训其他员工。例如可以请有插花技能的员工教大家插花，有育儿经验的妈妈为公司的准妈妈或新妈妈们讲育儿知识，或请公司的绩效高手分享工作经验。总之，企业应充分利用现有的员工资源，最大限度地激励员工分享。

5. 拓展类小游戏

公司可以定期组织一些适合团队协作的小游戏，这些小游戏往往不需要特殊的材料或设备，且要求小组成员默契配合，充分发挥想象力。拓展类游戏比较适合公司有新员工入职时增进了解和使其尽快融入团队。比较流行的有信任背摔、两人三足、五毛和一块、萝卜蹲等。

员工活动是企业提供的一种福利，如果利用得当，小活动也能发挥大作用。表5-5是某公司的年度员工活动安排，仅做参考。

表5-5 某公司的年度员工活动安排

时间	活动
1月	员工大会、音乐会
2月	单身俱乐部活动
3月	植树、踏青、春游活动，女员工“三八”节趣味运动会
4月	足球联赛、单身俱乐部活动
5月	电子竞技大赛、亲子俱乐部农耕体验活动
6月	“六一”儿童节活动、单身俱乐部旅游景点一日游
7月	外出自驾游活动
8月	健身体验、乒乓球运动、亲子红色之旅夏令营
9月	中秋赏月活动、篮球活动、父母应知知识讲座
10月	重阳节登山活动、羽毛球运动、电影欣赏
11月	摄影采风活动、亲善活动（捐赠、关爱儿童）、资助员工活动
12月	书画作品展欣赏、化装舞会

三、员工活动实施流程

员工活动质量的好坏直接影响到员工参与的积极性，所以从活动的主题选取、预算的制定、具体的分工都应明确并把责任落实到人。虽然员工活动的内容丰富多样，但其实施流程必须规范。具体流程如图 5-6 所示。

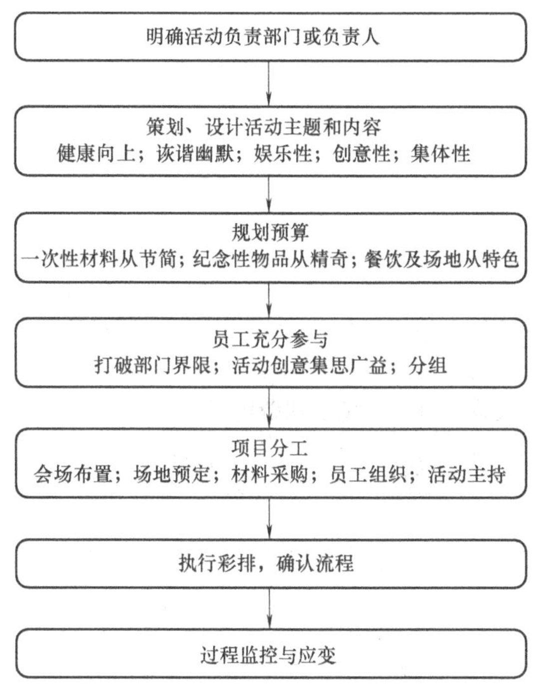

图 5-6 员工活动实施流程

四、员工业余活动申报表举例

员工业余活动申报表

申报时间：

申报人		部门		岗位	
活动主题					
原则：各类活动的组织必须根据实际情况以及员工的特点，以健康向上、增进团队合作精神、增进友谊、陶冶情操、具有企业文化内涵、提高员工素质的原则组织，一般不得影响正常工作。					
项目内容					责任人
活动日期					
地点					
参加人数					

（续）

<table>
<tr><td rowspan="8">活动日程</td><td>1</td><td colspan="3"></td><td></td></tr>
<tr><td>2</td><td colspan="3"></td><td></td></tr>
<tr><td>3</td><td colspan="3"></td><td></td></tr>
<tr><td>4</td><td colspan="3"></td><td></td></tr>
<tr><td>5</td><td colspan="3"></td><td></td></tr>
<tr><td>6</td><td colspan="3"></td><td></td></tr>
<tr><td>7</td><td colspan="3"></td><td></td></tr>
<tr><td>8</td><td colspan="3"></td><td></td></tr>
<tr><td colspan="6">原则：员工活动经费只能用于组织开展活动相关的活动器材购置、奖品购置、活动相关食品饮料的购置等，不得做与员工活动无关的其他用途，否则不予核销；费用总额不得超出年度经费总额。且必须统筹安排规划，避免后期费用不足。</td></tr>
<tr><td rowspan="7">费用预算</td><td>项目</td><td>名称</td><td>数量</td><td>金额</td><td>说明</td></tr>
<tr><td>1</td><td></td><td></td><td></td><td></td></tr>
<tr><td>2</td><td></td><td></td><td></td><td></td></tr>
<tr><td>3</td><td></td><td></td><td></td><td></td></tr>
<tr><td>4</td><td></td><td></td><td></td><td></td></tr>
<tr><td>5</td><td></td><td></td><td></td><td></td></tr>
<tr><td>合计</td><td></td><td></td><td></td><td></td></tr>
<tr><td>部门负责人意见</td><td colspan="5">负责人：__________
日　期：__________</td></tr>
<tr><td>企业负责人意见</td><td colspan="5">负责人：__________
日　期：__________</td></tr>
</table>

注：如纸张不够用，可自行续页。

员工工作—家庭平衡的组织干预

左手工作 右手生活

一、激流勇进忙创业

中和公司是一家民营电子商务企业，公司成立之初，正好搭上了中国市场经济复苏的顺风车，因此，虽然当年总经理杨艺创建公司的时候仅有数十万元的资金和几名志同道合的朋友，事业却也如火如荼地经营了起来。可杨总一直都有很强的危机感，电子商务行业严酷的竞争也让她停不下脚步，越来越有女强人的样子，自信、果敢、坚韧、泼辣，同行的男老板们都要对她另眼相看。

二、个人问题难解决

随着事业巅峰期的到来，杨艺的岁数也到了尴尬的阶段，三十大几，可以说步入了“剩斗士”的阶段。家里人都替她操心，妈妈常常劝她：“女人迟早是要回归家庭的，就算你自己要做一番事业，那也要尽到应尽的家庭责任啊！你都这么大了，这个事情一定要上心啊……”杨艺总是嘴上应付，可婚姻大事总是没有任何进展。着急的杨妈妈无奈之下，除了每天打电话耳提面命，还加上了实际行动，那就是——安排相亲。

周五清晨，杨艺刚刚坐定准备开始工作，妈妈的电话又来了，无奈接通，结果还是那件事，周末又安排了相亲，杨艺实在无奈，冲妈妈嚷嚷了两句，挂断了电话。放下电话，杨艺却有点心神不宁了，自己的情况她心知肚明，成家，谁不想啊？只是这时间啊，宝贵的时间总想花在公司里工作上，哪有时间考虑生活啊。想到这些，杨艺倒有些失落，哎，这大概就是女强人的宿命吧。

三、原来都有烦心事

杨艺正在沉思，人力资源部经理潘越敲门进来，两人的私交也不错，看到杨艺有点恍惚的样子，潘越便多嘴问了一句。

杨艺倒也不避讳，将遇到的麻烦和盘托出，潘越放下文件，示意杨总签字，笑笑说道，“别心烦，比你心烦的人多了去了，我们办公室姑娘多，这种事情太多了，年龄小的发愁感情问题和生活压力；年龄大些没结婚的和你一样天天被家里催；结婚成家的，发愁生活开销，生活工作两副担子；年龄再大些的，职场新人带给他们的冲击也让人心烦，而且还要照顾孩子和老人。哎，大家都不容易，阿姨也是为了你好嘛。”

四、组织出面来干预

潘越简单劝慰两句，便出门忙工作了，可走在路上她却突然动起了脑筋，看起来，公司里的不少员工都有工作、生活难平衡的困扰，工作压力足够大，而生活质量又不高，上至老总、下至普通员工。那部门能不能建议公司为员工做些什么呢？实际上这些工作的难度应该不大，但是却能够帮助员工解决一下可能很大的麻烦。比如办些单身员工联谊交友活动，比如周末为有孩子的家庭组织些聚会活动……潘越心里的主意越来越多，看起来这是员工的私事，可当它影响了士气、影响了绩效、影响了员工的时候，它就是人力资源部乃至整个公司的事情了。潘越心里念叨着，“要说服杨艺，理解这个想法，也得让她知道员工的工作—家庭平衡是可以有组织的介入与干预的，现在应该是最好的时机。”

于是，潘越调转方向，又朝向杨艺的办公室走去。

思考题

1. 如果你是潘越，你会怎样计划和实施员工“工作—家庭平衡计划”？
2. 企业可以采取哪些具体措施推进员工“工作—家庭平衡计划”的实施？
3. 收集资料，谈谈知名企业在平衡员工工作和家庭上的优秀经验。

问题解析

一、工作—家庭平衡计划

所谓工作—家庭平衡计划，是指组织开展的帮助员工认识和正确看待家庭同工作间的关系，调和职业和家庭之间的矛盾，缓解由于工作—家庭关系失衡而给员工造成压力的计划和活动。实施工作—家庭平衡计划的目的在于帮助员工找到工作需要与家庭需要的平衡点。而要达到这一目的，组织必须了解员工的职业生涯周期以及家庭生命周期的变化，然后给予员工适当的帮助。

二、工作—家庭平衡计划实施的原则

（1）目标整合原则。公司的管理者要明确地告诉员工，公司的重要目标是什么，同时也鼓励员工明确自己的个人利益和目标，明确工作有时会与生活中的追求相冲突。这样做的目的是，真正知道公司目标与个人目标，然后制定出能同时实现两者的计划来。一般来说，管理者应创建一种互相信任的环境，召开目标讨论会，让每一位员工畅谈自己在办公室之外的、需要花费时间和精力完成的重要个人目标。与此同时，管理者也十分明确地指出公司的重要目标，并以量化指标来反映。

（2）全方位角色原则。每位员工在社会中都具有多重角色，他是父亲或管家，同时还是孝子。管理者应对其下属有较深刻、较详细的了解，并从员工生活全方位的角色去认识和支持他们。通过实施全方位角色原则，管理者可达到以下结果：首先，真诚地关心员工的个人生活有助于管理者与员工之间建立良好的信任关系，这对提高管理者的管理效率无疑起着非常重要的作用；其次，明确员工的各种角色有助于管理者全面了解员工的各种天赋与才能；再次，管理者有必要清楚员工的各个角色之间的关系，即哪些可以重叠，哪些应保持独立，从而划出有效的界限；最后，为了使目标整合原则得以充分贯彻，制定出能够同时满足公司和个人目标的战略，对员工个人生活的了解也是非常重要的。

（3）最佳工作方式原则。目前广泛应用的许多工作实践都是工业时代的产物，那时人们上班的时间大都是进行体力劳动。而现在，组织中更多的工作是脑力劳动，所以应进行工作方式的变革。比如，尝试去采用最新的通信工具，像电子邮件、语音邮件、电视会议系统和计算机网络，这些工具最大的优点就是使工作完成的方式、时间、地点有更大的灵活度，给员工提供更充裕的个人时间。同时，在满足员工个人需求的同时，也激励员工更好地做好自己的工作，从而管理者可达到既提高组织绩效又能改善员工个人生活的目的。

(4) 先导性原则。所谓先导性原则，是指工作—家庭平衡计划应成为制定其他人力资源管理策略的指导思想。比如，招聘时将工作—家庭平衡计划作为吸引人才的条件。绩效考评制度要为员工照顾家人提供灵活的告假制度，员工因为家庭因素而影响到工作不应该负面地影响到绩效评估的结果以及其职务晋升和加薪。薪酬制度要包括照顾老人和孩子的福利计划；关心员工的身心健康，为他们提供定期体检、医疗保险以及带薪假期。

操作建议

一、组织实施“工作—家庭平衡计划”的具体策略

(一) 实行弹性工作制

根据员工情况，设计适应家庭需要的弹性工作制以供选择。弹性工作制主要有以下几种形式：

(1) 核心时间与弹性时间结合制。一天的工作时间由核心工作时间（通常5~6小时）和环绕两头的弹性工作时间所组成。核心工作时间是每天某几个小时所有员工必须上班的时间，弹性时间是员工可以在这部分时间内自由选定上下班的时间。

(2) 成果中心制。组织对员工的劳动只考核其成果，不规定具体时间，只要在所要求的期限内按质按量完成任务就付给薪酬。

(3) 紧缩工作时间制。员工可以将一个星期内的工作压缩在二三天内完成，剩余时间由自己处理。

弹性工作制比起传统的固定工作时间制度，可以减少缺勤率、迟到率和员工的流失，增进员工的生产率。因为弹性工作制可以使员工更好地根据个人的需要安排他们的工作时间，并使员工在工作安排上行使一定的自主权。其结果是员工更可能将他们的工作活动调整到最具生产率的时间内进行，同时更好地将工作时间同他们工作以外的活动安排协调起来。

(二) 实施家庭照顾福利计划

实施家庭照顾福利计划，将组织的部分福利扩展到员工家庭范围，以减轻或分担员工家庭压力，降低员工离职率和旷工率，提高员工的组织承诺，从而提高组织工作绩效。具体来说，主要考虑做好以下几点：

(1) 法律顾问。组织可以聘用长期法律顾问，为员工提供法律服务，也可以为员工聘请律师而支付费用。

(2) 咨询服务。组织可向员工提供广泛的咨询服务，其中包括财务咨询（例如怎样克服现存债务问题）、家庭咨询（包括婚姻问题等）、职业生涯咨询（分析个人能力倾向并选择相应职业）、工作配置咨询（帮助被解雇者寻找新工作）以及退休前咨询（目的是让即将退休的员工为退休带来的精神创伤作好准备）。

(3) 建立托儿所和托老所。组织在两种情况下建立托儿所会深受员工的欢迎，一是有幼儿的员工多，又很难解决托儿问题时，二是暑假期间。由于城市老龄化的不断发展，员工父母年老体弱，需要人照顾的现象越来越严重，因此组织应根据自身的需要设立托老所，以帮助员工更安心地工作。

（三）建立代用工作场所

代用工作场所是非传统的工作惯例、设备和地点的组合，是对传统办公室的一种补充。通过建立和使用代用工作场所，可以有效地降低组织运营成本、提高生产率，最大限度地为员工提供便利，使组织在吸引和留住有才能的、有高度自觉性的员工上具有优势。公司可以设计敞开式的平面布置办公室来取代传统的私人办公室。在开放的空间中，往往向员工提供共同的房间和工作站，而且办公设备的放置也是不固定的。

卫星办公室是代用工作场所的又一种选择。这种办公室将庞大的、集中的设施分散到网络化的、较小的工作场所中，它们通常设在员工家或客户所在地附近。卫星办公室的好处在于它可以为组织节省一部分房产成本，降低了在一个地点过分集中的风险，扩大了可适用的员工范围。卫星办公室一般坐落于租金相对便宜的城市和远郊地区。同市中心的办公室相比，它们的装修和设备更简单、更便宜。与此同时，也为员工提供了更多的便利。

远程办公也是较受欢迎的代用工作场所形式之一。远程办公是指员工无论选择在哪里工作，都实行电子化办公，这种代用工作场所模式是传统办公方式的一种有益补充。

（四）加强家庭成员与工作范围成员之间的沟通，促进相互间的理解与信任

“工作”和“家庭”是两个不同的范围，人们在其中与不同的规则相联系。工作与家庭间的差别可以分为两类：价值终端的不同和价值途径的不同。工作主要因为最终提供了收入和成就感而使个体满足，而家庭生活因为亲密的关系和个人快乐而使人满意。个体在工作和家庭中的要求有所不同：“有责任的”和“有能力的”是在工作中实现目标最重要的手段，而“充满爱的”和“给予的”则是家庭中最重要的手段。虽然工作和家庭范围内的价值终端与途径各不相同，但个体往往谋求在一定程度上把二者集成起来。因此，加强家庭成员与工作范围成员之间的沟通，促进相互间的理解与信任就显得极为重要。在具体操作上，组织管理者可创造家庭成员参观组织或相互联谊等的机会，促进家庭成员和工作范围成员的相互理解和认识，明确员工或家庭成员在另一范围内应承担的责任，使两者能互相体谅，从而促进组织与个人的和谐发展。

二、优秀企业经验摘编

（1）强生公司采用物质激励手段，要求员工接受体检和问卷调查，被认为属于高发病人群的员工会被劝导参加饮食和锻炼计划，以帮助他们培养健康的饮食习惯和运动方式。公司前 CEO 韦尔顿还每周都邀请员工走出户外，开展“与 CEO 步行”一小时活动。

（2）摩托罗拉公司经常安排一些体育活动、组织集体旅游等，敦促员工进行运动。员工出差时，要求必须入住有健身设施的酒店。

（3）著名的统计软件厂商 SAS 公司，在办公区专门为员工设立了按摩室、午休室、游泳池等。

（4）IBM 公司设立了 8 点、8 点半、9 点三个早上打卡时间，相应的下班打卡时间为下午 5 点、5 点半和 6 点，员工可根据自己的实际情况自由选择；IBM 有 40% 的员工不用来公司坐班。同时 IBM 公司所有的工作部门都实行了远程办公。结果使得 IBM 全球范围内的人均成本从 15900 美元下降到了 9800 美元，下降了 38%。场地以及电话—IT 费用的比例已从 8.8% 下降到了 4.2%。

（5）安永会计师事务所在美国地区有 2300 多名员工被允许采用弹性工作时间。

（6）国内著名咨询公司北大纵横，实行咨询顾问半年工作（项目期间需要加班加点工

作）、半年休息的制度，适应了知识经济时代高素质员工的需求。

（7）花旗集团的“员工援助计划”包括儿童看护计划，设置了儿童智力、情绪、医疗等课程，每天为1500多名儿童提供服务。

（8）微软在员工子女的幼儿园中安放了摄像设备，员工可以在线看到孩子；男性员工也有一个月的“产假”，以便照顾妻子和婴儿。

（9）AT&T公司推行创造性工作场所计划，主管吉尔说：“这样的一个工作模式就是，公司给你指定了位置，但是在工作中你能够随处走动，选择不同的工作环境，只要你随时携带自己的电话和PC。”

第六章　劳动争议管理

劳动争议预警红绿灯

防微杜渐　及时刹车

一、淡旺季成瓶颈

鼎淼饮料食品公司成立六年多了，水源地优势和定位中小城市的策略使得企业慢慢发展起来，可是饮料行业明显的淡旺季特点让人事部经理林建国一直挠头不已：旺季，公司必须大规模招聘工人；一到淡季，又得大规模减员。

最初，公司就采取简单的裁员方法，但实施起来十分费力，而且引发了数次劳资纠纷。后来公司改变策略，只保留一部分核心生产员工，旺季的时候到当地一些中专职业学校招聘实习生来补充人手不足，可是实习生的归属感低和纪律性差是最突出的问题，随意请假、有事就不来、订单要得急的时候不愿加班，种种问题突显，公司的生产得不到保证，这成为了公司管理上的一大瓶颈。

二、主管另辟蹊径

这两年，公司逐步走上正轨，林建国有了些时间去学习一直欠缺的劳动关系知识，他了解到了一个新办法——实行综合工时制，这个办法简直就是为公司量身定做的，针对工作受季节限制的企业的部分职工，可以实行综合工时制，等忙季过去再按照标准给员工调休。

林建国马上找到生产部经理何东和公司老板范总，简单一介绍，何东和范总都不住地点头。“只是有一点啊，实施了综合工时制以后，员工相当于要连续工作，也没有工作日和节假日之分了，最后统一用调休来补偿，不知道员工会不会有意见啊？”林建国说出了自己的顾虑。“可是他们还赚来了集中长期休假呢，要换作我肯定想得通。”何东表现出他一贯的乐观。两人的目光齐刷刷投向范总，公司是范总一手创办的，关键的决策自然要听老板的，“这方法只要合法，我看就挺好，三全其美，不用裁人了，调休不用支付生活费了，也省得旺季人手不够招人了，就这么办，剩下的具体问题，你们看着推进吧！”

三、试水遭遇问题

于是林建国开始了谨慎的试水，他先征集了基层管理人员的意见，在得到基层管理人员的支持后，由他们通过早、晚会的形式向工人宣导，不明就里的工人一开始没有表现出明显的反对，林建国私下去了解，工人们大多表示只要不少发工资就行。

于是新政通过与职代会的讨论确定后正式实施了，林建国还按照规定到当地劳动保障行政部门进行了申请并获得审批。新政看起来万事俱备，只差实施了，但是很快工人们就发现了问题，周六周日不再休息，有时候加班到十点多也没有加班工资了，工人们的缺勤率和旷工率在新政实施两个月后创下了历史最高纪录，而且林建国也明显感觉到车间中弥漫着一股消极怠工的不良气息。

四、及时调整避损

林建国赶紧找来车间主任询问情况，并且召开小范围的职工会议听取员工意见。工人们反对的理由和林建国最初的顾虑一样，周末和节假日都要上班，却按照平时工作日一样对待，没有加班费，没有补贴，就用调休来补偿，工人们都觉得不合适，就开始了私下里的对抗。

工人的反对意见这么大，林建国赶紧和同事们商量调整，首先他们和生产部门会商调整工人每天的工作时间，不要过分延长；之后设立了员工意见箱和职工热线，专门为“新政”的实施广泛征求大家意见；另外他自己也积极查找相关资料并咨询专家。一系列配套措施的跟上让林建国发现，公司的新政策确有不妥，综合计算工时超过法定标准工作时间的，也应该按150%的规定支付劳动者加班工资；在法定休假日安排劳动者工作的，还需要按照300%的规定支付加班工资。在广泛听取员工心声并咨询专家之后，公司调整了原来的政策，控制每天的工作时间，如非必要尽可能不安排节假日加班，同时还要严格考勤记录制度和调休制度，并按照规定支付工人的加班费用。工人们和林建国坦诚地说：“林经理，多亏了您，其实之前我们都想好了，要是公司坚持施行这个新政策而不考虑我们的感受，我们就打算集体罢工来抗议了。”一场暴风雨就这样被及时地扼杀在萌芽之中……

思考题

1. 什么是综合工时制？
2. 林经理的做法有哪些是值得我们借鉴的？
3. 结合案例，谈谈企业怎样建立劳动争议预警体系？

问题解析

一、综合工时制

综合计算工时工作制，简称综合工时制，是以标准工作时间为基础，以一定的期限为周期，综合计算工作时间的工时制度。

根据《劳动法》第三十九条的规定，用人单位实行综合工时制，需经劳动行政部门批准，批准后才可以实行。

实行综合工时制的用人单位，综合计算周期内，劳动者的实际工作时间超过法定标准工作时间的，应当视为延长工作时间，并按150%的规定支付劳动者加班工资；在法定休假日安排劳动者工作的，按300%的规定支付加班工资。

二、劳动争议预警体系

企业劳动争议预警体系是指在企业的努力下，由企业人力资源部门负责日常管理的，由各级组织参加的，通过运用各种措施，及时掌握产生劳动争议的诱因，预防和处理各类突发事件的劳动关系协调机制。

三、劳动争议预警指标体系

导致劳动争议发生的因素中，前三位是工资报酬、工作内容、保险福利，因此企业劳动争议预警指标体系应该包含这些因素，将其主要划分为契约指标和竞争指标两类。

（一）契约指标

契约指标主要指的是企业在劳动关系的处理中遵循政策法规情况的一系列指标。这些指标本身与员工切身利益有着十分密切的联系。可以说契约指标本身就是一种经济利益关系的反映，因此能很好地反映企业劳动关系现状。

（1）劳动合同。这包括劳动合同签订率、鉴证率、履约率等指标。建立劳动关系应当订立劳动合同，因此企业劳动合同的签订率应该是100%；通过劳动合同鉴证，可以有效地预防因为合同内容违法或条款不全、不明确等原因而引起的劳动争议；企业要对劳动合同的履行、变更、续订、解除与终止等进行监督和检查，保护企业和劳动者双方的利益，避免企业劳动关系双方产生重大分歧。

（2）集体合同。这包括集体合同签订数目、履约率等指标。对于企业劳动争议预警而言，集体合同签订情况和履行情况在很大程度上决定了企业劳动关系现状。集体合同签订情况用专项集体合同签订数来表示，集体合同履行情况用集体合同履约率表示。

（3）劳动纠纷。这包括劳动纠纷发生的频率、调解成功率等指标。劳动争议调解是对发生的劳动争议进行内部协调处理的过程，调解机制的健全与否直接决定了调解的成功率，调解不成功本身就说明企业劳动关系内部协调机制可能具有的无效性。

（4）规章制度。这包括缺勤率、旷工率等指标。企业规章制度是在法律范围内企业制定的有关工时、休假、工资、福利、保险等方面的内部规定。如果企业制定的规章制度行之有效，劳动者对此没什么争议，会严格遵守企业的规章制度。反之，当企业制定的规章制度不能在企业内部得到劳动者的拥护时，就会引起劳动者的不满，导致企业与劳动者之间的关系紧张，继而引发劳动者缺勤、旷工、流失、怠工甚至罢工等行为。

（二）竞争指标

竞争指标指的是相对于比较对象而言，其比较的内容是具有一定的竞争力的指标值，主要包括劳动者的报酬水平、工作条件、休息休假以及保险福利等与劳动者切身利益密切相关、直接影响企业劳动关系质量的因素。这些因素进而影响劳动者对企业的期望和工作积极性。

（1）员工满意度。影响员工满意度的主要因素是与员工密切相关的，诸如福利待遇、工作压力、企业文化、企业规章制度、经营管理等。如果员工满意度降低，将会导致员工的士气低落、工作积极性降低，进而影响工作效率。因此，员工满意度可以直接反映企业劳动关系质量。员工满意度计算公式如下：

$$\text{员工满意度} = \frac{\text{实际感受}}{\text{期望值}}$$

（2）员工流失率。员工流失率尤其是关键员工流失率，是反映企业人员稳定与否的一个指标。而人员的稳定与否直接反映了企业劳动关系现状。员工的流失有企业方面的原因，包括不能提供合理的工资待遇、企业规章制度不健全、企业管理混乱、用人制度落后等；也有员工方面的原因，如员工感觉付出没有相应的回报、追求更高的成就等。因此，对员工流失率进行有效的监测也是企业劳动争议预警体系中的重要内容。员工流失率计算公式如下：

$$员工流失率=\frac{统计期间员工流失总人数}{(统计期初总人数+统计期末总人数)/2}\times100\%$$

操作建议

一、建立劳动关系预警信号系统

1. 绿灯信号，即三级预警

此阶段企业劳动关系处于和谐、稳定的状态，企业劳动关系预警指标值都处在一个非常满意的位置；对涉及员工切身利益的重大问题能进行开诚布公的沟通，并且采取灵活而有效的解决办法；企业劳动关系是典型的利益协调型，各方主体为了共同的目标协调一致。

2. 黄灯信号，即二级预警

此阶段企业劳动关系基本稳定，各项预警指标基本上在可控范围内；劳动争议时有出现，虽然能够得到解决，但是不能及时、有效地解决；企业劳动关系内外部环境发生了变化，原来的相关规定出现了不适用的地方。

3. 红灯信号，即一级预警

此阶段企业处于极不稳定的状态，企业劳动关系预警指标值已低于最低线；重大劳动争议不时发生，甚至发生集体劳动争议和群体性突发事件；企业劳动关系所处的内、外部发生重大的变化，一系列的劳动争议给企业和劳动者带来了很大的负面影响。

二、劳动关系预警信号系统各阶段措施

1. 绿灯阶段

在此阶段的目标是尽可能地维持良好的劳动关系，并且通过努力营造更加和谐、稳定的企业氛围，避免劳动争议的发生，这也是企业劳动关系预警机制建立的最终目标。针对企业劳动关系现状，尤其是在企业发生重大变革和重大事件的时候，企业要进行分析研究，及时采取措施，避免企业劳动关系由绿灯状态向黄灯状态甚至红灯状态发展。

（1）全面开展企业人力资源管理工作。企业人力资源管理的基本任务就是充分调动和保持劳动者的工作积极性，不断提高企业的劳动生产率。在此阶段，企业要主动、积极地实施各项人力资源管理措施，把人力资源作为企业第一资源，在日常管理中更多地体现“人本管理”的管理哲学。因此，企业必须认清自身的社会责任，把提高员工素质、开发人力资源作为企业发展的一项战略任务。

（2）进行管理创新，实行民主管理。企业的目标在本质上与劳动者的目标是一致的，只不过双方的表现形式存在不同程度的差异。在企业劳动关系表现出和谐、稳定的状态时，企业应该进行管理创新，通过员工参与管理、消除部门界限、员工董事与监事等形式把劳动者与企业紧密联系在一起，形成息息相关的利益共同体，从而营造更加和谐、稳定的企业劳动关系。

2. 黄灯阶段

在此阶段虽然企业劳动关系得到了基本的控制，但是企业劳动关系双方可能对此没有引起足够的重视，存在劳动争议隐患。此阶段如果不能得到有效的监测与控制，其中引发劳动

争议的隐患就可能发生质变，引起更大的震荡，因此必须做好预防工作。

（1）人力资源管理部门要通过加强劳动合同管理，进行源头控制。劳动合同是规范企业劳动关系的法律形式，其管理的好坏直接影响企业劳动关系的和谐与稳定。人力资源管理部门通过规范合同的签订、履行和续订、终止和解除等程序，认真对企业履行劳动合同的情况进行监督和检查。

（2）建立内部协调机制，调整不和谐的企业劳动关系。人力资源管理部门要取得企业劳动关系预警其他相关主体的支持与协助，帮助企业健全内部规章制度，协助企业建立企业劳动争议调解委员会。对于企业外部环境和内部环境发生的重大变化，企业应该意识到劳动关系领域可能发生的问题，人力资源管理部门和其他劳动关系预警相关主体要发挥好沟通协调作用，做好员工的思想动员工作。一旦出现不好的势头，各方要采取相应的措施，及时解决，使争议消除在萌芽状态。

3. 红灯阶段

此阶段企业劳动关系的状况已呈恶化趋势，可能对企业和劳动者产生较大的负面影响，这种形势如果没有得到及时的控制，就可能引发更大的劳动争议，因此企业应该加以重视，认真对待。

（1）通过宣传和游说的形式进行调解。如实向企业劳动者反映事实的真相，采取友好的态度对待所发生的劳动争议，相互谅解，稳定劳动者的情绪，避免劳动争议恶化。一方面在企业决策层的授权下，对产生的劳动争议进行及时的调解；另一方面与企业相关部门一道对发生的劳动争议进行内部协商，与发生劳动争议的劳动者进行及时的沟通。

（2）成立临时紧急小组。对已经发生的劳动争议及时处理，阻止争议事态的扩大，避免使个人劳动争议演变为集体劳动争议。在解决此阶段的问题之后，要认真地履行双方达成的各种协议，对当事人进行合理的安置。同时对企业劳动者做好解释说明工作，稳定劳动者的情绪，避免引起重大震荡。

劳动关系协调员的进退两难

尴尬“二传手”费力难解忧

一、设立新岗位

利美公司是一家专门从事高档女装加工的民营企业，先进的机器、熟练的工人、良好的口碑，都使得它在这座江南小城里的名气越来越大。公司员工已有近两百人，这日益壮大的员工队伍让人力资源部经理周湛时常担忧，人数众多，大部分受教育程度不高，这几年员工的维权意识不断提升，劳资纠纷时有发生。几经思考，周湛在经理例会上提出了在部门设立专门的劳动关系协调员职位的建议，同时招聘专人担任这一职责，希望借此把劳动争议和纠纷解决在萌芽状态。

这一建议得到了公司陈总的认可，但是在协调员人选上，大家却有了些分歧，有人认为应该选举单位里面工作年龄比较长、威望比较高的老职工担任；有的认为应该让工会的工作人员担任此职；还有的认为应该从外面聘请一个懂得相关知识的人来担任。争执不下，陈总提出了自己的想法，“这个职位很重要，在公司内部进行竞聘吧，谁更优秀，就选谁。”

二、得势难得分

三周后，竞聘成功的老汪走马上任，老汪是公司的老员工了，公司成立之初他就是流水线上的一名优秀员工，后来经过自己的努力做上了管理岗位，竞聘之前在生产部做一名小主管。他对公司有感情，跟员工熟悉，朴实又热情，人缘极佳，和管理层的沟通也比较顺畅，这些周湛都觉得很满意，不过老汪对劳动法律法规知识的欠缺是最大的问题，周湛几次提出让他去参加相关培训，可是事情一件接着一件，总是腾不出时间，而老汪也觉得，协调劳资矛盾更多要依靠人，依靠沟通和理解，培训？这些都是培训不来的东西。

于是，在员工和公司发生小矛盾的时候，老汪往往依靠自身的威望和别人对他的信赖加以调解，但在很多情形下，在双方利益冲突比较激烈的时候，老汪就表现得有些无能为力了，他只能不停地和员工解释企业的难处、困境以及安抚他们激烈的情绪，却没有什么力量推着这些纠纷向着和平解决的道路上前进。

三、进退陷两难

最近一段时间，让老汪觉得特别棘手的是一批新员工的来访，这些年轻的员工找到老汪都是为了解决住房问题，公司当初承诺给新来的大学生提供宿舍或者租房补贴，可是资金受限，这件事情就暂时搁置了。员工们听说有了解决劳资纠纷的新主管，纷纷来到老汪办公室，希望解决这件事情。认真的老汪经过多次调解却并未奏效，员工们意见强烈，态度坚决，无奈的老汪只好上报给了周湛，并且建议周湛继续上报给领导层，尽快解决这些员工的问题。

这一天，迟迟未得到消息的老汪又找到了周湛，他有些焦急，“周经理，这件事情您一定要向上反映给他们解决啊。一方面，公司确实给他们有承诺，我问了好几个人都说有，另一方面，这些大学生可不好惹，他们说再不解决，随时会去起诉公司呢。”周湛皱起了眉头，“老汪，你的岗位职责是什么？是站在企业的角度，体谅企业的难处，缓冲这种来自员工的纠纷争议压力。而你呢？你非但没有做到，反而向公司施压？你了解清楚了吗？公司如何承诺他们的？是一定吗？是马上吗？是白纸黑字写着的吗？这些都需要了解清楚，也需要给出真正合乎法律要求的判断！”

四、无奈起辞意

周经理的话深深地震撼了老汪，下班路上他一直在回想自己工作几个月来的各种经历，自己的好人缘只能在一些不太激烈的纠纷面前起效，一旦遇到激烈的对抗和专业的问题，总需要向周经理求助，多了自己，反而给周经理增加了麻烦，哎……

自己仅有一腔热情，可是受教育水平不高、对劳动法规吃得不透、对政策把握不准等，这都成为了前进巨大的障碍，他越想越没信心，自己并没有尽到这个职位应有的职责，也不能满足职位的要求，其实是不称职的，沮丧的老汪拨通了周经理的电话……

思考题

1. 您认为，案例中的老汪是否适合当劳动关系协调员？如果您是周经理，会接受老汪的请辞吗？

2. 劳动关系协调员的职责是什么样的？应该具备哪些素质？

3. 结合案例，谈谈企业劳动关系协调员在协调的时候应该具有哪些技巧？

问题解析

一、劳动关系协调员的内涵

劳动关系协调员是一个新兴职业。2008 年，原国家劳动和社会保障部发布了《劳动关系协调员国家职业标准》，将其纳入职业化管理。劳动关系协调员主要是从事劳动标准的宣传和实施管理以及劳动合同管理、集体协商协调、促进劳资沟通、预防与处理劳动争议等工作的人员。劳动关系协调员是劳动关系工作体系的重要组成部分，是构建和发展和谐劳动关系的一支重要力量，是用人单位和员工双方利益协调机制、诉求表达机制、矛盾调处机制、权益保障机制的最基层承担者。

二、劳动关系协调员的工作职责

根据《劳动关系协调员国家职业标准》的规定，劳动关系协调员的主要职责有以下六项：

（1）劳动标准实施管理。

（2）劳动合同管理。

（3）参与集体协商与集体合同管理。

（4）进行劳动规章制度建设。

（5）开展劳资沟通和民主管理。

（6）处理员工申诉和劳动争议。

三、劳动关系协调员的主要工作内容

（1）从事用人单位劳动标准的宣传与实施工作，参与劳动合同的管理，特别是劳动合同的制定、签订和履行等具体工作。

（2）参与用人单位、区域集体协商的工作和集体合同的管理，企业规章制度的制定和民主管理等具体工作。

（3）参与用人单位、区域劳动关系协调、劳动争议预防和处理等工作。

（4）接受委托参与用人单位、区域集体协商及集体合同的起草、签订等工作。

（5）接受选聘担任工资集体协商指导员工作。

（6）接受委托对用人单位的劳动合同、民主管理、劳资沟通、集体协商提供专业帮助。

（7）参与处理员工申诉和劳动争议仲裁等活动。

四、劳动关系协调员的能力要求

（一）劳动标准实施管理

①能够收集、整理用人单位实施劳动标准的情况和问题；②能够收集、整理并汇编国家、行业、地方劳动标准；③能够宣讲劳动标准的内容并提供咨询；④能够检查用人单位劳动标准实施情况。

（二）劳动合同管理

①能够进行劳动合同订立前的与劳动关系相关的员工背景调查；②能够依法、及时办理订立劳动合同的手续；③能够建立、分类管理劳动合同档案和相关信息；④能够定期收集整理劳动合同履行有关情况；⑤能够根据劳动法律法规和企业实际进行试用期、医疗期和女工“三期”等管理，及时办理相关手续；⑥能够定期整理用人单位职业病、工伤等相关信息，并办理相关手续；⑦能够依法办理劳动合同变更手续；⑧能够依法及时办理解除或终止劳动合同相关手续；⑨能够依法合理计算并及时足额支付劳动者经济补偿金和赔偿金等相关费用；⑩能够收集试用期满、合同期满、服务期满、医疗期满、停工留薪期等信息；⑪能够收集整理员工离职信息数据。

（三）参与集体协商与集体合同管理

①能够征集、整理有关集体协商议题的意见和建议；②能够收集有关集体协商议题的相关资料；③能够安排集体协商会议；④能够在协商活动中准确阐述所代表方的立场和利益要求，协调本方人员的立场，力争实现协商目标；⑤能够向职工解释集体合同的内容；⑥能够收集、整理集体合同履行情况。

（四）进行劳动规章制度建设

①能够收集整理用人单位和同行业有关劳动规章制度的资料；②能够收集、整理劳动规章制度涉及的基本信息；③能够组织安排劳动规章制度讨论会，并整理讨论意见；④能够合理解释劳动规章制度；⑤能够收集、整理劳动规章制度实施的相关情况。

（五）开展劳资沟通和民主管理

①能够按照信息沟通制度要求，编写需要公开的信息；②能够选择适当的信息公开载体；③能够组织职工与管理层的常规见面会；④能够运用问卷、访谈等方法，收集整理信息公开后的职工反馈意见；⑤能够收集、整理有关劳资协商议题的意见和建议；⑥能够收集劳资协商议题涉及的相关资料；⑦能够安排劳资协商活动；⑧能够收集、整理有关职代会议题的意见和建议；⑨能够收集职代会议题涉及的相关资料；⑩能够安排职代会会议；⑪能够监督职代会决议的落实。

（六）处理员工申诉和劳动争议

①能够受理员工申诉并调查核实有关情况，提出处理建议；②能够定期汇总和分析员工申诉情况；③能够提出双方的争议焦点，并提供法律咨询；④能够协助双方就争议的问题达成一致，形成和解方案；⑤能够受理调解申请，并依法完成调解前的准备工作；⑥能够依法调解处理个别劳动争议；⑦能够收集准备与劳动争议仲裁、诉讼案件相关的资料；⑧能够收集、分析类似劳动争议仲裁、诉讼的案例；⑨能够办理劳动争议仲裁、诉讼的相关事务；⑩能够收集、整理用人单位发生的劳动争议案卷；⑪能够定期汇总和分析协商、调解、仲裁以及诉讼处理的劳动争议案件信息。

操作建议

一、什么样的人适合做企业劳动关系协调员

（1）要有基本的劳动法律知识，熟悉国家的相关劳动保障制度。因为只有在了解这些的基础上，协调员才可以在劳动争议发生之后，理性地和争议的双方分析各自应受法律保护的权利和各自在争议中存在什么样的问题，如果把争议诉诸仲裁或法院，企业或者员工各自

可能会面临什么样的风险和成本等，尽可能地避免争议扩大化。

(2) 要有良好的沟通技巧。因为劳动争议的原因大多都是因为企业和员工在经济利益上存在冲突，面对双方的经济利益冲突，如何去平衡，如何让双方作出取舍，需要很好的沟通技巧。

(3) 要有很强的亲和力。协调员如果有很强的亲和力，就会很方便地与员工拉近距离，很容易地获得员工的信任，并且让急躁焦虑甚至愤怒的员工平静下来。打消顾虑，心平气和，在这样的气氛和前提下才能对劳动争议进行有效的调节。

(4) 要有坚实的群众基础。拥有民意，就会拥有民心。协调员要顺应民意，要通过大家民主选出，企业员工自己选举出来的协调员本身就代表了一定的公信力，这样的人做争议协调的时候才有群众基础，才能让员工信服。

二、企业劳动关系协调员的协调技巧

要成功地进行调解，光靠枯燥地向双方宣传法律条文是远远不够的，还要善于综合运用心理、辩论、演讲等多门技术，适时地掌握各种具体方法。作为一名企业劳动关系协调员，要想在处理纷繁复杂的劳动争议处理过程中游刃有余，应该具备以下调解技巧：

1. 分析弊端调解法

俗话说，不破不立。劳动争议的双方都会从各自的角度出发，扬长避短，肯定自己的正确，夸大对方的错误。协调员应该深入调查情况，在查明情况之后，尽可能对双方的错误及后果分析得透彻一些。因为过错越多，后果越重，当事人的心理就会逐渐产生波动，这样调解成功的把握就会越大。当然，分析一定要以事实为依据，以法律为准绳。对双方都有过错的劳动争议，此法颇为有效。

2. “高帽”调解法

对当事人的长处，及时地、有针对性地进行褒扬，在调解过程中可以收到很好的效果。不管是否承认，人总是喜欢听好话的。通过表扬鼓励，调动起员工的好情绪，可以降低其针锋相对的锐气，从而使调解容易成功。比如在调解的过程中，对员工的工作能力和工作态度等方面进行称赞，同时站在企业角度向员工阐明各种解决方案的利弊，在最大程度上促成双方的和解。

3. 冷处理调解法

很多争议的调解过程中，双方都是剑拔弩张、互不相让的，气氛相当紧张。调解的过程中，协调员只需要耐心地听完员工充满“冤情”的陈述后，进行适当的冷处理，冷静下来的当事人既有对冲动行为的愧疚，也有对权利是否实现的担忧，这时候协调员再适时地进行调解，往往事半功倍。

4. 利益取舍法

对很多企业来说，员工申诉个案的影响是很小的，对老板们来说，这些不过是九牛一毛。但是，如果个案处理不好，变成了集体争议，不仅标的额成倍增长，正常的生产秩序也将被打乱，这才是用人单位最担心的。协调员在调解的时候，一方面，要向企业讲清，舍小保大，避免纠纷扩大的意义；另一方面，要多向企业提供规范管理的合理化建议，完善企业政策，同时帮助企业安抚员工情绪，这样和解的可能性就会大大增加。

5. 底线调解法

在大量的劳动争议中，当事人不是不愿意调解，调解不成的缘由大多是因为双方对想要达成的期望产生了一定的分歧。实际上，员工和企业对调解都有一个明确的底线。企业劳动关系协调员在调解时，必须首先掌握双方的底线。然后促成双方在合理的期望值上最终达成一致。

谨防抱怨的蝴蝶效应

做个大容量的申诉抱怨回收站

一、“围剿”公司制度

时值年底，城市里到处弥漫着过节的气氛，腾科公司销售部经理杨尚召开了部门例行的年终工作总结会。会议临近结束，杨尚体恤地问大家：“最近大家的工作怎么样？有没有问题和困难？大家可以随意说说，我争取向上反映，咱们一起提高效率。”

负责行政工作的江洁快人快语：“公司财务部的报销拖得时间太长，每次还都要提前约钱，到了时候还要提前来排队拿号，报销审核流程也特别复杂，给正常的工作带来了不少不必要的麻烦。”

江洁的一席话引起了其他人的同感，大家都把平时的不满发泄出来，有的抱怨公司办公的计算机太旧了，有的抱怨工位太小了，有的抱怨食堂菜谱太单调了，有的抱怨薪酬水平远低于竞争对手，还有埋怨公司对销售推广计划管得太死，很多时候限制了员工的自主发挥，更有员工对公司的经营思路提出了质疑……

二、纷纷大吐苦水

几天后的经理碰头会上，在各部门经理讨论的时间，杨尚尽可能婉转地提出了部门一些员工反映的意见。杨尚的陈述引来了市场部和研发部的共鸣，但同时也引发了一些部门的不满。后勤部马经理首先说：“销售部的员工因何如此挑剔，第一次听到员工对食堂菜谱有意见的，我也很无奈啊，所谓众口难调，要不你们来做这个位置?!”财务部的赵经理也埋怨道：“销售部的员工不了解财务程序就不要乱抱怨啊，你们有没有考虑过财务部的工作量，这些审批都是必要的流程，我们的员工也很辛苦啊，你看看他们哪个能按时吃个午饭的。”

气氛一下子紧张起来，每个部门都有自己的难处，其他部门的经理也纷纷吐苦水，有的抱怨打卡控制太严格，有的抱怨请假审批太复杂，有的则抱怨一线员工的加班补贴太低……

三、ER 发现问题

公司廖总认真地听着，他知道这是个员工表达的时刻，干预并不能起到好的作用。

同样一言不发认真记录的是人力资源部刘威经理，他边记录边想起员工关系主管陈依的话，“满意度调查中显示，员工对公司的一些管理细节有诸多不满，有的员工对自己的直接上级也满腹牢骚，但与他们深谈我发现，这些问题其实并不影响员工对公司的信任和归属感，他们只是需要倾诉，需要得到反馈，哪怕这种反馈并不是解决，而仅仅是回应。如果这个渠道缺失，员工们可能就会求助于一些非正式的渠道，而抱怨就会向流感一样，在公司蔓延。”

“所以我想，咱们部门是不是可以承担起这个责任，设立员工意见箱或者抱怨站之类的制度。这样一方面可以舒缓员工情绪，让员工更有效率地工作；另一方面也可以让企业看到管理上的缺失，及时拾遗补漏，不断地完善我们公司的制度，使公司更有竞争力。”

四、建立抱怨制度

大家的声音慢慢低了下来，廖总清清嗓子说道，“大家反映了不少意见，我算是做了一回垃圾桶啊，其中有些确有改进空间，之后相关部门要配合落实，这个稍后布置。我想说的是，员工们的抱怨是不是也和你们一样多呢？如何让他们发泄？他们该向谁倾诉？小刘，你怎么想？”

廖总的提问恰恰是刘威正在思考的问题，而陈依给他的建议恰如其分，于是刘经理列举了满意度调查的数据，同时提出了建立“意见箱”和“抱怨站”制度的想法以及相关的配套方案。会议室里刚刚的戾气慢慢散去，刘经理看到其他部门经理投来赞许的目光，也看到廖总轻轻地点头，他知道，未来自己不仅要成为争议之后的处理者，还要成为一个大容量的申诉抱怨回收站。

思考题

1. 结合案例谈谈建立员工申诉制度的意义。
2. 员工关系管理者应该怎样正确处理员工的申诉和抱怨？
3. 收集资料，谈谈员工申诉管理工作应该如何开展。

问题解析

一、员工申诉的内涵

员工申诉是指员工在工作中认为受到不公正待遇等，通过正常的渠道反映其意见和建议。依据对象的不同，可分为企业内部申诉和企业外部申诉，即劳动仲裁。依据申诉人的不同，可分为个人申诉和集体申诉。

二、员工申诉范围

员工申诉范围应在人力资源管理职能的范围内，包括但不限于以下情形：①对职位、职级的调整有异议的；②对绩效考评及奖惩有异议的；③对奖惩处理有异议的；④对培训、薪酬、福利等方面有异议的；⑤对劳动合同的签订、续签、变更、解除、终止等方面有异议的；⑥认为受到上级或同事不公平对待的；⑦申诉人有证据证明自己权益受到侵犯的其他事项。

三、建立员工申诉制度的意义

（1）为员工依照正式程序维护其合法权益提供渠道。

（2）舒缓员工情绪，改善工作氛围。

（3）体现人力资源管理的合理性。

（4）有效防范不同层次管理权的不当使用。

（5）提高组织内部自行解决问题的能力。

四、员工申诉渠道及方式

（1）公司成立申诉处理委员会，由总经理、副总经理、工会主席、人力资源部经理、申诉人所在的部门经理及员工关系经理组成。如果申诉提交到了人力资源部，员工关系经理将负责调查、取证、提出初步处理意见、参与研究、反馈答复意见等工作。

（2）申诉人可以选择口头申诉或书面申诉，但是不论选择哪种方式均应填写人力资源部提供的《员工申诉/答复表》作为记录。建议申诉人采取书面申诉方式以便于申诉的处理。

（3）员工可向直接主管反映问题，如果对直接主管的答复不满意，则可进一步以书面形式向公司的人力资源部员工关系负责人申诉。如果仍不满意，员工有权向总经理或公司的劳动争议机构申请调解。

（4）申诉人在等待处理期间应严格遵守公司相关规章制度，保证正常上班。

五、员工申诉处理的程序

（1）申诉人采取书面申诉方式的，应在申诉事项发生之日起 10 日内到人力资源部领取《员工申诉/答复表》，并尽快填写完毕交给自己选择的申诉受理人；采取口头申诉方式的应在申诉事项发生之日起 10 日内根据本制度选择一名申诉受理人并进行申诉。

（2）申诉受理人应在接收《员工申诉/答复表》时或申诉人口述申诉事项后，详细分析申诉事项是否符合申诉范围的要求。如果不符合要求，应当场告知申诉人终止申诉并在《员工申诉/答复表》上注明。如果申诉事项符合要求，申诉受理人应立即告知申诉人自己能否对申诉事项做出解答，如果不能做出解答则应明确告知申诉人，并在《员工申诉/答复表》上写明由申诉处理程序的后一级进行解答。

（3）在申诉人的直线经理和部门经理两个层面上，二者均可直接对申诉事项进行调查、处理，申诉人对处理结果满意的即可终结申诉；如果申诉人对二者的处理结果均不满意或申诉人直接向人力资源部提出申诉的，由员工关系经理负责申诉事项的调查、取证、反馈等工作。

（4）任一申诉处理人员均应在 10 日内对申诉事项作好调查、取证等工作并得出最终结论。如果申诉人对调查结论不满意的，可以在知道申诉结论之日起 10 日内提出再申诉，10 日内不提出再申诉即表示申诉人接受该结论。再申诉应按照申诉处理程序，由做出调查结论的申诉处理人员的后一级受理。但是，当申诉到达申诉处理委员会并由其做出终结时，该申诉结论为最终结论，申诉人应无条件遵守。

（5）申诉处理结果做成一式三份的《员工申诉/答复表》，一份交申诉人保存，另一份存申诉人个人档案，最后一份由人力资源部代表公司保存。

操作建议

一、处理员工申诉的策略

（1）细心聆听员工投诉。这是因为员工所抱怨的可能并非那些真正令他们不满的事情。这样做有各种原因。例如，某位员工可能不希望具体指出是哪位同事令其不快，因此她投诉时只是泛泛而谈。如果管理人员不能确定员工在谈论问题时是否有所顾虑，可以问他一些能帮你准确找出症结所在的具体问题。

（2）让员工畅所欲言。有时，仅仅是让员工敞开心扉来谈谈自己的感觉就在解决问题的途中前进了一大步。当员工满腹牢骚地来诉说时，管理者有时可能会有打断他们的冲动。但一定要耐心等待，因为他们最终会停下来。这时，你就有机会提问并找出到底发生了什么事。相反，如果一上来就开始盘问，员工就可能会采取防御姿态，这就更难解决问题了。

(3) 保持冷静的心态。有时候，员工一开始就大发雷霆，这时应先给他们做做工作，以便让他们冷静下来，然后再开始具体讨论他们的不满。要知道当谈话一方火冒三丈的时候，是不会有什么结果的。实际上，如果员工不消气的话，最好请他们冷静下来之后再来找你。

(4) 找到员工信任的人。在某些交由你处理的问题中，你会发觉员工在向你投诉时有所顾虑，或者在其他一些情况下，即使是员工没有显得不安，你自己也觉得他向别人投诉更好些。这时，你可建议员工向其他合适的人投诉，如人事部门或你的上司。这样做时要注意：不要让员工觉得你在踢皮球；同时员工对你建议的人应该是信任的。

(5) 还原事实真相。有时你会希望再考虑，或作些调查看看你是否了解了所有事实，这时千万别草率处理投诉。但一定要让员工知道你何时会给他答复。

(6) 提高员工的参与度。在有些情况下，管理者可能会直接告诉员工该怎样解决问题。但实际上，制定解决方案的时候，员工的参与程度越高，他对投诉和处理结果感到满意的可能性就越大。

(7) 明晰双方责任。任何时候都要搞清楚投诉一方是否也有责任，特别是投诉涉及对其他员工的抱怨时更应如此，需要的话，不妨在试图解决问题前听听双方的意见。有时，对其他员工的投诉只不过反映了双方性格不合而已。这时，只要采取些非常简单的措施就能减轻问题，如改变他们各自的办公地点以尽量减少他们之间的接触。当员工向你投诉另一员工时，千万不能凭借两人的相对工作表现就草率得出结论。表面现象并非总是真实的，好员工可能很难相处，有时偷懒的人却可能因为性格和善而很容易相处。

(8) 明确申诉范围。有时员工会找管理者解决在其管理责任范围之外的烦恼。例如，有两个员工可能是相互厌恶，其中一个可能出于恶意决定告另一个人的状。你发觉后，要让双方知道，他们相处得怎样是他们的事，基本与你无关。你应关心的仅仅是，他们之间的矛盾是否影响到整个部门的良好运行。你要做的太多了，无暇裁决他们之间的恶意争斗。

二、员工申诉管理制度

以下为一《员工申诉谈话工作指引》，以供参考。

员工申诉谈话工作指引（模板）

一、目的

为了规范员工关系管理，明确员工申诉谈话程序，为工作持续改进提供依据，保证工作经验的交接传承与沉淀，特拟定本工作指引。

二、适用范围

本指引适用于人力资源部工作人员对员工申诉时的沟通及处理。

三、内容

1. 当员工到人力资源部要求申诉时，工作人员应将员工请到单独的会议室，按照下列程序办理：

（1）请其填写《员工申诉/答复表》。工作人员应简单、扼要地解释其填写方式、内容及注意事项。如员工本人无法将申诉书中相应内容填写清楚的，工作人员可以采用问答的形式代为填写，但必须让员工签字确认。

（2）工作人员仔细阅读员工填好的《员工申诉/答复表》，询问、确认员工是否已经与其上级领导进行有效的沟通或者申诉，核实是否经过制度规定的各级领导权限内处理。若没有，建议员工先与上级领导沟通或者申诉。如果申诉内容涉及其上级领导违反国家法律或者公司纪律规定的，可不拘泥于本条规定。

（3）如经工作人员与申诉员工沟通后，申诉的问题得到化解的，在《员工申诉/答复表》中填写简易结案，并扼要填写沟通结果。

（4）若不能简易结案，则应进行深入的员工访谈。

（5）请员工写明意见并签字确认。

2. 进行访谈之前的准备工作：

（1）确定被访谈人员，一般包括申诉员工的上级领导、与申诉人岗位相关或者关系密切的人。若同类别人员数量较多，应采取随机抽取的方式确定 2 人。

（2）访谈小组一般为 2 人组成，其中 1 人负责提问，另外 1 人负责记录。

（3）访谈小组应提前设计结构化的问题。

（4）应提前与被访谈人约定合适的时间，通常应提前 1 天约定，访谈的时间 15 ~20 分/人为宜。

（5）访谈地点应为单独的小会议室，注意保证会谈期间不受到干扰，工作人员以及被访人员应该将手机关闭或者调为振动。

3. 访谈：

访谈人通过问答的形式访谈，记录人作好笔录。访谈应围绕设计的结构化问题进行，对于访谈过程中发现的新问题，也应进行记录，但不宜做太多的展开。访谈结束时访谈人、记录人分别签字，被访谈人最后对内容签字确认。

4. 根据访谈记录、其他收集的资料撰写调查报告，提出处理意见。

5. 向上级领导汇报调查情况。报告范围根据具体事件确定。

6. 上级领导给予意见反馈后，将报告内容通过书面或者口头方式反馈给申诉人及事件相关人员。反馈人员范围、反馈方式和反馈内容，根据具体事件确定，应由访谈小组讨论后确定。

7. 做好员工关系处理台账。

8. 定期对员工关系处理台账做梳理，并制作分析报告。这主要包括以下几个部分：

（1）上季度员工关系处理报告落实情况。

（2）本季度员工申诉处理统计。

（3）反映出的共性问题。

（4）相应工作改进建议与主要措施。

《员工申诉/答复表》如下所示。

员工申诉/答复表

<table>
<tr><td>申诉人姓名</td><td></td><td>职位</td><td></td></tr>
<tr><td>部门</td><td></td><td>工作证号</td><td></td></tr>
<tr><td colspan="4">申诉事实经过及理由（可附页）：
申诉日期：</td></tr>
<tr><td colspan="4">申诉受理人：　受理日期：</td></tr>
<tr><td colspan="4">申诉人直线经理处理经过及结论：
受理日期：</td></tr>
<tr><td colspan="4">申诉人部门经理处理经过及结论：
受理日期：</td></tr>
<tr><td colspan="4">人力资源部员工关系经理处理经过及结论：
受理日期：</td></tr>
<tr><td colspan="4">人力资源部经理处理经过及结论：
受理日期：</td></tr>
<tr><td colspan="4">申诉处理委员会最终结论：
受理日期</td></tr>
<tr><td colspan="4">申诉人签字：　日期：</td></tr>
</table>

注：1. 表中任一经理均可作为申诉受理人，都有对申诉事项进行调查并得出结论的权利。

2. 申诉处理委员会不直接接收申诉，但根据申诉处理程序申诉到达申诉处理委员会时，它做出的结论为最终结论，申诉人应无条件遵守。

3. 此表一式三份，申诉人持一份，公司持两份。

4. 必要的支撑材料可以作为附件。

仲裁证据如何找?

“违法”和“维权”的PK

一、上班也休闲

林玲玲从一所重点财经大学毕业后，顺利地进入了一家大型电子科技公司做HR，公司是合资企业，总部设在北京，本身就是IT企业，公司的网络化管理已做得非常成熟，各种通知、文件等都在公司内部的网站上公布，或者通过电子邮件等形式给员工进行发放和确认。

公司的大部分员工都是一线做技术的，年轻、学历高，相应的企业文化也比较轻松活泼，对于员工的管理也相对比较宽松。玲玲所在的部门属于后台支持部门，工作并不是很忙，上班空闲的时候常常会上上网放松一下，她最爱的就是上淘宝购物，和姐妹们聊聊天，有时候一天下来工作的时间都不足一半，有些工作还要加班来完成。

二、主管急出击

何煦是公司人力资源部经理，玲玲的这个状态她也发现了，平时工作的时候她经常好几个页面来回切换，QQ也总是闪个不停，不过玲玲的工作都能按时完成，又是年轻员工，何煦便没有过多干预。不过最近技术部经理的反映让何煦意识到了这个问题的严重性，技术部的员工也常常会在工作累的时候打打游戏、聊聊QQ放松，可前阵子一名程序员错将公司文件发给了QQ好友，引起了很多麻烦，技术部孟经理强烈要求人力资源部出台相关制度制止工作中的这一现象。

很快，一份有关上班时间严禁上网聊天、玩游戏和逛淘宝等的规定出台了，同时，技术部还配合屏蔽了这些软件在上班时间的使用，规定通过OA公告和电子邮件的形式向每一位员工发布，要求员工查收、阅读并且回复。玲玲自然也收到了同样的邮件，不过玲玲觉得公司的制度就是那么回事儿，况且制度的制定自己还参与了一小部分，于是，没仔细看就直接回复了邮件：“收到!”

三、争议终出现

员工总有应对的办法，很快就从技术部流传出了破解屏蔽的软件，而玲玲也当然做了第一批使用者，可是两个月以后，玲玲接到了部门发给她的违纪通知书，同时还发现自己被扣发了部分工资，疑惑而又气愤的玲玲找到了何经理。

“何经理，我想问问我这两个月的工资扣发和违纪通知是怎么回事?”何煦放下手中的文件，几乎没有考虑就回答道，“我想是因为你上班时间经常上网聊天逛淘宝吧，根据公司新的管理规定，你登录这些软件的次数和时间已经属于记过处分的范围了，扣发工资当然也是因为这个，尽管你使用了新的软件，但是技术部还是能够发现的。”有些震惊的玲玲还是很快发现了问题，“新规定?我不知道啊，而且我都是在完成自己的工作以后才这样做的，一点都没有耽误正常工作！"

何煦的声音提高了一些，"玲玲，新规定是我们部门牵头做的，你也参与了制定，怎么可以知法犯法？再说，当初颁布新规定的时候挂了OA，也给每个员工发了电子邮件，你当初也是回复收到的，怎么能说自己不知道公司的新规定？"

四、证据成关键

看着何煦把握十足的样子，玲玲更加不愿意示弱，"何经理，暂且不说我根本不知道的那个所谓的新规定，我上网做什么您有证据吗？我每天都挂在网上，您怎么可能知道我上了几分钟的QQ？有些工作上的事情也需要在QQ上联系，您怎么能说我就是偷懒躲闲呢？"何煦淡淡地说道，"玲玲，公司的性质你应该清楚，要知道你在计算机上做些什么，这是再简单不过的事情了，你需要看看证据吗？"玲玲明白了，"您这属于侵犯个人隐私，您这是偷窥的行为，太过分了！"

争吵越来越激烈，玲玲质疑新规定的公布，质疑公司获取证据的合法性，而何煦却如铁板一块，坚持部门行为的正当性，双方争执不下，气愤的玲玲申请了劳动争议仲裁，而何煦也自信地让员工关系主管接手跟进。

思考题

1. 案例中的公司应该准备哪些仲裁证据进行应对？
2. 公司应该承担什么样的责任，员工关系主管应该如何操作？
3. 结合案例，谈谈劳动争议证据的保护和应用。

问题解析

一、劳动争议仲裁证据

劳动争议仲裁证据，是指在劳动争议仲裁过程中能够依法证明案件真实情况的事实材料。在《民事诉讼法》规定的七种证据里面，劳动争议仲裁证据除了勘验结论以外，其他的基本都可以用到，包括：书证；物证；视听资料；证人证言；当事人的陈述；鉴定结论。在劳动争议中，只要对案件有关的相关材料都可以作为证据来证明案件的事实。

二、举证责任

所谓举证责任，是指当事人对自己提出的请求，有提出证据加以证明的责任，如果当事人提不出证据或所提供的证据不足以证明其主张的，其主张无法获得法律的支持。

举证责任的基本含义包括以下三层：①当事人对自己提出的主张，应当提出证据；②当事人对自己提供的证据，应当予以证明，以表明自己所提供的证据能够证明其主张；③若当事人对自己的主张不能提供证据或提供证据后不能证明自己的主张，将可能导致对自己不利的法律后果。

举证责任是纠纷解决过程中最为重要的一环。举证责任的一般原则是"谁主张，谁举证"，也就是当事人对自己提出的主张，有责任提供证据。《劳动争议调解仲裁法》第六条规定：发生劳动争议，当事人对自己提出的主张，有责任提供证据。与争议事项有关的证据属于用人单位掌握管理的，用人单位应当提供；用人单位不提供的，应当承担不利后果。

对这一规定应作如下理解：①上述劳动争议案件中用人单位的举证责任重大，如用人单位对其做出的开除、除名、辞退、解除劳动合同、减少劳动报酬、计算劳动者工作年限等决定的事实不能举证或举证不力，就将承担不利的后果。②上述举证责任的规定，是法定举证责任的规定，并未完全免除劳动者的举证责任，在法定由用人单位承担举证责任的事实之外，对其余的事实，仍然由当事人按照“谁主张、谁举证”的原则来承担举证责任。即便是用人单位承担法定的举证责任，如果劳动者对法定由用人单位承担举证责任的事实提出反驳，也需举证并承担举证责任。

但任何原则都有例外，在举证责任分配方面，需要考虑当事人举证的能力，以及举证的可能性和现实性。在劳动争议案件中，用人单位处于强势地位，劳动者普遍处于弱势地位，很多证据都在用人单位的掌控之中，如各种劳动人事资料都是用人单位在保管，一旦发生纠纷，劳动者无法获得这些证据材料。因此，为了确保举证责任分配的公平，对于特定事项法律规定了“举证责任倒置”。

三、举证责任倒置

所谓举证责任倒置，是指根据法律规定，将通常情形下本应由提出主张的一方当事人就某种事由不负担举证责任，而由他方当事人就某种事实存在或不存在承担举证责任，如果该方当事人不能就此举证证明，则推定原告的事实主张成立的一种举证责任分配制度。

“举证责任倒置”在劳动法领域广泛存在，如《最高人民法院关于审理劳动争议案件适用法律若干问题的解释（一)》第十三条明确规定：因用人单位做出的开除、除名、辞退、解除劳动合同、减少劳动报酬、计算劳动者工作年限等决定而发生的劳动争议，用人单位负举证责任。《工伤保险条例》第十九条明确规定：“用人单位与劳动者或者劳动者直系亲属对于是否构成工伤发生争议的，由用人单位承担举证责任。”原劳动和社会保障部《关于确立劳动关系有关事项的通知》（劳社部发［2005］12号）中规定：“工资支付凭证、社保记录、招工招聘登记表、报名表、考勤记录由用人单位负举证责任。”

操作建议

一、保全和收集证据

若企业以严重违纪或者严重失职的理由辞退员工，一旦纠纷发生，企业必须对职工的严重违纪和严重失职行为举证，因此，保全和收集证据至为重要。

企业所要保全和收集的证据，主要是两类：其一是员工所违反的企业规章及劳动纪律的具体条款；其二是员工的违纪行为。

对于企业规章及劳动纪律，除应尽量详细地制定条款外，还应以适当的方式告知职工，建议企业在制定和公布规章制度时，交由员工阅读，并由员工签字确认。如果在劳动合同期间，企业规章制度进行修改的，也应再次交由员工阅读并确认。这样，一旦纠纷发生，就不会出现员工否认有此规定的情况。

保全和收集有关员工违纪行为的证据就更为重要。通常，可以证明员工违纪行为的证据主要有：

（1）违纪员工的检讨书、求情书、申辩书、违纪情况说明等。

（2）有违纪员工本人签字的违纪记录。

（3）其他员工及知情者的证明。

（4）有关物证。

（5）有关书证及视听资料。

（6）政府有关部门的处理意见、处理记录及证明等。

司法实践中，有违纪员工签字的书面材料，往往是劳动争议仲裁委员会和法院愿意采纳的最有力的证据。因此，企业在辞退职工之前，应尽量取得有违纪员工签字的书面材料。对于有违法行为（如赌博、盗窃等）的员工，可以要求政府有关部门处理，政府有关部门的处理结论或者记录，就可能是有力的证据。对于“大错不犯，小错不断”的员工的违纪行为，应注意平时记录在案。每次违纪时，企业都做出相应的书面处理材料，要求员工签字；为记录方便，也可以采取扣工资的处理方式，在每次的工资单中扣除相应的工资数额，并注明违纪事由，由员工在领取工资时签字确认。

对企业来说，处理违纪员工，准备的证据要形成一个证据链。

首先要证明员工违纪在先→其次要证明单位有相关违纪可以解除劳动合同的内部规章制度→然后要证明该内部规章制度在公司经过了公示→最后要证明单位向违纪员工履行了解除劳动合同的通知送达程序。

二、具体操作及法律依据

（1）公司要证明员工确实有过错或违纪行为（相关的监控录像片段或者员工证言）。

（2）公司要拿出规章制度证明上述行为构成严重违反规章制度。

（3）公司还应该拿出证据，证明该规章制度已经告知了员工（员工的回执邮件）。

（4）公司还应该拿出该规章制度是民主制定的证据。

实务中，具备前两个条件，只是有可能胜诉；具备前三个条件，一般能胜诉；四个条件均具备，方可万无一失。

法律依据主要有以下三个：

《劳动合同法》第四条：“用人单位应当依法建立和完善劳动规章制度，保障劳动者享有劳动权利、履行劳动义务。用人单位在制定、修改或者决定有关劳动报酬、工作时间、休息休假、劳动安全卫生、保险福利、职工培训、劳动纪律以及劳动定额管理等直接涉及劳动者切身利益的规章制度或者重大事项时，应当经职工代表大会或者全体职工讨论，提出方案和意见，与工会或者职工代表平等协商确定。在规章制度和重大事项决定实施过程中，工会或者职工认为不适当的，有权向用人单位提出，通过协商予以修改完善。用人单位应当将直接涉及劳动者切身利益的规章制度和重大事项决定公示，或者告知劳动者。”

《劳动合同法》第三十九条第二款：“劳动者有下列情形之一的，用人单位可以解除劳动合同：（二）严重违反用人单位的规章制度的；……”

《劳动合同法》第四十三条：“用人单位单方解除劳动合同，应当事先将理由通知工会。用人单位违反法律、行政法规规定或者劳动合同约定的，工会有权要求用人单位纠正。用人单位应当研究工会的意见，并将处理结果书面通知工会。”

企业劳动争议处理之道

消防结合　联合攻守

一、离职常常发生

华宇公司诞生于华北计算技术研究所雄厚的技术实力和科研开发能力的沃土之中，公司总部设在北京，开展的业务非常丰富，已经成功塑造并推广了数字企业、数字教育、金融、智能楼宇等软件品牌，造就了一批优秀的行业信息化专业人才队伍，目前已建立了200余人的研发平台。

但是由于IT行业的特点，很多员工在公司工作几年以后，会因为自身经验价值的提高而跟公司提出加薪或升职等条件，当公司不满足其要求的时候，员工就会向公司提出辞职；有些员工也会和同事携手离职，另立门户；还有的员工会因为自身能力的提高跟不上公司的发展要求，而被公司解雇。

二、矛盾破坏形象

员工年轻、知识更新速度快使得离职率高仿佛成了IT业的通病，但让人力资源部经理韩冰觉得很难接受的是离职员工常常会与公司闹得很僵：主动离职的员工，是因为公司不能满足他的加薪或者晋升条件而离开的，因此对公司很不满意；自己创业的员工通常会与同事前后跳槽，公司损失颇大，人力资源部见到这种员工总是义愤难平；被解雇的员工更不用说，他们对公司的做法既伤心又愤怒。

在韩冰的印象中，好聚好散的案例少之又少，这几年，随着员工们劳动法律意识的提升，这些知识员工稍有不满便会将与公司的劳动争议闹至仲裁乃至法院，频繁的劳动争议案件不仅对公司在职员工造成了很坏的影响，也使得华宇公司在市场上的企业形象受到了比较严重的影响，公司更是成了劳动监察部门常常“关注”的对象。

三、HR压力巨大

韩冰压力巨大，一方面是员工的不满和责难，另一方面当然是来自于高层的压力，几次经理级会议上，老总和副总们总是旁敲侧击地批评自己的部门，最近一段时间已经不再顾及他的面子，张总开始了“点名批评”，韩冰的日子越来越难过。

可实际上，韩冰也是一肚子的苦水，自己虽然是直接面对员工的部门，但实际上他发现很多员工的离职是可以通过其他部门的工作和公司制度的改善来避免的，但是由于缺乏争议预防和疏导机制，部门也常常将有了不满受了委屈的员工直接推给人力资源部，于是对立、争议就在所难免了。近段时间，拖累韩冰精力的更是一场场劳动争议仲裁和诉讼，虽然有公司法务部门的人主要负责，但是搜集证据、提供材料，都增加了他的工作量，他也无奈地说自己成了“救火队员”，工作就是“堵枪眼”。

四、携手共同解决

压抑的韩冰还是找到了张总，希望通过沟通来解决现在的被动局面，张总看着这位老搭档一筹莫展的样子，也不好再做批评，两人平静地聊了起来。

韩冰想了想说道，“张总，我不是推卸责任，劳动争议的发生是多种原因造成的，想降低争议发生的可能性也是需要多方力量一起努力。”张总示意他继续说下去，韩冰叹了口气继续说道，“这几年劳动关系的法律密集出台，我们的应对是落后了，我们部门缺少专门人才，各个直接用人部门没有承担应有的责任，公司没有劳动争议预警机制，更没有劳动争议调解委员会，人力资源部只能疲于应付。当然，这些机制的建立应该由我们主要牵头和负责，可是大家的配合是我一己之力难以调动的，作为服务部门，我们也不好去增加其他部门的负担。其实，劳动争议处理，处理是最笨的办法，预防和前期消减才是应有的理念和做法，而做到这些是一个全局工程，当然我也得承认，我们部门是其中最重要的一环。”

韩冰的话诚恳也有建设性，张总点了点头，随即拿出纸笔，对韩冰说道，“老韩，你说的我都理解了，你别灰心，仔细说说如何预防和解决劳动争议吧，我们一起一一落实。”

思考题

1. 案例中华宇公司是如何处理劳动争议的？

2. 依据韩冰的建议，结合你自己的想法，谈谈应如何完善华宇公司的劳动争议处理机制。

3. 结合案例，谈谈企业如何在员工关系管理中预防劳动争议的发生。

问题解析

一、劳动争议的原因

劳动争议指的是劳动关系双方（也就是劳动者和用人单位）在执行劳动法律、法规或履行劳动合同的过程中，因劳动权利和义务发生了分歧而引起的争议。中华人民共和国境内的用人单位与劳动者在劳动用工过程中可能因下列原因发生劳动争议：①用人单位与劳动者因确认劳动关系是否存在而发生劳动争议；②用人单位与劳动者因劳动合同的订立、履行、变更、解除和终止而发生争议；③用人单位与劳动者因除名、辞退、辞职、离职发生争议；④用人单位与劳动者因工作时间、休息休假、社会保险、福利、培训及劳动保护发生争议；⑤用人单位与劳动者因劳动报酬、工伤医疗费、经济补偿或赔偿金等发生争议；⑥用人单位与劳动者可能发生的其他劳动争议。

二、企业劳动争议的解决途径

按照我国法律规定，发生劳动争议的解决方式有：①当事人自行和解；②第三方调解解决；③通过仲裁解决；④通过诉讼解决。其中劳动争议调解是解决劳动争议的最稳妥的方式之一。作为企业，应该重视以调解方式解决劳动争议，那就要求企业要重视内部劳动争议调解委员会的设立，就应该按照《劳动法》的规定在企业内部设立劳动争议调解委员会。调解委员会负责调解本企业发生的劳动争议。调解委员会由下列人员组成：①职工代表；②企业代表；③企业工会代表。调解委员会主任由企业工会代表担任，没有建立工会组织的企业，调解委员会的设立及其组成由职工代表和企业代表协商决定。企业代表人数不得超过调解委员会成员总数的1/3。调解委员会的办事机构设在企业工会。

三、企业劳动争议调解的期限规定

《企业劳动争议调解委员会组织及工作规则》规定，当事人申请调解，应当自知道或者应当知道其权利被侵害之日起30日内以口头或书面形式向调解委员会提出申请，并填写《劳动争议调解申请书》。调解委员会接到当事人的申请后，在申请被受理前，及时了解情况，组织双方协商解决，避免矛盾升级。如对方当事人不愿调解，应作好记录，在3日内以书面形式通知申请人。调解委员会应在4日内作出受理或不受理申请的决定，对不受理的，应向申请人说明理由。《企业劳动争议调解委员会组织及工作规则》规定，调解委员会处理劳动争议，应当自当事人申请调解之日起30日内结束。到期未结束的，视为调解不成。调解不成的当事人在规定的时效内可以向劳动争议仲裁委员会申请仲裁。

四、企业劳动争议各阶段的攻守措施

1. 预防阶段

首先，要深入钻研《劳动法》等法律及本地法规，根据企业实际和特点设计企业的劳动争议防范和预警体系、劳动争议处理机制和流程，明确企业内部的责任分担，并争取管理层和员工的广泛参与和支持。其次，要收集并研究案例，保持对社会和行业中的劳动争议现象进行研究，借以对本企业的劳动争议预警体系和处理机制的建立作好制度和技术上的准备。再次，要注意积累相关资料，收集、保存相关证据，在处理劳动争议时做到有理有据，有章可循，避免在纠纷发生后提供证据时捉襟见肘而承担举证不能或举证不充分的不利后果。最后，要查找管理漏洞，制定或完善措施，包括修改人力资源管理流程、企业管理制度等。增强危机意识和防范意识，及时发现企业管理中的隐患，防止劳动争议的发生。

2. 处理阶段

当劳动争议刚刚出现的时候，企业应当争取在调解和仲裁阶段将劳动争议处理好，这时候要扮演桥梁的角色，有点类似于仲裁员的角色，需要发挥重要的作用。要了解劳动争议仲裁委员会的意见，分析其中的正、误，推演事件发展的各种结果与利弊轻重，向企业领导层提出解决建议。另外，要了解员工方的想法和意见，告诉员工他这一方存在哪些背理的地方，引导员工接受折中的解决方案，从而把大事化小。要使员工和企业的损失都降低到最低的限度，需要一种平衡的技巧。在劳动争议发展到向人民法院诉讼的时候，应做好企业与法院、员工代理人与企业等关系的沟通。基本的原则是要公正，将事情的本来面目反映给法院。以积极平和的心态应对劳动争议问题，是减少和避免劳动争议的重要举措。

3. 总结阶段

要立即针对在争议中发现的管理漏洞，进一步完善措施。争议处理的过程对于企业而言，会暴露出许多管理上的漏洞和不完善的地方。需要根据相关法律法规和企业发展的需要，加以完善。对于企业来说，减少和避免劳动争议是重要的，但实践证明，劳动纠纷出现之后的态度和处理方式也不可忽视。

操作建议

一、预防劳动争议发生的措施

1. 从组织建设抓起

重点抓好企业工会组织、劳动争议调解组织、人力资源部门的组织建设。这些组织是预防及处理劳动争议的最基层组织，也是预防劳动争议的前沿部队。他们最熟悉企业人员，最了解企业情况，最易发现争议苗头。这些组织健全了，就容易将劳动争议解决在萌芽中，就可以将大争议转化为小争议。

2. 从重要部位抓起

如果将企业看做是预防劳动争议工作的整体，那么，新组建的、正在改组转制的、设备陈旧的、经营陷入滑坡的和夕阳产业的单位，就是劳动争议预防工作的重要部位。因为这些单位容易发生劳动关系方面的矛盾，容易产生松懈管理和不规范管理，容易出现劳动管理的死角。

3. 分析近年来发生的劳动争议案件，从重点问题抓起

看看公司几年来发生较多的是什么类型的劳动争议，是劳动报酬还是奖惩或劳动合同问题等方面的纠纷。总结之后根据以往的案件特点，把当前工作的重点放在相应的地方上，比如劳动报酬的发放、奖惩的决定和劳动合同的履行，把以往的多发案例当成工作的重点问题来抓。

4. 抓好劳动合同管理，防范劳动争议

人力资源管理中，劳动合同是重要的一个环节，大量的劳动争议是因订立、变更、解除、终止劳动合同而引起的。而劳动合同解除是最易引发劳动争议的行为，如何依法有效解除与员工的劳动合同，如何最大限度地降低企业可能承担的风险，可以结合大量实际案例，从法律角度及企业实际操作状况，提出切实可行的法律风险防范体系及相应的应对方案，在法律框架之内保障企业与员工的双重利益。

5. 抓好人力资源管理法律风险防范体系，正确执行法律风险防范措施

法律保障体系的建立重在执行，没有正确的执行行为，所有的体系发挥不出任何作用。服务的深度在于直接深入到企业管理行为中去，企业的员工可以及时反馈问题，要在最短时间内出具回复意见，要将专项服务进行得更加深入，专项调研，专题处理，服务的目的就是帮助企业正确执行法律风险防范措施。

6. 抓好员工不满情绪的申诉和处理

员工不满情绪是引发劳动争议不可忽视的源头，通常是因企业经营者在劳动用工、劳动报酬、劳动标准、劳动条件、社会保险以及在执行劳动法律法规等方面出现的不当做法或违法行为所致。从形态上看，虽然员工不满情绪并非严格意义上的劳动争议，但这种不满情绪若缺乏正常申诉和处理的疏通渠道，往往会转化为公开的争议行为，甚至导致员工采取极端做法。更为严重的是，员工的不满情绪及各种抱怨如果失之必要的疏导，不仅会极大挫伤员工的劳动热忱，进而削弱其对改革的信心，而且任其积蓄蔓延还会酿成员工对经营者的仇视心理乃至对社会的不满。可见，一种趋向完备的劳动争议制度，不仅体现在对现实争议处理快捷、高效，还应具有及时调处和化解员工不满情绪的防范机制。

二、相关表格模板

劳动争议调解申请书

申　请　人				被 申 请 人			
姓　　名 或单位名称				姓　　名 或单位名称			
单位性质				单位性质			
法定代表人 或主要负责 人姓名		性别		法定代表人 或主要负责 人姓名		性别	
		年龄				年龄	
身份证号		职务		身份证号		职务	
工作单位				工作单位			
住所或户籍 所在地址				住所或经营 地址			
联系电话		邮编		联系电话		邮编	
代理人姓名		性别		代理人姓名		性别	
身份证号		年龄		身份证号		年龄	
工作单位		职务		工作单位		职务	
联系电话		邮编		联系电话		邮编	
地址				地址			
申请调解 的事项	（申请调解的事项是指申诉要达到的目的和要求，申请人应具体写明）。						
事实和理由	（申请人应当说明争议的基本事实和主要调解请求及理由，包括申请人与被申请人之间何时建立劳动关系、劳动合同履行情况，争议发生时间、争议内容、请求事项的法律依据，以及证据、证据来源、证人姓名和住址）。						

此致

____________________劳动争议调解委员会

申请人：____________（本人签名或盖章）

年　月　日

（1）本申请书样本是根据《劳动争议调解仲裁法》有关规定而制作，供申请人使用。

（2）申请书应用钢笔、毛笔书写或打印。由正本和副本组成，副本份数应根据被申请人人数提交，由劳动争议调解委员会送达被申请人。

（3）“事实和理由”部分空格不够用时，可用同样大小的纸张续页。

（4）调解委员会应在接到《劳动争议调解申请书》4 日内作出受理或不受理的决定，对不予受理的应向申请人说明理由。在 15 日内未达成协议的视为调解不成，当事人任何一方都可以向劳动争议仲裁委员会申请仲裁。

劳动争议调解协议书

<table>
<tr><td colspan="4">申　请　人</td><td colspan="4">被 申 请 人</td></tr>
<tr><td>姓　　名
或单位名称</td><td colspan="3"></td><td>姓　　名
或单位名称</td><td colspan="3"></td></tr>
<tr><td rowspan="2">法定代表人
或主要负责
人姓名</td><td></td><td>性别</td><td></td><td rowspan="2">法定代表人
或主要负责
人姓名</td><td></td><td>性别</td><td></td></tr>
<tr><td></td><td>年龄</td><td></td><td></td><td>年龄</td><td></td></tr>
<tr><td>身份证号</td><td></td><td>职务</td><td></td><td>身份证号</td><td></td><td>职务</td><td></td></tr>
<tr><td>工作单位</td><td colspan="3"></td><td>工作单位</td><td colspan="3"></td></tr>
<tr><td>住所或户籍
所在地址</td><td colspan="3"></td><td>住所或经营
地址</td><td colspan="3"></td></tr>
<tr><td>联系电话</td><td></td><td>邮编</td><td></td><td>联系电话</td><td></td><td>邮编</td><td></td></tr>
<tr><td>代理人姓名</td><td></td><td>性别</td><td></td><td>代理人姓名</td><td></td><td>性别</td><td></td></tr>
<tr><td>身份证号</td><td></td><td>年龄</td><td></td><td>身份证号</td><td></td><td>年龄</td><td></td></tr>
<tr><td>工作单位</td><td></td><td>职务</td><td></td><td>工作单位</td><td></td><td>职务</td><td></td></tr>
<tr><td>联系电话</td><td></td><td>邮编</td><td></td><td>联系电话</td><td></td><td>邮编</td><td></td></tr>
<tr><td>争议事项</td><td colspan="7">应当明确双方各自的主张及理由</td></tr>
<tr><td>调解内容</td><td colspan="7">在本调解委员会的主持下，当事人双方平等自愿、协商一致，依法达成如下解决纠纷之协议：
1. ……
2. ……
依据《劳动法》《劳动合同法》《劳动争议调解仲裁法》之规定，当事人双方应当依法自觉履行本调解协议，如果一方当事人在协议约定期限内不履行本调解协议的，另一方当事人可依法申请仲裁。</td></tr>
</table>

申请人：（签名或盖章）　　　　　　　　被申请人：（签名或盖章）

调解员：（签名）

____________________劳动争议调解委员会（盖章）

年　月　日

（1）本调解协议书样本是根据《劳动争议调解仲裁法》有关规定制作，适用于调解成功的案件，由劳动争议调解委员会制作。

（2）调解协议书应由双方当事人签名或者盖章，劳动者一方要有其本人或者特别授权的委托人签名，用人单位一方要有具体承办人员签名并加盖公章。调解协议书经调解员签名并加盖调解组织印章后生效，对双方当事人具有约束力，当事人应当自觉履行。

（3）本调解协议书一式三份（争议双方当事人、调解委员会各一份），应及时送达当事人，并告知当事人在协议约定期限内不履行调解协议的，另一方当事人可以依法向当地劳动争议仲裁委员会申请仲裁。

劳动争议调解意见书

<table>
<tr><td colspan="4">申 请 人</td><td colspan="4">被 申 请 人</td></tr>
<tr><td>姓 名
或单位名称</td><td colspan="3"></td><td>姓 名
或单位名称</td><td colspan="3"></td></tr>
<tr><td rowspan="2">法定代表人
或主要负责
人姓名</td><td></td><td>性别</td><td></td><td rowspan="2">法定代表人
或主要负责
人姓名</td><td></td><td>性别</td><td></td></tr>
<tr><td></td><td>年龄</td><td></td><td></td><td>年龄</td><td></td></tr>
<tr><td>身份证号</td><td></td><td>职务</td><td></td><td>身份证号</td><td></td><td>职务</td><td></td></tr>
<tr><td>工作单位</td><td colspan="3"></td><td>工作单位</td><td colspan="3"></td></tr>
<tr><td>住所或户籍
所在地址</td><td colspan="3"></td><td>住所或经营
地址</td><td colspan="3"></td></tr>
<tr><td>联系电话</td><td></td><td>邮编</td><td></td><td>联系电话</td><td></td><td>邮编</td><td></td></tr>
<tr><td>代理人姓名</td><td></td><td>性别</td><td></td><td>代理人姓名</td><td></td><td>性别</td><td></td></tr>
<tr><td>身份证号</td><td></td><td>年龄</td><td></td><td>身份证号</td><td></td><td>年龄</td><td></td></tr>
<tr><td>工作单位</td><td></td><td>职务</td><td></td><td>工作单位</td><td></td><td>职务</td><td></td></tr>
<tr><td>联系电话</td><td></td><td>邮编</td><td></td><td>联系电话</td><td></td><td>邮编</td><td></td></tr>
<tr><td>争议事项</td><td colspan="7">应当明确双方各自的主张及理由</td></tr>
<tr><td>调解不成的
主要原因</td><td colspan="7"></td></tr>
<tr><td>调解委员会的
意见</td><td colspan="7">调解不成的，应作好记录，并在此调解意见书上说明情况。</td></tr>
</table>

调解委员会主任：（签名和盖章）

＿＿＿＿＿＿＿＿劳动争议调解委员会（盖章）

年 月 日

（1）本调解意见书样本是根据《劳动争议调解仲裁法》有关规定制作，适用于调解未成功的案件，由劳动争议调解委员会制作。

（2）调解意见书由调解委员会主任签名、盖章，并加盖调解委员会印章。

（3）调解意见书一式三份（争议双方当事人、调解委员会各一份），应及时送达当事人，并告知当事人在规定的期限内向当地劳动争议仲裁委员会申请仲裁。

劳动争议仲裁申请书

申　请　人				被 申 请 人			
姓　　名 或单位名称				姓　　名 或单位名称			
单位性质				单位性质			
法定代表人 或主要负责 人姓名		性别		法定代表人 或主要负责 人姓名		性别	
		年龄				年龄	
身份证号		职务		身份证号		职务	
工作单位				工作单位			
住所或户籍 所在地址				住所或经营 地址			
联系电话		邮编		联系电话		邮编	
代理人姓名		性别		代理人姓名		性别	
身份证号		年龄		身份证号		年龄	
工作单位		职务		工作单位		职务	
联系电话		邮编		联系电话		邮编	
地址				地址			
请求事项	（请求事项是指申诉要达到的目的和要求，申请人应具体写明）。						
事实和理由	（申请人应当说明争议的基本事实和主要仲裁请求及理由，包括申请人与被申请人之间何时建立劳动关系、劳动合同履行情况，争议发生时间、争议内容、请求事项的法律依据，以及证据、证据来源、证人姓名和住址）。						

此致

____________劳动争议仲裁委员会

申请人：____________（本人签名或盖章）

年　月　日

（1）本申请书样本是根据《劳动争议调解仲裁法》有关规定而制作，供申请人使用。

（2）申请书应用钢笔、毛笔书写或打印。由正本和副本组成，副本份数应根据被申请人人数提交，由劳动争议仲裁委员会送达被申请人。

（3）“事实和理由”部分空格不够用时，可用同样大小的纸张续页。

集体谈判，并非猛虎

我想和你谈一谈

一、繁荣中有隐忧

盛夏啤酒公司改制快五年了，从过去的国营工厂到现在的合资公司，企业改革的决心和行动巨大，斥巨资引进国际先进生产线，挂靠国内外知名品牌，业务范围不断拓展。总经理邵阳看着今年上半年的财务报表，心里的成就感是巨大的，订单饱满，效益稳步增长，公司在近几年的发展中获得了可观的利润。

不过邵阳知道，繁荣背后存在的问题并不少，金融危机的影响仍在，这两年货款的回收情况并不理想，资金周转始终是个隐患；另外，借着当地好水源的条件，周边地区成立了不少产品线接近的企业，产能也都在迅速扩张，竞争压力着实不小。要突出重围，还得奋力拼搏，所以公司计划在明年扩建改造第四条生产线，下午就会在经理例会上讨论这个议题。

二、要求不近人情

快到中午了，邵阳刚刚停下手中的工作，办公室的门却被敲响了，走进来的是人力资源部经理蒋毅。看着蒋毅微微锁起的眉头，邵阳知道大概是有棘手的事情出现了。

蒋毅很少废话，简单几句话便说明了来意，其实这事儿已经向邵阳汇报过了——工人要求加薪，幅度不小，提出平均涨幅25%。要求提出快两个星期了，蒋毅反复与工会主席沟通做工作，与主要员工面谈，但是工人们态度坚决，手中的资料也很充分，认为公司这几年盈利巨大，早就该拿出钱来与职工分享。

尽管蒋毅尽量描述得轻松，可邵阳还是有些着急了，“他们只看到了表面的盈利，背后的问题呢?！谁来体谅我们的难处？你看看预算，老蒋，第四条生产线的改造就需要2亿元！25%实在是狮子大开口！我们如果不答应呢，他们预备怎么样?”

三、会否剑拔弩张

蒋毅轻轻说道，“您先别着急，工人目前的情绪还是平稳的，我们也在尽力与他们沟通，不过工人有些新要求我觉得需要和您沟通一下。”

邵阳略略平静了一下，示意蒋毅说下去，“邵总，你我共事多年，实话实说，就目前的情况来看，这次不加薪并不现实，这个问题咱们沟通过，公司目前一线员工的薪酬水平在业界确实竞争力不强，这两年流失率偏高也和这个有些关系。25%的要求确实不低，工人提出这个要求是限于他们掌握的资料，当然可能也是一种试探，所以为今之计，是与工人坐下来谈一谈，找到一个双方可接受的平衡点，而这也是他们提出的新要求。”

“谈一谈？你是说谈判吗?”邵阳在进修班上听说过一些大企业就工资水平与工人协商谈判的事情，所以并未显得十分吃惊。“是的，就是您说的这个，我们把它叫做集体谈判或者集体协商。”蒋毅点点头。

邵阳想了想说道，“薪酬竞争力的事情我是知道的，给员工加薪也确在计划内，不过谈判这种方式好吗？这样剑拔弩张的能实现企业目标吗？我信任你的专业，老蒋，你坦白告诉我，一旦坐上谈判桌，是不是就是你死我活？事态会不会失控？”

四、我想和你谈谈

蒋毅微微思忖一会儿，解释道，“我不能说谈判一定会达成共识，我们应该有各种预案，不过就我们前期沟通的情况来看，工人还是理解公司规划的，也就是说双方是可以达成共识的，只不过我们需要一个平台，把公司的困难和可接受的增幅告诉工人，让大家都心服口服地接受最后的结果。法律上对这种活动也有专门的规定，叫做工资集体协商。”看邵阳平静了很多，蒋毅接着说道，“邵总，咱们公司的沟通氛围一直是非常好的，您也是一位体恤下属的领导，其实集体谈判并不可怕，忽略员工诉求和压抑谈判要求才是可怕的。”

邵阳点了点头，“这样吧，蒋毅，中午你辛苦一下，把这项工作的内容和流程等整理一下，下午开会的时候提出来讨论。另外我理解，你们是不是还需要一些财务和生产方面的支持才能完成，下午也一并提出来吧。”

“好，我这就去做。”蒋毅起身准备告辞，走到门口时，邵阳突然又喊住了他，“老蒋，先吃饭吧，咱们一起去员工餐厅吃，也是个机会，我也想和职工聊聊。”

思考题

1. 什么是集体谈判和工资集体协商？如何理解工资集体协商对于企业的意义？
2. 结合案例，谈谈企业应如何应对员工提出的谈判要求，应该如何开展谈判。
3. 作为企业员工关系管理人员，代表企业与员工进行集体谈判应掌握哪些技巧？

问题解析

一、集体谈判的内涵

集体谈判是一种工会或个人的组织与雇主就雇佣关系等问题进行交涉的一种形式。工资和福利是集体谈判的主要问题之一。雇主是企业方的代表，而雇员方的代表则是工会或职工代表大会等团体和机构。早期的集体谈判主要是就劳动条件、劳动报酬和劳资关系等问题的处理进行谈判和交涉。现在集体谈判的内容有所扩大，许多与企业发展和企业管理有关的内容也通过劳资磋商的方式解决，如企业内的人事改革、录用标准、人员流动、劳动合同的签订与解除等。

我国《集体合同规定》第四条中明确指出，用人单位与本单位职工签订集体合同或专项集体合同，以及确定相关事宜，应当采取集体协商的方式。集体协商主要采取协商会议的形式。第十九条规定，本规定所称集体协商代表，是指按照法定程序产生并有权代表本方利益进行集体协商的人员。集体协商双方的代表人数应当对等，每方至少 3 人，并各确定 1 名首席代表。因此，集体谈判可定义为：用人单位与其所属的职工依法组成代表团按照法律规定的程序和原则就劳动报酬、工作时间、保险福利、休息休假、劳动安全卫生、职业培训等劳动标准为签订集体合同而进行商谈的活动。

二、工资集体协商的内涵

工资集体协商是指职工代表与企业代表依法就企业内部工资分配制度、工资分配形式、工资收入水平等事项进行平等协商，在协商一致的基础上签订工资协议的行为。

工资集体协商的内容包括：工资协议的期限，工资分配制度，工资标准和工资分配形式，职工年度平均工资水平及其调整幅度，奖金、津贴、补贴等分配办法，工资支付办法，变更、解除工资协议的程序，工资协议的终止条件，工资协议的违约责任，双方认为应当协商约定的其他事项。

三、工资集体协商的作用

建立工资集体协商制度就是维护劳动者自身利益的一种有效途径，一方面能够维护一线职工的权益，使工资增长与企业效益提高相适应，确保每个职工分享企业发展的成果。另一方面，有利于建立和谐、稳定的企业劳资关系，增强企业凝聚力，调动所有职工的积极性。

在今天构建和谐社会、全面建设小康社会的背景下，加大收入分配调节力度，重视解决部分社会成员收入差距过分扩大问题是完善社会主义市场经济体制的重要内容，是建立新型劳资关系、实现劳资双赢的需要，也是广大工薪阶层的劳动者共享改革发展成果的现实体现。

四、工资集体协商谈判工作遵循的原则

工资集体协商谈判工作遵循的原则主要有：①遵守国家、地方有关法律、法规和规章，兼顾国家、集体和个人三者利益的原则；②按劳分配为主并与按生产要素分配相结合原则；③职工工资水平在本企业经济发展的基础上合理增长的原则；④公开、公平、公正的原则；⑤协商双方平等的原则。

五、影响工资集体协商结果的因素

1. 内部因素

劳企双方协商确定年度工资水平，要与政府发布的年度工资指导线、企业人工成本水平等结合起来，在老板与员工共同协商全面分析企业经济效益、工资支付能力和职工工资水平等因素的基础上合理确定。

（1）经济效益较好的企业，应当适度增加职工工资。

（2）经济效益一般、有支付能力的企业，应按照工资指导线的要求，在至少不低于下线水平的基础上，合理安排职工工资增长。

（3）经济效益较差的企业，通过双方协商取得一致，职工工资亦可适当降低。

（4）生产经营严重困难、支付能力低的企业，职工工资不得低于省政府公布的最低工资标准。

（5）实行工效挂钩办法的国有企业，按照“两低于”（职工工资总额增长幅度低于本企业经济效益增长幅度，职工实际平均工资增长幅度低于本企业劳动生产率增长幅度）原则，通过工资集体协商确定增长的工资总额，经批准，可核入工资总额基数。

2. 外部因素

协商确定职工年度工资水平应符合国家有关工资分配的宏观调控政策，并综合参考下列因素：①地区、行业、企业的人工成本水平；②地区、行业的职工平均工资水平；③当地政府发布的工资指导线、劳动力市场工资指导价位；④本地区城镇居民消费价格指数；⑤企业劳动生产率和经济效益；⑥国有资产保值增值；⑦上年度企业职工工资总额和职工平均工资水平；⑧其他与工资集体协商有关的情况。

操作建议

一、集体合同签订、审查作业流程图

图6-1所示为集体合同签订、审查作业流程图。

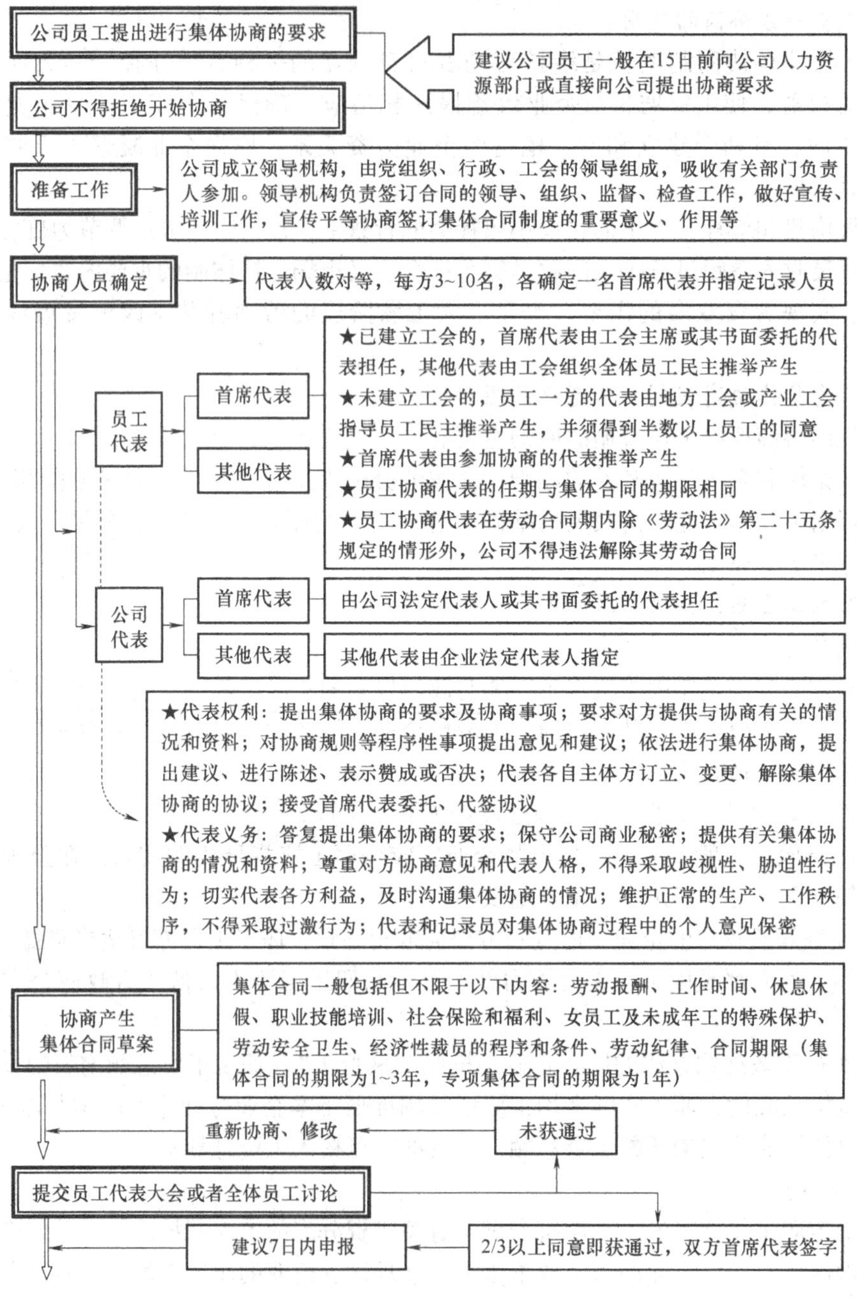

图6-1　集体合同签订、审查作业流程图

二、普通谈判技巧

1. 谈判技巧的心理学基础——需要层次论

美国著名的心理学家和行为学家马斯洛（A. Maslow）提出了需要层次论，将人类的需要分为五大类：生理的需要、安全的需要、友爱和归属（社交）的需要、尊重的需要、自我实现的需要。生理和安全的需要属于较低层次的物质方面的需要；社交、尊重和自我实现的需要，则属于较高层次的、精神方面的需要。人的需要遵循递进规律，在较低层次的需要得到满足之前，较高层次需要的强度不会很大，更不会成为主导的需要；当低层次的需要获得相对的满足后，下一个较高层次的需要就占据了主导地位，成了驱动行为的主要动力。

2. 谈判的基本方法——“哈佛原则法”

四条基本原则构成广泛使用的谈判方法。四条原则是：①人：把人与问题分开；②利益：着眼于利益而不是立场；③方案：事先考虑各种选择的可能，准备好 2 ~ 3 种方案；④标准：坚持使用某些客观的标准。

3. 谈判的语言艺术

（1）谈判语言的特点：①感情色彩要淡，既不能“喜形于言”，也不能“怒形于言”；②语言要委婉，选择恰当的语句和表述方法。

（2）陈述的技巧：①开始阶段的语言技巧：创造良好的氛围，用言简意赅、准确无误的语言阐述。②僵局阶段的语言技巧：本方不准备作出让步，督促对方让步；本方准备作出让步，试探对方是否准备让步；本方准备先作出让步，但对方必须随后也作出让步。③回答的技巧：“安全回答”的方法。做到两点：一是听取他人的意见，二是回答前有足够的思考。回答问题前努力做到：回答问题前一定要给自己一些思考时间；在未完全理解问题前，不要回答；让对方再重复一下，或解释一下他的问题；如果有人打岔，不妨让他打扰一下；以资料不全或不记得为由，暂时不回答；有些问题可以只回答一部分。

4. 谈判成功的关键——说服的技巧

（1）说服的原理：说服的过程是建立新理念的过程。

（2）成功说服的三部曲（三个步骤）：①进入他们的世界，取得共同语言；②针对对方的心理，发现对方的需要；③根据对方的需要，建立新的理念。

（3）说服的方法：①苏格拉底法（最聪明的说服术），其原则是：开始时不要讨论双方的分歧点，而着重强调彼此共同的观点，取得完全一致以后，自然而然地转向自己的主张。②摆事实法：摆出大量的准确无误的事实——对对方不利的或者证明对方观点是错误的事实。③设身处地法：站在对方的立场，设身处地为对方着想。④对比说服法：对正反理由、得失情况、优劣程度等进行全面分析。

（4）正确运用说服技巧：①谈判开始时，先讨论容易解决的问题，再讨论容易引起争论的问题；②先谈好的信息，再谈不好的信息，要把好坏两方面和盘托出，避免报喜不报忧；③强调对对方有利的条件、条款，激发对方在自身利益认同的基础上，接纳自己的意见和观点；④说服前要注意精心设计开头和结尾。⑤多向对方传递信息，必要时可以多次重复某些信息和观点，这样可以影响对方，增进对方对这些信息和观点的了解与接纳。

三、工资集体协商技巧

1. 选好协商代表

协商代表应具有以下知识、素质和能力：

（1）具有一定的政策理论水平和相关知识。熟悉国家有关法律、法规和政策，懂得企业经营管理基本知识，有丰富的知识。

（2）具备良好的思想素质。有良好的人际关系，能获得上下级及对方的信任；有大局意识和全局观念。

（3）具有一定的协商能力。具备一定的协商谈判素质，善于与协商对方沟通和交流，观察力敏锐、逻辑清晰，表达能力强。在协商的不同环节，善于运用不同的策略和方法，既有原则性，又有灵活性。

2. 精心策划

（1）收集资料。

（2）确立目标（确立年度工资的增幅、奖金发放的方法、系数等）。

（3）准备最佳替代方案。

（4）精心组织安排。

（5）进行模拟谈判。

3. 讲究协商技巧

（1）营造平等信任的协商氛围，确立协商双方彼此之间的信任度。虽然集体协商双方存在利益差异，但利益也存在一致性，这就为协商双方注入了成功的因素。如果双方想仅仅凭各自的“王牌”通过讨价还价的方式来解决各项问题，那既不能实现，也不可取。因此营造相互信任良好的平等协商氛围是很有必要的。

（2）把握协商尺度。集体协商的过程是双方协商的过程，在协商过程中，双方考虑的角度不一样，肯定有看法不一致的可能出现，因此，在协商过程中，要考虑可能出现的情况，要做到心中有数。

（3）留有协商余地。有进有退，在集体协商过程中留有余地。正确把握尺度，要兼顾双方的利益，只有这样才能进退自然。有时协商出现僵局时，应采取迂回战术，尽量缓和，尽量避免出现僵化的局面。

（4）灵活运用谈判艺术。如运用“哈佛原则法”“谈判法”，运用谈判语言技巧，根据对方代表的各种需要等，在工资协商中充分运用。

4. 把握协商内容

工资集体协商内容既要把矛盾比较突出的问题作为集体协商的重点，又要根据企业的发展状况，提出其他合理的企业关注的协商内容，使协商内容与企业的发展相适应，最终实现双赢的目标。

第七章　员工职业健康管理

不能马虎的员工安全管理制度

把安全放进制度的笼子里

一、初来乍到

结束了一周的新员工培训，顾晓正式上岗了，劳动关系专业毕业，知名电力设备公司员工关系专员岗位，这种幸运让顾晓倍感珍惜，她摩拳擦掌，希望能在这个岗位上真的做些事情。

不过顾晓觉得这两天的工作内容太过简单，人力资源部侯经理交给自己厚厚一摞文件，都是企业各项制度汇编，自己的任务只有一个：看。

考勤制度、加班制度、休假制度、福利制度……这些顾晓都能够理解，员工关系管理的工作有很大一部分是建立和完善这些制度，确保企业人力资源管理无风险平稳运行，可是其中占据不小篇幅的员工安全管理制度却让顾晓有些疑惑。

二、提出疑问

公司的安全管理制度做得非常细致，厂内交通安全管理制度、安全技术措施的管理制度、安全生产会议制度、安全生产检查与整改管理制度、安全生产奖惩制度、安全隐患报告奖励制度等，事无巨细，让顾晓着实吃了一惊。上学时老师讲过规章制度管理中的安全管理制度，不过没想到会有这么多，是不是有点多此一举，太过烦琐了？顾晓心里打了个问号，侯经理让自己看完制度汇编与他讨论，还要说说心得，那就问问这个问题吧。

三天后，顾晓终于翻看完了各种制度，带着问题，她走进侯经理的办公室。落座后，直爽的顾晓开了腔，“侯经理，您让我看的制度汇编看完了，我觉得做得非常完善，简直就像教科书一样，不过我觉得其中的安全管理制度太烦琐了，这个方面其实没什么法律风险，是不是可以修改一下？”

三、耐心解释

侯经理笑了笑说道，“说说原因，小顾，你为什么觉得这方面制度不应该这么多呢？”顾晓想了想说道，“因为安全管理方面的制度其实不是劳动争议的风险点，所以我想只要把各项安全规定写清楚就行了，像安全生产奖惩制度、专门的要害岗位安全管理制度，这些是不是不需要单列啊？”

侯经理仍是微笑的样子，他喝了口水说道，“小顾，可能有些公司的安全管理制度不需要做得这么细致甚至烦琐，但是对于咱们公司来说是有意义的，这与公司的性质和特点有关系，也是公司理念的一个贯彻。之后你慢慢就会了解，咱们公司的劳动条件和环境比较复杂，员工的安全生产是一切，也是员工非常看重和关注的。”

四、虚心接受

顾晓边听边点头，侯经理的解释是有道理的，前一周的新员工培训上也反复强调了公司安全管理的重要性，看来这种重要性也在人力资源部的工作中得以体现。

“嗯，侯经理，我理解了，但是我还有个疑问，这项工作人力资源部能做得好吗？我的意思是说，像我，对这方面完全不懂，培训一周也只是简单介绍，很多设备、生产流程我还搞不清楚，怎么做好安全管理方面的制度呢？”

“小顾，你这个问题问得很好，这就是我希望你尽快去学习和掌握的，规章制度如何编制相信你已经很清楚了，工伤职业病方面的法律法规你更是不会陌生，这些其实都是制定安全管理制度不可缺少的基础知识。现在的问题就是，如何将你所学的知识应用于咱们企业，用专业武装专业，这很关键。我们是牵头部门，但是要咨询很多生产一线员工的意见，才能把这项工作做好，如果你有兴趣，我希望你能加入进来，继续完善公司的员工安全管理制度，把安全管理放进制度的笼子，让大家安全地工作，让员工和企业都放心。”

思考题

1. 什么是员工安全管理制度？这项制度对企业有何意义？

2. 你觉得一般的员工安全管理制度应该涵盖哪些内容？案例企业的做法是否过于烦琐了？

3. 如果你是顾晓，你会如何配合建立和实施案例企业的员工安全管理制度？

问题解析

一、安全管理制度的内涵

员工安全管理制度简称安全制度，是指为规范和确保安全生产活动及从事一切生产经营活动人员的安全行为，使之保持正常有序的工作轨迹，发现、防止和避免发生各种事故和职业病，而制定的安全“尺度”；是保障企业安全生产、可持续发展的重要制度，也是保护企业人才、关心企业员工、改善劳资关系的重要制度保证。

二、安全管理制度的作用

（1）安全管理制度的实施，有助于保护劳动者的根本利益。在企业中，劳动者要遵循企业的规章制度，通过对安全管理制度的遵循，能够理解和掌握具体的安全生产流程，承担一份安全责任，维护自己的安全权利，保障自己生存和健康的需要。这正是从保护劳动者根本利益的角度出发的。

（2）安全管理制度的实施，有助于企业减少事故损失，提高经济效益。一个企业要生存和发展，就要取得好的经济利益，这是没有疑问的。如果不重视企业安全的管理，企业是无长远发展可谈的。而重视企业安全管理，一方面，劳动者能够感到安全健康有保障，就不会整日惶恐不安，就会发挥自己的热情和积极性，提高企业的生产效率，获得经济效益；另一方面，注重企业的安全管理，就能减少不必要的风险损失，减少因工伤而承担的经济负担，减少人才的损失，提高企业的经济效益。

(3) 安全管理制度的实施有助于维护社会稳定。加强企业的安全管理，可以不断改善职工的劳动条件，防止事故和职业病，缓和劳资关系，减少社会冲突。如果伤亡事故和职业病频繁发生，不仅使职工本人受到伤害，而且使其家庭蒙受不幸，给成千上万的人民群众造成心理上难以承受的负担。对这些问题处理不当，就会激化社会矛盾，影响社会安定。所以，安全管理制度在一定意义上是改善劳资关系、维护社会稳定的一剂良药。

三、安全管理制度的内容

安全管理制度一般是由企业安全生产专职机构负责组织，由从事安全生产管理工作、熟悉安全生产活动、掌握一定安全理论和实践知识、积累有丰富安全生产经验的专职人员起草拟定，并邀请相关专业职能部门和生产一线安全人员进行充分研讨、补充和修改，使其内容更加符合安全管理工作的实际情况，最后报送企业安全最高领导审定签发，通过企业行政文件颁发执行的。

因此，每个企业要根据自己企业的实际情况来编写，但总体上应该包含以下内容：安全生产责任制度、安全教育制度、安全考核制度、安全检查制度、各类安全操作规程、安全事故管理制度和劳动者健康检查制度。此外，个别企业还会包括劳动防护用品的管理制度、特殊作业环境的劳动保护管理制度、职业安全卫生管理制度等。

操作建议

一、员工安全管理制度配套措施

(1) 建立安全事故保险。风险的发生具有不可预测性和客观性，我们可以做的只能是降低发生的概率。这就需要有专业的风险管理，因此，除了要参加强制性的社会保险外，还要加强企业与保险公司的联系，建立企业的安全事故保险，同时利用保险公司的力量为企业提供诸如安全分析等其他安全服务，从整体上降低企业的安全风险。

(2) 做好安全教育和绩效考核。安全教育的目的在于教育员工提高对安全生产经营的重要意义的认识，帮助员工更好地掌握安全技术知识，自觉地履行安全生产责任，维护自己的安全权利。企业应该建立一个系统的评价、反馈和奖惩制度，各级领导及职能部门，必须经常检查安全管理制度的贯彻落实情况，及时发现问题，解决问题，对执行情况好的部门给予奖励和褒奖，对不负责任的部门给予批评和处分，以此来激励员工实施安全责任。

二、法律链接

(1)《安全生产法》详细规定了我国企业在安全生产方面的权利与义务。

(2)《劳动法》第六章第五十三条至五十七条是规定企业保护劳动者安全健康权利的法律条文。

(3)《职业病防治法》详细地规定了劳动者的职业卫生与防护。

(4)《工伤保险条例》详细规定了员工在遭受工伤时，国家、企业和个人的权利与义务。

(5) 还有其他一些法律法规，对生产经营的各个方面进行了规定，比如《安全生产许可证条例》《煤矿安全监察条例》《危险化学品安全管理条例》《特种设备安全监察条例》等。

三、企业员工安全管理制度主要内容样例

公司员工安全管理制度

第一章 总则

第一条 为落实“安全第一，预防为主”的方针，加强公司人身安全管理，特制定本制度。

第二条 本制度适用于公司各部门。

第二章 安全管理组织机构设置

第三条 安全管理小组

（一）安全管理小组为公司安全管理机构。

（二）安全管理小组成员：

组长：总经理　　组员：副总、总工程师、各部门经理

第四条 安全管理小组主要职责

（一）贯彻国家安全政策，负责公司安全制度体系的建立与完善，制定、执行各类安全管理措施。

（二）负责对本部门安全工作进行考核，检查、督促不安全措施的整改落实。

（三）出现安全事故，及时组织人员对公司重大安全事故的调查，并拟订处理方案。

（四）组织公司安全教育培训、安全大检查等安全管理工作。

第三章 安全管理责任

第五条 人身安全的最高责任人为总经理及各部门第一责任人。

第六条 各级管理人员在各自管辖范围内，对员工的人身安全负有不可推卸的责任。

第四章 员工人身安全事故预防

第七条 生产安全事故预防

（一）责任划分：

（1）由于设备的维护和保养以及操作工的培训不到位而造成的安全事故，动力设备部负主要责任，生产部门负次要责任。

（2）由于现场安全管理不到位造成的安全事故，生产部门负主要责任，动力设备部负次要责任。

（二）各部门必须遵守生产安全管理制度，包括用电管理制度，机械设备、设施维修保养管理制度，安全生产检查管理制度，安全生产教育、培训管理制度，仓库安全管理制度，特种设备安全管理制度，建筑施工安全管理制度等。

（三）各部门必须明确安全生产责任人、建立安全网络图，并落实相关管理人员及具体的岗位职责，制定重点设备及区域的相关应急预案并定期进行演练。

（四）各部门必须有专人定期检查安全生产（每月不少于一次），落实安全生产措施，及时发现安全隐患并进行整改。

（五）维修车间应当对车间内的机器设备安排专人进行维护保养，保证设备的正常运行。

（六）新员工、转岗职工上岗前必须经过生产技能培训，同时各部门必须定期进行安全教育培训。

违反以上条例的单位，对责任部门经理处罚100元并限期整改。

（续）

第八条　消防安全事故预防：

（一）责任划分：维修部负责消防设施的检查、整改，各部门负责消防设施的及时更换并协助维修部进行消防安全管理。

（二）各部门必须遵守消防安全管理制度，包括动火、用火管理制度，易燃、易爆、危险品的安全管理制度，消防器材维护、保养制度，消防安全检查、管理制度，每日防火巡查管理制度，消防安全教育，培训制度等。

（三）各部门必须明确安全生产责任人、专（兼）职的安全管理人员及具体的岗位职责。

（四）各部门的安全管理人员每周必须对所在单位的消防器材和消防设施定期进行检查，发现火灾隐患要及时整改。必须定期开展消防安全教育。

（五）灭火器必须时刻保持正常使用，且保持压力正常，同时消防水枪、水袋必须配备齐全，应急灯必须保证正常使用。

（六）灭火器材必须按规定予以配置、摆放。严禁在消防器材和消防设备旁堆放物品。消防器材要做到四防（即防雨、防晒、防潮、防冻）。

（七）从事或雇请电工、烧焊工、易燃、易爆等特殊工作的人员，必须持证上岗，并严格按照消防安全操作规程进行作业。

（八）各部门必须对重点消防部位设立明显防火标志，并设置必需的消防设施；各部门的疏散标志和事故应急照明设置必须符合规范。

（九）各部门必须保持疏散通道、安全出口畅通，严禁占用疏散通道，严禁在安全出口或疏散通道上安装栅栏等影响疏散的障碍物。

（十）易燃、易爆、危险物品必须有专用的库房，配备必要的消防器材设施，仓管人员必须由消防安全培训合格的人员担任，且必须分类、分项储存。化学性质相抵触或灭火方法不同的易燃易爆化学物品，必须分库存放。

（十一）各种电器、电线必须定期检修（每月不少于两次）。

（十二）任何部门、个人不得损坏和擅自挪用、拆除、停用消防设施、器材，不得埋压、圈占消防栓，不得占用防火间距，不得堵塞消防通道。

违反以上条例的部门，对责任部门经理处罚100元并限期整改。

第九条　驾驶安全事故预防

（一）驾驶员必须定期进行车辆的保养和维修，定期维护车辆转向盘、制动踏板、车灯等部件，及时消除各种安全隐患。

（二）驾驶员在工作期间不得饮酒，不得服用精神或麻醉药品，如果驾驶员有影响驾驶的疾病或疲劳驾驶，则不得驾驶机动车。

（三）定期开展交通教育和安全培训，对驾驶员进行安全教育培训。

（四）违反以上条例的单位，对责任部门经理处罚100元并限期整改。

第五章　工伤的内部申报程序

第十条　申报责任

部门负责人承担本部门的工伤、安全事故的申报责任，因迟报、瞒报所致的事故责任增加部分由部门负责人承担；有总经理特批的，按总经理批示执行。

（续）

第十一条　申报范围

（一）在本部门所辖范围内，本部门所管辖的员工发生的一切工伤、安全事故，不受时间限制。

（二）对公司已投保员工的“人身意外伤害险和人身意外伤害医疗险”所涉及的范围，包括员工上下班途中，因工作所致的伤害。

（三）申报内容：

1. 事故（疾病）人的姓名、年龄。

2. 事故（疾病）人家属联系方式及电话、人。

3. 事故（疾病）人的到岗工作时间。

4. 事故前的具体服务部门及工作性质。

5. 事故发生时的具体岗位或具体位置。

6. 上岗前是否受过该项工作的安全知识培训。

7. 是否有从事该项工作的国家承认的操作证。

8. 工伤的伤势程度的初步估计。

9. 是否已住院，医院名称及地址。

（四）受理部门及责任：

1. 人力资源部是本办法规定的受理部门，受理责任执行首问责任制，即人力资源部的任何一个人在首先接到工伤安全事故申报时，为第一责任受理人，必须立即进行登记、报告和施救组织；同时负责对保险公司报告并进行理赔。

2. 报告对象是“安全管理小组”组长或副组长。

3. 因推诿受理或受理后瞒报、缓报而导致的事故责任增加部分由第一责任受理人承担；有总经理特批的，按总经理批示执行。

第六章　工伤事故的处理与医疗费用报销

第十二条　工伤安全事故的处理：

1. 所有在工作场所和工作时间内因工致伤的，先予以处理。

2. 处理原则是尽快安抚和救治伤者，预防类似事件再发生。

3. 工伤安全事故事后对事故当事人的处理：

1）按个人的责任承担一定比例的责任医疗费用。

2）公司保留追究其过失所致的财产损失的权利。

3）凡过失所致的公司损失超过1万元人民币的员工，公司予以辞退；有总经理特批的，按总经理批示执行。

4. 对事故部门主管的处理：

1）部门各级主管对本部门的每起工伤安全事故负有领导责任。

2）所属员工凡出现一次工伤安全事故，经济损失在1万元以下的，对其直接主管予以警告一次，并处罚款200元。

3）如果所属员工出现一次工伤安全事故，经济损失在1万元以上，对其直接主管予以留岗试用并罚款500元处理；有总经理特批的，按总经理批示执行。

（续）

第十三条　工伤医疗费用的报销：

（一）申请报销时必须准备以下资料：

1. 工伤事故当事人的身份证明。

2. 安全管理小组的事故分析报告。

3. 本部门出具的意外伤害事故报告；（如出外出差的交通事故与安全事故还需出具交通部门或公安部门的报告）。

4. 县级以上公立医院或保险公司或公司认可的医疗机构出具的的医疗诊断证明。

5. 病历。

6. 医疗、医药费原始单据。

7. 费用结算明细表。

（二）报销额度的规定：

本规定适用于公司支付部分。

1. 安全管理小组的事故分析报告判定为公司或设备所致的工伤事故，公司将全额支付保险理赔（包括工伤保险和商业保险）之后的差额部分。

2. 安全管理小组的事故分析报告判定为公司和事故当事人双方对工伤事故均有责任的，公司按应承担的责任比例予以支付剩余部分；有总经理特批的，按总经理批示执行。

3. 安全管理小组的事故分析报告判定为事故当事人自己所致的工伤事故，公司原则上不予支付，剩余部分由事故当事人自行承担；有总经理特批的，按总经理批示执行。

4. 当确定为因本人粗心疏忽等其他主观因素所致的工伤事故，公司只承担相关治疗、住院、交通、抢救等费用在保险理赔后余额的20% ~70%，对由当事人造成的他人伤害由其自行承担相关责任。

5. 如因员工本人违反安全操作规程，或不服从上级的工作安排等原因而发生工伤事故，并且给公司造成了损失的，公司不承担责任，同时根据当事人行为造成的对公司利益的损害程度，对其进行相应处罚。

6. 工伤争议：当因判断是否为工伤事故而出现争议，并在公司内部进行协调后无效时，当事人在事故发生后一年内可向劳动部门的劳动争议仲裁机构申请劳动仲裁，仍不服从劳动争议仲裁判定的，可向法院提请诉讼。

第七章　附　　则

第十四条　本制度解释、监督执行权归公司人力资源部。

第十五条　本制度自颁布之日起试行三个月，三个月后正式执行。

四、其他相关资料

下面列出员工关系管理者在实践中常需参考的有关工伤管理方面的资料，如表7-1、表7-2、表7-3所示。

表 7-1　医疗待遇的项目和标准

<table>
<tr><th colspan="2">项　　目</th><th>支付主体</th><th>标　　准</th><th>限制性条件</th></tr>
<tr><td colspan="2">医疗费：含挂号费、住院费、医疗费、药费、当地就医路费</td><td>工伤保险基金</td><td>全额（100%）</td><td>协议医疗机构，项目符合目录或标准规定</td></tr>
<tr><td colspan="2">住院伙食补助费</td><td>原用人单位</td><td>公差伙食补助标准的 70%</td><td></td></tr>
<tr><td colspan="2">出外就医交通、食宿费</td><td>原用人单位</td><td>公差伙食补助标准全额</td><td></td></tr>
<tr><td colspan="2">康复性治疗费</td><td>工伤保险基金</td><td>全额（100%）</td><td>协议医疗机构，项目符合目录或标准规定</td></tr>
<tr><td colspan="2">停工留薪期工资福利待遇，即工伤津贴</td><td>原用人单位</td><td>原工资福利待遇不变</td><td>一般不超过 12 个月，不得超过 24 个月</td></tr>
<tr><td rowspan="2">生活护理费</td><td>停工留薪期间</td><td>原用人单位</td><td colspan="2" rowspan="2">依据生活护理依赖等级　全部、大部分、部分，分别按照统筹地区上年度职工月平均工资的 50%、40%、30% 支付</td></tr>
<tr><td>停工留薪期后</td><td>工伤保险基金</td></tr>
</table>

表 7-2　伤残待遇的项目与标准

<table>
<tr><th colspan="2">伤残等级</th><th colspan="2">基金支付一次性伤残补助金</th><th>劳动关系</th><th colspan="3">按月支付伤残津贴</th><th>社会保险费</th><th>退休待遇</th></tr>
<tr><td rowspan="4">一至四级</td><td>一级</td><td rowspan="10">本人工资</td><td>27 个月</td><td rowspan="4">保留劳动关系，退出岗位</td><td rowspan="6">本人工资</td><td>90%</td><td rowspan="4">基金支付</td><td rowspan="6">用人单位和个人按规定缴纳</td><td rowspan="6">停发伤残津贴，享受基本养老保险，并补差额</td></tr>
<tr><td>二级</td><td>25 个月</td><td>85%</td></tr>
<tr><td>三级</td><td>23 个月</td><td>80%</td></tr>
<tr><td>四级</td><td>21 个月</td><td>75%</td></tr>
<tr><td rowspan="2">五、六级</td><td>五级</td><td>18 个月</td><td rowspan="2">若难以安排工作，退出岗位</td><td>70%</td><td rowspan="2">单位支付</td></tr>
<tr><td>六级</td><td>16 个月</td><td>60%</td></tr>
<tr><td rowspan="4">七至十级</td><td>七级</td><td>13 个月</td><td rowspan="4">劳动合同期满可终止</td><td colspan="5" rowspan="4">单位或个人提出终止劳动合同，用人单位按照当地相关规定支付一次性工伤医疗补助金和伤残就业补助金</td></tr>
<tr><td>八级</td><td>11 个月</td></tr>
<tr><td>九级</td><td>9 个月</td></tr>
<tr><td>十级</td><td>7 个月</td></tr>
</table>

表 7-3　工亡待遇的项目与标准

项　　目	基　　数	标　　准	限制条件
丧葬补助费	统筹地区上年度职工月平均工资	6 个月	
供养亲属抚恤金	工亡职工生前工资	配偶：40%/人·月 其他亲属：30%/人·月 孤寡老人：50%/人·月 孤儿：40%/人·月	各项之和不得高于工亡职工生前工资
一次性工亡补助金	统筹地区上年度职工月平均工资	48～60 个月	

别让“过劳死”成为员工生命的“贪吃蛇”

年轻生命的拼搏与凋零

一、员工离世

潘洁是某公司上海办事处的初级审计员，上海交通大学毕业，研究生学历，还在日本和德国拿到了双硕士。2011 年 3 月 31 日，潘洁因发烧请病假，随后在上海市第五人民医院治疗，4 月 6 日转入华山医院，当时已经陷入昏迷状态，后经医院方面全力救治，但由于病情过重，4 月 10 日晚不幸去世，年仅 25 岁，离世原因是由病毒性感冒引发的急性脑膜炎。

自 2010 年 10 月进入公司后，潘洁时常在微博上流露出工作很忙、睡眠不足的信息。翻阅她的微博，以 2011 年 1 月 1 日为界，在此之前，她的微博更新速度很快，经常一天发数条，关注的焦点多为生活记忆，如挤地铁、看电影、想去荷兰看郁金香……而从 2011 年开始，她的微博更新速度明显下降，内容也大多变成与工作和健康有关，比如又加班了、在柳州出差、两脚发飘、肺都快咳出来了……

二、企业背景

该公司主要服务领域包括审计、税务、人力资源、交易、危机管理等。员工收入相对较高，一名刚入职的硕士起薪可以达到每月五六千元，工作几年后，员工月薪过万元的不在少数，因此该公司也成为“高薪”的代名词。不过行业内竞争激烈，工作压力巨大，年轻员工熬夜加班是家常便饭，且长期如此。

三、同事态度

说起潘洁的离世，她生前的同事严丽（化名）说道，“我们这里倒没有外界想的那么激动，因为大家知道是怎么回事。”虽然微博上沸沸扬扬，严丽和同事都觉得“过劳死”一说过于牵强，“她身体一直不太好，住院一周后被查出了急性脑膜炎，这和公司实在没太大关系。”

曾经与潘洁在同一小组的严丽对她的印象是“很活泼，很开朗”，尽管同事们的反应并不激动，但是对于潘洁的香消玉殒，严丽和同事们还是非常惋惜，“怎么说呢，我觉得工作强度是因人而异的，我自己承受不了审计的强度，所以调到其他部门，只能说真的很可惜。”

四、专家说法

疲劳和脑膜炎有着什么样的联系呢？对此，第十人民医院神经内科主任刘教授解释说，病毒性脑膜炎是由多种病毒感染引起的脑实质炎症，发病与年龄、机体免疫力、季节有关。正常成人由于大脑有血脑屏障的保护，不容易发生病毒性脑膜炎；儿童因免疫系统和血脑屏障发育尚未成熟而容易发病。但是，成人过度疲劳也容易发生脑膜炎。当一个人过度疲劳、精神紧张或营养状态不良时，机体免疫力会受到影响，也容易发生病毒性脑膜炎。

劳动法律专家陆律师表示，是否列为工伤赔偿范围要参考两个条件，一是是否在工作时间突然发病死亡，二是是否在发病48小时内抢救无效死亡。如果同时符合这两个条件，则可鉴定为工伤，完全按照工伤赔偿标准进行赔偿。而从潘洁事件的表面证据看，很难判断是过劳死。

五、公司回应

4月12日，公司管理层就潘洁一事给所有员工群发了一份电子邮件。邮件中对潘洁的突然离世表达了哀悼，并作出了如下说明，“公司管理层已拜访了潘洁家属并致以慰问，同时，我们也将为与潘洁共事的同事提供专业的心理辅导。”邮件同时告诉所有员工，即将进行针对春季易发疾病的讲座，但同时也申明，“对于潘洁的离世，我们深感悲痛，但必须要澄清的是，潘洁并非过劳死。”

公司的相关负责人说，因为在过世前潘洁已经请假10天，并非在工作岗位上猝死。因此网络中传言的潘洁过劳死，并不属实。

思考题

1. 你还能举出现实中其他“过劳死”的案例吗？尝试分析这一社会现象的形成机理。

2. 作为员工关系管理者，你认为企业应该如何避免员工出现“过劳死”？同时，还应该提醒员工注意哪些问题，避免“过劳死”呢？

3. 请思考“过劳死”能否被认定为工伤事故，得到工伤保险赔偿呢？

4. 阅读案例，讨论分析潘洁的死亡可以被称为“过劳死”吗？谈谈你的理由。

问题解析

一、“过劳死”的来源

“过劳”是过度劳动的简称，是指劳动者在其工作过程中，存在超时、超强度的劳动行为，并由此导致疲劳的蓄积，经过少量休息无法恢复的状态。这一概念包含三个方面：①必须存在劳动者超时、超强度的劳动行为。②必须存在劳动者身心上的疲劳，且这种疲劳已经蓄积。③劳动者的疲劳蓄积必须与超时、超强度的劳动存在直接关联。“过劳死”最早是由日本学者提出来的，它是“过劳”状态最严重的结果，如果劳动者长期、持续地处于“过劳”状态，那么最终就会导致“过劳死”的发生。遗憾的是，对“过劳”的衡量标准，在国内却没有制定出权威的量表来评价。

二、“过劳”的形成机制

导致“过劳”问题的因素是比较复杂的，且各因素之间存在交叉影响的关系，为方便起见，将其归为两大类：外推力和内促力。在这两种力的共同作用下导致了“过劳”。

外推力的作用是使劳动者“被动的过劳”，即劳动者在非自愿的情况下，被迫增加劳动时间和劳动强度所致的“过劳”；内促力的作用是使劳动者“主动的过劳”，即劳动者自愿延长劳动时间或增加劳动强度所致的“过劳”。外推力包括企业的管理因素、工作岗位因素、个人压力因素。比如企业采取计件与计时结合工作制，先规定员工在工作时间内的基本工资，这时的工资水平只与劳动时间相关，并且很低，同时又规定一定的工作量，当超过这一工作量时，企业会额外给予奖励，劳动者为了获得足够的薪酬水平，就会拼命超额完成任务量，这就非常容易导致超时、超强度的劳动行为的发生。再如，员工所在岗位的职责非常重要，在企业中负责人事安排、财务管理或生产经营决策等，或者是他的工作内容和结果对企业或部门至关重要，那么都会使他自然要为工作投入更多的时间和精力，他所面对的压力也更大。这些人就有可能比其他员工更容易发生“过劳”问题。又如，在大都市中生活的员工，面临着各方面的生活压力，车子、房子、票子成为他们的“三座大山”，再加上看病医疗、扶养老人、子女教育等费用的上涨，为了生存，他们不得不去拼命工作，得以在城市中站住脚。内促力包括经济利益动机、职业成就动机、自我实现动机。具有较高经济利益动机的人，也往往会表现为更加接纳高强度的劳动，并且会主动地工作更长时间，更容易过劳。那些在职业上希望早日取得成就、实现个人抱负的员工就会拼命工作、主动要求加班加点，最终积劳成疾。

三、“过劳”的法律问题

目前我国的“过劳”问题专门法律处于空白阶段。就目前我国的法律法规来看，不存在“过劳”及“过劳死”等的法律概念，也缺少有关“过劳”导致的疾病或死亡的专门法律处理规则和具体赔偿细则。在“过劳”问题的专门法律规定尚处空白的情况下，劳动者能够依靠的主要是一些有关工时、休息休假、劳动安全卫生等的法律法规。在《工伤保险条例》中工伤的认定条件中，只有“在工作时间和工作岗位，突发疾病死亡或者在48小时之内经抢救无效死亡的或患有职业病”的人员才能认定为工伤，享有工伤保险待遇。而因为超时、超强度的劳动给劳动者带来生理或心理上的疾病，在没有界定为职业病的情况下，是不能认定为工伤的。“过劳死”只有发生在工作时间和工作岗位突发疾病死亡或者48小时内经抢救无效死亡的，才能被认定为工伤，得到工伤赔偿，故而很多因“过劳”而猝死家中的劳动者都是无法得到应有的工伤保险补偿的。

操作建议

防止“过劳”状态的出现，需要从组织层面和员工个人层面来实行。

一、组织层面的策略

（1）企业要树立健康、可持续的人力资源管理理念。健康的管理理念不仅能够保障员工身心健康，还能够激发员工工作热情，留住人才，间接地创造经济价值，为公司的可持续发展提供可能。

（2）开展健康管理计划。消除引起“过劳”的原因才是预防劳动者健康的根本。后面的章节将讲到健康管理的相关概念，建议可将“过劳”的管理纳入到健康管理计划之中。

（3）控制员工工作时间。“过劳”的形成，是长时间、超负荷的工作所致，所以应该尽量消除导致心理和身体“过劳”的长时间、高强度和充满精神压力的工作方式，保障无论是数量还是质量上充足的“休息”，这些也正是最基本、最重要的“过劳”防治对策。根据《劳动法》第三十六条的规定，“国家实行劳动者每日工作时间不超过8小时、平均每周工作时间不超过44小时的工时制度”及第四十一条的规定“在保障劳动者身体健康的条件下延长工作时间每日不得超过3小时，但是每月不得超过36小时”，作为人力资源管理部门，就应该记录每一位员工的工作时间，对超时工作者，及时安排员工休息和轮休，以保障员工有足够的时间休息和娱乐。

（4）开展EAP。EAP就是一个组织与EAP提供者签订一项合同，使员工获得一个外部的、独立的、保密的建议和短期咨询的服务，对员工进行专业的心理咨询服务、职业心理健康状况评估、健康宣传与培训等，以消除员工工作的压力、解决心理困惑。

二、员工关系管理者应该给予员工的提醒

首先，要加强时间的管理，把工作时间和生活时间分开，达到工作与生活的平衡。

其次，员工要加强自我保健和养生。比如，按生物钟休息、加强三餐营养、劳逸结合、定期体检、坚持适度运动、保持心情舒畅等，通过这些措施，一方面有利于增强体质，保持身心健康；另一方面有利于树立健康理念。

最后，当员工的休息权利遭到侵犯时，应该主动和上级或人力资源管理部门沟通，要求休假。

三、过度劳动情况测度量表

企业可以利用日本厚生劳动省发布的疲劳程度自我监测量表——《企业员工疲劳蓄积度自己诊断调查表》（以下简称自测表，见表7-4）对员工“过劳”情况进行测度，一方面帮助员工了解自身的疲劳情况，提醒员工注意，另一方面也为企业提供组织内员工的整体疲劳情况，有针对性地进行防范。

表7-4　企业员工疲劳蓄积度自己诊断调查表

第一部分　请您根据最近1个月的自我感觉，选择最符合的答案

① 急躁烦躁	□几乎没有	□有时有	□经常有
② 感到不安	□几乎没有	□有时有	□经常有
③ 静不下心	□几乎没有	□有时有	□经常有
④ 心情郁闷	□几乎没有	□有时有	□经常有
⑤ 睡不好	□几乎没有	□有时有	□经常有
⑥ 身体状况不好	□几乎没有	□有时有	□经常有
⑦ 不能集中精神	□几乎没有	□有时有	□经常有
⑧ 做事经常出错	□几乎没有	□有时有	□经常有
⑨ 工作中，感到强烈的睡意	□几乎没有	□有时有	□经常有
⑩ 没有干劲	□几乎没有	□有时有	□经常有
⑪ 感到疲惫不堪（运动后除外）	□几乎没有	□有时有	□经常有
⑫ 早晨起床时感到精疲力竭	□几乎没有	□有时有	□经常有
⑬ 与以前相比，容易疲劳	□几乎没有	□有时有	□经常有

第二部分　请您根据最近1个月的工作情况，选择最符合的答案

① 一个月内的加班	□没有或适当	□多	□非常多
② 不规律的工作（预定的变更、突然的工作）	□少	□多	—
③ 出差造成的负担（频率、时间约束、时差等）	□没有或很小	□大	—
④ 深夜工作造成的负担（晚10点～早5点的工作，从频率、时间长短等方面综合进行判断）	□没有或很小	□大	□非常大
⑤ 休息、小睡的时间数以及设施	□适当	□不适当	—
⑥ 工作带来的精神负担	□小	□大	□非常大
⑦ 工作带来的身体负担（指体力劳动、或在寒冷、炎热条件下工作等带来的身体方面的负担）	□小	□大	□非常大

自测表主要由两部分组成。第一部分是关于最近1个月间自觉症状的评价（自觉症状），调查劳动者对疲劳的主观感觉。它由13项构成，各项目得分的合计分4级：0～4分为Ⅰ级，5～10分为Ⅱ级，11～20分为Ⅲ级，21分以上为Ⅳ级。第二部分是关于最近1个月工作状况的评价（工作状况），调查劳动者对工作状况的感受。它由7项构成，各项目合计得分也分成4级：0分为A级，1～2分为B级，3～5分为C级，6分以上为D级。在此基础上根据“工作负担度分数表”（见表7-5）测算分数，并据此分数进行综合判定。

表7-5　工作负担度分数表

		工作状况			
		A	B	C	D
自觉症状	Ⅰ	0	0	2	4
	Ⅱ	0	1	3	5
	Ⅲ	0	2	4	6
	Ⅳ	1	3	5	7

判定	点数	工作负担度
	0～1分	低
	2～3分	较高
	4～5分	高
	6～7分	非常高

表7-2中，0～1分——工作负担度低，2～3分——工作负担度较高，4～5分——工作负担度高，6～7分——工作负担度非常高。一般认为，工作负担度的点数在2～7分的，有疲劳蓄积的可能性，有必要对目前的工作状况进行改善。

不同员工群体的压力源及压力管理

谁是企业压力最大的人？

一、人人“亚历山大”

宝利在20世纪80年代中期，伴随着中国的改革开放热潮进入中国市场，至今已发展成为在华跨国企业的成功典范，公司总部位于德国慕尼黑，是世界领先的汽车技术、工业技术、消费品和建筑智能化技术生产商之一。Jessica是宝利中国区人力资源部的员工关系经理，最近正在根据总部的工作计划做员工满意度调查的工作，在调查中她发现，看起来光鲜亮丽的工作，员工们的反应却是“亚历山大”！员工压力数据这几年连年提高，这引起了Jessica的注意。

与部门经理沟通之后，Jessica决定深入访谈一下，开始以为只有销售和生产这种一线部门的员工压力大，可访谈却发现，公司里各个群体都有员工声称感受到了工作压力，近一半人觉得工作压力已经影响了自己的生活或健康，并给工作带来了负面的影响。

二、基层员工抱怨

Nicky 是公司行政部的文员，她说家离办公地点远、用于上下班途中的时间长、中午休息时间短，长期没有得到升迁、整天做着“无聊”工作，都让她觉得很压抑。

Leo 是公司人力资源部的招聘专员，最近临近“校招”高峰期，他说自己的压力来自于工作量方面，工作任务重、经常加班加点，而且没有加班费，因为这属于他的招聘指标任务，所以多数的加班加点都是自愿的，但其实他不愿意。

Casco 是公司项目组里的销售专员，由于公司经常会接到临时项目，所以要从各个部门里临时抽调人员组成项目组，Casco 觉得自己的角色很模糊，既受原部门领导的指挥，又要在项目组里工作，职责不明晰让他感觉无所适从，很多时候不知道该向谁汇报。

Luna 是研发部的工程师，他说公司是跨国企业，不同文化背景的员工之间缺乏沟通，自己有意见得不到表达，而且工作中有很多不确定性，工作目标经常需要随项目变动而突然变动，这些都使得他们难以集中精力投入到研究工作中去。

三、高管满腹苦水

Jessica 又访谈了公司的管理层，结果也让她吃惊。

Bob 是中国区销售总监，他说最近他觉得自己都快患上了抑郁症了，公司对时间的控制相当严格，对于销售工作更是要求时间过半，任务必须过半，导致他经常被指标压得喘不过气；而且他不仅要受中国区高级经理的领导，还要受总部职能管理层的管理，常常需要飞来飞去，工作正在严重侵蚀自己的生活。

Amber 是中国区研发总工程师，他是搞技术出身的，现在要他管理整个研发团队，他觉得经常力不从心，因为薪酬并非市场高端水平，他要想尽办法留住骨干研发人员，另外，由于技术的革新和商业周期的变化，工作中很多不确定因素也给他带来的巨大压力，他甚至都想一走了之了。

四、ER 破解困境

“真是不谈不知道，一谈吓一跳，工作压力没有最大，只有更大啊，而且不同员工群体有着不同的工作压力来源。”一遍遍看着访谈报告，Jessica 着实为公司的员工们捏了一把汗，从上到下，各个压力不轻，作为 ER，她觉得自己有必要针对这样的现象赶紧想出对策，从公司和组织的角度出发，去干预和正向引导员工，让员工们可以释放掉这些压力，更快乐、轻松地投入到工作中。

第二天，眼睛有些红肿的 Jessica，拿着连夜赶出的“员工压力分类管理计划”，敲响了人力资源部总监办公室的门。

思考题

1. 结合案例，谈谈员工的压力都来自于哪些方面。
2. 员工工作压力会带来哪些后果？
3. 结合案例，谈谈应该怎样针对不同群体的员工进行压力管理。

问题解析

一、员工压力管理

工作压力是指在工作中产生或形成的各种压力，包括工作超载、工作欠载、人际沟通、角色冲突、角色模糊、工作条件、企业文化等。压力所造成的反应，有悲哀、愤怒、绝望、暴躁、压抑等。

员工压力管理是运用心理学和医学的方法，对企业员工进行心理缓解。压力管理并不能彻底消除压力，只是起到缓解、抑制、分散的作用，使员工有一种积极、乐观向上的心态。企业的命运与员工的心态息息相关，因此，作为企业的ER，一定要帮助企业领导控制和管理好员工的情绪、态度、工作理念，养成良好的工作行为习惯，这将对企业成败产生决定性影响。

二、压力源及不同压力源的压力管理

员工工作压力源，即员工工作压力的诱因、来源，是指产生工作压力的不同原因。针对不同的压力来源，企业控制和管理的方式也有所差异。

1. 社会压力

随着社会的发展，观念、职责甚至社会趋势都会给个人带来压力。由于社会压力的根源在于社会的发展变化，企业难以对其形成很大影响，只能通过企业文化、个性化管理方式，顺应社会发展的需要，缓解或深化社会发展对员工产生的压力。

2. 公司压力

企业自身的发展变化会对员工个人产生压力。企业发展面临激烈的全球市场竞争，兼并、重组、扁平化等企业组织结构、管理观念、运作方式甚至技术上的变化此起彼伏。企业本身剧烈的变动会给员工带来巨大压力。企业要控制来自内部的变动压力对员工的影响，就可以从控制自身变化幅度、提高员工应对能力两个方面入手，同时改善沟通，向员工解释原因，取得员工的理解，并使员工形成一定的心理准备，以缓解公司压力。

3. 人际压力

人际关系带来的不协调会产生压力。不同国家、地区、文化背景的人士合作共事，更容易产生人际压力。公司结构扁平化也可能给员工造成压力，因为工作资历相仿的员工之间的竞争更趋激烈。同时，同事间工作联系更为紧密，角色经常交叉，容易产生冲突。针对人际压力，企业可以通过和谐的企业文化，构建良好的沟通渠道，控制人际压力水平。

4. 生活压力

生活压力是指由于家庭等日常生活的变动或矛盾所产生的压力。不和谐的婚姻、家庭成员的疾病或意外受伤、子女的抚养和教育、家庭搬迁、异地工作等生活问题，都会产生生活压力。企业对于生活压力的控制和管理可以聘请专业人员，协助员工鉴别压力症状，并提供相应帮助，但在这方面企业通常只能起到辅助性作用。

5. 工作压力

当压力发生在工作场所时就称为工作压力，它是工作中个人处理问题的能力与意识到的工作要求之间不相称的反应。工作压力是工作环境与个体特征交互作用的产物。造成工作压力的因素可以分为三类：环境因素、个人因素、组织因素。

（1）环境因素。①就业条件恶化；②工作保障程度降低；③经济的不确定性；④政治的不确定性；⑤技术的不确定性等。

（2）个人因素。①对职业的关注。一个主要职业因素是对失业的担心。其次，是与工作不一致的地位。当人们做一项他认为不值得去做的工作时，他们会感受到压力。例如，所做工作并不具备当事人认为应该享有的地位（权力、威望）。这样一种职业关注还会产生一种按照超级标准完成工作的自我压力，同时也会使得个人特别轻易地批评和指责别人的成功。②工作区域的流动。工作区域的流动扰乱了日常生活的正常秩序，使员工的生活处于一种不稳定的状态。当工作区域的流动是工作变换的组成部分时，这种流动就会具有更大的压力，被迫流动的员工可能感到对工作失去控制，并且经受着工作环境中难以预料的困难。流动对家庭成员还可能带来问题，对刚迁移的那些员工，工作压力和家庭压力存在着恶性循环，在其个人的社会关系、经济关系或家庭生活中，这种变化越多，个人压力就越大，这种变化越快，压力也就越恶化。

（3）组织因素。①任务要求是与工作有关的潜在压力源。它包括员工的自主程度、工作变化程度和工作表现的反馈程度。②工作的物理环境也会造成压力，例如噪声，振动，流水线的速度、湿度、温度等。③职务要求涉及员工的个人价值同管理目标和组织价值之间的冲突。老板、管理人员和员工的不同期望也能造成压力。④由于职权不清造成员工对工作了解不透，不能明确知道从哪儿开始一项新分配的工作，因而造成压力。⑤大量的规定、高度集权、员工较少参与决策等，都是能造成压力的组织结构特征。⑥组织的领导模式。它是由高层领导人的领导风格形成的管理文化。一些领导者强调短期效益，希望用较少的资源和人力投入获得较高的产出，进行严格的财政控制，长期下来，这种文化会对员工形成压力，影响士气。⑦组织生命周期的发展阶段。它是指创建、成长、成熟和衰退的阶段。每个阶段都对员工造成特定的压力。例如，在创建和衰退阶段，公司的生存是不确定的，这两个阶段可能会伴有解雇和结构变动的特征。成长期和成熟期则可能造成组织过于僵硬和正规。

三、工作压力产生的后果

工作压力对个体与组织效能的影响既有积极的一面，也有消极的一面。问题的关键在于压力是否在我们应付能力范围之内。耶基斯—多德森定律就是描述压力与绩效的关系的，可以用倒U曲线形象地表示出来（见图7-1）。当工作压力过小或过大时，工作效率都较低，业绩受到负面影响。压力较小时，人处于松懈状态，效率自然不高，业绩也就不好。当压力逐渐增大时，压力成为一种动力，它会激励人们努力工作，效率将逐步提高，业绩也就会大大提高。当压力等于人的最大承受能力时，人的效率达到最大值，业绩达到最高。但当压力超过了人的最大承受能力之后，压力就成为阻力，效率也就随之降低，业绩也就下降。因此，压力对工作效率的影响要一分为二地看待。我们应找到这个最优点或最佳区域，并以此为标准，当压力较小时应适当增加压力，当压力较大时应缓解压力。要找到这个临界点，需要对感受压力的主体进行压力评估。

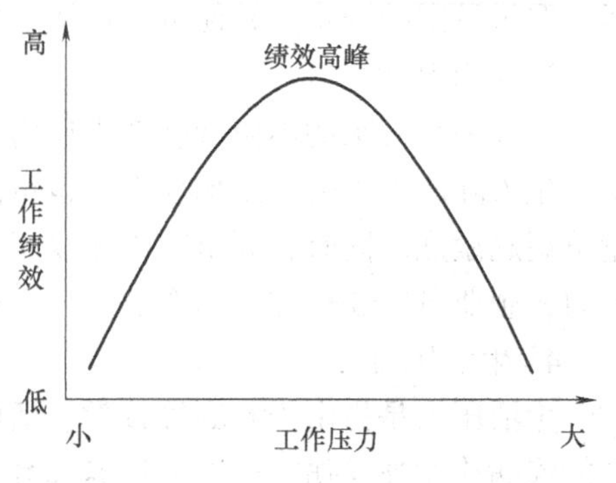

图7-1　耶基斯—多德森定律

笼统地说，压力管理并不是完全不要压力，而是根据不同群体的员工对象，将压力控制在一个相对良性的范围之内。因此，压力管理的内容包括三个方面：一是维持“良性压力”，二是消除“恶性压力”，三是在良性压力过大时开展“减压”活动。

操作建议

一、员工管理个人工作压力的策略

1. 心态情绪管理

通过各种放松技巧，如自我调节、催眠、生物反馈、进行放松活动等方法，员工自己可以减轻紧张感。在通常情况下，员工自己认为的最大问题对于他人来说也许根本不算问题，只要员工能够认识到这一点，由此产生的压力自然容易化解。认知心理研究发现：92%的压力是不必要承受的，必须承担的只有总数的8%。所以，我们要用或然率来排除心中的忧虑，或为忧虑订下“停损点”。对员工个体来说，压力管理的关键在于“消除没有建设性的忧虑”。

2. 自我疏导压力

当觉得没有自信，总觉得不如人、压力大时，还有一些独特的方式解压，例如：停止批评自己，把注意力放在已做好的部分；停止和别人比较，珍惜自己所拥有的。学习积极、正面地自我对话，写一张履历表，把优点都列上去，每周浏览；听音乐，大声唱，快步走，开怀笑，连接与愉快感觉有关的脑部组织，使情绪发泄，释放压力能量，消除负性情绪。

3. 时间管理

管理学家彼得·德鲁克说：“有效的管理者不是从他们的任务开始，而是从他们的时间开始。不是从作计划开始，而是从发觉他们的时间实际花在什么地方开始。在某些情况下，时间资源所获得的收益比资本和劳动力两项资源所能获得的收益要大得多、重要得多。”很多人不善于管理自己的时间，感觉很忙，压力很大，如果他们能恰当地安排好时间，那么他们在既定的每天或每周的时间段内所必须完成的任务就不至于落空。因此，根据轻重缓急进行时间管理，做工作列表，将复杂事情分解成各部分，理解并学会应用基本的时间管理原则有助于员工更好地应付工作带来的压力感。

4. 扩大社交支持网络

通过与朋友、家人、同事聊天可以排遣压力。因此，扩大自己的社交网络是减轻压力的一种手段，较多的人际交往能够减轻因工作压力过大而累垮的可能性。例如主动寻求专家帮助。有时员工自己有问题，他们会寻求专家帮助或临床咨询。希望得到这种帮助的人可以选择心理咨询、职业咨询、家庭咨询、生理治疗、药物治疗、外科治疗及工作压力咨询。

二、企业管理员工工作压力的策略

1. 创建社会支持系统解压

（1）工具性支持。工具性支持是指对处于“匮乏状态”下的低收入者、弱势群体提供财力、物质资源或所需服务等支持。这也可称为物质支持和有形支持。其行为有助于提高组织个体的工作热情与工作效率，降低工作倦怠感。

（2）情感性支持。情感性支持是指个体的价值、经验等受到他人的尊重、称赞和接纳，又称作表现性支持、自尊支持，其行为表现包括关心、理解、鼓励、温暖、信任、倾听、对价值观的肯定等，重要的是“共情”。营造良好的工作氛围有助于促成员工的归属感与整体感。当他们遇到压力时，会更多地寻找组织的管理与支持。

（3）认知性支持。认知性支持是指在信息方面提供支持，其行为表现包括肯定、反馈、社会比较、建议、忠告和认知指导，对于处于转变的个体非常重要。应选择一种新的、高层次的、积极的、利于他人和社会的心理认知代替旧有的心理认知，从而改变消极的心理状态。“失败乃成功之母”“化悲痛为力量”就是从失败的消极因素中，认识其中蕴含着的积极因素，使之成为个体奋起图强、取得成功的动力和契机。

(4) 友伴性支持。友伴性支持是指通过友伴从事活动，受人接纳，有所归依。它能帮助个体实现与他人合群与交往的需要，满足个体亲和需求，转移个体对压力事件的注意力。构建和谐的人际关系，建立畅通的沟通渠道，减少角色认知冲突，强化与员工的交流，特别是一对一的面谈，有助于减轻角色的模糊性和角色冲突，使员工自己能够把握压力，从而减少不确定性。这也可称为弥散支持和归属感支持。

2. 工作再设计解压

工作再设计是指重新设计员工的工作职责、内容和方法，解决工作负担产生的压力，以避免工作超载或欠载，减轻员工的压力感，增强员工的工作动机，以提高工作预期绩效。工作再设计的途径主要有：

(1) 工作轮换。工作轮换能让员工发挥多种才能、尝试新的工作职责、获得新的工作体验，达到工作动机的激发。在心理困境中，人的大脑里往往形成一个较强的兴奋灶。回避了相关工作的外部刺激，可以使这个兴奋灶让位给其他刺激引起的新的兴奋灶。工作兴奋中心转移了，也就摆脱了心理困境。

(2) 工作扩大化。工作扩大化是指员工完成各项任务的数目增加，使员工有机会施展多种技能，增加相应的经济报酬。工作扩大化有助于重新界定角色，解决角色冲突与模糊。工作扩大化也对员工的行为或考虑问题的方式提出挑战，使其激发出更大的激情与创造性。

(3) 工作丰富化。工作丰富化增大员工计划、组织、控制和评估自己工作的自主性与责任感。工作丰富化主要是改变员工完成工作任务的方式。让员工拥有确定的工作方法、进度、报酬等的自主权，本质是把部分或全部传统的管理权授予员工，使员工的能力与工作角色相匹配，以增加员工的控制感，有足够能力应对重要情景。

3. 人事甄选解压

任何减轻员工压力的尝试都必须以员工的甄选为起点。管理者需要确保员工的能力符合工作对能力的要求。当员工身处力所不能及的工作环境时，他们通常会感到很大的压力。可以通过对工作进行再设计增强工作的挑战性或减轻工作的负担。在人力资源配置中，应力求人与事的最佳配置，并清楚地定义该员工的角色、职责、任务。不同的员工在工作经验、个性等方面都存在差异。因此，进行甄选和安置决策时，应把这些因素考虑在内。

4. 员工参与活动解压

角色压力存在范围较广。因为员工对于工作目标、工作预期、上级对自己如何评价这类问题可能会有种不确定感，这些方面的决策能够直接影响员工的工作绩效，所以如果管理人员让员工参与这方面的决策活动，就能够增强员工的控制感，帮助员工减轻角色压力。具体来说，有下面三种方式：可以通过管理者、内部个人顾问或外部专业人士提供“员工咨询”缓解员工压力；可以采取为员工施加压力的“时间管理方案”，这对帮助员工分清生活中的轻重缓急十分有益；也可以采用“身体活动方案”，通过文体活动、聚餐郊游、保健等非常放松的活动，帮助员工保持生理和心理健康来进行解压。

员工健康管理——员工关系管理的新模式

新方法解开员工离职难题

一、陷困境难自拔

年终岁尾，广告界的大聚会正在一家高级会所进行，参与者均是国内各大广告公司的成功人士及高级经理，聚会是一方面，了解同行更是大家心照不宣的目的。在会所一个相对幽静的角落里，坐着一位有些惆怅的客人，大型合资广告公司汤姆逊的人力资源总监——郑江。

今天的场合显然不符合郑江的心情，他更愿意坐在角落里理理自己最近遇到的烦心事，接二连三的公司骨干跳槽，加薪无法挽留，晋升吸引力也不大，一筹莫展的郑江成为众矢之的，部门抱怨，老总责难，可原因呢？仍然找不到。

二、新计划来抢滩

很快有人注意到了郑江的落寞，天晟广告公司的高级副总裁梁丽走了过来，悄悄坐在旁边的沙发上。她是郑江的老朋友了，当年也曾力邀郑江加盟自己的公司，虽未如愿，但梁丽仍然欣赏聪明又勤恳的“铁人郑”。

两三句话，梁丽就明白了郑江的窘境，核心人才被挖走，原因却始终是个谜题，人力资源部的压力当然是巨大的。梁丽微微思索了一下，对郑江说道，“我想起一件事情，不知道是不是会帮到你。最近奥美公司挖了很多圈内精英过去，薪资的竞争力并不突出，但听说他们的人力总监在力推一项员工健康计划，正在从中高层员工开始施行，这可能是个原因。”

三、员工健康计划

郑江皱皱眉头，示意梁丽继续说下去。“实际上具体的情况我并不是很清楚，也是大家聚会闲聊时听到的，他们把这个计划叫做 EHP，就是 Employee Health Programs。”

梁丽稍微停了一下，有些无奈地说道，“广告业的强度和压力有多大你我都清楚，这两年有些朋友离开这个行业，有些甚至离开这个世界，实在让人惋惜。所以奥美专门针对广告业中的高压人群推出了这个计划，主要目标是服务那些出现各种健康或情绪问题，甚至影响到工作绩效的员工，帮助他们解决身心健康问题；内容主要是建立各种服务项目，引导员工学会健康的工作和生活方式，提升员工的健康程度。听说他们的这项计划成为了吸引人才的杀手锏，说不定也对你们公司的骨干起到了作用。”

四、沟通引起反思

郑江边听边点头，“的确，最近离职的大部分员工都年届 40，对健康越来越看重。也确实，有位离职员工跟我说起过企业似乎不太关心他们的健康问题。我当时还觉得好笑，个人健康是需要个人注意的，公司能做些什么？所以当时完全没有在意员工的诉求。这样看来，确实是我的问题和疏忽。但是 Kalinda，你觉得这个计划有那么重要吗？”

梁丽笑了笑，问郑江，“如果你的老板不仅关心你的业绩，还关心你的健康；如果你的人力资源总监有一天走进来对你说，郑总，您这个月的加班时数已经超限，您需要休息了；如果在你遇到健康问题时，公司能够为你提供资源迅速解决，Jason，你的感受如何？当然，这些都是我的猜测，这个计划到底要做些什么，我想，你会比我更加专业。”

思考题

1. 你认为健康应该是员工个人的事情还是企业的责任？
2. 结合材料，谈谈你认为企业进行员工健康管理有哪些好处。
3. 如果你是郑江，接下来你将制定哪些员工健康管理的制度？

问题解析

一、员工健康管理：一种现代化的员工管理新模式

当今社会，企业员工的健康状况令人担忧。某医疗机构发起的“2009 中国城市健康状况大调查”显示，参与调查的52 万名企业员工，仅有3%的人处于健康状态，剩下97%的人处于疾病或亚健康状态。中国适度劳动研究中心2012 年的调查数据显示，目前企业员工的职业疲劳现象还是较为严重的，有接近2/3 的企业员工存在不同程度的疲劳状况，其中重度疲劳员工占比达13.2%，时刻面临“过劳死”的风险。可见，企业员工的健康管理亟待完善。

健康管理最早起源于美国。健康管理的兴起主要是缘于无法遏制的医疗费用的上升、商业保险的发展及医疗健康理念的进步。健康管理是对个人及人群的健康风险因素进行全面控制的过程，旨在提高社会健康意识、改善人群健康行为、提高个人生活质量等的有计划、有组织的系统化的过程。

员工健康管理则是一项企业管理行为，它是通过企业自身或借助第三方的力量，应用现代医疗和信息技术从生理、心理角度对企业员工的健康状况进行跟踪、评估，系统维护企业员工的身心健康，降低医疗成本支出，提高企业整体生产效率的行为。员工健康管理体现了企业对员工的人文关怀，体现了对人的尊重和对人力资本的重视，这种管理模式迎合了现代企业管理的需求，成为现代化企业管理的新模式。

二、员工健康管理的意义

1. 有利于提高组织绩效和企业生产力

知识经济时代，人力资本的重要性逐步彰显，企业对组织绩效的改善，在很大程度上要着眼于员工本身。企业进行员工健康管理，一方面降低了员工健康风险对其能力发挥带来的限制，改善了企业人力资本的质量；另一方面，使员工感到企业的关怀，解除了员工的后顾之忧，优化了员工的工作动机与意愿，进而提升其努力程度，提高工作绩效。

2. 有助于增强企业凝聚力，促进企业可持续发展

凝聚力是企业作为一个团队生存的基础，也是企业发展壮大的必要条件。这种力量使组织成员心甘情愿留在组织中，为组织贡献自己的聪明才智。员工健康管理体现了以人为本的管理理念，可以增强员工的组织认同感和归属感，提高企业的凝聚力。实践证明，实施员工健康管理的企业，员工的离职率也相应有所降低。员工健康管理降低了人才流失的风险，有助于形成可持续性的人力资本，为企业的可持续发展奠定了良好的基础。

3. 有利于提升企业的形象和声誉

“体面劳动”是当今世界各国不断追求的劳动理念和劳动形态。为了使这个理念得到普遍实现，一些发达国家采取各种措施加以落实，其中就包括国际贸易中的“社会责任认证”（SA8000 标准认证）体系。在 SA8000 标准中，就有关于企业能否为员工提供一个安全健康的劳动条件和工作场所的规定。如果企业能够积极地实行员工健康管理措施，就能够在市场中为自己赢得尊重，提升自己企业的形象。

三、员工健康管理的内容

1. 健康的含义

世界卫生组织对健康的定义是：健康不仅仅是没有疾病或虚弱，它包括生理、心理、社会适应性的良好状态。生理层次主要是指生理结构完好和功能正常；心理层次也就是精神健康，是指人的心理处于完好状态，能够正确认识自我、认识环境；社会层次包括三个方面，即每个人的能力能在社会系统内得到充分发挥，个体能有效地扮演与其身份相适应的角色，个人的行为与社会规范相一致。

2. 员工的身体健康管理

在企业生产和经营活动中主要有两种对身体健康的职业伤害：一种是安全事故造成的身体伤害，另一种是有毒有害物质、环境和动作对健康的损害。对于前者，需要企业进行科学的安全生产管理，有效避免安全事故，保障员工生命安全；而对于后者，需要企业加强对各种职业病的防范，杜绝生产过程中的有毒有害物质或与职业性质密切相关的病症对员工健康的伤害。除了上述的传统职业伤害以外，随着时代发展，新的伤害还在产生。例如激烈的市场竞争和紧张的工作节奏，导致很多企业员工患有各种形式的“疲劳综合征”，给员工的身体健康造成严重的威胁。

企业的员工健康管理需要对这些职业伤害作出应对，主要包括以下几个方面：

（1）职业卫生防护和危害预防。企业必须设置有效的职业伤害防护设施，并为员工提供个人防护用品；采取有利于防止职业伤害的新技术、新工艺、新材料，逐步替代职业危害严重的技术、工艺、材料，不断改善工作条件和环境。员工健康管理的重点应在于预防和控制，而不是事后弥补。

（2）职业危害告知和培训教育。企业对生产过程中可能产生的职业危害不得隐瞒，应通过合同、公示栏、警示标志和提供说明书等方式告知员工，同时还应对员工进行上岗前、在岗期间的职业卫生培训和教育。

（3）职业危害检测和健康体检制度。企业应当定期对工作场所进行职业危害的检测和评价，不得将产生职业危害的作业转移给不具备防护条件的员工。对从事有职业性伤害的员工执行健康体检制度，发现职业病要及时治疗。对员工进行全面的体检，一方面可以了解受检者的健康状态，明确有无从事有害作业的禁忌症；另一方面还可以取得受检者的基础健康数据，建立健康档案，作为健康监护和职业病评定的原始依据。同时，还应建立员工定期健康评估的制度，持续观测员工的职业健康情况。

（4）职业伤害待遇和事故处理。企业对遭受职业伤害或安全事故的员工应当及时组织救治和进行健康检查；负责受害员工的诊断、治疗、康复和安置工作，并依法给予赔偿；对从事接触职业危害作业的员工给予适当的岗位津贴。

3. 员工的心理健康管理

员工健康管理包含了身心健康的双重管理。一般而言，心理健康是指个体的心理活动处于正常状态下，即认知正常、情感协调、意志健全、个性完整和适应良好，能够充分发挥自身的最大潜能，以适应生活、学习、工作和社会环境的发展与变化的需要。

长期以来，企业一直比较忽视员工的心理健康问题，对职业心理保健投入较少。但随着生活节奏的加快和竞争压力的增加，员工心理问题已成为企业管理中的重要问题。不仅影响员工潜能的正常发挥，而且关系到员工的工作效率和企业的生产经营活动。对员工进行心理健康管理，其主要目的是消除高负荷的工作压力带来的负面影响，促进员工的心理健康水平，进而降低管理成本，提高企业绩效。

企业的员工心理健康管理方案可以包含以下主要内容：

（1）创造良好的企业文化和民主管理氛围。企业要树立“以人为本”的管理理念，营造出尊重员工、重视员工的文化氛围，尽力将工作压力减小到员工可以接受的水平，不使员工经常处于一种焦虑和紧张的状态。管理人员要注意与员工保持交流和沟通，最大限度地调动员工的工作积极性。

（2）重视员工能力的开发。防治心理疾病最有效的方法是增强员工的自信心，消除紧张情绪，塑造健康人格。因此企业有必要设计员工能力开发的有效方案，不断提升员工的工作能力和技巧，增强员工对工作的胜任程度。实践证明，许多工作技巧都可以有效地阻止或缓解紧张的工作压力。

（3）创造科学舒适的工作环境。一方面，从人机工程学的角度出发设计科学、合理的工作过程和流程，强化员工与其工作环境的匹配程度，减少员工紧张情绪的产生来源；另一方面，积极防范可能的有害物质或环境对员工的精神伤害，及时发现病因，采取有效措施制止这些因素的发展和蔓延。

（4）对员工的心理健康进行必要的辅导和跟踪。通过设立心理咨询热线、设置心理辅导专员和员工互助小组等形式，积极开展对员工心理健康的辅导和疏通；同时建立员工健康档案，积极跟踪员工的心理精神状态，警惕一些员工由一般的心理疾病恶化为精神障碍性疾病。

操作建议

员工的健康就是财富的源泉，企业人力资源部门不仅要推动员工高效地工作，更重要的还在于推动员工健康地工作。员工健康管理体系的良好运行，离不开企业的健康管理制度。在企业中实行有效的健康管理就是要建立一个全面、系统性的个体健康管理体系，主要包括建立个人健康档案、设计与实施有针对性的健康干预措施、对实施效果的反馈与调控等。

一、建立个人健康档案系统

1. 身体健康档案

企业可以在员工入职体检时即为其建立个人身体健康档案，并通过个人健康信息调查表了解其习惯和生活方式（如吸烟、饮酒、运动、饮食、睡眠等）、病史、家庭病史、预防接种情况、婚姻生育史等。同时，应根据每次的体检结果更新档案数据。员工可以通过密码登录到自己的身体健康档案页面，查看体检信息，了解自己的健康隐患与改善措施。

2. 心理健康档案

企业以员工应聘时的心理测评、面试及调查结果建立档案，在入职后记录心理筛查、心理访谈、测评结果等信息。档案记录应主要包括员工的个性、情绪、压力承受度、紧张度等心理健康因素。同时通过定期的心理测评，对照心理健康指标，发现出现不良心理倾向的员工，并对其进行密切关注，启动相应的干预方案。

二、设计差异性的健康管理措施

健康管理专员对健康数据进行分析和评估，将员工分为健康群、亚健康群、疾病群体三类，分析评估员工目前的健康状况、健康影响因素，预测未来几年内的健康隐患，进行针对性的积极干预。

1. 安排有针对性的体检项目

根据个人健康档案信息，依其健康状况及存在的健康隐患，制定有针对性的体检项目与复查周期，保证员工定期体检。

2. 积极开展疾病预防和治疗

将体检结果反馈给员工本人，并对那些有健康隐患的员工提出改善措施，对其营养调整、运动健身、生活习惯等进行个别指导。如果是已经患病的员工，则应为其提供相应的医疗咨询服务，并促使其尽快就医。

3. 提供心理健康辅导服务

根据心理健康档案信息，针对团体或个别员工采取建立心理支持系统、开展有针对性的心理培训、实施 EAP 等多种援助方案。可通过在企业内部设立心理咨询室或与外部心理咨询公司签订服务协议等形式，向员工提供个别、隐私的心理辅导服务，如电话咨询、网上咨询、个人面询等形式，解决员工的心理困扰。

三、优化工作环境

在企业办公场所内设立休闲设施，如健身中心、SPA 空间、阅览室、乒乓球室、棋牌室、按摩室、咖啡吧等，让员工在工作间歇获得身心的放松。同时，工作环境设计应体现人体工程学的原理，并关注空气、温度、噪声、光线、装饰、拥挤度、整洁、绿化等，为员工提供舒适的工作空间。

四、拓展良好的人际关系

企业可以通过组织旅游、参与拓展训练等方式，让员工在放松身心的同时，培育良好的团队氛围。此外，企业还可以在工作之余为员工提供与家人相伴、娱乐休闲的机会，关注员工的家庭、生活状况，并协助解决阶段性困境。

五、健康管理实施效果的反馈

管理体系实施一阶段后，应通过例行健康体检、对员工进行问卷调查等形式了解健康管理措施是否具有成效。如果不显著，则需更新该员工的健康管理方案并进行新一轮的效果评价，直到员工健康评价结果良好。

员工社会保险全覆盖

谁该为你的医疗费买单？

一、刚入职却受伤

2012 年 6 月 13 日，姚冰终于找到了新工作，在当地知名的红日制衣厂做库管，尽管姚冰学历不高，不过这家合资工厂看中了他退伍军人的身份和诚恳的态度，与他签订了五年期的劳动合同，同时约定前三个月为试用期。找到了一家效益还不错的单位，全家人欢欣鼓舞，姚冰也在第二天，6 月 14 日，走上了自己的新岗位。

生活好似步入了正规，6 月 23 日，也就是上班后的第 10 天，姚冰和妻子如往常一样下班后一同到幼儿园接女儿回家，一家三口回到家时，天已经黑了，楼道的电灯也不合时宜地坏了。姚冰抱起女儿摸黑上楼，不想脚下一滑，身体重心不稳，猛得向后跌去，姚冰抱紧了女儿，可自己的腰和右腿都受了伤，腿部的骨折尤其严重，妻子急忙喊来邻居，把姚冰送进了医院。

二、遭遇雪上加霜

就在姚冰治疗期间，却意外接到了工厂人力资源部打来的电话，制衣厂以合同试用期内姚冰出现意外、身体状况已不符合工厂的要求为由，决定解除与姚冰签订的劳动合同，并且拒绝为姚冰负担医疗费用。

这对于姚冰一家来说无异于另一个噩耗，家里的顶梁柱受伤住院，没有了收入，还需要支付一天一天逼近的治疗费，姚冰和妻子陷入了窘境。无奈而又心寒的姚冰思前想后，也四处打听，最终决定委托妻子作为代理人，向劳动争议仲裁委员会提出了申请仲裁的请求。

他的仲裁请求主要包括以下几点：①要求撤销制衣厂作出的与本人解除劳动合同的决定，恢复双方的劳动关系；②要求制衣厂按照厂内医疗费报销规定为本人报销医疗费；③要求制衣厂给予本人三个月的医疗期；④要求厂方的补充医疗保险为自己的医疗费用报销。

三、工厂据理力争

接到仲裁通知的人力资源部经理老陈略有些意外，虽然工厂有比较全面的员工健康保险计划，但是姚冰的情况确实特殊，是无法覆盖的。其一，姚冰在试用期内非因工负伤，造成骨折后需要住院治疗，此时其身体状况已经不符合工厂库管人员的任职要求，所以厂方有权解除劳动合同。其二，姚冰刚刚入职，工厂还没有来得及为他缴纳社会保险费，由于没有转正，不是本厂正式职工，所以也不应当享受医疗期和医疗费用报销的待遇。其三，虽然厂里为员工购买了补充医疗保险，但也在《员工手册》中明确规定只有正式员工才有权享受，姚冰尚未转正，不属于正式员工，因此也不能享受。

老陈觉得，姚冰的情况确实属于运气不佳，于情于理都不该归罪于工厂，与老板沟通后，老陈再次拨通了姚冰的电话，希望能够和他再好好谈一谈。

思考题

1. 结合材料，分析姚冰和公司的解释哪个更有道理。姚冰能够享受医疗期待遇吗？
2. 企业的社会保险责任有哪些？你认为姚冰的医药费应该由谁来承担？
3. 什么是补充医疗保险？姚冰可以享受企业的补充医疗保险待遇吗？
4. 结合实际，你认为人力资源部门应该如何更好地推动企业为员工做出更全面的保障？

问题解析

一、试用期的医疗期问题：试用期内能否享受医疗期待遇？

在上述案例中，红日制衣厂认为姚冰尚在试用期，并非工厂的正式职工，因此不能享受医疗期待遇。那么在试用期内的员工到底能否享受企业的医疗期待遇呢？对于这一问题，首先要明确法律关于试用期的有关规定。

试用期是指包括在劳动合同期限内，用人单位对劳动者是否合格进行考核，劳动者对用人单位是否符合自己要求进行了解的期限。按照《劳动合同法》第十七条和第十九条的规定，劳动合同应当具备劳动合同期限条款，试用期包括在劳动合同期限内。换言之，试用期内，劳动者和用人单位已经确立了劳动关系，劳动者已经是用人单位的职工。所以，试用期内，劳动者应当享有全部的劳动权利，包括取得劳动报酬的权利、休息休假的权利、获得劳动安全卫生保护的权利、接受技能培训的权利、享受社会保险和福利等权利。

原劳动部发布的《企业职工患病或非因工负伤医疗期规定》（劳部发［1994］579 号）第二条明确规定，医疗期是指企业职工因患病或非因工负伤停止工作、治病休息，不得解除劳动合同的时限。第三条中同时规定了具体的时限，即企业职工患病或非因工负伤，需要停止工作、进行医疗时，根据本人实际参加工作年限和在本单位工作年限，给予 3～24 个月的医疗期。实际工作年限 10 年以下的，在本单位工作年限 5 年以下的，医疗期为 3 个月，5 年以上的为 6 个月。实际工作年限 10 年以上的，在本单位工作年限 5 年以下的为 6 个月，5 年以上 10 年以下的为 9 个月；10 年以上 15 年以下的为 12 个月，15 年以上 20 年以下的为 18 个月，20 年以上的为 24 个月。

二、“五险一金”：姚冰的医药费应由谁负担？

“五险”指的是养老保险、医疗保险、失业保险、工伤保险和生育保险，“一金”指的是住房公积金。其中养老保险、医疗保险、失业保险和住房公积金是由企业和个人共同缴纳的，工伤保险和生育保险完全由企业来承担，个人不需要缴费。“五险”是强制办理，而“一金”则并非强制。具体的缴付比例各地都不同，以北京地区为例，单位和个人缴纳比例如表 7-6 所示。

表 7-6　各项社会保险单位和个人缴纳比例（以北京地区为例）

	单　位		个　人	
养老保险	20%		8%	
	17%划入社会统筹基金	3%划入个人账户	全部划入个人账户	
医疗保险	10%		2% +3 元	
	9%基本医疗	1%大额医疗互助保险	2%基本医疗	3 元大额医疗互助保险
失业保险	1%		0.2%	
工伤保险	根据行业性质确定缴费比例		个人不缴费	
生育保险	0.8%		个人不缴费	

五项社会保险是保障员工由于生老病死而丧失劳动能力、暂时失去劳动岗位或因健康原因造成损失时，提供收入或补偿的一种社会制度，它是员工劳动力再生产的一种手段，也是实现员工互助共济的方式。作为企业的人力资源管理人员，一定要遵循国家法律，积极为员工的切身利益着想，及时为员工按时、足额缴纳社会保险费。

而上述案例中的姚冰，已经和红日制衣厂签订了正式的劳动合同，属于企业的在职职工，制衣厂理应为其缴纳社会保险费；且不能以姚冰处于试用期为由，拒绝或拖延为其参保。

三、企业补充医疗保险：姚冰能否享受企业的补充医疗保险?

与企业必须为职工缴纳基本医疗保险不同，企业的补充医疗保险制度是有能力的企业在参加基本医疗保险以外，自主建立的，为提高企业员工医疗保险待遇的制度。可以说，企业补充医疗保险完全是出自企业自愿的行为，而非强制性。企业为员工建立补充医疗保险，也是希望这一福利政策能够成为企业吸引员工、提高待遇水平的有效手段。

企业补充医疗保险的管理方式主要有三种：企业自办、医保管理机构经办、委托商业保险公司代理。企业自办的方式是指企业按照规定提取资金设立专户，单独建账，单独管理，专款专用。其最大的优点是企业自主性比较强，管理费用相对较低。医保管理机构经办的方式是指企业到医保经办机构办理有关手续，按照规定缴纳费用，基金由保险经办机构单独列账管理，专款专用。其最大优点是与基本医疗保险衔接紧密，保障能力较强。委托商业保险公司代理的方式是指根据商业保险公司提供的承保方案进行缴费，基金由保险公司运作。最大优点是减少了企业管理的负担。由于补充医疗保险的非强制性，因此每个企业可以根据自身情况选择适合自己的补充医疗保险管理方式。

操作建议

建议完整、系统的员工社会保险体系，不仅是法律的要求，也是现代企业员工关系管理成熟的一种表现，对于企业来说，一方面降低了可能承担的经济风险，另一方面，也是留住员工、激励员工的重要手段，员工关系管理人员在进行操作时要注意以下重要的事项：

(1) 一切劳动关系的建立与维护都要以国家法律作为底线，企业切勿以减少成本或工作量为由，逃避法律义务，拒缴社会保险费，最终吃亏的仍会是企业自身。

(2) 社会保险费必须依法缴纳，不符合法定方式的规定都是无效的。因此，企业与员工自主约定，减少缴费额或缩小保障范围等的有关条款，其本身都是违法的，自然也是无效的，更不能直接把应缴的社会保险费套现给员工。

(3) 企业要明确社会保险与商业保险、基本保险与补充保险的关系与区别。社会保险是国家立法强制实施的，具有强制性、福利性、非营利性。商业保险则完全是企业或个人自主投保的，具有营利性。一般来说，社会保险只能保障员工在遭受损失时的基本需求，被称为基本保险；而补充保险则是有能力的企业在基本保险的基础上自愿参保，以保障员工更高水平的需求，企业可以根据自己的情况，灵活确定享受的条件和享受的待遇水平。

(4) 企业人力资源管理部门一定要及时缴纳社会保险费，杜绝各种原因造成的欠缴、漏缴和补缴的发生，以免给单位和个人造成不必要的损失。

(5) 人的生老病死是自然规律，员工关系的融洽与和谐离不开社会保险，企业一定要重视员工的基本保障，同时努力推进企业年金和补充医疗保险制度的实施，为员工提供全方位的保障，使员工无后顾之忧，提高员工忠诚度和融入感。

(6) 员工关系的建立与维护，离不开沟通这一桥梁。因此，人力资源部一定要就社会保险及补充保险的相关细则，与员工进行沟通，以免后期不必要的麻烦与纠纷。

第八章　解雇与裁员管理

离职文案很重要

疏忽“事小”，风险“事大”

一、另谋高就

王梓是天晴伞业公司去年新招聘来的业务员，他的能力是有目共睹的，聪明、反应快、有着“自来熟”的本领，销售成绩斐然。不过王梓当初到天晴公司工作并不是长久的打算，他始终觉得自己应该到一个规模更大、产品技术含量更高的公司做业务员，才不枉费自己的一身“武艺”。

尽管在天晴公司工作，可王梓并没闲着，简历投出了一箩筐，终于通过了一家财务软件公司的面试，底薪是现在的两倍，提成也更高一些，这种待遇让王梓毫不犹豫地选择了辞掉天晴公司的工作。于是第二天，王梓就向人力资源部的员工关系主管严丽提出了离职，并提交了辞职信。

二、“迅速”离职

严丽跟王梓打过交道，虽然接触不深，但是王梓有些高傲的态度却让严丽记忆犹新，几次要求提薪，也常有请假，这一切都让严丽觉得，王梓的离职对于企业来说并不是损失，而是一个福音。

于是严丽简单了解了一下情况，没有多做挽留，并跟王梓说明离职申请需要让部门主管和经理先签字确认，然后再交来人力资源部，就会马上给他办理离职。着急的王梓匆匆忙忙找到自己的销售主管和部门经理，向他们表示人力资源部已经同意自己离职，希望主管和经理能在自己的辞职信上签字，才可以办理离职手续。销售主管吴楠和销售部经理邵正听说人力资源部已经批准，便不再多说什么，分别签了字。当然，吴楠和邵正也有自己的打算，天晴公司的销售团队很讲究团队协作，而王梓绝对是其中的异类，虽然能力过人，可是却与销售部风格相差较大，走了就走了吧。

就这样，王梓的离职手续就在大家心照不宣的默契中办好了，仅仅用了一天时间，员工关系管理专员小美在当天下班前就为王梓办好了离职手续。

三、状告“前任”

经过了一个月的交接，王梓如愿到了新单位上班，可是在新单位的试用期王梓却并未受到赏识，他一贯的态度和一贯的做法让新单位的销售部门也很快发现了他的问题，于是在试用期结束前便通知他不予录用。

沮丧的王梓一筹莫展，新工作没成，前一份工作也丢了，怎么办？下个月自己的吃喝都成了问题。就在这时王梓想起了自己的那封“辞职信”，天晴公司匆匆忙忙给自己办了离职，一分钱没有补偿自己，是不是可以到劳动争议仲裁那里申请支付剩余工资和经济补偿金啊？王梓懂些《劳动法》，于是，在离职两个月后，王梓将“前任”告上了劳动争议仲裁委员会。

四、疏忽坏事

收到仲裁庭通知的严丽也吃了一惊，马上找来了小美复核这件事情，两人翻出王梓当时的离职信，看得出王梓当时的急切和匆忙，那张纸上只是简单说明了自己的工作情况，辞职理由不详，意欲离职时间不详，只留下一行字看着刺眼：“请公司批准解约！”批准？解约？下面就是吴楠和邵正的签字。小美有些着急了，“严经理，我当时太着急了，这个辞职信可能是有些问题的，我们大概还得搜集一些其他的证据，才能应诉吧。”

严丽皱起了眉头，一直以来比较混乱的文案管理很有可能要在这件事情上吃亏了，吃一堑长一智，现在还能做些什么？严丽理了理思路，跟小美说道，“小美，两件事情，一是马上去找其他的证明王梓是主动提出辞职的证据；再一个，马上开始着手制作规范的离职文案，不能再让这种混乱的辞职信在公司满天飞了！”

思考题

1. 案例中，公司员工关系管理中存在的什么问题给公司带来了风险？
2. 针对案例中存在的问题，你认为可以采取何种措施进行完善？
3. 员工关系管理中，针对不同的离职，需要哪些类型的离职文案？

问题解析

一、员工离职的内涵

简单来讲，员工离职，即双方劳动关系的解除或者终止。员工离职涉及双方诸多权利义务的厘清，也意味着劳动关系存续期间权利义务的终结。这个过程如果处理不当，企业将面临相应的法律风险，并要支付相应成本。此外，从管理的角度来看，员工离职是员工流动的一种方式，员工流动是否合理对企业人力资源的配置来说至关重要。因此，在管理上，企业人力资源部应当重视员工离职管理和离职状况分析。

二、员工离职的类型

从员工个人意愿来看，员工离职分为主动离职和被动离职。顾名思义，主动离职即员工自愿提出离职，主要有员工辞职、双方协商解除劳动合同及合同期满员工自愿不续约。与之相对，则是被动离职，主要包括解聘、裁员及合同期满企业不再续约等。

从法律规定的角度来看，根据《劳动合同法》的规定，员工的离职又可分为劳动合同的解除和劳动合同的终止两大类。劳动合同的解除是指劳动合同订立以后，尚未履行完毕或者未全部履行以前，由于合同双方或者单方的法律行为导致双方当事人提前消灭劳动关系的法律行为。劳动合同的终止是指劳动合同的法律效力依法被消灭，即劳动关系由于一定法律事实的出现而终结，劳动者和用人单位之间原有的权利义务不再存在。

其中，劳动合同的解除可分为协商解除和法定解除。协商解除是指双方在不违反法律规定的前提下，协商一致解除劳动合同。法定解除是指根据法律劳动合同解除的条件出现时，双方当事人根据规定提前终结劳动关系。法定解除又分为用人单位单方解除劳动合同（包括过失性解除、无过失性解除、经济性裁员）和劳动者单方解除劳动合同（主要指辞职）。而劳动合同的终止分为劳动合同期满终止、劳动者主体资格消灭终止及用人单位主体资格消灭终止三大类。

三、离职文案的含义和类型

离职文案是指劳动关系当事人就劳动合同解除、终止事宜制作的文件。离职文案与员工的离职类型有关，不同的离职类型应制作相应的离职文案（详见表8-1）。

表8-1 离职类型与离职文案对应关系一览表

离职类型	离职文案
协商解除劳动合同	《劳动合同解除协议书》
用人单位单方解除劳动合同	《劳动合同解除通知书》
劳动者单方解除劳动合同	《辞职通知书》
劳动合同终止	《劳动合同终止通知书》

（资料来源：石广先，《劳动合同法下的员工关系管理》，中国劳动社会保障出版社，2008年。）

从表8-1可以详尽地看出，协商解除劳动合同的文案为《劳动合同解除协议书》，用人单位单方解除劳动合同的文案为《劳动合同解除通知书》，劳动者单方解除劳动合同的文案为《辞职通知书》，劳动合同终止的文案可以称为《劳动合同终止通知书》。

四、离职文案的作用

在员工离职管理中，离职文案起到了非常重要的作用。具体而言，主要有以下几方面：

（一）避免可能的法律风险，降低员工离职成本

《劳动合同法》对不同类型的员工离职有不同的法律限制规定。如员工主动离职受到的法律限制较少，而用人单位解除劳动关系则受到解除条件、程序及补偿金支付等多方面的严格法律限制。同时，不同情况下的不同类型离职，双方的权利义务也不相同。因此，员工离职对用人单位来讲还是面临着相应的法律风险和辞退成本的。在实践中，我们也能看到员工离职阶段是企业劳动争议的高发期。因此，企业人力资源部提前作好准备，严格依法操作，做好员工离职管理工作是非常重要的。这其中员工离职文案的详细、合理、合法起着基础性的作用，针对不同类型员工离职的合理合法的离职文案不但在员工离职过程中为员工关系专员带来方便，而且可以帮助企业避免员工离职管理中的法律风险，并可以控制员工离职的成本。

（二）出现劳动争议时，离职文案是重要的证据

员工离职有很多不同的类型，且法律针对不同类型的员工离职有不同的法律限制规定，特别重要的是，不同类型离职，法律规定的双方的权利义务也不相同，涉及的用人单位补偿金的支付也可存在不同。因此，出现争议时确定员工离职的类型至关重要。那么，劳动关系

终结后，一旦出现争议纠纷，如何区分员工离职的类型呢？这时，离职文案就是重要的区分手段。如果没有留下离职文案，则可能无法说清离职类型。在这种情况下，容易给用人单位带来不利影响。

离职文案是重要的书面证据。当双方在离职相关事宜上产生纠纷时，通常会涉及经济补偿金、赔偿金等问题，而用人单位是否要承担这些责任，离职类型的界定非常重要，离职文案正是界定的重要证据。

（三）离职文案可以确定劳动争议的时效起始点

当用人单位与员工就离职问题发生纠纷时，争议的时效也是备受关注的。《劳动争议调解仲裁法》规定“劳动争议的时效从当事人知道或应当知道之日起开始计算。”此外，关于员工离职争议的时效起算，《最高人民法院关于审理劳动争议案件适用法律若干问题的解释（二)》规定，人民法院审理劳动争议案件，因解除或者终止劳动关系产生的争议，用人单位不能证明劳动者收到解除或者终止劳动关系书面通知时间的，劳动者主张权利之日为劳动争议发生之日。从以上的规定我们可以看出，离职文案的制作和送达的重要性。

五、离职文案制作的注意事项

离职文案对企业的员工离职管理至关重要，但是往往在现实中，在制作离职文案的过程中，企业总是难免出现这样或者那样的问题。那么，离职文案的制作都应该有哪些需要特别注意的呢？归纳起来，有以下几点：

（一）应明确离职的时间

时间是任何法律文案都必须重视的问题。无论是劳动合同解除还是劳动合同终止，与之相对应的离职文案都应当清楚写出双方劳动关系维持到哪一天。因为这涉及劳动关系终结的时间、工资支付及经济补偿金的计算等。

（二）应明确离职的理由

除了《劳动合同解除协议书》可以不写解除理由，其他的离职文案必须明确离职的理由。因为协商解除劳动合同只需双方协商一致即可，不需要知道背后的原因。而其他类型的离职文案都要明确离职的理由。

当用人单位单方解除劳动合同时，《劳动合同解除通知书》要说明解除理由。因为用人单位解除劳动合同可分为过失性解除、非过失性解除和经济性裁员三种，而这三种不同的解除劳动合同的方式，用人单位的责任不同。比如，过失性解除劳动合同用人单位不用支付经济补偿金，而非过失性解除的用人单位则需要支付经济补偿金。因此，为厘清用人单位是否应支付经济补偿金及支付数额，《劳动合同解除通知书》应当明确解除理由。而员工单方解除劳动合同的《辞职通知书》也应当写清员工离职原因和时间，以免发生纠纷。

对于劳动合同终止，《劳动合同终止通知书》应当明确劳动合同终止理由，同时还要说明劳动合同期满哪一方不愿意续签合同。因为《劳动合同法》规定，劳动合同期满，用人单位不同意续订，无论劳动者是否同意续订，劳动合同终止，用人单位应当支付经济补偿金；若用人单位同意续订且维持或者提高劳动合同约定条件，但劳动者不愿意续订的，用人单位不用支付补偿金；若用人单位同意续订但是降低劳动合同条件的，劳动者不愿意续订的，用人单位要支付补偿金。从法律规定可以看出劳动合同的终止原因涉及用人单位补偿金的支付，因此这些要明确在离职文案里。

（三）应明确经济补偿金相关事宜

虽然法律对经济补偿金的支付情形、支付标准及计算方式都有明确规定，但是为了防止纠纷的发生，用人单位在离职文案中最好明确是否需要支付经济补偿金、支付多少经济补偿金及何时支付经济补偿金等事项。

（四）协商解除的，应当明确解除合同的要约方

根据《劳动合同法》，如果用人单位提出解除劳动合同的要约，双方协商解除合同的，用人单位应当向劳动者支付经济补偿金；如果是劳动者首先提出解除劳动合同要约，双方协商解除劳动合同的，则用人单位无须支付经济补偿金。因此，《劳动合同解除协议书》必须明确是哪一方发出的协商解除要约，这涉及用人单位是否支付经济补偿金的问题。

（五）用人单位单方解除合同的，要列明基本事实

因为用人单位单方解除劳动合同涉及三种不同类型，且三种责任不同，所以在《劳动合同解除通知书》中，要写明解除合同的基本事实。比如，员工严重违纪、无法胜任工作的事实等。同时，用人单位还要有证据能证明这些事实。因为一旦有纠纷，这部分的举证责任在用人单位，没有证据可以证明的事实在法律上是不成立的。

操作建议

一、具体操作流程建议

1. 制作规范的离职文案，并及时更新

每种类型的员工离职方式都要有与之相对应的法律文案，以保障离职方式和双方法律责任的明确。在员工离职管理过程中，确认离职文案没有问题后再进行下一步工作。同时，必要时在制作离职文案的过程中可以咨询员工关系专业顾问或律师，以提高文案的科学性、合法性。此外，依据企业管理及外部法律环境的变化，及时更新离职文案的内容，以与时俱进。

2. 根据员工离职的不同类型，应用不同的离职文案进行处理

员工关系管理者应该区分员工的不同离职类型，应用相应的文案作区别处理。员工离职分为协商解除劳动合同、用人单位单方解除劳动合同、劳动者单方解除劳动合同和劳动合同终止等类型，与之相对应的离职文案有《劳动合同解除协议书》《劳动合同解除通知书》《辞职通知书》和《劳动合同终止通知书》。管理者在甄别员工离职的类型后，应用相应文案进行处理。

3. 将离职文案及时、有效地送达给员工，并保留相应证据

企业制作好的离职文案，只有送达给员工了才能产生相应法律效力。因此，企业应当确保离职文案已送达给员工。一般来讲，离职文案送达方式包括直接送达、留置送达、邮寄送达、公告送达。需要注意的是，无论是哪种送达方式，在送达后，企业都要保有已送达的证据，比如说员工签字确认已收离职文案、第三方证明已送达等。

同时，企业要确保离职文案送达时间符合法律规定。根据法律规定，协商解除劳动合同的，对《劳动合同解除协议书》的送达无时间要求，随时可以送达给对方。用人单位过失性解除劳动合同的，不需要提前送达；用人单位非过失性解除劳动合同的，则需要提前30

天将《劳动合同解除通知书》送达给员工；经济性裁员的，用人单位履行法定程序即可。劳动合同终止的，法律并无特殊要求，但是为防止争议产生，企业最好提前30天将《劳动合同终止通知书》送达员工。

二、相关离职文案样本

劳动合同解除协议书

甲方	××公司	乙方	×××
合同签订时间	年　月　日	协商解除要约方	（涉及是否支付补偿金，需写明）
合同解除时间	年　月　日	事由	（可不填写）

相关申明：

甲、乙双方根据《劳动法》《劳动合同法》以及国家、地方政府有关规定，双方在遵循平等自愿、协商一致、诚实信用的原则下，经协商同意解除双方的劳动合同，并达成如下协议：

一、甲乙双方于____年____月____日解除劳动合同。

二、甲方继续支付乙方____年____月____日至____年____月____日的工资，共____元，于____年____月____日前打到乙方的工资卡里。

三、甲方依据《劳动合同法》第四十七条的规定，给予乙方相当于乙方____个月工资的经济补偿，共计____元，于____年____月____日一次性打到乙方的工资卡里。（如是乙方要约协商解除劳动合同，则甲方不支付补偿金）

四、乙方应于__年__月__日前办理好工作交接、相关的离职手续及与甲方办理劳动合同解除及劳动关系转出手续。

五、甲乙双方解除劳动合同后，乙方不得做任何有损甲方形象或利益的行为，否则甲方除有权停止向乙方支付本协议约定的全部款项外，还有权追究乙方相应的法律责任。

六、甲乙双方解除劳动合同后，甲方不得以任何方式对乙方进行诋毁、诽谤、恶意中伤及任何有损乙方形象或利益的行为，否则乙方有权追究甲方相应的法律责任。

甲方（单位公章）：

经办人（签章）：

乙方（签章）：

年　月　日

注：本协议一式两份，双方各执一份，自双方签字盖章之日生效。

劳动合同解除通知书

______同志：

你于____年____月____日与本单位签订/续订的劳动合同，因下列原因，依据法律规定，本单位决定于____年____月____日解除双方的劳动合同。请你在____年____月____日前到所在单位人事部门办理工作交接、劳动关系和社会保险转移等相关手续，逾期不办理手续者责任自负。

特此通知！

相关事宜陈述如下：

1. 解除合同事由证据陈述：

2. 法律依据：

3. 经济补偿金相关事宜（是否支付，如不支付写明理由；如支付则写明支付额度、何时、以何种方式支付）：

4. 其他事项：

人力资源部（单位公章）：

经办人（签章）：

签收人（签章）：

年　月　日

注：本协议一式三份，双方及工会各执一份，自双方签字盖章之日生效。

辞职通知书

公司人力资源部：

本人于________年____月____日与单位建立了劳动关系，在单位已工作了____个月，由于个人原因，现依据《劳动合同法》第三十七条的规定提出解除劳动关系，我将于30天（试用期3天）后离开单位，请单位找人做好接替工作，我也会在30天内做好工作移交，请单位依据《工资支付暂行规定》第九条的规定，劳动关系双方依法解除或终止劳动合同时，用人单位应在解除或终止劳动合同时一次付清劳动者工资；并按照《劳动合同法》第五十条的规定及时办理离职手续，出具解除劳动合同证明。

通知人（签章）：

年　月　日

注：本通知书一式两份，双方各执一份，自双方签字盖章之日生效。

劳动合同终止通知书

______同志：

你于____年____月____日与本单位签订/续订的劳动合同因下列第____项原因于____年____月____日终止。

1. 劳动合同期限已满；（此项原因终止的，要标明哪一方不愿意续签的，且说明理由）

2. 劳动合同当事人实际不履行劳动合同已满三个月；

3. 当事人约定的劳动合同终止条件出现；

4. 其他________________。

请你在____年____月____日前到所在单位劳动人事部门办理劳动合同终止手续，逾期不办理手续者责任自负。

根据有关规定，符合（或不符合）发给经济补偿金，于____年____月____日一次性发给相当于本人____个月的工资人民币____元整。

特此通知！

人力资源部（单位公章）：

经办人（签章）：

签收人（签章）：

年　月　日

注：本通知书一式两份，双方各执一份，自双方签字盖章之日生效。

协商解除劳动合同

如何做到和平“分手”

一、公司遭遇发展困局

智信软件公司这两年的发展遭遇了从未遇到过的困局，公司成立之初由于市场空间广阔，业绩一直不错，不过这几年软件业的竞争激烈，公司的市场份额明显萎缩，尽管公司在努力调整战略方向、明确定位，但是转型的缓慢遭遇快速的市场发展，公司经营还是陷入了困境。于是，企业和员工都动了“拆伙”的念头——一方面，企业开始了温和的减员动作；另一方面，一些员工也在慢慢流失。

周一早晨，公司人力资源部员工关系主管雷浩又拨通了四位员工的电话，目的仍是一个，告知员工，公司想与他们协商解除劳动合同，同时雷浩还告诉员工，方案有效期是一个星期，如果大家书面同意与公司协商解除劳动合同的，公司在法定经济补偿金之外再给予一定的额外奖励金。所有这些措施都是为了为公司瘦身，尽快渡过难关。

二、与“分手”擦肩而过

姚政是公司采购部的一名员工，这次的名单里也有他的名字，虽然理解了公司的意图，但是姚政却有些犹豫——市场形势欠佳，出去一样不好找工作，公司既然说的是协商，应该还有回旋余地，可以不接受的，索性先待下去吧。

一周时间很快过去，姚政却发现另外几名员工都选择了拿钱走人的方案，于是又决定同意公司的方案，可当他找到雷浩的时候，却被告知，现在递交的协商解除劳动合同意见书已经不起效了。雷浩解释道，“小姚，当时我打电话通知的是一周，现在已经是第十天了，如果你递交的是协商解除要约，那没问题，不过如果是对公司协商解除意向的回复就不合适了。”姚政想了想说道，“雷主管，是公司提出来与我协商解除，我只是时间上晚了几天，那个额外奖金我可以不要了，不过经济补偿金还是应该给的吧?”

雷浩摇摇头，“你没有按照期限来交，就是说明你对上次公司提出的协商解除要求没答应，现在你再提出协商解除，公司也就没有支付经济补偿金的义务了。”

三、再次提交“申请书”

听着雷浩条条在理的解释，姚政又动摇了，算了，既然没有补偿金，工作也还凑合，那就别再争执这个问题了。于是，姚政又开始了日常的工作。这之后，公司在慢慢恢复元气，姚政也越来越觉得留下的决定是对的。

不过两个月后，雷浩再次收到了姚政写来的“申请”。长长的信中，姚政原原本本地说明了自己的情况，原来姚政在老家有个女朋友，家里人一直催促他回去结婚，然后就在老家工作，最近催得越来越着急，迫于家里的压力，姚政只好决定回老家去。

本是一封平常的信件，可敏感的雷浩却发现了一些问题。

四、“分手信”含糊不清

姚政在信中没有明确表达自己的意思，是辞职吗?通篇不见一个辞职的字眼；是提出协商解除吗?也没有说明。同时，这封信到了雷浩手里的时候，上面已经签上了姚政部门主管和经理的意见，“同意解除”、“情况属实，请协助办理”。

雷浩揉揉额头，暂时放下了这封信，姚政的情况比较特殊，之前因为协商解除合同的事情与自己有过意见上的分歧，而且这位员工本身也是个想法不够明确的人，所以这封含糊不清的信不能轻率处理。可是，怎样处理才是稳妥安全的呢?雷浩心里打起了鼓。

思考题

1. 案例中，姚政表示同意协商解除时，雷浩为什么要确认姚政递交的是协商解除要约还是对公司协商解除要约的回应?
2. 协商解除劳动合同和辞职有什么区别?
3. 如果你是雷浩，你会怎么处理这份申请书?

问题解析

一、协商解除的概念与类型

协商解除劳动合同，是用人单位与劳动者协商一致提前终结劳动关系的法律行为。《劳动合同法》第三十六条规定，用人单位与劳动者协商一致，可以解除劳动合同。由此可见，协商解除劳动合同必须经双方一致同意，否则，属于单方解除劳动合同。

协商解除分为两类：一类是劳动者提出协商解除要求，用人单位就此与劳动者达成合意，双方解除劳动合同；另一类是用人单位提出协商解除要求，经与劳动者协商解除劳动合同。

二、协商解除的特点

(1) 适用范围广。在劳动合同解除的相关规定中，双方协商解除劳动合同是适用范围最广的。因为根据《劳动合同法》的规定，无论是用人单位过失性解除劳动者还是进行经济性裁员，它都受到相应规定的限制。而协商解除劳动合同，由于它建立在双方意愿基础上，所以它并不受那么多限制，相对适用范围广。

(2) 法律风险小。由于协商解除劳动合同是双方达成的一致解除意见，在此过程中，双方就相关事项进行协商达成合意，不容易出现纠纷，用人单位承担的法律风险小。此外，双方关系得到较好维护，给员工留下公司的美好印象，甚至可以收到人才回流的效果。

三、协商解除劳动合同的基本流程

协商解除劳动合同的基本流程如图 8-1 所示。

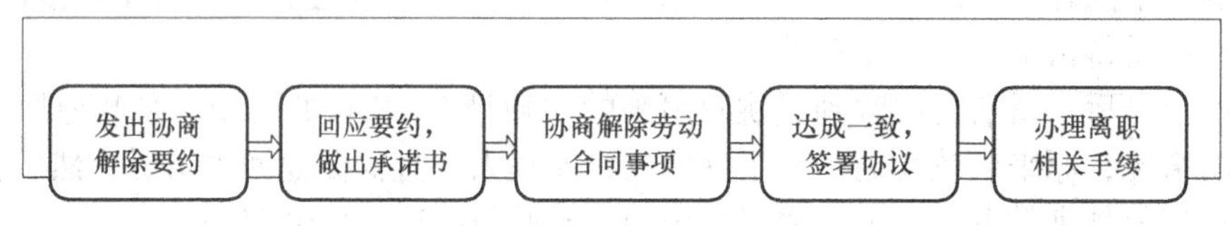

图 8-1　协商解除劳动合同的基本流程

(1) 一方发出协商解除要约。协商解除劳动合同，总是会有一方先提出协商解除劳动合同的意见，不管是用人单位还是员工都可以向对方提出协商解除的请求。在实践中用人单位需要注意的是哪一方提出的协商解除劳动合同的请求，因为哪一方先提出涉及协商解除后的一些相应后果。

(2) 另一方承诺。面对一方提出要协商解除劳动合同，另一方若是同意协商解除劳动合同，应当发出表示愿意协商解除劳动合同的表示。

(3) 双方签署协议书。用人单位与员工愿意协商解除劳动合同的，双方需要就解除劳动合同的相关事宜进行协商。协商一致后，双方应当签署一式两份的协商解除协议。协商解除协议应当包括是哪一方提出的协商解除请求、解除时间、工作交接、档案关系转移、工资及补偿金等相关事项。

(4) 办理离职手续。在前面的程序都顺利进行完之后，双方进行离职手续办理。比如，用人单位给员工开具离职证明、结算员工工资、转移员工档案关系等；而员工则要进行工作交接等工作。

四、协商解除与辞职的区别

由于和辞职一样，协商解除也存在由员工提出协商解除劳动合同的，在实践中，往往容易混淆二者。但协商解除和辞职所涉及的权利义务又存在很大不同，因此，区分二者是非常必要的。

（1）辞职是员工单方解除劳动合同的行为，而协商解除是一种双方解除行为。只要符合法律规定程序，即提前30天书面告知或试用期内提前3天，员工辞职无须单位同意即可解除劳动关系。根据法律规定，在特殊情况下，劳动者无须提前告知单位可立即辞职解除劳动合同。因此，辞职是员工个人的单方解除行为。对于协商解除，不管是用人单位提出协商解除要约还是劳动者提出要约，均需双方合意方可解除。譬如，当劳动者向用人单位发出协商解除请求，需要与用人单位达成合意，劳动合同方可解除。

（2）协商解除和辞职涉及的单位需支付的经济补偿金不同。员工辞职，根据《劳动合同法》分为两种情况。第一种情况是，劳动者提前30天以书面形式通知用人单位或在试用期内提前3天通知用人单位的，用人单位不用支付经济补偿金；第二种情况是，劳动者依据《劳动合同法》第三十八条提出辞职解除劳动合同的，即用人单位存在过错劳动者辞职的，用人单位需要支付经济补偿金甚至赔偿金。对于协商解除，若单位提出经双方协商解除劳动合同的，用人单位要支付经济补偿金；而劳动者个人提出经协商解除劳动合同的，单位则不需要支付经济补偿金。

（3）协商解除和辞职要进行的程序不一样。协商解除劳动合同，一般程序就是要约、承诺、协商一致、签订协议书并办理相应手续。而员工辞职，不需要单位同意，直接进入相应离职手续办理。

操作建议

一、协商解除劳动合同具体实施建议

（1）明确协商解除劳动合同要约由谁发出。按照法律规定，如果用人单位提出解除劳动合同的意向，经与劳动者协商解除劳动合同的，用人单位应向劳动者支付解除劳动合同的经济补偿金；若由劳动者提出协商解除劳动合同的要约，用人单位就此与劳动者达成合意，则无须支付经济补偿金。因此，协商解除劳动合同时需明确要约由哪一方发出。后文就协商解除劳动合同要约书和应答承诺书给出样本。

（2）分清楚员工是提出辞职还是进行协商解除要约。无论员工是提出辞职还是协商解除要约，用人单位只要不存在过错，都不用支付经济补偿金。但是，员工关系管理者还是要分清楚员工是辞职还是进行协商解除要约，因为二者进行的程序不同，员工关系管理者进行的工作不同。为了区分二者，在管理过程中，公司可以对协商解除要约和辞职书给出规范。如下面给的样本可供参考。

（3）在协商过程中，员工关系管理者要倾听员工心声。无论是用人单位还是员工主动提出协商解除劳动合同，在协商过程中，员工关系管理者都应认真听取员工意见。如果是单位要求解除劳动合同，则在协商过程中员工关系管理者认真倾听、合理疏导可以更好地树立企业的形象，争得员工的理解与支持。如果是员工要求协商解除，则在协商过程中，一方面，可以找出员工流走的原因，分辨是否有管理漏洞；另一方面，为单位改善管理、留住人才提供思路。

（4）建立明确的协商解除离职流程。由于涉及经济补偿金的问题，因此确定是哪一方提出的协商解除请求是协商解除劳动合同的关键所在。在用人单位的管理过程中，如果用人单位能有明确的协商解除劳动合同的流程，那么按照流程规定就能清晰地去判断并管理。所以，用人单位应当建立明确的协商解除的离职流程。在协商解除劳动合同达成一致后，一般

性的离职流程如图 8-2 所示。

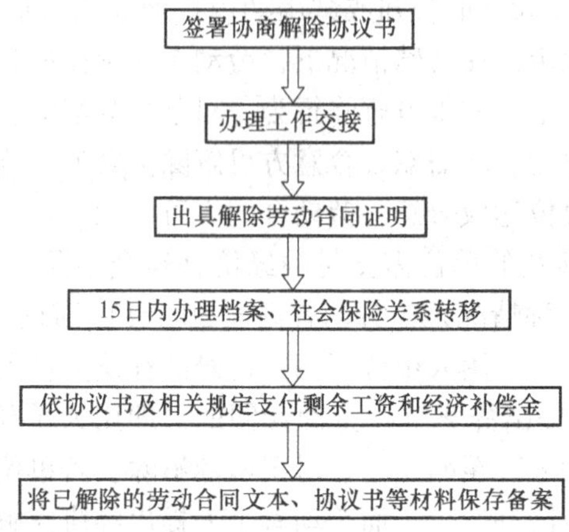

图 8-2　一般性的离职流程

二、相关文件样本

协商解除劳动合同要约书

企业员工关系管理方/______同志：

由于一些事由出现，现本人/本单位欲解除劳动合同。为维护双方友好关系，建议就解除劳动合同相关事宜进行协商。为使协商工作顺利进行，特提出如下建议：

一、协商会议的时间、地点：

1. 时间：____年____月____日____时；

2. 地点：______________________

二、协商的主要内容：

1. 解除劳动合同的事由、解除时间。

2. 合同解除后经济补偿金、保密、竞业限制等相关事宜。

3. 合同解除后劳动关系、社会保险转移以及工作交接等相关事宜。

4. 其他。

三、请收到本要约书起 20 日内予以书面答复。

员工方/企业方（签字/盖章）：

年　　月　　日

协商解除劳动合同承诺书

______同志/企业员工关系管理方：

本单位/本人于____年____月____日收到你要求协商解除劳动合同的要约书，现承诺于____年____月____日与你就相关事项进行协商。

企业方/员工方（盖章/签字）：

年　　月　　日

辞 职 书

企业人力资源管理方： 本人于____年____月____日和单位签订劳动合同，现本人自愿辞职，于____年____月____日解除此劳动合同。 辞职人（签字）： 年 月 日

离职面谈如何开展？

压力催生的面谈

一、利润空间急下降

吃过午饭，韩绪简单休息了一会儿，便拿着笔记本来到会议室，两点开会，时间还很充裕，不过韩绪想提前理理思路。最近公司的状况让总经理徐辉和各个部门经理都感到了压力。韩绪所在的明朗公司是一家专业从事儿童玩具和文教用品的设计、制造与销售的企业，十年洗礼，企业渡过了多次冲击而屹立不倒，但现在企业遇到的最大问题是原材料成本的大幅提高所带来的利润率的降低，上半年的报表刚刚出来，现在每卖出一件产品只能赚取原来利润的40%，这一数字让所有人都替企业捏了把汗。

韩绪作为人力资源部分管员工关系的副经理也一样要分担这些压力，成本提高、利润率下降意味着公司可能不再需要这么多员工，要进行裁员；当然也意味着有些员工会在紧要关头另谋出路，主动离职。由于韩绪对企业的整体员工关系形势看得比较清楚，所以他作为部门分管副经理参加了这次部门经理的会议。

二、屋漏偏逢连夜雨

临近两点，部门经理们慢慢到齐，坐在韩绪身边的是产品部经理江沪，这位上海市重点大学毕业的高材生是企业的重要人才，他和韩绪年龄相仿，私交也不错。江沪和韩绪打了个招呼，打开计算机，准备开会。

此时江沪的手机响了，他看看时间走出会议室接电话，起身匆忙，差点碰翻桌上的计算机，韩绪帮忙扶计算机的时候却无意中看到了计算机的页面，打开的应该是江沪的邮箱界面，只有短短一行字的邮件标题却让韩绪心里一惊——“诚挚欢迎江总加入阳光文教！”这几行字迅速在韩绪脑中发酵，职业的敏感告诉她，这应该是同行业中的另一家企业——阳光文教发给江沪的Offer。欢迎加入？那就不是邀请，而是已经确定的加入？虽说公司的困境使公司可能进行经济裁员，但这种高端人才的流失并不是公司期望的。

三、遥想当年初相逢

江沪是徐总的爱将，他还是个在校研究生的时候，在一次业内展览会议上做实习翻译，遇到了徐总，并被徐总一眼相中，大概五年前到公司工作，徐总对他的照顾和提携很多，不过他也确实没有辜负众望，人品好、专业精、聪明好学，对产品的把控能力非常准确，为企业屡建奇功。他要走？韩绪不敢想象，这对公司和徐总会是多大的打击。

两个多小时的会议，韩绪心神不宁，坐进自己的办公室后仍然觉得有点难以接受。自己的揣测对吗？企业现在的状况不佳，也是有可能的，那自己该做些什么呢？这种关键时刻，这种关键角色，一定要争取挽留下来！

四、离职面谈能帮忙？

不知道该与谁沟通，毕竟这不是确实的消息，于是韩绪打电话给自己大学时期的老师，老师的话很简短，“谈一谈吧，沟通是解决很多问题的办法，还记得吗？离职面谈。不仅是确定离职了才可以用，员工有意向时，其实作用会更大。”

对，离职面谈！也许江沪并不是因为企业的困境而要离开呢？离职面谈确实可以了解到更多信息，而这之前自己要积极准备起来。韩绪打开计算机，调出江沪的资料，一条一条地仔细阅读着，同时让部门员工搜集整理了阳光文教的信息发给她，韩绪边看边在纸上写写画画，列出了提纲。

一个下午韩绪都没有停歇，因为她知道企业如果短期内无法解困，这种局面可能还会多次碰到，天色渐暗，她抬头看看表，已经快七点了，于是整理东西准备下班。正在这时，有人敲开了门，站在门口的不是别人，正是江沪，他手里拿着个信封，冲韩绪微微点头示意。韩绪知道这个时刻还是到来了，她在心里迅速梳理一遍，便起身迎进了江沪，也在心里下了个决心，明天要把今天整理到的学到的教给徐总，面对中高层经理的离职，徐总也是重要的面谈者。

思考题

1. 离职面谈对企业离职管理的意义是什么？
2. 如果你是韩绪，你会如何展开与江沪的离职面谈？
3. 针对案例企业中可能再次出现的员工离职状况，请为韩绪设计一套离职面谈方案。

问题解析

一、离职面谈的含义

离职面谈是指在员工准备离职或已经离职后即将离开公司时，企业与员工进行的一种面对面的谈话聊天方式。离职面谈通常由人力资源管理部门负责实施。离职面谈的目的主要包括：请员工谈谈个人作出离职决定的原因和想法，对个人发展的考虑和设想；了解员工对公司、主管和同事的评价，进一步确认离职的真实原因；善意提醒其应注意到的违约责任、附属协议和禁止条款；关注员工的离职反应；就员工本人关注的问题进行解答和提供咨询，排除员工对公司的一些误解等。因此，离职面谈是离职管理的关键环节。

二、离职面谈的作用

员工的离职虽然意味着用人单位与员工劳动关系的结束，但并不意味着双方关系的结束，也不意味着用人单位管理工作的结束。员工关系管理，用人单位应当善始善终，才可树立好的企业形象，而离职面谈正是员工关系管理的善终环节。一个成功的离职面谈不仅可以给企业带来显性和隐性的双重收获，也可以给离职员工带来利于未来发展的收获。因此，不论企业还是员工个人都应当重视双方的这次交谈——离职面谈。

（1）做好离职面谈，对企业有以下一些益处：

1）可以帮助企业发现管理的漏洞和不完善的环节。在离职面谈中，企业可以鼓励员工开诚布公地提出对公司管理、制度、薪酬待遇等各方面的意见和建议，这是发现公司管理中的漏洞和不完善之处的好机会。平常职员忙于工作，并因为雇佣关系而不敢说真话，此时就正是人力资源部门收集真实问题的时候。因此，在与员工离职沟通时，应当注意这方面信息的搜集。

2）可以维系双方关系，放眼未来可能的合作。通过面谈，不仅可以融洽公司与离职员工的关系，还可起到挽留核心员工的作用，而对于企业不想留用的员工，也可以通过离职面谈降低双方的敌对意识，体现出企业对员工的尊重与关怀，展示企业的大家风范。员工离职了，并不表示和原来的公司就从此“一刀两断”，互不相见。通过面谈，可以向离职员工发出友善信号，使其认识到他仍然是公司的“朋友”。很多时候，与离职员工保持良好关系，还可能为公司带来很多长远的利益，比如新的客户和市场机会、人才推荐机会，甚至优秀离职员工重新回到公司继续效力等。

3）可以缓解员工的不满情绪，预防不利行为。由于离职者多半对公司不满，一旦离开后可能会有诋毁公司形象的情形发生，对于企业形象会有很大的影响，因此做好离职面谈还可以预防很多不利于公司的行为发生，至少可以舒缓员工对公司的抱怨或敌对心态。

4）获得真实心声。通过面谈可以得到离职员工的意见回馈，一般情况下，在坦诚沟通时，一个即将离开的员工是有可能把对公司的看法，包括在职时不敢讲的负面看法讲出来的。人之将走，其言也真，这些临别之际的心声吐露和针砭之言，是直接、难得的访谈资料，往往都是公司的不足甚至阴暗面的曝光，有利于公司日后的改进和提高。

5）可以无形中提升公司形象。通过面谈能传达出公司重视员工意见的信息，无论对公司内部还是对外部而言，都是给公司的正面加分，而且还将企业重视人才、尊重人才的精神通过离职员工带到别的企业，树立企业以人为本的形象，此举对于增强企业的人才吸引力大有益处。

（2）离职面谈对员工个人来讲，也是一个很好的获得自身提升的机会。概括来讲，离职面谈可以给员工以下两方面的收获：

1）可以为自己留下美丽的“背影”，为自己的一段职业历程画上完满句号。

从心理学角度，近因效应能很好地解释离职面谈需要妥善处理的重要性。近因效应是指某事或某人在事件尾声处所留下的印象，会影响外界对此事或人的整体评价。因此，即使你在之前的工作中有不愉快，最后你的表现可在很大程度上扭转“成见”，消除隔阂。从职业生涯的长远发展来看，一个正面的评价和结果，对员工接手下一份工作也有积极作用，减少员工的负面情绪。

2）可以得到重要的利己反馈，有利于作好往后的职业规划。

离职意味着一段职业生涯的结束，也意味着一段新的开始。一段职业的结束，好的总结能带来好的开始。因此，员工应当利用离职面谈的机会，从人力资源部门处或者老板、上司处获得利于自己工作改进的信息，甚至还有可能在离职面谈中得到一些新的发展思路和机会。

三、离职面谈应注意的事项

离职面谈是离职管理的关键部分，因此，在面谈过程中，用人单位应当做到以下几点：

（1）应当把握离职面谈的最佳时机。恰当的时间做恰当的事情，把握好面谈时机才能收到预期效果。离职面谈要利用两个时间点与员工交流，第一个是得到员工离职信息时，因为这个时候许多员工的离职意愿还不是非常明确、坚定，有时可能仅因某件事情的刺激而萌生去意，此时如能及时沟通，化解其一时之冲动，往往能使员工收回辞职决定，不至于闹僵以致没有回旋余地；第二个时间点是员工去意已决办理完离职手续后，因为此时离职员工再无任何顾忌容易讲真话。

（2）离职面谈应当“以人为本”。员工离职意味着他的一个职业生涯告一段落，另一个新的职业生涯即将开始。此时，企业如果能够出面对其既往生涯进行总结、评价，对其新的职业生涯进行必要建议，那对员工来说将是莫大的安慰，是企业对员工个人发展负责任的表现。既是对离职员工的抚慰或挽留，又是对在职员工的心理安慰，减少员工的离职给在职员工带来的心理波动。企业绝不应该把员工离职面谈看做包袱、例行公事，而应该高度重视，将其纳入员工关系管理体系之内，使员工离职后仍然能够成为公司的人力资源。

（3）离职面谈后，应当注重后续工作，以凸显面谈的价值。离职面谈后的后续工作主要包括三个方面：①检验面谈信息真伪。可以把员工在面谈中所说的，反馈给其直接主管，也可以用其个人基本资料、培训及考核记录进行求证。另外还可以同其他在职员工谈话来验证。②提炼信息输出报表。人力资源部门应以月度、季度或年度等为时间单位，将离职面谈所获的信息、数据进行细致分析，提炼出导致员工流失的关键要素，测算出流失成本，综合成离职原因分析统计报表，通过分析汇总，全面反映员工离职的真正原因、整体人事变动情况以及据此提出的改进公司政策、管理制度方面的建议，报分管领导参考决策。③采取改进措施。离职面谈的最终目的还是为了减少人事变动和降低员工离职成本，根据离职面谈结果分析，发现管理问题，并进行改进便是离职面谈的真正价值之所在。

操作建议

一、明确面谈目标

离职面谈的目标影响到面谈的策略选择、面谈人员选择等。因此在面谈前，应当明确面谈的目标。比如，若是在员工还未正式离职，而用人单位又想留住员工时，则用人单位的目标是尽可能留住员工。那么，在面谈策略、人员选择上会给员工更多的重视、更轻松的环境，向员工展现留住人才更大的诚意等。而当目标并不是留住员工而是了解离职原因、为改善企业管理搜集信息时，面谈的策略又会有所变动。因此，离职面谈第一步应当明确面谈的目标。

二、注重离职员工信息搜集

在进行离职沟通前进行必要的准备，搜集与离职员工有关的信息，可以为进行高效、成功的沟通打好基础。具体而言，搜集的信息应该包括三类。第一类为与所属离职员工有关的个人信息，包括职位信息、心理状况信息、阅历与经验信息、家庭背景信息、生活状况信息；第二类是指与员工有关的绩效和薪酬信息，包括所获得的荣誉和奖励信息、薪酬福利信息、绩效表现等内容；第三类是指员工离职信息，包括离职原因、离职后的目标单位、目标岗位。相比较而言，第一、二类信息的获取较为简单，第三类信息搜集难度较大，但是此类信息的有效获得会有助于把握员工离职的核心原因，促进离职面谈的成功。

三、正确选择沟通策略

在员工离职前，对于面谈策略的恰当把握，会有助于降低离职率以及缓解员工抱怨。通常面谈策略应根据面谈对象、面谈时机以及面谈原因的不同有所差别。比如，某些员工离职是因为工作中的某些事件引起的。与这类员工离职沟通，首先进行平息员工心中怨气的心理辅导，选择适当的时机、适当的地点和员工一起共同冷静地权衡离职的得失，从而使员工能够放弃原先的离职决定。另外，对于这类员工离职沟通的时机选择应该恰到好处。如果沟通过于急迫，可能加剧员工的抵触心理，从而使沟通功亏一篑；而过分拖延，也不利于提高沟通效果。还有些员工作出离职决定是进行了长期考虑的，这类员工的离职决定比较坚决。对于这类员工，在面谈时对其离职动机进行全面的分析，从而来分析、判断员工离职是否与企业管理或者政策有关，从而排除未来员工管理的隐患；如果通过离职面谈发现了企业存在的问题，则应及时补漏，避免诸如多米诺骨牌情况的产生。

四、建立信任关系，注重沟通话题设计

在离职沟通过程中，应该注重信息的双向传递。显然，这里的注重倾听员工的看法绝不是机械地介绍企业的离职规定。应该给员工充分的表达机会，才能有效地倾听和了解员工的真实想法。员工的离职沟通过程也可以看成是一种让员工发泄的过程，通过帮助员工选择一个和谐的环境，让员工进行情感的宣泄，沟通人再适时地进行疏导，就很可能帮助实现离职沟通的成功。为了促使沟通的顺利，沟通话题的设计也应该仔细斟酌。话题中应该有选择性地设计部分封闭式问题，同时，设计一些开放式问题，这样可以提高面谈的效果。

以下为离职面谈问题参考清单和离职面谈实施方案参考，可供借鉴。

离职面谈问题参考清单

一、对公司的整体感觉

1. 你对公司总的感觉如何？
2. 你的工作是否有足够的机会发挥你的专业所长并使你有所长进？
3. 你认为公司的工作环境为你的工作创造了良好的条件吗？
4. 你认为公司的薪酬体系怎样？
5. 你认为公司的福利计划如何？还需作什么改进？

二、部门工作氛围

1. 你得到有关你的工作表现的反馈了吗？
2. 有关你的工作表现的评价是否客观公正？
3. 你对你的主管感觉如何？他是否具备一定的管理技巧？
4. 你向你的主管反映你的问题和不满了吗？他是否令你满意地解决了这些问题？
5. 在工作中你与同事合作得怎么样？

三、培训与技能提升

1. 你得到了足够的培训吗？
2. 公司本可以怎样使你更好地发挥才能和潜力呢？
3. 你觉得自己还缺少哪些方面的培训？这造成了怎样的影响？

（续）

4. 你觉得公司对你的培训和发展需求的评估妥当吗？这些需求是否得到了满足？
5. 你对怎样的培训和发展计划最感兴趣？

四、企业文化建设

1. 你对公司的企业文化有何感想？有更好的建议吗？
2. 你觉得公司该如何改进工作条件、工时、换班制度、便利设施等？
3. 你觉得公司该如何缓解员工的压力？
4. 你觉得公司各部门之间的沟通和关系如何？应该如何改进？

五、具体离职原因

1. 当你加入本公司时，你一定觉得你能实现自己的职业目标，是什么导致你改变主意的呢？
2. 你作出离职决定的主要原因是什么？
3. 你决定离职还有其他哪些方面的原因吗？
4. 公司本来可以采取什么措施让你打消离职的念头？
5. 你本希望问题如何得到解决？
6. 你是否愿意谈谈你的去向（如果你去意已定）？
7. 是什么吸引你加入他们的公司？

六、其他

1. 你离职后是否愿意继续和公司保持联系？
2. 你是否介意公司经常告知你公司的发展状况，打听你的发展情况，邀请你回来参加公司活动？
3. 当你在其他公司见识到更好的管理办法或经过对照想到对公司更好的建议时，是否愿意主动与公司分享？
4. 如果有机会，你是否还愿意重新加入公司？

离职面谈实施方案参考

一、方案目的

为了提升员工对公司的归属感、建立良好的劳资双方关系，体现“以人为本”的经营理念，根据公司持续性发展战略及人力资源规划的需要，本着“留住人才，用好人才”的用人制度，特拟定本方案。

二、适用范围

××公司已离职或即将离职的员工。

三、权责单位

1. 各部门主管有控制人力成本、降低员工流失率的责任和义务，对员工离职要做到问清离职原因、帮助解决实际困难、反省管理缺失、改善劳资关系。

2. 人力资源部应做好劳资关系工作和激励机制，通过离职面谈，调查分析离职因素，改善公司环境与管理制度。

（续）

3. 后勤部做好员工在休息和生活中的服务工作，配合人力资源部对离职人员进行面谈工作。

四、面谈程序

离职面谈分为正常性离职面谈和非正常性离职面谈两种，根据实际情况采用不同的方法处理。

1. 正常性离职面谈

（1）公司组长级（含）以下员工按《离职管理程序》提出离职申请，离职申请单呈签人力资源部经理前由员工关系科进行专业的、正式的离职面谈，对于愿意留下的员工公司欢迎他们继续留下来，考虑到员工在实际工作中可能遇到各种环境因素会影响到工作效益的，人力资源根据该员工实际技能和岗位需求，可以通过工作轮换或调岗方式处理。

（2）在面谈过程中，面谈人运用良好的沟通技巧，进入离职人员内心世界，充分了解他们的真实想法和意图。

（3）面谈记录要做到真实性和有效性，体现面谈价值所在，为离职原因分析提供原始依据。

2. 非正常性离职面谈

（1）考虑自离人员离开公司的特殊性，主要因为离开时间快、离职程序办理较简单，人力资源部得不到及时的信息。所以，对此类人员的面谈工作必须要求后勤管理人员的配合和支持，管理人员在为离职人员办理物品放行条前应及时知会人力资源部面谈负责人，并对该离职人员进行最后一次详细面谈。

（2）开除、辞退人员离职须经人力资源部签核后方能离职，面谈可在签核前进行。

五、离职原因分析、提出可行性改善建议

1. 人力资源部面谈负责人根据离职面谈记录，客观地总结和分析。

2. 通过客观的分析，提出可行性改进建议，呈报人力资源部经理及公司高层领导。

3. 离职原因分析应每月、每季度进行一次，年终前做全面性总结，得出建设性报告。

六、面谈技巧和原则

1. 面谈技巧或方法没有固定模式，主要在于面谈人的灵活运用。掌握一定的沟通技巧和心理学知识是必要的，通过面谈激励他们，留住好的员工，从而可减少招工成本，缓解生产压力。

2. 员工离职前一般是有征兆的，比如：①经常往外搬东西，收拾自己的东西；②压低声音打私人（联系工作）电话；③上网找工作；④平时穿着很休闲，某日却衣着光鲜；⑤态度突然转变等。单位主管在发现这些现象后应注意观察，及时找他们沟通，转变他们的观念，消除下属心中对现实工作不满的心理情绪。

3. 掌握离职因素的通常性原则，可以更好地进行离职面谈交流，或许能收到事半功倍的效果。下面介绍一种“员工离职 232 原则”：

（1）“2”是两周。为什么员工到公司两周就辞职不干了？原因很可能出在招聘上。两周过去了，公司给他的承诺没有兑现，他可能就不会再等。

（续）

（2）"3"是三个月试用期。为什么员工在试用期之内就辞职了？原因很可能出在职位上，公司许诺他带多少人，参加多少培训，有什么福利，有什么机会等，三个月都没有发生，他就不会在试用期过了以后还再等。

"232"前面两个原因都跟招聘有关系。

（3）最后一个"2"是两年。员工做了两年，可称之为老员工。他希望要升职了，要工作轮换了，这时公司不能给他提供机会，不能给他工作扩大化，老员工可能就留不住了。

七、五等级以上中高层管理干部的离职面谈调查工作人力资源部将逐步实施。

八、本方案从____年____月____日起试行，自____年____月____日正式施行。

××公司人力资源部

经济性裁员不简单

合法合情渡难关

一、行业遇冷

2009年，万绿地产和其他很多地产公司一样，都处在企业发展的严冬，国际金融市场动荡、国内经济增速放缓、国家控制房价的坚决禁令，都使得整个地产市场景气回落，观望、调整、停滞是最常见的状态。

作为一家地方性的地产公司，万绿的市场范围主要在省内城市铺开，规模大不，公司能够支撑的时日并不是很长，面对清冷的短期内复苏无望的市场，公司经理袁哲也一筹莫展，经过和管理层的讨论，袁哲无奈地作了个决定，要开始裁员。袁哲是个重感情的人，公司里的员工基本上都是当地人，也都跟着自己打拼了很多年，裁员的决定好作，裁员的实施可不是一件容易的事，怎么做才能将伤害降到最低？坐在办公室里的袁哲陷入了沉思。

二、理性感性

理性与感性如何平衡，这个问题困扰着袁哲，能不能不裁？有没有更好的裁员办法？袁哲越想越深。这时，办公室的门被敲开了，人力资源部经理文欣走了进来，是袁哲请她来的，这位劳动关系专业的高材生也是土生土长的本地人，有没有更好的办法呢？

袁哲抛出了自己的问题，静待文欣的回答。文欣想了想说道，"袁总，就目前的行业形势来说，裁员应该是必需的了，虽然我也不想下这个结论，但是企业存活下去更重要，行业复苏之后还可以再把员工招回来，对吧？"见袁哲没有回答，文欣接着说道，"裁员是会造成伤害，但是处理得当，是能够降低这种伤害的，最重要的就是依法、合情，严格按照程序裁员，特殊员工特殊对待。您能告诉我大概要裁多少人吗？"袁哲打开笔记本，有点为难地说道，“这是今天各个部门报上来的情况，粗略看来，大约会在30%左右，涉及员工超过40人。”听到这个数字，文欣深深吸了口气。

三、梳理思路

她沉默了一会儿说道，“袁总，这种情况叫做经济性裁员，人数较多，不是管理层单方可以决策的。我回去把情况梳理一下，明天咱们一起和工会薛主席说明一下吧。之后这个方案我想还是要向人社局那边报一下的，毕竟规模不小，行政部门了解一下对企业也好。同时我会整理一份名单，有些员工可能还不能被裁，然后有一些特殊人员是需要被特殊照顾的。”

袁哲点点头，“对，这个我非常关注，法律上有明确规定吗？”“这个是有的，不能裁减的和优先留用的人员，都有法律规定，到时候我会列给您。当然我知道您对公司员工的感情，这个范围咱们自己规定的时候还可以再调整明确，尽可能帮助一些境况比较特殊的员工吧。”

袁哲边听边不住地点头，实事求是地说，他从来没有像今天这样感觉到文欣工作的重要性，想到这些，袁哲有点不好意思，他顿了顿继续问道，“文欣，那我刚才提到的，能不能不裁或者少裁，这个问题是真的没有一点可能吗？”文欣想了一会儿说道，“也不是完全没有，袁总，实际上政府也在倡导企业与员工协商和探索新的方案，替代裁员，比如缩短工作时间、降低大家的工资等，减少这种大规模的裁员，这个和工会和员工协商的时候我们也可以提出来供大家讨论。”

四、付诸实施

之后的一周，袁哲更加见识了文欣的行动力——明晰的流程、规范的操作、温和的沟通，在各个场合都显得职业而不失人情味。袁哲最初设想的混乱、谣言、争议，基本上都没有出现，而自己也并未成为众矢之的，五周后，万绿的裁员在让人意外的平静中缓缓结束，通过与工会和员工的多次协商，裁员人数减少了9人，原因是部门经理级员工主动要求调低工资配合企业的工作……

面谈完最后一名被裁员工，袁哲和文欣都长长地舒了一口气，袁哲突然问文欣，“文欣，别的企业裁员会弄得鸡犬不宁，你怎么能做得这么好？”文欣笑笑说道，“袁总，我能够做的，只是尽可能的合法——内容合法、程序合法，让员工觉得公开、公平、公正，而更重要的合情，却来源于您的管理理念，这是根本和核心。”

思考题

1. 案例中文欣提到的经济性裁员是什么意思？如何理解它的内涵？
2. 分析案例企业裁员顺利开展的主要原因。
3. 经济性裁员应该遵循哪些程序要求才能合法合规？

问题解析

一、经济性裁员的内涵

经济性裁员是在特殊的经济经营情形下，企业一次性辞退多个劳动者。企业通过这种方式降低运营成本以改善特殊时期企业生产经营状况，目的是保护自己在市场经济中的竞争和生存能力，帮助企业渡过暂时的难关。从劳动关系解除方来看，经济性裁员属于用人单位解除劳动合同的一种情形。简单地讲，经济性裁员就是企业由于经营不善等经济性原因，解雇多个劳动者的情形。对经济性裁员内涵的理解可以概括为以下几方面：

（1）经济性裁员属于用人单位解除劳动合同的一种情形。经济性裁员是企业出于经营方面考虑、单方解除劳动合同的方式。在经济性裁员中，由于是用人单位单方解除劳动合同，且劳动者并没有过错，因此用人单位应当依法向劳动者支付经济补偿。

（2）进行经济性裁员的主要原因是经济性原因，而不是劳动者个人原因。经济性原因大致可以分为四类：①企业依照《企业破产法》规定进行重整的；②生产经营发生严重困难的；③企业为了寻求生存和更大发展，进行转产、重大技术革新，或者经营方式调整的；④其他因劳动合同订立时所依据的客观经济情况发生重大变化，致使劳动合同无法履行的。在经济性裁员过程中，劳动者个人是并无过错的，所以是非劳动者个人原因进行的劳动合同解除。

（3）经济性裁员只发生在企业中。《劳动合同法》第二条规定了适用范围，用人单位的范围比较广，包括各类企业、个体经济组织、民办非企业单位等组织。经济性裁员只能发生在企业中，只有企业才有可能进行经济性裁员。

（4）构成经济性裁员必须要一次性解除法定数量的劳动合同。考虑到若经济性裁员的人数标准太低，用人单位容易利用解除条件较为宽泛的经济性裁员来解除劳动合同，这样对劳动者不利，同时要考虑社会的承受力，如果一次性解雇较多劳动者将会给社会带来不稳定因素，因此，《劳动合同法》规定，一次性裁减人员 20 人以上或者裁减不足 20 人但占企业职工总人数 10% 以上的，才是经济性裁员。

二、经济性裁员的条件

在市场经济中，企业的经营受到市场环境、经营方式等多方面的影响，难免会出现盈利能力下降、企业面临生存发展危机的情况。在这种情况下，为减员增效，降低运营成本，允许企业适当进行经济性裁员。但经济性裁员不是没有条件的。进行经济性裁员，企业需满足下列条件之一：

（1）用人单位属于濒临破产进行法定整顿期间，需要裁减人员的。依照《企业破产法》，企业因经营管理不善造成严重亏损，不能清偿到期债务的，可以依法宣告破产。对濒临破产的，允许一定阶段（不超过两年）的整顿期。这些企业裁减人员的，可以解除劳动合同。

（2）用人单位因生产经营状况发生严重困难，确需裁减人员的。用人单位生产经营发生严重困难是随时都会出现的，在市场经济条件下，企业只能依靠自身力量克服上述困难，这就必然涉及裁员问题，因此裁减人员对用人单位来说势在必行。

（3）企业转产、重大技术革新或者经营方式调整，经变更劳动合同后，仍需裁减人员的。

（4）其他因劳动合同订立时所依据的客观经济情况发生重大变化，致使劳动合同无法履行的。

三、经济性裁员的人员类型限制

经济性裁员不仅在程序和条件上有严格规定，同时对人员也有明确规定。概括来讲，在企业进行裁员时，有六类人不能裁减，有三类人应当优先保留。

（1）六类不能裁减的人包括：①从事接触职业病危害作业的劳动者未进行离岗前职业健康检查，或者疑似职业病病人在诊断或者医学观察期间的；②在本单位患职业病或者因工负伤并被确认丧失或者部分丧失劳动能力的；③患病或者非因工负伤，在规定的医疗期内的；④女职工在孕期、产期、哺乳期的；⑤在本单位连续工作满十五年，且距法定退休年龄不足五年的；⑥法律、行政法规规定的其他情形。

（2）三类应当优先保留的人包括：①与本单位订立较长期限的固定期限劳动合同的；②与本单位订立无固定期限劳动合同的；③家庭无其他就业人员，有需要扶养的老人或者未成年人的。

四、经济性裁员后员工的权利

在经济性裁员后，被裁减的企业员工具有以下权利：①优先录用权。优先录用权是指在裁员后，6个月内若企业重新招聘人员，在同等条件下，被裁员工有被优先录用的权利。②获得补偿权。在经济性裁员后，企业需要根据法律规定对被裁减员工进行相应补偿。根据《劳动合同法》第四十六条第四项规定，用人单位依法进行经济性裁员的，用人单位应当向劳动者支付经济补偿金。

操作建议

一、经济性裁员的程序建议

当企业确实面临困难，需要进行经济性裁员时，除符合裁员的基本条件外，还需经过一系列的程序，才可算是合法的。根据相关规定，对裁员的基本程序给出以下建议：

（1）提前30日向工会或者全体职工说明情况，并提供有关生产经营状况的资料；裁减人员既非职工的过错也非职工本身的原因，且裁员总会给职工在某种程度上造成生活等方面的负作用，为此，裁员前应听取工会或职工的意见。

（2）提出裁减人员方案，内容包括：被裁减人员名单、裁减人时间及实施步骤，符合法律、行政法规规定和集体合同约定的被裁减人员的经济补偿办法。

（3）将裁减人员方案征求工会或者全体职工的意见，并对方案进行修改和完善。

（4）向当地劳动保障行政部门报告裁减人员方案以及工会或者全体职工的意见，并听取劳动保障行政部门的意见。

（5）由用人单位正式公布裁减人员方案，与被裁减人员办理解除劳动合同手续，按照有关规定向被裁减人员本人支付经济补偿金，并出具裁减人员证明书。

二、其他建议

（1）与员工沟通，获得理解与支持。在经济环境不良、企业在竞争过程中需要降低运营成本以维持生存与发展时，在采取裁员行动前，企业管理者应当提前和员工进行沟通。一方面，让员工了解公司面临的困境；另一方面，通过沟通，无论是采取减时降薪还是裁员都能在一定程度上获得员工的支持与理解。

（2）寻求替代性方案，携手共渡难关。不管怎样，经济性裁员不免会造成员工人心惶惶；被裁人员对公司抱有不满，未被裁减人员也没办法安心工作，效率降低。因此，在面临经济困境时，若用人单位能和员工协商寻求替代性方案，将会更有利于单位发展。一般来说，替代性方案包括降低薪酬、缩短工时、员工轮流休假。比如，案例中公司如果不与员工沟通协商，直接采取裁员方式走出经济困境也不是不可以，但那样就打破了企业一家人的文化氛围，使部分员工失业。而在沟通后，双方达成一致利用减工时、减工资的方式，员工与企业共渡难关，这样不仅利于企业家文化的建设巩固，也利于调动员工积极性，双方齐头并进。

（3）遵守裁员的相关限制规定。经济性裁员并不是那么简单的，牵涉到很多限制，比如条件限制、程序限制及人员类型限制。因此，企业在进行经济性裁员时，要遵守这些限制规定，不然，容易陷入法律纠纷。首先，要确定企业是否满足进行经济性裁员的条件；然后，要严格遵守程序，对可裁减人员进行裁员。

（4）尽好义务，做到善始善终。用人单位在经济性裁员后的义务，主要是与员工的权利相对的，即给予裁减人员相应经济补偿和同等条件优先录用被裁员工。尽好这些义务，一方面，可以帮助企业避免法律纠纷；另一方面，被裁人员熟悉企业情况，磨合期短，培训成本低，被再次录用也会对企业忠诚。

过失性解除劳动合同如何操作

谁之过失？

一、工作六年多

罗明从部队转业六年多了，由于没有专业技术，罗明就一直在转业安置的一家耐火材料公司工作，工作内容很简单，主要是负责公司内部的电力维护和抄报用电量。不过有个稳定的工作，罗明还是知足的，所以一直以来都兢兢业业，没有出现过任何差错。

去年8月底，罗明的劳动合同到期了，不过公司人力资源部没有找他续签，也没有通知他终止合同，工资还在照发，不太懂法的罗明没有多想，既然没让走人，那就接着干呗，工作也就继续开展了。

二、处分惹心酸

这样的工作和生活一晃就过去了半年，今年3月，公司响应上级要求在企业内开展电力使用情况检查，却发现有人从公司偷窃用电，而且已经持续了小半年！公司领导要求追查责任人，而这责任就落到了罗明身上。

公司认定是由于罗明工作不负责，才致使公司电费大量流失，给公司造成了巨大的经济损失。于是，公司人力资源部对罗明做出了“工作极不负责”的警告处分。一向老实寡言的罗明这次却觉得气愤又委屈，自己平时只是负责简单地维护电表设备，抄报电表，这几个月用电量是有上升，不过也属正常范围，况且自己报送的时候已经做了标记。现在发现有人偷电，从哪儿偷的？哪儿发现的？自己又从何得知？怎么成了自己的责任呢？

想不通的罗明一气之下躲在了家中不去上班，直到一周后慢慢想通，才重返岗位。

三、旷工被除名

不过等待罗明的并不是风平浪静的工作，而是一纸除名决定，上班后的第三天，罗明收到了人力资源部开出的“最重罚单”——自己被除名了?!

罗明看着那张除名决定，除名原因是自己连续7天无故旷工，严重违反公司规章制度。7天？不是15天吗？罗明拿着《员工手册》找到了公司人力资源部主管贾鹏。

“贾主管，《员工手册》上写的是连续旷工超过15天，或者一年内累计旷工超过30天，才能除名，我可没有啊，在这之前我连迟到早退都没有，更没有旷工啊。”

“小罗，你的情况可不仅仅是旷工啊，你来看看。”贾鹏翻出办公桌上的一本法条解释，翻开一页接着说道，“首先是偷电那件事，公司方面计算了一下，由于你的工作失职，给公司造成了两万多元的经济损失呢，这就叫做失职、营私舞弊，给用人单位造成重大损失；然后是旷工这件事，虽然是7天，但是和前面的事情一叠加，问题就严重多了，这就叫做劳动者严重违反用人单位规章制度。你看明白了吗？这两种情况公司都可以直接除名的。”

四、咨询见分晓

拿着这纸除名决定，罗明一脸迷茫地回到自己狭窄的小办公室里收拾东西，看来自己兢兢业业坚持的工作是真的要泡汤了，六年多的辛勤工作却没有得到一分钱的补偿，罗明想不通。

贾鹏说自己被解除劳动合同叫做过失性解除，法律规定就是没有任何补偿的，自己的工作可能是有疏忽，可是真的有这么大的过失吗？想想贾鹏拿的那个小本子，字是那些字没错，可是贾鹏的解释真的正确吗？想到这里，罗明放下手中的东西，决定去咨询咨询再作决定，罗明知道离公司不远就是市人社局，门口的大厅里经常有咨询的工友，到那里去试试看吧。

思考题

1. 贾鹏的解释对吗？什么是过失性解除劳动合同？
2. 案例公司是否可以以罗明存在过失而解除其劳动合同？为什么？
3. 过失性解除劳动合同需要满足什么条件？与非过失性解除劳动合同有什么区别？

问题解析

一、过失性解除劳动合同的条件

过失性解除劳动合同是指由于劳动者存在一定的过失，用人单位单方提出解除劳动合同。具体来说，过失性解除包括以下六个条件：①劳动者试用期被证明不符合录用条件的；②劳动者严重违反用人单位规章制度；③失职、营私舞弊，给用人单位造成重大损失；④与其他单位建立劳动关系对本工作造成影响或用人单位提出，拒不改正者；⑤员工原因造成合同无效；⑥劳动者被追究刑事责任。

满足以上六个条件之一的，用人单位依据合法程序便可以解除劳动合同。

二、过失性解除劳动合同的注意事项

由于过失性解除劳动合同，用人单位具有随时解除权利且不需要支付经济补偿金，在实务中，常被用人单位使用，但往往用人单位对这种解除方式的限定条件理解不准确，没有利用好反而增加了单位的法律风险。为了避免这种风险，以下分别就各个过失性解除劳动合同条件进行解读，提出实践中应当注意的事项。

（1）劳动者试用期被证明不符合录用条件的。用人单位以此为由解除劳动合同时，首先要确保双方约定的试用期是合法的，其次执行时必须在试用期内，且能提供有效的证据证明劳动者不符合录用条件。因此，要避免法律风险，在试用期合法的基础上，用人单位要事先设计好录用条件并公示告知员工，同时做好考核并存留考核记录，最后要注意试用期的时限。

（2）劳动者严重违反用人单位规章制度。在实践中，为避免法律风险，用人单位首先要做到本单位的规章制度合法有效。其中，合法不仅要求内容合法还需要制定程序合法，否则进入法律程序时都会给单位带来不利影响。同时，用人单位要公示确保劳动者知道本单位的规章制度。比如，在员工入职培训时进行规章制度讲解，给员工发规章制度手册。此外，进入司法程序，“严重违反”不能空说无凭。法律并未对“严重违反”有规定，因此，用人单位在规章制度中要界定何为严重违反本单位的规章制度。

（3）失职、营私舞弊，给用人单位造成重大损失。首先，用人单位需事先设定公平、合理的“重大损失”标准。一般来说，这一标准是相对企业规模而界定的。其次，由于举证责任在用人单位，因此，用人单位要对员工的失职或营私舞弊行为能够取证。在管理上，这就要求用人单位对每个岗位的职责有明确设定，并且在日常管理工作中作好必要记录。

（4）与其他单位建立劳动关系对本工作造成影响或用人单位提出，拒不改正者。这一条件限制对用人单位主要有两点举证要求。一是要能证明员工确实存在兼职行为，二是要能证明员工兼职给本职工作带来严重影响或者单位对员工兼职行为提出异议但员工不改正。这两点举证在现实中往往不容易。因此，单位事先建立起兼职申报制度是比较明智的选择。并可在制度中明确规定，未经单位批准的兼职均属于单位禁止的兼职，一经发现可以解除劳动合同。这样一来，用人单位不仅可以省去一些管理上的麻烦，还可以降低此类劳动争议时的法律风险。

（5）员工原因造成合同无效。员工原因造成劳动合同无效主要是指，员工提供虚假信息、故意隐瞒真实情况或者利用任何一种行为手段使用人单位在违背真实意思的情况下订立或者变更劳动合同，致使合同无效。这种情况，只要用人单位能证明均可解除劳动合同。但是，从管理的角度来看，对用人单位来说，关于员工个人提供信息的真实性最好在招聘环节把好关，对员工背景进行调查，做好入职管理，防范员工入职的风险。

（6）劳动者被追究刑事责任。“刑事责任”主要限于被人民法院判处刑罚的或被人民法院依据《刑法》免于刑事处分的。未经人民法院依法判决，用人单位不能以有犯罪嫌疑为由解除劳动合同。此外，原劳动部《关于贯彻执行〈中华人民共和国劳动法〉若干问题的意见》第三十一条还规定，劳动者被劳动教养的，用人单位可以依据被劳教的事实解除与该劳动者的劳动合同。

满足以上六个条件规定之一的，用人单位依据合法程序便可以解除劳动合同。

三、过失性与非过失性解除劳动合同的比较

过失性解除劳动合同和非过失性解除劳动关系都是属于用人单位辞退员工的方式，但是两者在很多方面不同，且在实践中容易被混淆，比较两个的不同点（见表8-2），清晰了解两者的差别，有助于在员工关系管理中，减少不必要的辞退成本和纠纷。

表8-2　过失性解除劳动合同与非过失性解除劳动合同的不同点

	过失性解除劳动合同	非过失性解除劳动合同
概念	因劳动者存在一定过失，用人单位通知劳动者解除劳动合同	劳动者自身没有主观过失，但由于劳动者自身的客观原因或外部环境变化，用人单位单方解除劳动合同
解除条件	1. 试用期间不符合录用条件 2. 严重违反规章制度 3. 失职、营私舞弊，造成重大损失 4. 兼职对本工作造成影响或单位提出，拒不改正者 5. 员工原因造成合同无效 6. 被追究刑事责任	1. 医疗期满不能从事原工作也不能从事用人单位另行安排的工作 2. 不能胜任工作，经培训或调岗后仍不能胜任 3. 劳动合同订立时依据的情况发生变化，未能就变更合同达成协议
解除程序	1. 通知本人 2. 有工会的通知工会	1. 提前一个月通知劳动者或另行支付一个月工资的代通知金 2. 有工会的需通知工会
解除成本	不需支付经济补偿金	需依照法律规定支付经济补偿金
解除限制	若符合解除条件，则不受其他限制	受《劳动合同法》第四十二条六种情形的限制

操作建议

一、过失性解除劳动合同的程序

对于用人单位来说，解除劳动合同，不仅要符合法定条件，还要有相应的程序，方可算合法解除劳动关系。否则，即使符合过失性解除劳动合同的条件，解除程序不合法，也会增加用人单位辞退员工的成本。具体来讲，用人单位应当履行以下两道程序：

（1）如果用人单位内部有工会，用人单位应当事先通知工会。《劳动合同法》规定，用人单位单方解除劳动合同，应当事先将理由通知工会。用人单位违反法律、行政法规规定或者劳动合同约定的，工会有权要求用人单位纠正。用人单位应当研究工会的意见，并将处理结果书面通知工会。从这条规定可以看出，通知工会包括两道程序：①用人单位在单方解除劳动合同时，要事先通知工会。②如果工会有不同意见，用人单位要考虑研究工会意见，并将结果书面通知工会。

（2）要保证书面通知到被解雇员工本人。这一程序之所以要保证书面通知到员工本人，主要是为了在处理因解除劳动关系产生的纠纷时，用人单位能有有利证据。《最高人民法院关于审理劳动争议案件适用法律若干问题的解释（二）》中规定，人民法院审理劳动争议案件，因解除或者终止劳动关系产生争议的，用人单位不能证明劳动者收到解除或者终止劳动关系书面通知时间的，劳动者主张权利之日为劳动争议发生之日。可以看出，通知劳动者本人不仅是用人单位的义务，也是劳动争议的起算时间。因此，为了避免争议之时的不利地位，用人单位应当保证书面通知到劳动者解除劳动合同。

二、针对过失性解除条件，有明确、合法的相关制度规定

对于法律规定的可以过失性解除劳动合同的，用人单位首先要确保的是对相应的条件，本单位有明确的合法的规定。比如，按照员工试用期不符合录用条件解除劳动合同，那么，首先用人单位要确实有明确的、合法的试用期及录用条件。按照员工严重违反规章制度解除的，用人单位要确保有内容、程序均合法的规章制度，同时对严重违纪有相关的明确规定。若按照劳动者失职或营私舞弊给用人单位带来严重损失解除的，用人单位应当在规章制度中明确“重大损失”的标准。

三、确保已告知员工相关规定，至少能证明员工应该知道

在实践中，用人单位往往还面临着一个风险。即劳动争议过程中，被解雇员工表示完全不知道相关规定。这个时候，单位要有办法证明已尽告知义务。比如，可以在员工入职培训中进行相关培训并保留相关记录，或者将单位规章制度印成册发给员工。这时，如果是由于员工自己没有阅读《员工手册》造成不知情，则不属于单位责任。

四、做好管理取证工作

由于是用人单位因员工存在过失而解除合同，用人单位负有举证责任，单位要能证明员工确实存在过失。比如，对于试用期不符合录用条件的，用人单位必须要有有效证据证明员工确实不符合录用条件。对员工严重违纪或给用人单位带来损失的，用人单位要能举证证明劳动者严重违纪的事实。而对于员工建立多重劳动关系，用人单位要解除劳动合同的，用人单位要么能证明员工的多重劳动关系确实影响了其完成本单位的本职工作，要么能证明向员工要求不能兼职但员工坚持不听劝解。因劳动合同无效解除的，则要能证明是员工的原因导致合同无效。由此可见，用人单位在平时日常管理中，应当做到细致，注意相应事务的取证管理工作，以降低法律风险。

五、兼顾解除条件和程序的双合法

从前面的论述可以看出，用人单位单方解除劳动合同，不仅需要解除条件合法且能举证，还需要程序合法，否则用人单位会面临一些法律风险。因此，在实践过程中，当用人单位确保符合过失性解除的条件并且能举证时，最后要做的就是保证程序合法。

离职手续通关战

烦琐的离职手续锁住谁？

一、战略调整想离职

春节过后，犹豫了许久的崔京正式向公司提出了辞职。崔京所在的斐辰日用品消费公司是一家日企，在公司工作了将近八年的他已经是市场部总监了，业内知名度也很高。年前公司战略重心调整，决定派他到东南亚开拓市场，待遇也更加优厚，不过这看似极好的事业发展机会却让一直敬业的崔京很为难，开拓市场，一去就得三五年甚至更长。崔京为了事业本来结婚就晚，前年才刚有了宝宝，生活的变化使他舍不得离开家人去国外打拼，四十几岁的人了，稳定的家对于崔京更有吸引力。

崔京的犹豫很快在业内不胫而走，猎头和其他公司开始向他频频抛出橄榄枝，经过慎重考虑，崔京最终接受了另外一家公司的邀请，同时为了避免纠纷，崔京放弃了市场工作，转向战略管理，新公司也答应给他更多的自由时间。斐辰管理层甚是遗憾，诸多挽留却已无效，实际上，崔京要离职的念头也不是一天两天了，企业知名当然是好事，不过太过繁忙的工作已经开始侵蚀他的生活和闲暇，“把打拼和奋斗的机会留给年轻人吧”，崔京如是想。

二、东奔西跑为盖章

公司的离职手续烦琐而精细，这是为了避免风险，这一点崔京知道，因此在商定离职之日后，提前半个月崔京就开始了手续办理工作。第一步，到人事那里领离职审批表，本以为是最简单不过的手续，崔京却被告知要先提交有领导盖章的离职报告，而且崔京的级别是需要大领导签字盖章的。与领导的沟通倒算是顺利，提交了离职报告后，崔京拿到了离职审批表，内容倒是不复杂，主要就是离职原因，不过盖章的地方可真多。人事课长、人事总监、副总、总经理，还有企业为适应中国特色而设的工会主席，五个章就盖了两天。

两天后，崔京又出现在人事部，希望能拿到离职结清单，不过客气而又冷漠的人事系长小孔却拒绝了，“崔总监，离职手续一天差不多就能办好，到时您再拿离职结清单吧。您的工作很重要，还有半个月才离职，您是不是心急了点？会影响您的工作的。”软钉子，好吧，静等离职那天吧。

三、工资结算出状况

约定的日子到了，崔京拿到离职结清单的时候更是傻了眼，十一个空白处都张着嘴巴，等待盖章……好吧，一点点来吧，从早跑到晚，下班前终于基本办妥。

说基本办妥，是因为出现了一个小小的意外，它发生在进行工资结算的时候。公司给员工每人每天有10元餐补，所有这些钱都直接进饭卡，公司会给每位员工预先存入450元，离职时多退少补。结算时崔京发现饭卡里还有九百多元，于是他再次找到人事希望能够在结清工资时把钱退给自己。

小孔的脸色比之前还要难看，“崔总监，钱可以打进您的工资卡，但是需要总务出个证明，确认数值，所有的零头都会退给您的，放心。”

四、人走心凉太失望

崔京的心里也觉得别扭极了，“那算了，钱我就不要了，麻烦将离职证明给我吧”“对不起，您的饭卡没有退，还缺一道手续，离职证明还不能给您。”小孔头也不抬地回答道。“我不要钱了也不行吗？”“抱歉，这是程序。”崔京有些无奈地叹口气，向周围看去，希望能获得些支持，可是没有，整个部门的员工要么在埋头做自己的东西，要么就是在收拾东西准备下班。

“那这样吧，能先给我个临时的证明吗？新公司一直在催我报到，明天我报到之后再来接着办行吗？”小孔站起身开始收拾东西，“崔总监，人事的流程是规范的，没有所谓的临时证明，所以还得辛苦您，明，天，再，来。”

小孔针锋相对的话语激怒了崔京，不过，这是在公司，他还是尽可能地控制着自己的情绪，“好，我明天会再来，我会继续来见证人事的拖拉和敷衍，我会继续在大楼里来回奔波，让员工们看到这就是公司对于离职员工的态度和做法。我在你们部门，只看到所谓的流程和表格，看不到效率和人性化，但愿这不是公司给我上的最后一课，希望你，只代表你和你们部门！”

思考题

1. 离职手续的办理对企业有何重要意义？分析案例企业这么做的原因。

2. 案例企业在对待离职员工时的做法合适吗？他们应该怎样优化离职过程？

3. 结合案例，谈谈企业如何在离职手续办理方面既规避法律风险又兼顾人性化管理。

问题解析

一、离职手续的内涵

离职手续是指用人单位与劳动者就离职所涉及的事项依据法律规定或者双方约定，进行妥善处理的行为。办理离职手续不仅用人单位一方应当尽职尽责，劳动者也应该承担相应的工作、责任。譬如，劳动者要积极配合单位进行工作交接等。可见，离职手续是劳动合同解除或终止的随附义务，双方都应该积极办理，任何一方违反不执行，均需承担相应的法律责任。

二、离职手续的重要性

1. 做好离职手续办理工作，可避免劳动争议的发生

离职手续是员工离职管理的最后一个步骤，也是非常重要的一项工作。如果离职手续办理得不好，那么前面做的管理工作很可能功亏一篑，也可能由于办理离职手续没做好而产生劳动争议。因此，用人单位需要重视员工离职手续的办理，以避免劳动争议的发生。

2. 清晰明了的离职手续说明，使员工离职管理工作更顺畅

离职手续包括很多双方要进行的工作，并且这些工作往往琐碎。如何在如此繁多琐碎的工作面前使管理工作顺畅进行？为使员工离职管理工作顺利进行，自然需要清晰明了的离职手续说明。混乱的离职手续不仅使管理者疲惫不堪，还会使要离职的员工怨声载道。为了使双方在离职的最后一道程序愉快度过，就需要双方依据清晰的离职手续说明办理好离职手续，从而使员工离职管理工作更轻松、顺畅。

3. 做好离职手续办理工作，使企业的员工管理工作有始有终

虽然离职手续是员工离职管理的最后一道手续，但并不代表它是最不重要的。而往往在现实中，也许由于疲乏，也许由于不够重视，企业员工关系管理者容易在这最后的关卡松懈，从而使企业在员工心中的美好形象瞬间崩塌，给人以“虎头蛇尾”的感觉。而好的企

业人力资源管理应当是有始有终的，使员工从进入企业到离开企业都始终觉得企业是以员工为中心并重视员工需求的。因此，应当做好离职手续办理工作，让员工即使离开了企业仍然保留对企业的美好印象。

三、员工离职类型及规定

1. 自请辞职

根据《劳动合同法》第三十六条、第三十七条的有关规定，用人单位与劳动者协商一致，可以解除劳动合同，但劳动者需提前 30 日以书面形式通知用人单位，在试用期内的，需提前 3 日通知用人单位。因此，对于自请辞职者，应注意审查其是否在法律规定的时间内提出，同时，要求其出具离职申请书，经用人单位同意后可办理离职手续。

2. 解雇离职

员工违反《劳动合同法》第三十九条有关规定的，用人单位可以单方解除劳动合同。第四十三条规定了用人单位单方解除劳动合同，应当事先将理由通知工会。因此，符合《劳动合同法》第三十九条规定的六种情形而被用人单位给予解雇处分的，用人单位应首先知会工会，工会同意解雇处分的，由人事部门制作《员工奖惩公告》，在单位范围内有效公告。在公告生效之日起，人事部门制作《员工奖惩通知》，并向员工本人送达，员工凭该通知直接办理离职交接手续。

3. 符合劳动合同终止情形离职

员工符合《劳动合同法》第四十四条规定的劳动合同终止情形的，在终止情形届满前 30 日内，用人单位人事部门应出具《劳动合同终止通知书》并向员工本人送达，员工凭《劳动合同终止通知书》方可办理离职手续。员工因故失踪或死亡的，劳动合同终止之离职交接手续由其部门主管凭《劳动合同终止通知书》办理。

四、企业如何防范员工离职法律风险

1. 保留好劳动者解除合同通知

实践中常常出现用人单位接受劳动者辞职后劳动者又不愿离职的现象。一旦发生争议，用人单位有义务举证证明是劳动者主动辞职。如果用人单位无法举证，争议处理机构将会认为用人单位存在非法解雇行为。因此，用人单位收到劳动者解除合同通知后，应当予以妥善保管。部分劳动者辞职时会口头通知单位，或以电子邮件、短信通知用人单位，在此种情况下，为避免争议，用人单位应当要求其提供书面通知。

2. 审核劳动者解除合同通知内容

提前通知解除适用于用人单位无过错的情况，劳动者的解除理由多为个人原因，因此在解除合同通知陈述的理由中不应有用人单位违法、用人单位强迫其辞职等内容。如果解除合同通知中有此类内容，用人单位应当要求劳动者予以修改。

3. 按时办理解除劳动合同手续

劳动者解除劳动合同是其法定权利，不需要用人单位同意。企业应在收到通知后 30 日内及时办理合同解除手续。对劳动者不满 30 日即自行离职的，用人单位可以追究其法律责任，要求其赔偿所造成的损失。

五、企业如何降低员工离职损失

1. 充分利用培训来约定服务期和违约金

“服务期”其实是用人单位和劳动者双赢的留人模式，劳动者获得了用人单位的先行投

人，用人单位可以要求劳动者在一定期限内不得辞职。《劳动合同法》对可设定服务期的情形限制得更严格，规定了两个限制条件，即“专业技术培训”和“用人单位提供专项培训费用”。因此，用人单位与劳动者约定服务期应当符合这两个条件。

在实践中，用人单位与劳动者常常就是否提供了培训发生争议。因此用人单位在为劳动者提供培训时，应当事先签订培训协议，制定培训计划，对培训的性质应明确界定为专业技术培训。

用人单位在培训过程中应当注意收集证据，可以要求员工填写培训记录、提交培训报告、载明培训时间，在培训合同中事先对培训费用范围、计算方式进行约定。同时应当在培训后收集有关费用单据，要求劳动者签字确认。

2. 运用特殊待遇挽留员工

许多用人单位往往通过提供特殊待遇如福利住房、大额借款等来挽留优秀员工。但是《劳动合同法》将除培训以外的一切福利待遇排除出了可以约定服务期的情形，员工享受了此种待遇仍可以自由离职且不用支付违约金。因此用人单位在给予此种福利待遇时必须改变给予形式，如实行员工垫款，企业在服务满一定年限时予以报销；将有关待遇的福利性质改为债权债务性质，如将企业给予员工实物或补贴，改为员工向第三方借款，企业予以担保等。

3. 设计新的留人手段挽留员工

在诸多留人手段受到限制的情况下，用人单位可以尝试设计新的留人手段。企业应当尽量设计长期支付型的福利待遇，避免提供一次性福利待遇。即企业的福利待遇为分期支付，员工在职才可以享受，离职则无法享受，变事先享受为事后收益，以丧失预期利益代替违约金。例如利用年金、补充保险、期股、期权吸引员工，在给予有关待遇时对具体制度进行设计，使员工只有服务到一定期限才可以获得该项福利。

操作建议

一、优化离职管理过程的方法

古语云：善始善终。要重视员工的离职管理，让离职的员工成为企业人文关怀的宣导者，让仍然在职的员工安心地继续感受企业关怀。

（1）不要把即将离职的人员当“叛徒”。有些用人单位，当员工递交辞呈后就马上关闭他的电子邮箱，收回他的手机，甚至立即调整其工作岗位。这样只会加剧相互的不信任，而且涉嫌侵权。在员工申请辞职到真正离职的这段时间里，更要真诚地进行关怀。

（2）简化离职手续，尽量“一站式”办理，让员工心情愉悦地离开。不少用人单位的离职程序冗长烦琐，在办理离职手续时劳动者东奔西跑，备受折腾，甚至受人冷遇或被某些部门恶语相向。很多劳动者在选择离职后都希望能体面地离开，哪怕他或她是被动离职。可离职程序的不合理很多时候会挑起劳动者的不满，甚至上升到冲突或纠纷。对离职程序的设计要在合法合理、充分告知离职后义务的前提下尽可能简化。

（3）有条件的可以组织一场告别会。告别会并不一定要多么隆重，而更多的是让员工可能影响到的人群与其共同感受公司的宽容与关怀。即使有些是因为自己的过错而被动离职的员工，也可以征询当事人的意向后进行。

（4）建立完善的离职人员的信息库。这项措施在相关法规中也有类似要求。如果用人单位能变被动管理为主动管理，把离职人员的人脉也当做公司财富的一部分的话，那至少这样的雇主应该不愁人才的来源。

二、优秀企业的做法

对去意已决的员工，微笑着送他离开；建立离职员工面谈制度，作好离职员工面谈记录，定期进行统计分析，改善人力资源管理；保留好离职员工的档案资料、信息资源和永久的通信方式；把公司新的发展战略及时告知离职员工，而且对离职员工在新公司的发展状况作跟踪记录，形成一个离职员工信息库，一旦发现有用之才就出手挖回。这样既节省了人力资源招聘费用，又更好地体现了公司以人为本的品牌形象。

三、相关表格模板

<table>
<tr><th colspan="7">员工辞退（辞职）审批报告单</th></tr>
<tr><td colspan="2">辞退（辞职）人员姓名</td><td></td><td>所在部门</td><td></td><td>担任职务</td><td></td></tr>
<tr><td>辞退（辞职）
原因（依据）</td><td colspan="6">部门主管：
时间：</td></tr>
<tr><td>人力资源部意见</td><td colspan="6">签字：
时间：</td></tr>
<tr><td>总经理
审批</td><td colspan="6">签字：
时间：</td></tr>
</table>

离职原因调查表					
姓名		部门		职位	
入职时间		离职时间		填写时间	
离职原因					
您对公司现有薪酬福利制度的看法					
您对您所在部门或者公司的整体感受如何					
您对部门、岗位工作的意见及建议					
您对您的主管的意见或建议					
您对公司的建议及意见					
其他想说的话					

四、员工离职流程

员工离职流程如图 8-3 所示。

流程
标准/重点
离职申请
辞职
提交辞职报告
提前一个月
辞退
提交辞退建议
有理有据
离职审批
辞职
面谈
沟通挽留
相关负责人签署意见
《员工辞职审批报告单》
辞退
提供依据
《员工辞退审批报告单》
相关负责人签署意见
辞退理由合法
离职交接
物资交接
相关文件档案移交本部门
详细、齐全
相关办公物资移交办公室
齐全
工作交接
移交内容应有书面记录
薪资结算
财务结算
结清除工资外的款项
财务部核算
工资结算
结清薪资
人力资源部核算
其他事项
离职调查
《离职原因调查表》
离职证明
开具离职证明

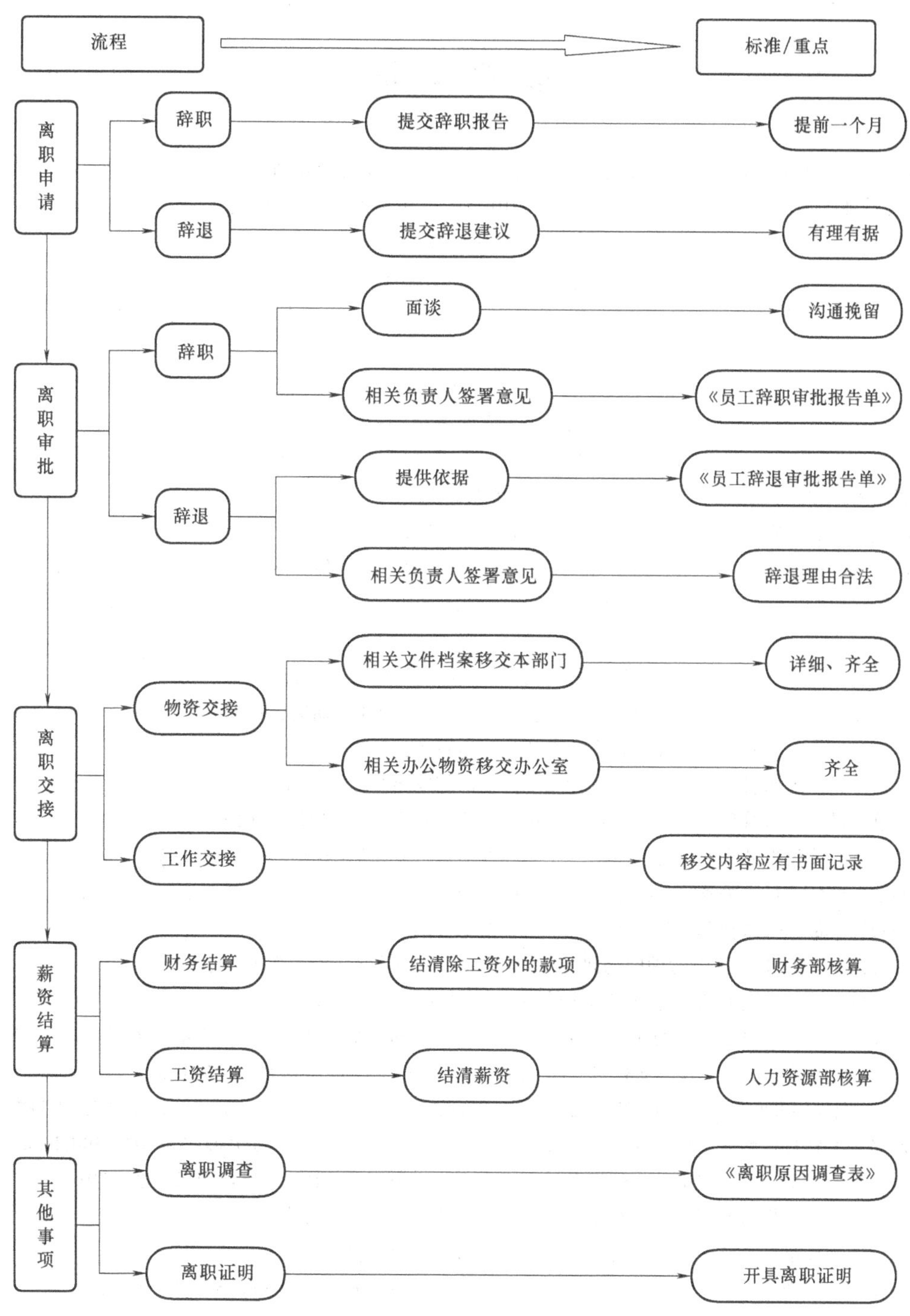

图 8-3　员工离职流程

参考文献

[1] 鲍立刚. 员工关系管理技能应用 [M]. 北京：机械工业出版社，2010.
[2] 陈菲. 健康管理在企业人力资源管理中的应用 [J]. 商场现代化，2010 (8).
[3] 程延园. 劳动关系 [M]. 北京：中国人民大学出版社，2002.
[4] 仇雨临. 医疗保险 [M]. 北京：中国劳动社会保障出版社，2008.
[5] 崔雅晋. 心理契约破裂与员工越轨行为的关系研究 [J]. 重庆交通大学学报，2013 (1).
[6] 韩智力. 员工关系管理——案例、诊断、解决方案 [M]. 广州：广东经济出版社，2007.
[7] 胡春光. 组织工作压力管理研究 [D]. 青岛：中国海洋大学，2005.
[8] 胡卫芬. 如何做好新员工入职培训 [J]. 人力资源管理，2013 (3).
[9] 胡艳凤. 转型企业员工压力管理研究 [D]. 上海：华东理工大学，2010.
[10] 胡志宏. 浅谈企业运行中的管理沟通 [J]. 企业导报，2013 (3).
[11] 黄昱方. 员工安全健康与人力资源管理 [J]. 中国科技信息，2005 (24).
[12] 黄跃辉. 企业员工工作压力源分析及压力管理应对策略 [J]. 佛山科学技术学院学报，2010 (3).
[13] 佚名. 集体合同签订、审查作业流程全息图[EB/OL]. http://wenku. baidu. com/view/23a0383b0912a216147929cc. html.
[14] 李爱玲. 论企业职业压力管理机制的建构 [J]. 企业活力，2009 (8).
[15] 李圣姿. 浅谈企业实习生管理现状及改善方法 [J]. 中国证券期货，2010 (4).
[16] 李新建. 员工关系管理 [M]. 天津：南开大学出版社，2009.
[17] 李艳. 员工关系管理实务手册 [M]. 北京：人民邮电出版社，2011.
[18] 李艳. 员工关系管理实务手册 [M]. 2 版. 北京：人民邮电出版社，2012.
[19] 梁巧玉. 浅议校外实习生管理中出现的问题及对策 [J]. 新课程学习，2011 (9).
[20] 刘磊，韩佳. 员工关系管理实务 [M]. 北京：中国财富出版社，2010.
[21] 刘新民. 员工关系管理实务 [M]. 北京：机械工业出版社，2011.
[22] 陆英南. 论 EAP 在压力管理中的研究与应用 [J]. 东方企业文化，2011 (10).
[23] 马志姣. 从人力资源角度分析实习生管理 [J]. 人力资源，2011 (3).
[24] 孟续铎. 劳动者过度劳动的成因研究：一般原理与中国经验 [D]. 北京：首都经济贸易大学，2013.
[25] 佚名. 安全生产管理制度 [EB/OL]. http：//baike. baidu. com/view/4905017. htm.
[26] 佚名. 公司加班管理制度 [EB/OL]. http：//www. lawtime. cn/info/laodong/gongzi/jiabanfei/20130524139917. html.
[27] 佚名. 考勤管理制度 [EB/OL]. http：//wenku. baidu. com/view/c9fbd0f9fab069dc5022019d. html.
[28] 潜良玉. 员工压力管理中的心理援助计划（EAP）应用研究 [D]. 南昌：南昌大学，2011.
[29] 任娜. 精益思想指导下的员工健康管理 [D]. 天津：天津科技大学，2010.
[30] 沈海燕. 外籍员工的劳动关系管理 [J]. 人力资源，2011 (10).
[31] 石先广. 劳动合同法下的员工关系管理 [M]. 北京：中国劳动社会保障出版社，2011.
[32] 石先广. 劳动合同法下的企业规章制度制定与风险防范 [M]. 北京：中国劳动社会保障出版社，2008.
[33] 宋湛，詹婧. 企业员工关系管理文案全程指引 [M]. 北京：首都经济贸易大学出版社，2010.
[34] 宋湛. 集体协商与集体合同 [M]. 北京：中国劳动社会保障出版社，2008.
[35] 孙树菡，毛艾琳. 员工安全健康管理 [M]. 北京：中国人民大学出版社，2013.
[36] 孙晓光. 离职员工的持续性管理 [J]. 东方企业文化，2013 (5).

[37] 王华夏. 当前新员工入职培训存在的问题及其改进措施 [J]. 知识经济, 2013 (5).
[38] 王晶. 我国企业离职员工管理浅析 [J]. 企业导报, 2012 (11).
[39] 王彤. 浅析我国中小企业员工关系管理 [J]. 东方企业文化, 2013 (4).
[40] 王永丽. 工作家庭平衡的结构验证及其因果分析 [J]. 管理评论, 2012 (7).
[41] 夏学贤. 企业实习生管理路径初探 [J]. 鄂州大学学报, 2012 (3).
[42] 严素珍, 向亚云, 等. 呵护员工健康　传递企业关爱 [M]. 北京: 中国言实出版社, 2011.
[43] 黄知才. 员工健康管理: 人力资源管理的新模式 [EB/OL]. http: //www. ceconline. com/hr/ma/8800058430/01/.
[44] 詹婧. 员工关系无小事 [M]. 北京: 经济科学出版社, 2011.
[45] 张卫东, 张大同. 现代企业员工压力管理及对策研究 [J]. 经营管理者, 2010 (20).
[46] 张喜凤. 浅议企业员工压力管理的有效方式 [J]. 人力资源管理, 2012 (6).
[47] 张再生. 工作家庭关系理论与工作家庭平衡计划 [J]. 南开管理评论, 2010 (1).
[48] 赵玉娇. 浅谈如何预防劳动争议 [J]. 法制与经济, 2012 (7).
[49] 郑功成, 程延园. 中华人民共和国劳动合同法释义与案例分析 [M]. 北京: 人民出版社, 2008.
[50] 中国法制出版社. 中华人民共和国社会保险法——案例注释版 [M]. 北京: 中国法制出版社, 2011.